丛书总主编／马怀德

中国政法大学新兴交叉学科研究生精品教材

反垄断法的法学与经济学解释

刘继峰　许　恒◎著

FANLONGDUANFADEFAXUE
YUJINGJIXUEJIESHI

中国政法大学出版社

2023·北京

作者简介

刘继峰　中国政法大学教授，博士生导师，民商经济法学院副院长；中国政法大学市场监管法治研究中心主任；中国政法大学市场监管法治研究基地（中国政法大学与国家市场监管局合建）执行主任。本科、研究生毕业于中国政法大学，博士毕业于北京大学。兼任中国商业法研究会副会长、中国法学会经济法学研究会副秘书长；北京现代企业研究会会长；北京市经济法学会副会长；北京市法学会互联网研究会副会长；最高人民检察院民事行政诉讼监督案件专家委员会委员；北京市朝阳区人民法院智库专家；商务部培训中心兼职教授；国家市场监督管理局反垄断局专家库成员；北京市市场监督管理局专家库专家。主要研究方向是竞争法、知识产权法、消费者法等。代表著作：《竞争法学原理》《价格卡特尔法律规制研究》《俄罗斯反垄断法》《竞争法》《反垄断法》等；独著教材《竞争法学》《经济法学》等；主编《竞争法：规则与案例》《反垄断法案例分析》《反不正当竞争法案例分析》等；在《中国法学》《政法论坛》等法学期刊发表论文80余篇。主持国家社科重点课题、一般课题，有关部委课题多项；曾获得北京市优秀教师、北京市课程思政优秀教师，中国政法大学优秀教师、中国政法大学优秀导师等荣誉。

许恒　中国政法大学商学院副教授，硕士生导师；卡尔顿大学经济学博士，中国政法大学青年拔尖学者。主要研究领域为产业组织理论、数字经济、竞争政策与反垄断，在《管理世界》《中国工业经济》《教育研究》《数量经济与技术经济研究》《产业经济研究》，Journal of Economics Management & Strategy 等国内外杂志上发表学术论文20余篇，著有《平台经济市场竞争与反垄断研究》，主持国家社科基金项目"数字经济视角下的垄断形成机制与反垄断规制研究"。

总　序

　　2017 年 5 月 3 日，在中国政法大学建校 65 周年前夕，习近平总书记考察中国政法大学并发表重要讲话。他强调，全面推进依法治国是一项长期而重大的历史任务，要坚持中国特色社会主义法治道路，坚持以马克思主义法学思想和中国特色社会主义法治理论为指导，立德树人，德法兼修，培养大批高素质法治人才。推进全面依法治国既要着眼长远、打好基础、建好制度，又要立足当前、突出重点、扎实工作。建设法治国家、法治政府、法治社会，实现科学立法、严格执法、公正司法、全民守法，都离不开一支高素质的法治工作队伍。法治人才培养上不去，法治领域不能人才辈出，全面依法治国就不可能做好。

　　习近平总书记强调，没有正确的法治理论引领，就不可能有正确的法治实践。高校作为法治人才培养的第一阵地，要充分利用学科齐全、人才密集的优势，加强法治及其相关领域基础性问题的研究，对复杂现实进行深入分析、作出科学总结，提炼规律性认识，为完善中国特色社会主义法治体系、建设社会主义法治国家提供理论支撑。法学学科体系建设对于法治人才培养至关重要。我们有我们的历史文化，有我们的体制机制，有我们的国情，我们的国家治理有其他国家不可比拟的特殊性和复杂性，也有我们自己长期积累的经验和优势，在法学学科体系建设上要有底气、有自信。要以我为主、兼收并蓄、突出特色，深入研究和解决好为谁教、教什么、教给谁、怎样教的问题，努力以中国智慧、中国实践为世界法治文明建设作出贡献。对世界上的优秀法治文明成果，要积极吸收借鉴，也要加以甄别，有选择地吸收和转化，不能囫囵吞枣、照搬照抄。

当前，我们正处于中华民族伟大复兴战略全局和世界百年未有之大变局之中，面对深刻的社会变革、复杂的法治实践和日新月异的科技发展，我们必须清醒认识到，我国法学学科体系存在学科结构不尽合理、社会急需的新兴学科供给不足、交叉融合不够、学科知识容量亟待拓展等深层次问题，需要加快构建具有中国特色和国际竞争力的法学学科体系。正如习近平总书记深刻指出的那样："我国高校学科结构不尽合理，课程体系不够完善，新兴学科开设不足，法学与其他学科的交叉融合不够。"近年来出现的教育法、网络法、卫生法、体育法、能源法、娱乐法、法律与经济等新兴法律领域和交叉学科，已经开始挑战固有的法学学科秩序，带来法学学科创新发展的新机遇。健全法学学科体系，重点在于创新法学学科体系，必须大力扶植法学新兴学科和交叉学科的发展。学科体系建设同教材体系建设密不可分。要培养出优秀的法治人才，教材体系建设是重要基础性工作。中国政法大学作为中国法学教育的最高学府，可以利用其学科齐全、人才密集的优势开展法学新兴交叉学科教材的编写工作，促进法学新兴交叉学科的建设。

编写法学新兴交叉学科教材是落实全面依法治国要求，大力发展法学新兴交叉学科的需要。十八大以来，全面依法治国进入快车道，对法学学科体系建设提出了新要求，构建中国特色法学体系特别是学科体系、教材体系刻不容缓。2020 年 9 月，教育部等三部委联合下发了《关于加快新时代研究生教育改革发展的意见》，该意见明确提出，要加快学科专业结构调整、加强课程教材建设。推进法学新兴交叉学科发展、加强法学新兴交叉学科教材建设，是我校落实全面依法治国要求、加快法学学科体系和法学课程教材建设的应有之义和具体措施。

编写法学新兴交叉学科教材是推动法学教育事业，培养复合型、创新型人才的需要。随着经济社会快速发展，社会急需复合型、创新型人才。在法学领域，急需既懂法律，又懂专业技术和其他社科知识的复合型、创新型人才。特别是熟悉监察法、党内法规、大数据、人工智能、共享经济、数字货币、基因编辑、5G 技术等方面的人才奇缺，研究也不深入。为此，急需建立一批法学新兴交叉学科专业，开设更多新兴交叉学科课程，努力培养社会急需的复合型、创新型法治人才。中国政法大学在回应新技术革新对法治的挑战，培养创新型、复合型人才方面一直在积极探索、努力耕耘。近年来，我校相继设立了一批科研机构（包括数据法治研究院、资本金融研究院、互联网金融法律研究院、党内法规研究所等），开设了一批新兴交叉学科课程。为发展新兴交叉学科，推动法治人才培养取得实效，必须推进法学新兴交叉学科教材建设。

编写法学新兴交叉学科教材是引领世界法学学科发展潮流，构建中国特色法学学科体系的需要。近年来，许多国家法学新兴交叉学科发展迅速。例如，美国推动法经济学、法社会学、法政治学、法心理学、法人类学等新兴交叉学科建设，在世界范围内产生较大影响。中国要引领法学学科发展，必须打破法学内部的学科壁垒，扩充法学学科的知识容量，推进法学和其他学科的交叉与融合。习近平总书记指出，要按照立足中国、借鉴国外，挖掘历史、把握当代，关怀人类、面向未来的思路，体现继承性、民族性、原创性、时代性、系统性、专业性，加快构建中国特色哲学社会科学。我们要在借鉴国外有益经验的基础上，努力建设既体现中国特色、中国风格、中国气派，又具有国际竞争力，能够引领世界发展潮流的法学学科体系。

推出这套法学新兴交叉学科精品教材，希望可以积极推动我国法学教育新的发展方向，做法学新兴交叉学科建设的探路者。我们深知，合抱之木，生于毫末；九层之台，起于累土。希望这套精品教材的推出能够成为一个良好开端，为推进我国法学新兴交叉学科发展尽绵薄之力。经过一段时间的努力，相信一定能够建成具有中国特色、中国风格、中国气派，符合时代要求、引领世界法学学科发展的我国法学新兴交叉学科。

是为序。

中国政法大学校长 马怀德
2021 年 9 月 9 日

前　言

党的二十大报告指出，要"加强反垄断和反不正当竞争，破除地方保护和行政性垄断，依法规范和引导资本健康发展"，体现出系统性地提升市场经济活力、维护市场公平竞争秩序、激发市场主体创新，推动经济社会高质量发展已经上升为一项国家战略。

2022年8月《反垄断法》第一次修改正式完成。自2008年以来我国经济社会在发展过程中出现了诸多新变化。在市场业态、生产资料、经营模式等快速发展和变化下，新的垄断行为不断产生。在传统的反垄断规制困境尚未得到解决的背景下，反垄断分析又叠加了数据时代的新挑战。突破反垄断法的适用瓶颈不仅是反垄断领域中的一项理论课题，也是优化和创新反垄断方法的实践命题。作为一部"经济宪法"，反垄断法在制定、实施中均需要运用大量的经济学理论，很大程度上，反垄断相关理论和方法的创新建立在经济学分析理论和工具的基础上。从我国现有的反垄断执法实践来看，经济学理论和工具的运用尚处于探索阶段，尤其是在以数字经济为代表的新经济业态的快速出现的阶段中，对经济学理论和工具在反垄断中的应用提出了更高的要求。

法律作为一种普遍性的规范本身具有高度的抽象性，由于"垄断"这个调整对象具有特殊性，反垄断法的抽象性与其他部门法相比，有过之而无不及，这将增加理解和运用该法的难度。具体而言，在目前的垄断行为的识别和分析中大多采用的反垄断法所规范的定性的标准，缺少了以经济学分析中必要的定量方法，使法学分析与经济学分析相互割裂，也让我们对一些特定的垄断行为的判断和规制面临学理、用理和说理上的难题。在这个背景下，本书旨在通过将反垄断法学分析与相关经济学理论的深度融合，探索两者在理论和实践中可以相互补充、相互嵌入、并行使用的一套学术系统。

　　本书也是贯彻落实习近平总书记 2017 年 5 月 3 日视察中国政法大学时重要讲话精神和《中国政法大学建设高水平研究生教育行动方案》而编写的交叉学科系列教材之一。推进"强研创优"战略实施，深化研究生教学改革，加强课程和教材建设，完善研究生课程结构，提高研究生课程的教学水平和教学质量，加快"世界一流大学和世界一流学科"建设，体现学科前沿理论动态，这是我校研究生教学改革的目标和方向。本教材内容的设计建立在以往为研究生开设的交叉学科课程的基础上。通过法学和经济学的交叉融合，对反垄断法中的有关问题进行法学和经济学视角的不同分析，实现开阔学生的视野、准确把握法律的本意、充分了解新经济反垄断分析的前沿发展的目标。

　　为填补案件分析中或规则说理中经济学知识欠缺的空白，本书突出将经济学尤其是产业经济学的概念、分析方法嵌入反垄断理论中，解决市场的公平竞争环境培育与垄断行为规制的问题，实现市场对资料配置起决定性作用，并发挥法律的调节与保障作用。

　　基于法学与经济学的交叉领域，结合反垄断法和产业经济学相互融合的理论，本书共设计为六大模块：竞争的经济学解释与法学解释、垄断协议的法学和经济学分析、滥用市场支配地位的法学和经济学分析、经营者集中的法学和经济学分析、数字经济与反垄断、反垄断法的实施。每一模块层层递进，涵盖了相应内容的反垄断法的学理分析、相应经济学基础、行为分析和案例分析。

　　在每一章节中，通过将经济学方法融入至垄断行为的识别与分析中，体现法律经济原理，运用适度的数理分析和推导，尽量用简明且清晰的语言将经济学的精髓应用到相关反垄断理论中，实现实际情况的经济理论与潜在反竞争行为结合起来，提出一套较为完善的反垄断法的经济分析原理，为反垄断中各个领域的读者提供法学和经济学分析的多元化视野与学习和研究思路。

　　当然，限于时间和水平，不足之处在所难免，敬请读者批评指正！

刘继峰　许　恒

2023 年 8 月 18 日

目 录 Contents

·第一章·

竞争的经济学解释与法学解释

党的十八届中央委员会第三次全体会议通过的《中共中央关于全面深化改革若干重大问题的决定》中，明确了"建设统一开放、竞争有序的市场体系"。进一步确立了竞争在国民经济发展中的基本功能定位。实现市场在资源配置中起决定性作用，其基础要素之一是公平竞争。对此，需要认清竞争的两面性，有效发挥其积极的功能、克服消极的影响。

一、竞争的经济学解释

竞争是一种市场资源的有效配置方式。反竞争即破坏了市场配置资源的机制和效率。经济学侧重于对竞争进行正向解读，竞争法（反不正当竞争法和反垄断法）侧重于从反面对竞争进行规制。

（一）竞争的概念和要素

竞争指的是在一个特定的时空下，因生存和发展机会以及相应的资源存在稀缺性，使那些在某个类别或范围内具有相似性的主体为了同一个目标进行角逐和对抗的行为、过程和状态。从经济学的视角出发，竞争通常发生在厂商进行经济活动的空间中，因此，竞争通常和市场竞争被视为一致的概念。首先，市场是厂商参与经济活动的场所，在没有外界干预的情况下，任何厂商都可以在这个场所内进行交易。其次，市场竞争表达了厂商在交易过程中围绕同一个目标进行博弈的状态和行为。我们在这里需要强调的是，参与市场经济活动的厂商所进行的竞争主要涉及状态和行为两个层面：竞争状态说明了厂商已经处于市场竞争中或具有进入市场参与竞争的能力，反映出厂商在市场经济环境中的一种权利，体现了市场能够在厂商经济活动下产生活力的客观实际；[①] 在另一方面，竞争行为描述

---

① 龙俊：《反不正当竞争法"权利"与"利益"双重客体保护新论》，载《中外法学》2022 年第 1 期。

了厂商在市场中更加狭义的竞争，反映出厂商为了获得某种资源或利益而进行的与同类厂商之间的对抗。

从竞争状态和竞争行为两者的关联来看，公平的竞争行为与有序的竞争状态是互为因果的，而这种因果关系离不开市场经济机制所扮演的调节作用。[①] 具体而言，市场是形成有序竞争状态的重要基础，市场中的交易规则是针对所有交易参与者的。进入市场的厂商都需要按照市场中具有普遍性和一致性的交易规则开展经济活动，市场的运行机制会对那些违背和损害市场规则的交易者进行限制和排除。因此，市场所形成的有序的竞争状态是包含了所有交易者利益最大化的规范，是一种关于交易者合理利益追求的公意。其次，市场是形成公平竞争行为的必要条件，在市场有序交易规则的框架下，所有的交易者必须按照符合市场运行机制的要求来制定竞争策略。交易者提升自身竞争力的路径应是"单边"的，即在不损害市场中其他任何厂商的利益基础上而实现的，否则，交易者的竞争行为将被排斥在市场有序竞争状态之外。竞争的形成主要来自五个要素的共同作用。

第一，竞争的参与者或竞争者界定了参与竞争的主体，竞争者之间通常具有一致的或类似的目标，他们所展现出的能力通常具有一定程度的替代关系。例如，新古典竞争理论关于竞争的要义在于替代性，替代性的存在在很大程度上制约并影响了厂商在市场中的市场势力。

第二，竞争的目标是竞争者希望达到的某种预期结果，同时是引发竞争者形成竞争动机和竞争行为的主要外部条件。在经济环境中，这种竞争目标通常具有稀缺性，即这种目标的数量是显著小于竞争者数量且不能够被竞争者公平分配的。竞争目标数量的稀少反映出市场经济中资源的稀缺，竞争目标无法被公平分配来自竞争者的"本意"。理性人假说指出，竞争者会为了自身利益的最大化来进行能力的提升和能力的实施，力求在稀缺的环境中获得更多的资源。

第三，竞争的场所厘定了竞争者和竞争目标存在的边界，它是竞争者之间存在相互替代关系的前提条件，换言之，当竞争者离开了竞争场所或处于不同的竞争场所，他们之间的替代关系也将随之减弱甚至消除，竞争也随之消失。

第四，竞争规则是竞争者在竞争场所中遵循的一项准则，在公平竞争的秩序下，竞争规则是一种对所有竞争者的行为指导，是一种无差异、无歧视的规范。

---

① 曾国安、李秋波：《形成和维持公平交易与公平竞争的经济秩序》，载《管理世界》1999年第2期。

竞争规则具有了反映全部竞争者利益的"公意",因此,竞争规则并不是由一个或一类竞争者制定的,而是由公权的拥有者而制定的。通过制定一个尽可能符合所有竞争者利益的竞争规则,来调整竞争者在私权社会中的关系和可能的矛盾。

第五,竞争策略是竞争者在竞争场所中为了实现"争胜"而选择的手段,竞争策略的制定原则是竞争者力求与竞争对手形成差异并突出自身的竞争优势,使自己能够以更大的可能来实现竞争目标,即利益的提升。

以本书所关注的市场竞争为例,参与市场经济活动的厂商都可以被视为在某些条件下的竞争者,当他们在特定市场中所提供的产品或服务具有较明显的替代关系时,他们则在这个市场(即竞争场所)中具有了关于争夺市场交易机会的竞争关系。获得市场交易机会使厂商实现产品或服务的价值转化和价值创造,并获得持续发展的机会。价值创造的过程离不开厂商竞争策略的选择以及与其竞争对手在取得交易机会方面的博弈。市场经济的运行规则和政府制定的运行保障规范了竞争者在市场活动中的竞争行为,当厂商为了获取商业利润而实施了不正当的竞争行为,则违反和损害了市场机制和制度机制,将因此而受到处罚。这个关于市场竞争的例子说明了厂商在"竞争场所—竞争规则—竞争行为"的路径上开展竞争,并获得利益的逻辑闭环,也体现了竞争要素在市场活动中发挥的作用。

市场中的竞争同时具有积极和消极双重效果。在竞争的积极作用方面,首先,竞争发挥了资源配置和资源优化的功能,竞争加速了市场经济活动中尽可能多的参与者的互动,使市场价格可以随着高频率的互动而尽可能准确地指导市场中的供需关系和供需规模。竞争价格向厂商发送价格信号,以利润最大化为核心目标的厂商基于市场价格来改变自身的生产经营规模,将资源配置到那些可以助其盈利的领域,同时减少对那些盈利较低甚至不盈利领域的资源投入,利用市场中的竞争价格不断地调整自身的资源配置,实现资源配置的优化。其次,竞争是促进厂商积极参与创新的重要动力,竞争压力弱化了厂商通过常规的竞争工具(例如价格、产量)获取利润的效果,挤压了厂商在市场活动中的利润空间。在"优胜劣汰"的市场经济环境中,厂商试图通过提高自身效率和技术进步来不断获得竞争力。虽然现有研究指出在垄断状态和竞争状态中的厂商都会产生创新动机,但在竞争环境下所形成的"竞争驱动型创新"大多来自厂商面对竞争对手的压力时而丧失优势的担忧,形成了厂商谋求生存和发展的动力。[1] 在市场内

---

① 文豪:《市场特征、知识产权与技术创新:基于产业差异的分析》,载《管理世界》2009 年第 9 期。

部，竞争的积极功能通过提升市场中的厂商互动活力使市场价格更准确地反映产品或服务的价值，降低市场中存在的信息不对称以及其产生的交易费用，让厂商尽可能按照市场的内在规律来实现资源优化配置，降低市场失灵的可能性。在市场外部，竞争驱动型创新可以使厂商的研发效果在经济社会更大的范围内实现溢出，将技术所产生的经济价值在竞争机制下向社会总福利转化，以外部性的形式提高社会活动参与者的福利水平。[①]

在竞争的消极作用方面，首先，厂商为了获取更多的市场资源可能会产生过度的竞争，现有研究指出，过度的竞争具有造成效率损失的可能性。具体而言，厂商为了寻求相较于竞争对手的优势，往往会将注意力转移至如何约束和遏制竞争对手上，将其资源投入至构建市场壁垒、保护自身市场势力方面，而这种类型的投入并不一定能够在生产、经营和交易方面为厂商带来直接甚至是间接的效率提升，在某些情况下，这些投入所产生的成本会转变为厂商的沉没成本，造成了经济不效率，甚至是市场失灵。[②] 其次，过度的竞争会引起厂商共谋的动机，使厂商滋生了构建卡特尔的潜在风险。卡特尔形成的市场条件是市场内部存在着相当程度的信息不对称；卡特尔形成的动机是来自厂商共谋的收益与竞争的成本之间的差异，当这个差异不断增加时，厂商共谋的动机也会随之增加。当市场中的竞争程度不断增强时，厂商在竞争压力下，为了寻求竞争优势而承担的成本也显著增加，为了规避竞争压力及其造成的成本，厂商会逐渐产生共谋的动机。在特定的市场结构下，卡特尔带来的经济损失可以从市场内部外溢至市场外部，在更大范围内造成危害，而市场内的高强度竞争是厂商构建卡特尔的一个内在动因。

（二）竞争的状态

类似于竞争法上的垄断状态和垄断行为，竞争的细化概念也存在着状态和行为的差别。具体而言，竞争状态和竞争行为的经济学分野主要来自"结构—行为—绩效"（Structure-Conduct-Performance，简称 SCP 范式）的提出。[③] 在最初的SCP 范式中，市场行为并没有得到充分的重视，对市场的分析大多侧重于"结构—绩效"的两段论范式。但从理论分析的视角出发，两段论范式在处理诸多实际

---

① 许恒、张一林、曹雨佳：《数字经济、技术溢出与动态竞合政策》，载《管理世界》2020 年第 11 期。
② 吕政、曹建海：《竞争总是有效率的吗？——兼论过度竞争的理论基础》，载《中国社会科学》2000 年第 6 期。
③ J. S. Bain, *Industrial Organization*, New York: John Wiley and Sons, 1959.

问题时存在着十分明显的局限性，对市场结构的关注往往会忽视市场行为对经济效果的影响，进而使市场分析的结果出现了比较明显的偏差。较为典型的例子是，在纵向垄断协议中合理原则的判定需要基于对上下游市场的结构进行充分的分析，并进一步判定纵向垄断协议行为的反竞争效果。因此，结构与行为之间存在着一种比较明显的因果关系，对某种行为（包括垄断行为或竞争行为）的分析，需要以竞争主体所处的市场结构的分析作为基础。

竞争状态也是如此，在 SCP 范式下，竞争状态通常可以被视为实施某种竞争行为的厂商所处市场的结构特征。一般情况下，对竞争状态的探讨多出发于完全竞争市场（perfectly competitive market），基于若干严格的假设如完全信息、同质化产品、市场自由进出等，完全竞争市场中的厂商处于一种"完全自由"的竞争状态。在古典竞争理论下，完全自由的竞争使市场中的要素和资源在其不同的用途上可以充分地流动，在没有外界干预的情况下，市场中的经济活动不存在个体利益与社会利益之间的冲突，是实现社会总福利提升甚至达到最大化水平的保证。从微观经济理论的视角出发，在完全竞争这种状态下，厂商相信个体的力量无法制定、改变和影响市场中的价格，而一个均衡的价格是由市场中全部的厂商和消费者基于其供需关系的互动而制定的，所有的厂商只能接受这样的价格，因此，在完全竞争状态下的厂商是市场价格的接受者（price taker）。在完全竞争市场这种状态下，厂商的行为也受到了极大程度的限制，他们没有能力也没有动机改变其价格。如上一小节所述，厂商在市场中的竞争关系体现在他们的产品或服务存在着相互替代关系，而完全竞争市场中的产品同质化使所有厂商的产品具有极高的（甚至正无穷的）交叉价格弹性，当某一家厂商的价格稍有提升时，消费者便会瞬时转移到其他厂商，使涨价者在完全竞争的状态下无利可图。同样地，所有的厂商都会有动机将自己的价格降低至一个具有竞争力的水平，直至价格与其边际成本相一致。此时，任何厂商都没有降价的能力，同时也没有提价的动机，使市场价格处于一个均衡的状态。

当完全竞争状态下的若干假设被打破后，市场则会趋于一种不完全竞争（imperfectly competitive）的状态，不完全竞争不同于垄断状态，在这种市场结构下的厂商并不会成为市场价格的制定者，但其行为又会影响市场中的价格。产业组织理论将其归纳为厂商在特定条件下具备了一定程度的市场势力（market power），在反垄断研究中，我们也可将其视为一种市场支配地位，市场势力赋予了厂商在市场中的定价能力，从价格上看，厂商有能力将其价格制定在边际成本以上的某个水平。例如，当完全竞争市场中的产品完全同质化这个假设被打破后，消费者在销售差异化产品的厂商间进行选择时会获得不同的效用，即消费者对不同产品的选择会承担不同的机会成本。由于产品差异化，产品 A 和产品 B 为消费者带来的效用不尽相同，消费者在选择产品 A 时会面临放弃产品 B 为其带来的效用而形成的机会成本，这便为两个产品的卖家制定差异化的价格带来了机会和空间。

不完全竞争中厂商的互动来自相互之间关于价格等竞争工具的抗衡力量，在关于价格的博弈中，厂商为实现利润的最大化，不仅需要考虑自身的价格，还需要考虑竞争对手对价格的反应程度，市场中所有具有定价能力的厂商各自的价格以及对竞争对手的价格互动决定了市场中的均衡价格。在经济学分析中，一个比较具有代表性的不完全竞争状态是双寡头垄断的市场，这个市场中厂商 i, $i = 1,2$ 的需求函数可以表示为 $Q_i(p_i, p_j)$，其中 $j = 1,2$ 且 $j \neq i$ 描述了厂商 i 的竞争对手。消费者在两个厂商间进行选择，由于厂商间存在着不完全替代关系（例如，他们在产品品质、品牌、促销、声誉、地理位置等方面存在差异），因此，厂商价格的变化会给其需求带来影响，但并不会是像完全竞争状态下使消费者全部的转移，我们可以将其表示为 $\dfrac{\partial Q_i(p_i, p_j)}{\partial p_i} < 0$，$\dfrac{\partial Q_i(p_i, p_j)}{\partial p_j} > 0$，以说明厂商的市场需求受到了自身价格的负向影响和竞争对手价格的正向影响。进一步将厂商 i 的利润函数刻画为：

$$\pi_i \equiv \Pi_i(p_i, p_j) = (p_i - c_i) \cdot Q_i(p_i, p_j) \tag{1.1.1}$$

其中 c_i 描述了厂商 i 的边际成本。厂商在制定价格 p_i 最大化利润的过程中，需要充分考察该价格对其竞争对手市场份额的影响，以及竞争对手的价格 p_j 对自身市场份额的影响。厂商 i 的利润最大化价格 p_i^* 需要满足条件：

$$\frac{\partial \pi_i}{\partial p_i} = Q_i(p_i^*, p_j^*) + (p_i^* - c_i) \cdot \frac{\partial Q_i(p_i^*, p_j^*)}{\partial p_i} = 0 \tag{1.1.2}$$

不难发现，（1.1.2）中厂商 i 的利润最大化条件受到了竞争对手价格 p_j 的影响。其主要逻辑在于，消费者在观察到两家厂商的价格后，他们基于价格（和自身收入）所形成的替代效应（和收入效应）随之启动，消费者将根据产品价格和厂商差异化给他们带来的机会成本进行选择，这种不完全的替代关系使两个厂商在价格层面实现了互动。价格的互动牵引厂商在制定价格时会依据其竞争对手的价格进行同方向的变动，即 $\dfrac{dp_i^*}{dp_j^*} > 0$。① 具体而言，当竞争对手价格上升（下降）时，厂商的产品更加具有竞争优势（竞争劣势），使其有动机随之提升（降低）自身价格以达到利润最大化。因此，在不完全竞争市场中，竞争对手的策略会扰动厂商的定价策略，使其既不会处于完全竞争市场"无力"定价的状态，也不会处于垄断市场的绝对性"制定"市场价格的状态。

相较于完全竞争，不完全竞争状态下的厂商更具有实施垄断行为的能力。一方面，厂商的市场势力使他们可以更加便利地实施垄断行为，而不会被激烈的市场竞争所制约；另一方面，厂商的利润最大化目标使他们更加希望实现市场行为对市场结构的影响，换言之，厂商为了寻求利润的提升，有动机利用某些行为来改变市场结构，达到排除和限制市场竞争进而实现垄断市场的目的。例如，厂商进行的限定交易行为，事实上是利用了它在自身市场中的市场势力，干扰交易相对人在进行买卖交易时的自由选择路径，以限定交易相对人与其或与其制定的厂商进行交易为手段，对其竞争对手进行排除。② 这个现象背后的基本理论反映出，当厂商不具备市场势力或者其市场势力无法有效干扰消费者和竞争对手选择时，限定交易行为并不能形成对竞争对手行为和绩效的影响，也就不会显著地造成排除和限制市场中竞争的效果。因此，在不完全竞争状态下，市场结构虽然对厂商的行为带来较为明显的影响，但是垄断行为通常发生在那些市场势力较强的厂商中。对市场势力的研究是经济学与反垄断认定市场支配地位之间定量和定性分析的必要工作，而厂商在较强市场势力下所实施的滥用行为也是反垄断的主要规制目标。

垄断的市场结构通常描述了一种较为封闭的市场状态，在这种状态下，厂商制定利润最大化的价格并不需要考虑消费者向其他厂商转移的可能性（自然垄断

---

① 这个结果来自对公式（1.1.2）进行全微分，即

$$\frac{dp_1^*}{dp_2^*} = -\frac{\dfrac{\partial Q_1(\cdot)}{\partial p_2} + (p_1^* - c_1) \cdot \dfrac{\partial^2 Q_1(\cdot)}{\partial p_1 \partial p_2}}{2 \cdot \dfrac{\partial Q_1(\cdot)}{\partial p_1} + (p_1^* - c_1) \cdot \dfrac{\partial^2 Q_1(\cdot)}{\partial p_1^2}}$$

在两个厂商的产品存在不完全替代关系时，$\dfrac{dp_1^*}{dp_2^*} > 0$。

② 这里我们暂不深入探讨厂商实施限定交易时的市场势力程度，在经济学分析中，当其市场势力已经高于完全竞争时的程度时，厂商便具有了一定干扰市场的能力。但是从反垄断法理论视角出发，还需要从其他角度对厂商的市场支配地位进行认定，除了能够较为清晰量化的市场份额以外，还需对绩效、技术、财力等方面进行全面考察。

情境中，这种利润最大化目标会向社会总福利最大化转移）。换言之，在垄断的状态下，消费者的选择通常是"0"和"1"的二元化决策，即"不购买"和"购买"两个选择，而上文所讨论的不完全竞争市场或完全竞争市场状态下，消费者的决策通常是多元的或连续的。在垄断或近乎垄断的状态下，消费者的决策更多地依赖其收入效应而非替代效应，当产品价格过高且已经突破了消费者的保留价格（reservation price）时，消费者收入效应启动，约束了消费者的实际购买能力。由于价格过高而失去了大量消费者的厂商面临利润下降的情况，我们同时需要明确消费者的流失路径，如果这种流失是来自收入效应的作用，则说明了垄断状态下的厂商制定了"过高"的价格，因此，厂商由于价格上涨而导致的无利可图的结果并非阻却了它是垄断者的假设。

垄断通常是引起反竞争担忧的一种状态，因为垄断状态通常反映了竞争的缺失，当市场中缺少了充分的竞争而远离竞争状态时，垄断状态下的厂商行为将不再受到竞争者的影响，使其更加容易地实施垄断行为，进一步损害社会总福利。但是，正如上文所提及的垄断状态下的市场在理论层面趋近于一种封闭的状态，在现实市场运行中，市场通常都不是自然封闭的，在没有过于显著的人为干扰时，市场应处于一种开放的状态，或可竞争的状态，可竞争市场（contestable market）理论便深入地分析了这个问题。[①] 在市场可竞争的状态下，影响市场竞争的主要因素并不是市场内部的厂商数量，而是在于市场外部的潜在厂商进入市场的难易程度，当市场的进入壁垒较低时，市场以外厂商进入市场的可能性便对场内厂商形成了比较明显的竞争压力，此时，竞争政策所关注的重点则在于市场的进入门槛，而非市场的竞争状态。换言之，当市场的进入门槛对场外的厂商没有极大的进入约束时，市场的竞争状态则不会引起很大的反竞争担忧。这个逻辑说明了，市场内部厂商的竞争压力并不单纯地来自市场内部那些在位的竞争对手，而同时也来自市场外部的那些潜在的竞争对手，当场外的厂商可以比较便利且低成本地进入市场，与场内在位厂商展开竞争时，则场内的厂商即便在某个时期处于垄断状态也没有充分的动机实施垄断行为。

可竞争市场的经济学逻辑在于，市场内部的在位厂商在制定价格时将受到场外厂商进入市场可能性的约束，这个约束条件对在位厂商产生了竞争压力，在位厂商的价格制定虽然依旧以最大化其利润为目标，但是，需要同时考虑该价格是

---

① W. J. Baumol, "Contestable Markets: An Uprising in the Theory of Industry Structure", *American Economic Review*, Vol. 72, No. 1, 1928, pp. 1~15.

否能够对场外的潜在进入者形成进入遏制。我们令一个市场中的在位厂商 I 的利润函数为 $\pi_I \equiv \Pi(p_I)$，场外潜在进入者 E 的利润为 $\pi_E \equiv \Pi_E(p_I, p_E) - F$，其中 p_i，$i = I, E$ 为厂商 i 的价格，F 是厂商 E 进入市场过程中需要承担的成本，F 的大小也反映出市场进入难度，当 F 增加时，市场的进入难度增加。由于厂商 I 和厂商 E 的产品或服务具有相互替代关系，因此 $\dfrac{\partial \Pi_E(p_I, p_E)}{\partial p_I} > 0$，即厂商 I 价格上涨使消费者有动机转移至其他厂商（即厂商 E），增加了厂商 E 在进入市场后的利润空间。在位厂商在制定利润最大化价格时，需要符合以下最优化问题：

$$\max_{p_I} \Pi_I(p_I) \qquad s.t. : \Pi_E(p_I, p_E) - F \leqslant 0 \qquad (1.1.3)$$

（1.1.3）所描述的有条件利润最大化问题中的约束条件说明了，在给定进入者的价格时，在位厂商所制定的价格水平应当具有一定的竞争性，使厂商 E 在进入市场后的利润不能高于其依旧停留在场外时的利润水平，即厂商 E 的利润水平在进入市场后不高于零。经济学分析中，通常利用"库恩-塔克方法"（Kuhn-Tucker method）解决类似（1.1.3）中的最优化问题，令 $\lambda \geqslant 0$ 是关于（1.1.3）的拉格朗日乘子，则厂商 I 的利润最大化价格满足条件：

$$\Pi_I'(p_I) - \lambda \cdot \frac{\partial \Pi_E(p_I, p_E)}{\partial p_I} = 0 \qquad (1.1.4)$$

使（1.1.4）评估于厂商 I 在封闭市场中（即作为一个垄断者）所实施的利润最大化价格 p_I^* 可以得到：$-\lambda \cdot \dfrac{\partial \Pi_E(p_I, p_E)}{\partial p_I} < 0$，这是由于 $\Pi_I'(p_I^*) = 0$。这个数理分析的目的是，比较厂商 I 在面对潜在竞争和没有潜在竞争时的利润最大化价格。数理分析的结果说明了，当厂商 I 在面对厂商 E 的潜在竞争时，其利润最大化价格相较于没有潜在竞争时的价格更低。说明了当市场中存在潜在进入者的可能性时，能够对在位厂商形成一种实际的竞争压力，使其即便处于市场中的垄断地位，也不会将其价格制定在垄断价格水平上。此外，对于在位厂商的竞争压力同样来自潜在竞争者进入市场的门槛，即 F，当进入门槛逐渐降低时，潜在竞争者进入市场与在位者展开实际竞争的可能性和便利性则越大，对在位者形成的竞争压力也便越大。因此，在竞争政策的制定过程中，将市场准入作为一个主要的政策方针就是通过调节市场的可竞争性来约束在位者的市场行为，是一种通过调整市场的（潜在）竞争状态来影响厂商行为的竞争政策。

（三）竞争的经济学理论基础

本节侧重于讨论市场竞争的相关经济学理论，从一个基准的垄断模型出发，阐述竞争对厂商和市场中的经济效果带来的影响。虽然经济学分析也包含了对垄断行为的关注，但是作为垄断行为分析的基础工作，经济学分析通常会首先关注垄断状态的成因和它的形成机制。考虑一个简单的市场需求函数 $Q(p)$，且 $Q'(p) < 0$ 反映了需求法则：市场价格增加，则需求降低。市场中存在一个垄断者，垄断厂商的边际成本为 c，他的利润函数表示为：

$$\pi \equiv \Pi(p) = (p - c) \cdot Q(p) \tag{1.1.5}$$

垄断厂商利润最大化的价格 p^M 满足条件：$\Pi'(p) = 0$，结合（1.1.5）可以表示为：

$$Q(p^M) + (p^M - c) \cdot Q'(p) = 0 \tag{1.1.6}$$

（1.1.6）反映出厂商价格的变动对其利润带来的双重效果：首先，价格上涨会为其带来更大的单位利润，即每销售一个单位的产品，利润会随着价格上涨而提高；其次，价格上涨会弱化消费者的购买动机，即市场需求会随着价格上涨而降低，进而降低厂商利润。因此，厂商会在上述两个相反力量上来制定价格以最大化其利润。（1.1.6）式可以进一步改写为：

$$\frac{p^M - c}{p^M} = \frac{1}{-\varepsilon} \tag{1.1.7}①$$

其中 $\varepsilon = -\dfrac{dQ(p)}{dp} \cdot \dfrac{p^M}{Q(p^M)}$ 表达了市场上的消费者对于厂商销售产品或服务的需求价格弹性。需求价格弹性描述了消费者的需求随着价格变化而变化的程度，例如，当 $\varepsilon = -1.2$ 时，说明了当价格提高（降低）1%，消费者的需求将降低（增加）1.2%。需求价格弹性（的绝对值）以 1 为关键值进行分化，当需求价格弹性大于 1 时，消费者对特定的产品或服务表现为富有弹性；当需求价格弹性介于 0 到 1 时，消费者对特定的产品或服务表现为缺乏弹性。② 前者说明了消

---

① （1.1.6）可以改写为 $p^M - c = -\dfrac{Q(p^M)}{Q'(p)}$，等式左右两边同时除 p^M 可以得到：

$$\frac{p^M - c}{p^M} = \frac{1}{Q'(p)} \cdot \frac{Q(p^M)}{p^M} = \frac{1}{\varepsilon}$$

② 这里我们需要明确的是，对于正常商品而言，消费者需求与价格的关系是相反的，因此正常商品的需求价格弹性均为负值，其绝对值则均为正值。

费者对产品或服务的价格变化较为敏感，少量的价格变动会引起消费者较大的需求变化，后者则反。

（1.1.7）左侧部分描述了厂商在市场中的勒纳指数（Lerner index），衡量了厂商在市场中的市场势力的强弱，勒纳指数越高（越低）说明了厂商的市场势力越强（越弱），也体现出了厂商能够将其价格制定在边际成本以上的能力越强（越弱）。通过（1.1.7）不难发现，当消费者对于厂商销售的产品或服务需求价格弹性越小，即消费者越缺乏弹性时，厂商的勒纳指数越大，意味着厂商的市场势力越强，说明了厂商在市场中能够将自身价格制定在成本之上的能力越强。

这个关于弹性、市场势力和厂商价格的现象反映出了垄断市场的一般形态，从其背后机理而言，垄断市场中（这里我们考虑是一个封闭的垄断市场），消费者的购买决策在"购买"与"不购买"之间选择，不存在关于几种商品之间的权衡，因此，消费者在垄断市场中的替代效应急剧降低，增加了消费者对垄断厂商提供的产品或服务的依赖度，进而降低了其需求价格弹性，同时，赋予了垄断厂商更强的市场势力和定价能力。表1-1-1给出了OECD（经济合作与发展组织）主要国家银行业市场在2014年的勒纳指数，表中数据反映出相较于其他OECD国家，加拿大和瑞典的银行业市场表现出较高的勒纳指数，展现出这两个国家的银行业市场中的经营者在样本国家内具有相对较高的市场控制（如定价）能力。

表1-1-1　2014年OECD主要国家银行业勒纳指数

国家	勒纳指数
美国	0.334
英国	0.276
法国	0.132
德国	0.085
意大利	0.136
加拿大	0.494
爱尔兰	0.268
荷兰	0.174
瑞典	0.412

国家	勒纳指数
丹麦	0.326
西班牙	0.322

数据来源：美国圣路易斯联储（Federal Reserve Bank of ST. Louis）官方网站。[①]

　　勒纳指数比较直观地描述了厂商的市场势力，但是，它侧重于解释厂商定价能力和市场需求特征之间的关系，而作为一种衡量厂商市场势力的指数，它却并不完全侧重于评估厂商价格水平和市场结构之间的关联。较高的勒纳指数反映出消费者较低的需求价格弹性，这种较低的需求价格弹性可能来自市场中较低的商品可选择程度，即市场结构趋于垄断或较高的市场集中度；另一方面，也可能来自厂商所提供的商品的被替代程度较低，反映了消费者对特定商品的依赖度要高于其他同类商品。这个特征说明了，即便市场是处于某种竞争状态，但由于某个厂商所提供的产品或服务无法被其他产品或服务良好地替代，使厂商的交易相对人对该厂商形成了较强的依赖，同时也产生了该厂商对市场内其他交易相对人的控制能力。

　　因此，勒纳指数在衡量市场势力时体现了以下两个主要特征，首先，勒纳指数的高低并不单纯地描述厂商定价能力的强弱，同时也可以反映出消费者对厂商依赖程度的高低。其次，较高的勒纳指数并不一定存在于垄断结构的市场中，也可以存在于竞争结构的市场中，具有较高勒纳指数的厂商由于某些原因，在市场中具有显著的控制能力，直接体现在该厂商的产品或服务无法被其他同类产品或服务良好地替代，换言之，消费者在替代过程中承担了显著的转移成本，使其没有充分的动机进行替代。

　　从市场可竞争性的角度来看，我们将上述封闭市场"打开"，设定厂商可以自由地进出市场（这个设定主要意图在于，开放市场可以较好地评估市场内厂商数量对竞争带来的影响），同时，弱化产品的差异化对竞争效果带来的扰动。我们基于一个赛洛普模型（Salop model）对上述竞争市场进行设定，赛洛普模型考虑在一个周长为 l 的圆形市场上，数量为 n 的厂商平均分布在圆周上，每个厂商在既定的厂商数量下能够获得的市场为 l/n（如图 1-1-1 所示）。[②]

[①] https：//research. stlouisfed. org/.

[②] S. C. Salop, "Monopolistic Competition with Outside Goods", *Bell Journal of Economics*, Vol. 10, No. 1, 1979, pp. 141～156.

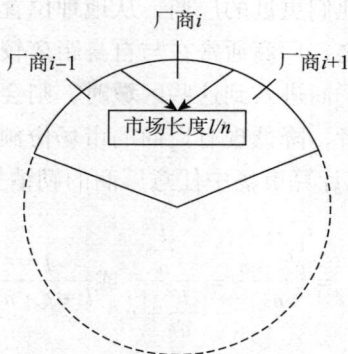

图 1-1-1　赛洛普圆周市场

任意一个厂商 i , $i \in n$ 的利润函数可以表示为：

$$\pi_i \equiv \Pi_i(p_i) = (p_i - c) \cdot (\frac{l}{n} - p_i + \frac{p_{i-1} + p_{i+1}}{2}) \qquad (1.1.8)①$$

其中 c 刻画了厂商的边际成本，在同质化市场中，厂商的生产经营处于对称的状态，因此他们具有相同的边际成本，p_{i-1} 和 p_{i+1} 表示了厂商 i 左右相邻的两个厂商所制定的价格。在均衡情况下，由于所有厂商的成本相同，任意厂商的利润最大化价格都与其他厂商保持一致，即厂商 i 的利润最大化满足条件 $\Pi'(p_i) = 0$ 且 $p_1 = p_2 = \cdots = p_n = p^c$，该价格可以求解为：

$$p^c = \frac{l}{n} + c \qquad (1.1.9)$$

（1.1.9）中的均衡价格十分明确地表达了市场中厂商的价格结构，其中 c 表达了厂商的基础价格，即厂商的价格是基于其成本的。其次，l/n 描述了厂商的市场势力程度，具体而言，虽然在赛洛普圆周市场上的所有厂商之间并不具有产品的差异性，但是他们所处的不同位置为消费者带来的转移成本，使消费者在选

---

① （1.1.8）中的需求函数来自市场中消费者的效用，在赛洛普模型中，消费者购买厂商 i 产品时的效用函数表示为：

$$u_i = \theta - p_i - x_i$$

其中 $\theta > 0$ 为消费购买产品后获得的基础效用，$x_i \in (0, \frac{l}{n})$ 表示了消费者距厂商 i 的距离。当消费者购买厂商 i 和购买厂商 i 相邻的左右两家厂商产品获得同样的效用时，则该消费者（即边际消费者）划定了厂商 i 的市场边界。

择厂商时通常会倾向于距他们更近的厂商，从地理位置的层面提高了厂商相对于其他竞争者的优势，换言之，厂商通常在与自身距离较近的消费者集团中具有较强的市场势力，当更多的厂商进入到这些区域时，则会挤占现有厂商的市场，获取现有厂商所服务的消费者，降低现有厂商的市场份额。

进一步基于（1.1.9）计算市场中任意厂商的勒纳指数可以得到：

$$L = \frac{p^c - c}{p^c} = \frac{\dfrac{l}{n}}{\dfrac{l}{n} + c} \text{ 或} \frac{l}{l + c \cdot n} \tag{1.1.10}$$

（1.1.10）反映出当市场中的厂商数量 n 增加时，在位厂商的市场势力减弱（体现在其勒纳指数的下降）。具体而言，当市场中的厂商数量增加时，市场中在位厂商能服务其邻近的市场规模降低，厂商数量的增加使在位厂商在既定的市场中面临着更加激烈的竞争，为了获得市场，厂商将通过降低价格来提升自身竞争力。考虑一个极端的情况，当市场中的厂商数量无穷大时，厂商的市场势力将趋近于零，即 $\lim\limits_{n \to \infty} L = 0$ ，说明了极大数量的厂商会将在位厂商的市场势力压低至零，接近完全竞争时的水平。此外，（1.1.10）同样说明了，当厂商的成本 c 降低时，其市场势力会有所提升，这一点反映出当厂商通过创新等手段提高自身的生产经营效率时，它能够相对于竞争对手获得更好的交易条件，强化其在市场中的控制能力，进一步提高定价。

在赛洛普竞争模型的分析框架下，可以发现竞争带来的两个主要影响：首先，竞争可以同时来自市场中的厂商数量和产品差异化程度，当市场中的厂商数量增多时，在既定的市场规模下，每一个厂商面临的竞争压力增强，在丧失市场的担忧下，厂商会降低其价格来维持市场份额。同时，产品的同质性使厂商不能通过改变差异化水平来增加消费者在选择过程中的机会成本，即产品间较强的相互替代程度也会弱化厂商在市场竞争中的相对竞争力，这个特征反映出竞争状态对厂商市场势力的弱化效果。其次，市场竞争状态的形成来自市场的自由进出，赛洛普模型所考虑的市场是一个近乎无门槛的市场，即一个可竞争的市场。在这种市场下，任何场外的厂商都可以瞬时进入市场与在位者展开竞争，这就为市场中的竞争状态的形成提供了基础。结合上述两个特点，市场竞争不仅是一个静态的竞争状态，同时也是一个动态的竞争过程，通过竞争来弱化市场中厂商的市场势力，防范厂商利用市场势力实施垄断行为的路径也并不仅限于构建一个竞争的市场，同时，还需要建立一个能够使厂商自由进出的市场环境。

二、竞争的法学解释

经济学上的竞争和法学上的竞争在内涵和外延上不完全一致。经济学通常是以一种客观的眼光来看待和诠释社会事件和行为，"价值无涉"是经济学分析的基本出发点和基本要求。这是经济学解释竞争、竞争关系与法学上解析竞争、竞争法律关系不完全一致的主要原因。

（一）竞争的两面性

经济学上将竞争划分为有效竞争和无效竞争、正常竞争和过度竞争。基于法律建立在一定价值判断的基础上，竞争法所关注的只是上述经济学每种分类中的后者，即将其作为调整对象来设置相应的法律规范。

1. 竞争关系的法学解释

在法律上，关于竞争的明确定义很少。在极少数的立法中，如俄罗斯《竞争保护法》第4条所给出的"竞争"定义基本上就是经济学上的解释。

由于竞争法视角"反"的局限性，并不是所有的竞争关系都是法律调整的对象，竞争法所调整的关系在某些情况下超出了经济学所认定的竞争关系范围。例如，在经济学层面，上下游经济环节之间一般是合作关系而非竞争关系；但在法律层面，上下游经营者的行为在危害第三者——竞争者或消费者——的情况下，或者上下游企业之间存在滥用市场势力时，才可能被评价为限制竞争的法律关系。因此，虽然都是建立在经济关系的基础上，但经济学和法学因评价标准不同，研究的客体范围也不一样。

各国（地区）竞争法表述竞争法律关系主体所用的称谓不尽一致。所使用的不同称谓多具有指代意义，并不严格地拘泥于概念的外延。这形成了竞争法独特的概念不周延使用的现象。

在我国，反垄断法规定的核心主体是经营者，并将其定义为"从事商品生产、经营或者提供服务的自然人、法人和非法人组织。"实际上，无论是不正当竞争行为，还是垄断行为，主体在外延上都可能超过"经营者"的范围。如反垄断法中所规制的行业协会、行政机关、具有管理公共事务职能的组织等。可以看出，竞争法律关系的主体具有多样性、扩展性等特性。为了简化问题以便于理解具体的法律制度，可将竞争法律关系的主体分为如下三种类型：资格主体、参与主体和参照主体。

（1）资格主体。是指被竞争法所规范的具有竞争法律关系主体的资格，并通过自己参加竞争关系，实际取得权利、承担义务的主体。资格主体是竞争法律关系的典型主体形式。凡享有从事生产、经营活动，获取利润资格的主体都属于此类。概括地讲，是具有"经营者"或"事业者"资格的主体形式，具体包括公司、合伙企业、个人独资企业、从事经营活动的个人等。

（2）参与主体。是指依法律规定不具有从事生产、经营活动，获取利润的资格，但因参与交易而成为受竞争法约束的主体。包括依法规定不具有从事生产、经营活动，获取利润资格的国家机关、事业单位、慈善机构、行会等。诚然，"参与经济活动"有两种情况：因职权参与和滥用职权参与，国家机关、事业单位、慈善机构、行会等在"因职权参与"的情况下可以以经济主体的身份参与某些经济活动，如自身需要的建设工程的招标、发包、物品采购等。

（3）参照主体。表面上看，竞争关系是经营者和竞争者之间的"事情"，但由于竞争最终要在消费者身上反映出来，所以，竞争法律关系应当是经营者、竞争者和消费者（包括购买者）共同的"事情"。消费者在竞争法律关系中是以受害者或第三者的身份出现的，即作为经营者行为正当性和合法性的判定标准。所以，消费者在竞争法律关系中属于经营者和竞争者关系正当性的参照，为参照主体。

2. 竞争的两面性

在现代社会，一个选择了规范竞争关系的国家，也就意味着选择了调整竞争关系的法律制度。将竞争关系上升为竞争法律关系的目的是排除对竞争的不当限制。承认并尊重竞争关系是制度选择的前提，发现并揭示限制竞争的类型是制度选择的基本条件。竞争和反竞争是事物内在矛盾的两面，在不同的生产关系下，两方面各自所发挥的影响不同。历史表明，最初的竞争表现为一种积极进取的力量，一座通往财富之路的灯塔；之后，竞争却成为积累财富的权柄和引发经济激烈冲突的大棒。在西方，竞争曾一度被神化，竞争机制被认为是可以解决市场中的一切问题的灵丹妙药。事实上，竞争既可以创造财富也可以摧毁财富，竞争具有两面性。

竞争的积极一面和消极一面总是相伴相生，只是历史上其消极性的一面往往比积极性的一面迟滞地显露出来。于是，除了古典经济学派和新古典经济学派外，凡理论涉及竞争的经济学派和经济学家都承认并在竞争的分析上自觉地运用如下分类标准——有效竞争和无效竞争（或效率竞争和非效率竞争）。有效竞争和无效竞争各自有诸多表现形式，限于篇幅现仅选取如下两个主要对立方面加以说明。

（1）竞争的创新功能与创新抑制。"竞争的一个特别重要的结果是企业会变得乐于创新。"① 企业不断地进行研发，并力图利用新的生产方法、新的原材料、新的组织和方法获得竞争优势。正如艾哈德所言："凡没有竞争的地方，就没有进步，久而久之就会陷入呆滞状态。"② 竞争促进创新的功能可以归结为两个方面，即技术创新和组织创新。

关于技术创新，马克思深刻地指出，技术创新是提升竞争力和促进经济发展的推动力：资本家为了增加利润量，采取开发和大规模地引进节约劳动的技术，开发新产品和开拓新市场。③ 熊彼特继承了马克思的观点，在其《经济发展理论》中提出了两个命题——技术创新是经济发展的核心；创新是企业的恒久主题，而不是偶然现象。④ 竞争机制下，企业市场地位的评价指标主要是企业的收益水平及其稳定性。企业欲获得长期稳定的收益就必须改进生产技术、降低成本、开发新产品，实现这一目标的主要手段是技术创新。

关于组织创新，新制度经济学的代表人物科斯创立了"市场替代"理论，科学地解释了企业代替手工工厂的制度原因，阐明了企业存在的经济合理性。科斯理论也为组织创新提升企业的竞争力提供了理论支持。竞争促进组织创新体现在组织规模的扩大和内部组织管理的科学化。通过外部交易成本内部化，企业经营优于分散的手工业者。随着企业规模的扩大，与之相适应的企业内部组织机构也会发生革命性的转变。⑤ 钱德勒将这种转变称为"企业家式的管理转变为经理式的管理"⑥，即所谓职业经理人制度，并认为这是现代工商业企业成熟的标志。

竞争在发挥创新功能的同时，也会附带产生反竞争的问题。常见的问题是：创新者利用其支配优势地位限制他人的权利或剥夺他人的利益，如注册商标或专利许可中的限制产品行销地域或限制产品的价格；因激烈竞争而发生在组织上的消极影响，如体现为通过"一体化"垄断市场；通过组建卡特尔垄断企业有能

---

① ［挪威］A. J. 伊萨克森、［瑞典］C. B. 汉密尔顿、［冰岛］T. 吉尔法松：《理解市场经济》，张胜纪、肖岩译，商务印书馆1996年版，第39页。

② ［德］路德维希·艾哈德：《来自竞争的繁荣》，曾斌译，京华出版社2000年版，第167页。

③ 马克思论述了，在竞争中，资本家为了追逐超额剩余价值和相对剩余价值总要千方百计改进技术、提高劳动生产率。这是"资本的内在冲动和经常的趋势"、（它）"迫使竞争者采用新的方法"。参见《马克思恩格斯全集》（第23卷），中共中央马克思恩格斯列宁斯大林著作编译局译，人民出版社1972年版，第354～355页。

④ 参见［美］熊彼特：《经济发展理论》，郭武军、吕阳译，华夏出版社2015年版，第49～81页。

⑤ 参见［美］奥利弗·E. 威廉姆森、西德尼·G. 温特编：《企业的性质——起源、演变和发展》，姚海鑫、邢源源译，商务印书馆2011年版，第43页。

⑥ ［美］小艾尔弗雷德·D. 钱德勒：《看得见的手——美国企业的管理革命》，重武译，商务印书馆1987年版，第547页。

力并有动机将市场调节价格变为企业内部价格、将中小型竞争对手排挤出市场；垄断组织滥用支配力掠夺消费者福利并剥夺中小企业生存权和发展权。这些都为竞争法的产生提供了客观条件。

（2）竞争机制的自发均衡与效率损耗。竞争具有调节功能。竞争的调节功能是通过竞争引导资源从生产效率较低的用途流向生产效率较高的用途，进而调整企业的生产结构实现的。这种调整可能在特定形态下有效，但不会永远有效。早期竞争机制的调节建立在价格机制和供求机制的共同作用基础上，即价格和供求关系的变化会影响市场参加者的相互关系，从而改变生产者和消费者的行为。生产者和消费者行为的改变，又会反过来影响价格和供求关系。在古典经济学家的眼里，这种改变是竞争机制自发调整的过程，无需借助于外力即可实现均衡。

随着竞争加剧，价格作为竞争的调整工具被其他竞争要素及其组合形式——新商品、新技术、新组织、新市场、新供给、新要素等所淹没。当产品替代性增加和企业规模差距增大时，决定价值规律的供求关系渗入了一些新的"干扰"因素，并改变了竞争机制自发调整过程和结果的单一性关系。就"供"的方面而言，产品替代性增加和企业规模差距加大使企业获得完整、真实信息的可能性减小。规模庞大的企业垄断原材料也阻碍了资源的自由流动。这样，竞争机制自发调节下的企业之间出现了两种不确定性，即"横向不确定性"和"未来不确定性"。"横向不确定性"即难以判断竞争者的生产经营行为对自己的影响有多大。"横向不确定性"使得经营者的经营风险增强，不断出现的经营风险便凝结成市场的盲目性特点。"未来不确定性"是企业为适应市场变化进行产品结构调整所面临的产品能否"适销对路"的新风险的评估困境。就"求"的方面而言，产品的替代性增大意味着消费者的消费选择性增强，并由此可能产生消费者偏好。消费者偏好排斥价值规律的作用，引发竞争力的着力点的扩散：以往的单独价格竞争扩散为性能、商标、装潢、广告等方面的竞争。与此相伴，一些企业行为方式也会发生转变，脱离技术开发、品牌维护等，将心力投放到搭他人便车以规避风险并获取利润的短期行为上。这种以效率损耗为前提的竞争虽然也具有均衡市场关系的功能，但均衡过程是以对利益主体的伤害为代价。

历史表明，在西方文明中，竞争曾扮演过多种角色：在自由资本主义向垄断资本主义的发展中，竞争由拯救封建经济的天使变成扼杀自由经济活力的魔鬼。在这一历史进程中，"它许诺并提供了财富与经济进步，它也改变了财富的分配，动摇共同体的根基，（但同时也）向道德规范发起挑战"。① 这个变动的过程是缓慢的，其消极的一面也是渐进地显现出来的，这使得人类在对待反竞争的态度上，曾经犹豫过、徘徊过，并曾经以最大的善意期待竞争能够自我觉醒并回归。在其负面影响充分地展露出来，并不断地对经济发展施加阻碍时，人们对其进行规制的态度便逐渐坚定起来。

（二）法律上反竞争的类型化

影响市场有效竞争的因素通常有三个方面：一是来自国家的，如关税等各种税收、知识产权的垄断等，因其涉及的是国家主权，其不合理之处只能通过政治制度的完善来改进。二是来自市场主体的，是市场主体蓄意改变市场规则并使之有利于自己，它涉及的是个体利益与公共利益的对抗，如企业之间的限制价格协议、规模企业独占经营、垄断销售渠道等。三是来自政府的，是政府不当介入经济关系并依据行政力量来改变市场规则，往往这种行为有利于从事该行为的政府人员的团体利益和个别市场主体的利益，如发布文件给予个别企业享有垄断经营某种产品的特权。在不涉及或不可能涉及国家安全和社会公共利益的前提下，上述第二、三情形便是竞争法所力图消除的"坏的"竞争。

1. 基本类型

被认为是"坏的"竞争包括两种形态，即不正当竞争行为和限制竞争（垄断）行为。两种行为的区别在于以下五个方面：①垄断行为是个中性概念，不会被一概否定，必要的垄断在各国都会存在；不正当竞争行为是法律所禁止的，无论什么行业或什么时期都不允许不正当竞争的存在。②垄断行为的实施主体是一定经济领域的少数规模企业；不正当竞争行为的实施主体并不限于规模企业，市场中的任何主体都有可能实施不正当竞争行为。③垄断的方式既可以是个别企业利用市场支配地位单独实施，也可以是两个以上企业共同实施；不正当竞争的方式一般由主体单独实施，且不要求实施主体具有优势地位。④追求垄断的目的是排除或限制竞争而获得一定时期在某经济领域的垄断利润；从事不正当竞争的目的是短期推销商品或兜揽生产经营业务，获得较多盈利或转嫁自己的不利后果，而不是为了独占某种项目的生产经营而攫取垄断利润。⑤垄断行为侵害的主体往往不特定，不正当竞争行为侵害的主体往往是特定的。

垄断行为主要有如下三种，也被称为反垄断法的三大支柱：①协议限制竞争

---

① ［美］格伯尔：《二十世纪欧洲的法律与竞争》，冯克利、魏志梅译，中国社会科学出版社 2004 年版，第 1 页。

行为（垄断协议），包括横向限制协议、纵向限制协议、轴辐协议等。②具有排除和限制竞争的经营者集中行为，包括横向集中、纵向集中和混合集中。③滥用市场支配地位行为，包括不公平价格、价格歧视、限定交易、搭售等。除此之外，转型国家立法还规定了第四种行为：滥用行政权力排除、限制竞争行政垄断。

当然，这些类型化行为是逐步归纳而形成的，它仅仅是历史性的总结，之于经济发展中需要现实且具有开放性的观念及时归纳和总结新的行为类型。如互联网行业中的新型不正当竞争行为、滥用优势地位等。这些行为的反复出现会强化行为自身的特点，并不断显化形塑行为独特的本质外表。所以，反竞争行为的识别既需要在历史中把握，也需要在现实中不断积累经验。

2. 类型化的立法

各国和部分地区在制定其竞争规范时，基于经济环境的需要、相关法律状况、执法能力等因素的不同，竞争法的表现方式、方法也有一定的差异。归纳起来，有三种不同的类型：分立式立法、合并式立法、混合式立法。

（1）分立式立法。分立式立法即严格区分垄断行为和不正当竞争行为，并在立法上分别制定反垄断法和反不正当竞争法。德国、日本、韩国为分立式立法模式的代表国家。分立式立法模式具有以下优点：

首先，立法目的明确。反垄断法的目的主要是防止市场形成垄断结构并禁止经营者从事限制竞争行为；而反不正当竞争法旨在禁止经营者采取不正当手段从事竞争。

其次，立法内容界限清楚。垄断行为强调主体联合的市场危害或单个主体滥用市场力量破坏竞争；不正当竞争行为更多注重行为本身，不强调行为人的市场力量，也不涉及市场结构，市场变化等外部因素。

最后，设置不同的法律实施机制。对垄断行为和不正当竞争行为分别立法，在区分行为性质、划分行为特征的基础上，确立不同的纠纷解决机制。德国和日本反不正当竞争法以司法程序为主，法律依据主要是民事诉讼法律制度；反垄断法的实施则主要由专门的行政主管机关（德国为卡特尔局或卡特尔署，日本为公正交易委员会等）负责，依据的是反垄断法或相关行政法。

（2）合并式立法。合并式立法是将垄断行为和不正当竞争放置于一个法律规范中的立法模式。匈牙利 1990 年的《禁止不正当竞争法》、保加利亚 1991 年的《保护竞争法》、俄罗斯 1991 年的《竞争与限制商品市场垄断行为法》（2006年后改为《竞争保护法》）以及我国台湾地区 1991 年的"公平交易法"等。合并式立法的优势在于：

首先，突出垄断行为与不正当竞争行为之间的共性，强调两法之间的内在联系。从反垄断法与反不正当竞争法所规范的行为的特点看，都针对反竞争行为。在促进竞争方面，二者之间也具有同一性：反垄断法通过消除市场竞争障碍达到有效竞争的目的；反不正当竞争法通过确定行为正当性标准排除侵害，维护竞争者权益或消费者利益。换言之，二者都追求竞争的公平性。

其次，便于在技术上列举处于垄断行为和不正当竞争行为边缘的行为。有关国家和地区立法列举的不正当竞争行为的规范类型大致相同。但市场的不确定性、经济主体规模的变动性、主体身份多元性等决定了某些行为难以正统地规划到垄断行为或不正当竞争行为范畴之中。例如，不具有支配地位的主体在交易中基于销售渠道上的"优势地位"与交易相对人签订不公平、不合理的交易；再如，只在小区域范围内实施的短期垄断行为。这类行为既处于传统垄断行为和不正当竞争行为的边缘，又具有两种行为交叉的特性，如果采取合并式立法，就可以有效解决归属问题。

最后，有利于对不正当竞争进行有力的法律调控。通常情况下，反垄断执法都是由专门的执法机关来完成，而对不正当竞争行为的监督则不设专门的执法机关。专门机构的执法可以统一对垄断行为和不正当竞争行为进行监督、检查，能及时、广泛和有效地维护竞争秩序及保护经营者、消费者利益。

（3）混合式立法。将垄断行为和不正当竞争行为的相关类型分别纳入若干单行法律、法规和判例之中，然后再综合运用这些法律法规进行调整。美国和英国是典型代表。混合式立法模式具有以下优点：

第一，具有较强针对性。对限制竞争行为和不正当竞争行为在法律上不作明确划分。轻法典而重单行法规和个别案件的单项调整。

第二，司法判例具有灵活性。英、美本身属普通法系国家，司法判例在确定具体的法律标准方面，始终都充当着特别重要的角色。

当然，根据个别案件很难确认法院的审判结论是否具有超越本案的普遍意义，对某种行为应如何规制，不仅要审视现阶段案件审判结论，还要关注同类案件法院审判态度的转化，这增加了理解和掌握竞争法的难度。另外，法院对各个具体法律问题的处理思路也并非始终如一，需要剥离个别案件因基于案件本身的特点而进行特殊说理的干扰。

三、反垄断法运行中的经济学嵌入

(一) 法律规范中经济学概念的运用

竞争法中的一些概念来源于经济学。由于认识的视角不同，经济学上的概念往往有多层含义。竞争法所援用的经济学上的概念多以公共的视角把握概念的内涵。

1. 竞争法中的基本概念

这里的基本概念指涉及竞争法立法宗旨、原则等方面所使用的概念，包括竞争、垄断、市场、消费者、经营者等。

竞争的经济学含义上文已述，此不赘述。垄断是竞争减少或缺失时的状态。经济学上的竞争和垄断属于中性概念，而法律对竞争和垄断的界定采取的是一种"二值编码"技术，即它们分别被划分为正当竞争、不正当竞争，合法垄断、非法垄断。在两个学科中，同为有效竞争和无效竞争含义截然不同，经济学中的有效和无效之"效"是指效率，通常被理解为投入产出之比；法律上的有效和无效之"效"是指效力，即行为的社会评价结果。当然，法律上的有效、无效或合法、非法的确定标准仍离不开效率分析，只是分析中选取了社会效率作为标准。法律是公共意志，经济学不强调公共视角。

关于市场，在竞争法中市场的完整称谓是"相关市场"。并进一步划分为相关地域市场、相关商品市场、相关时间市场。经济学通常认为市场是具有社会分工的商品交易场所，是一个反映商品和服务价格形成的空间。不难发现，经济学视角下的市场通常较反垄断视角下的市场更"大"，或者更加广义。因此，在很多反垄断实践过程中，我们都可以发现相关市场往往是包含在经济学市场中的。例如，民用航空运输市场这个定义通常不能帮助我们进行具体的反垄断分析，这是由于我们没有通过界定竞争者所处的具体地区、地域、航线来规范垄断行为具体发生的空间，即还需要进一步界定相关地域市场。

消费者和经营者在竞争法中被消费者利益和经营者（或竞争者）利益代替，消费者权益和经营者权益是以消费或经营行为表现出来的，由此区别于《消费者权益保护法》中的消费者和《中小企业促进法》中的经营者。《消费者权益保护法》和《中小企业促进法》确立的保护模式是从主体到行为的模式，可以称其为权利（力）法；竞争法建立的是从行为到主体的模式，以经营者的不得为行为为中心，并以消费者利益和竞争者利益为行为延伸的客体，竞争法可以被称为义务法。竞争法中的消费者为具有一般理性的消费者，其具有三个特征：消费行为经过成本计算；决策目的是使效用最大化；存在一定的消费偏好。经济学上，经营者是追求利润最大化的主体，其行为的效果用利润函数来描述。而用来描述市场价格状况的与消费者和经营者相关的经济学概念——消费者剩余和生产者剩余，则是分析具体垄断行为竞争损害和福利损失的重要工具。

2. 竞争法制度中专业术语的对应使用

竞争法制度中很大一部分术语在经济学中对应使用。微观经济学主要研究微观经济载体的经济行为和相应的经济变量的关系，其中厂商的行为在不同程度上涉及竞争关系。经济学对竞争经济关系的关注时间早于竞争法律和法学，在这一前提下，可将竞争法制度中专业术语的对应使用称之为对经济学概念的援用。但由于法律仅仅关注经济世界中典型的、具有普遍性的反竞争现象，法律上在使用相关经济学概念时往往附加一定的限制条件，由于内涵的丰富，使得一些法律规范在概念的外延上小于经济学上同一概念的外延。例如，价格歧视，最早从经济学理论上分析价格歧视的是庇古。1920 年庇古把价格歧视分为三种：第一级价格歧视，指垄断者完全了解每位顾客的支付意愿，并对每位顾客收取一种不同价格的情况；第二级价格歧视，卖方把买方分成几个与一定价格水平相对应的集团，分别以不同的价格销售；第三级价格歧视，指的是对不同需求价格弹性的两个以上用户群体（实质上是两个以上市场），以不同的价格进行销售。竞争法所规范的价格歧视除了对不同的人实行不同的价格外，至少还要求以限制竞争为目的。因此，经济学意义上的价格歧视并不都是法律意义上的价格歧视。

（二）经济学方法的嵌入

竞争法（主要是反垄断法）中的专业术语通过以下语意解释实现法学和经济学之间的转化：公共利益—经营者利润、消费者福利、竞争者利益相互关系的协调；协调中据以认定的公共利益通过以下方法得出：经营者利益—消费者利益的效用（福利）分析、经营者利益与竞争者利益中的"成本—收益"分析、经营者间的博弈分析等，法律上的分析更多是法益分析。

以价格歧视为例，经济学上的价格歧视分为完全价格歧视和部分价格歧视。价格歧视有两个特征：价格歧视是以利润最大化为目标的企业的理性战略；价格歧视要求能够根据客户的支付意愿划分市场。实施价格歧视能使总体上增进福利，但价格歧视的福利增进表现为生产者剩余的提高。歧视价格中高价部分是以部分购买者的被迫接受为基础来定价的，这个价格不仅高于边际成本，而且会接近垄断价格；而歧视价格的低价部分往往是企业的正常定价，即根据成本与市场平均收益率制定的价格。在纵向市场上企业间的交易中，价格歧视将购买者分成大小不同的主体，中小企业属于被歧视者。经价格转嫁导致消费者剩余的减少。经济学只是客观地描述经济关系的状况，不进行价值判断。而法律需要在客观经济状况的基础上进行价值分析和利益平衡。一个国家的消费政策中，消费者福利是首要的政策价值。价格歧视以剥夺消费者剩余为代价增加生产者剩余，宏观上可能会影响国家的调控政策，就中观而言，将破坏市场经济秩序。这是法律规制价格歧视的原因。

经营者利益与竞争者利益中的价格、成本分析通常适用于掠夺定价、价格卡特尔等行为中。以掠夺定价为例，该种限制竞争行为的法律标准是，营销价格低于成本定价。成本是个泛称，一般指生产中所支付的各种生产要素的总和。成本又分为总成本、平均成本、边际成本。总成本可以分为固定成本和可变成本。上述这些成本类型还可以按时间长短划分。那么，"低于成本定价"以哪种成本来衡量是理解和运用该法律规范的核心。这里，需要考虑成本的可计量性。自然，会首先排除边际成本。

经济学上就成本而言的短期和长期有特殊的含义。短期指厂商不能根据它要达到的产量来调整其全部生产要素的时期，在这一时期，它只能调整原料、燃料及劳动力数量这些生产要素，而不能调整厂房、设备和管理人员这类生产要素。长期是指厂商能根据所要达到的产量来调整其全部生产要素的时期。因此，在长期成本中也就没有固定成本和可变成本之分，一切生产要素都是可以调整的，一切成本都是可变的。分析长期成本时，只能分析总成本、平均成本与边际成本。[①] 短期成本比长期成本更能够突显厂商的正常定价行为和价格策略性行为。此外，采取何种短期成本来进行计量。平均固定成本随着产量的增加而变小，直至无限小；平均可变成本是成本中的变量，表现为一条"U型"曲线，达到规模经济时，平均可变成本最小。平均成本是平均固定成本和平均可变成本的总和，因此平均成本高于平均可变成本。如果采取平均可变成本作为低于成本定价的标准表明规制态度较宽松；如果采取平均成本作为低于成本定价的标准则表明规制态度较严厉。美国芝加哥学派采取平均可变成本作为标准；欧盟法院实行两个标准：平均可变成本标准并具有限制竞争目的，高于平均可变成本但低于平均成本标准。

经营者利益和竞争者利益的博弈分析常用于分析企业共谋和合并。早期的单

---

① 梁小民编著：《西方经济学教程》，中国统计出版社 1998 年版，第 144~151 页。

期博弈模型有三种：古诺（Cournot）竞争、斯塔克伯格（Stackelberg）竞争和伯特兰（Bertrand）竞争。[①] 古诺竞争指的是每一个厂商独立行动，并试图通过选择产量达到利润最大化。在古诺竞争中，厂商的生产信息是集中的、可共享的（另加上厂商是理性的、个人主义的），因而，厂商之间是相互依赖的。每一个厂商在预见另一家厂商做什么的情况下，选择自己的最佳市场策略。理论上，存在两家厂商均分市场的可能；但事实上，这种可能性很小，即便出现均分市场，竞争的动态性也会在短期内打破这种均衡。每一个厂商的利润量都受其他厂商利润水平的影响，也影响其他厂商的利润。在市场总利润的分配上，各厂商都力图扩大自己的份额，而扩大份额的基本方法是降低价格扩大产量，因此，在古诺竞争中，每一个厂商都充满偏离合谋的渴望，这是卡特尔具有不稳定性的有力论证。斯塔克伯格竞争描述动态竞争，经营者在不同的阶段制定产量、价格或者其他竞争工具来最大化利润和预期利润，先进行决策的经营者即领导厂商选择其产量水平或价格最大化预期利润，其他追随者根据领导者的产量水平做出他们的产量或价格决策。在有些情况下（如产量竞争），斯塔克伯格竞争中的领导者可以得到更高的利润，追随者的空间很小，甚至可能被排挤出市场。伯特兰竞争与古诺竞争类似，但伯特兰竞争策略的变量不是寡头供给市场产品的数量，而是价格，且强调了相互竞争的厂商具有差异性。

单期博弈的结果可能使某个参与者达到利润最大化，但下一轮单期博弈中实现利润最大化的往往是另外的参与者。单期博弈不能使参与者在均衡中达到集体利润最大化，且单期博弈中形成的背叛激励会在短期内使集体利润越来越少。所以，一般情况下，[②] 单期博弈不太可能形成一个价格卡特尔。单期博弈不断重复将改变背叛合作的倾向，当一个厂商多次向另外的厂商发出希望合作的信号，接收信号的厂商渐渐地会做出积极的反应，因为参加人会发现合作对所有的成员都有好处。因此，在长期博弈的情况下，串谋的可能性将大大增强。

总之，经济学概念、方法等会广泛运用到反垄断法制度上和制度实施过程中。一方面是显性运用——直接转化为法律规范；另一方面是隐性地运用，即在法律实施中用来说理。

---

① 这些模型都难以令人满意，每一个厂商都会根据竞争对手对自己的行动的反应而做出反应，其假定和结论都具有推测的性质。但在存在寡头的情况下，这种假定和结论会接近于真实。

② 一般情况下，一次博弈不可能形成卡特尔，例如参加展览会的厂商之间。特殊情况下的一次性博弈则有可能形成卡特尔，如招投标中的串联。

四、垄断的市场基础

任何竞争行为，包括具有或可能具有排除、限制竞争效果的行为，均发生在特定的市场范围内。

（一）相关市场的概念与分类

在禁止经营者达成垄断协议，禁止经营者滥用市场支配地位，控制具有或者可能具有排除、限制竞争效果的经营者集中等反垄断执法工作中，均可能涉及相关市场的界定问题。

1. 界定相关市场的概念

相关市场，是指经营者在一定时期内就特定商品或者服务（以下统称"商品"）进行竞争的商品范围和地域范围。

科学合理地界定相关市场，对识别竞争者和潜在竞争者、判定经营者市场份额和市场集中度、认定经营者的市场地位、分析经营者的行为对市场竞争的影响、判断经营者行为是否违法以及在违法情况下需承担的法律责任等关键问题，具有重要的作用。因此，相关市场的界定通常是对竞争行为进行分析的起点，是反垄断执法的基础性工作。

几乎所有的垄断案件都会涉及相关市场。从我国现有的法律文本上看，似乎只有滥用市场支配地位和经营者集中提到了相关市场的问题，但实际上，包括垄断协议和行政垄断也会涉及相关市场的辅助判定问题，只是认定中其他要素的作用更为突出，以至于相关市场的认定在定性上显得不那么重要。

美国学者波斯纳研究了从 1890 年通过《谢尔曼法》到 1969 年间美国司法部的价格操纵案例，发现价格共谋几乎有一半（47.4%）发生在地方性或区域性市场。市场的地理范围越小，就越有可能由少数几家厂商控制很大的份额。当然，相关市场的认定在卡特尔和行政垄断案件中往往被忽略了，其主要原因是卡特尔案件尤其是核心卡特尔案件大都适用本身违法原则，[①] 只要确认行为的概念属性即可认定行为违法。同样，行政垄断案件由于涉及行政权力的滥用，从宪法和行

---

① "核心卡特尔"（hard core cartels），也有称为"恶性卡特尔""硬核卡特尔"，不一而足。一般通念以为，企业间为从事固定价格、围标、限制产销数量，或瓜分市场（包括分配交易对象、供货商、交易地区等）所为反竞争之协议、安排或一致性行为。参见刘连煜：《台湾引进宽恕政策对付恶性卡特尔之立法趋势》，载游劝荣主编：《反垄断法比较研究》，人民法院出版社 2006 年版，第 522 页。

政法的要求来讲，滥用权力本身就是违法的。另外，行政权力的效力范围本身就基本上划定了相关市场。由此在这两类案件中相关市场的地位远不及在滥用市场支配地位和经营者集中方面那样显化。

相关市场界定对案件的违法性认定具有直接的影响。美国历史上，相关市场界定不合理的案件很多。在 1945 年美国"铝公司案"① 中，被告被指控垄断了州际和外国市场，并同时存在和相关企业达成垄断协议的行为。如果以纯铝锭为基础确定相关产品市场，美国铝公司占据的市场份额高达 90%；如果将进口原铝包括在内，则该公司的市场份额为 64%；如果把回收利用的铝废品包括在内，该公司的市场份额则为 33%。最后法院以纯铝锭为依据判决该公司构成垄断。如果说"铝公司案"的错误之处在于法官忽视了产品的替代性的话，那么，1956年美国"杜邦案"② 的错误则走向了另一个极端——夸大了产品的替代性。后文详述。

可见，相关市场的界定很大程度上是判断当事人行为合法与否的决定性因素。上述错案的出现，既反映了界定相关市场的重要性，也表明了界定相关市场的复杂性。发生在我国的"奇虎诉腾讯滥用市场支配地位案"，一审和二审的焦点都集中在相关市场如何界定上。事实上，除了适用本身违法原则的垄断行为外，对任何行为从竞争角度进行判断和评估，都会涉及分析相关市场的大小和类型。如果相关市场被界定得过于狭窄，有意义的竞争将会被视为垄断；如果相关市场界定得过于宽泛，竞争的程度可能被夸大，从而放纵某些垄断。

2. 相关市场的分类

按照上述相关市场的概念，相关市场可分为相关商品市场、相关地域市场、相关时间市场。在反垄断执法实践中，比较常用的是前两者。

（1）相关商品市场。相关商品市场是根据商品的特性、用途及价格等因素，由需求者认为具有较为紧密替代关系的一组或一类商品所构成的市场。这些商品表现出较强的竞争关系，在反垄断执法中可以作为经营者进行竞争的商品范围。

界定相关商品市场其实就是要判定哪些产品具有竞争关系。一般来说，相关商品市场的界定需要考虑两种情况：一是有竞争关系的同质产品；二是有竞争关系的紧密替代品。当某个企业向市场推出一种自己生产的产品时，它不仅要与市场上生产同质产品的企业进行竞争，而且还要与市场上生产可替代性产品的其他

---

① *United States v. Aluminum Co. Of America* et al. 148F 2d 416（1945）.

② *United States v. E. I. du Pont de Nemours & Co.*，351 U. S. 377（1956）.

企业进行竞争。

（2）相关地域市场。我国《关于相关市场界定的指南》将相关地域市场界定为：需求者获取具有较为紧密替代关系的商品的地理区域。相关地域市场是判断产品（某种产品与它的替代产品）形成竞争性关系的地理区域。这些地域表现出较强的竞争关系，在反垄断执法中可以作为经营者进行竞争的地域范围。

相关地域市场的存在，表明竞争是有地域限制的，不是所有的同类产品和替代产品都会由观念上的竞争关系形成事实上的竞争关系。应该说，相关地域市场是对相关商品市场的进一步细化。相关地域市场的形成，往往和产品的运输成本、保鲜性、法律限制有紧密的关系。

（3）相关时间市场。相关时间市场，是指相关市场存在的时间期限。相对于商品市场和地域市场而言，时间因素在界定相关市场中的意义有限。美国司法判例对时间市场没有明确的界定。欧共体委员会和欧洲法院、德国法院判例表明其将时间市场（temporal market）作为与商品市场、地域市场并列的因素。我国《关于相关市场界定的指南》也将其作为一个辅助性的认定标准："当生产周期、使用期限、季节性、流行时尚性或知识产权保护期限等已构成商品不可忽视的特征时，界定相关市场还应考虑时间性。"这里强调的是，该市场的时间约束性很强，或者说只在特定时间出现。

相关时间市场运用的核心就是时间截取的合理性。而这一问题的解决和本国的经济发展及产业状态关系紧密，甚至和文化风俗也有关。西方国家大都以产品周期理论来评价产品替代关系的时间性，即将产品的生命周期分为引入期、成长期、成熟期、衰退期。这一理论对于涉及不断升级换代产品相关市场而言，时间性考虑具有非常重要的借鉴意义。[①] 互联网行业，技术快速迭代，这使得互联网服务的相关市场界定需要考虑相关时间市场。

（二）相关市场的界定方法

在反垄断执法实践中，除了适用"本身违法原则"的一些案件外（主要涉及了垄断协议相关案件），几乎都要在评估案件的反竞争效果前对相关市场进行界定，尤其是在滥用市场支配地位案件和经营者集中案件中，判定相关市场是分析经营者控制市场能力和经营者垄断行为对市场的损害程度的基础工作，错误地选择了界定相关市场的方法，或者是错误地使用了相关市场界定方法，可能会错

---

① 参见丁茂中：《反垄断法实施中的相关市场界定研究》，复旦大学出版社 2011 年版，第 113～114 页。

判、误判相关市场的边界，以及产生放大或缩小相关市场范围的效果，直接影响了垄断行为的判断的准确度。本节将就相关市场的基本界定方法进行梳理和讨论，其中包括需求和供给替代、假定垄断者测试、自然实验、价格检验等方法，本节的展开逻辑将按照方法的维度推进，在不同方法下对不同类型的相关市场进行逐一讨论。

从相关市场的特征来看，其更多地关注经营者就特定的商品或服务在一个"特定"的范围下展开竞争的环境，不同于经济学中所研究的市场，反垄断中的相关市场所涉及的范围较小，这主要是因为经营者所涉及的业务范围以及该业务所处的环境更加具体和明确。因此，以经济学所使用的市场概念来刻画反垄断领域中的相关市场会导致该市场边界模糊，不能够帮助分析反垄断所关注的经营者的垄断行为。这就需要在讨论经营者的商品或服务之间相关性（主要是相互替代关系）之前就界定他们所处的范围（如时间、空间等维度），在此基础上进一步分析两者的竞争性。本节将从经营者所涉及商品间的竞争性入手，首先以商品间的相互替代关系来讨论相关市场界定的基础理论和一般方法，进一步探讨以假定垄断者测试为主的量化方法，并利用相关案例进行补充分析。

1. 相关市场界定的基础理论：需求替代

根据我国《关于相关市场界定的指南》所指出的关于商品和地域的可替代程度，需求替代主要是从需求者视角出发的对于两种或多种商品或服务的替代关系，即以需求者效用为基础的对两种或多种商品之间的购买决策，并基于这个决策而引申出的上述商品或服务之间的替代关系，进而展现出它们之间的竞争关系。我们需要进一步明确的是，这里的需求者并不是市场中狭义上的消费者，需求者可以包含消费者，也可以包含在供应链下游的经营者，相对于上游的经营者而言，下游经营者可以被视为一个买方，即某种供应链上商品或服务的需求者。《关于相关市场界定的指南》中强调了，需求者的需求替代表达了需求者对商品价格、功能、质量等方面的权衡而采取的对不同商品的选择，既产生了对不同商品的替代，也进而形成了不同商品卖家的竞争关系。从一个比较基础的方法出发，需求交叉弹性是反垄断执法实践中较早使用的方法，需求交叉弹性主要考量了需求者在面对多种商品或服务时，由于商品的某种特征（主要是价格）的改变而使需求者向其他能够进行替代的商品转移的程度。因此，需求交叉弹性通常可以被用来衡量以需求者的视角评估几种商品之间替代关系的标准。

以两种商品之间的替代关系为例，定义商品 1 和商品 2，其中的需求交叉弹性反映了价格所带来的两个方向的变化，即商品 1（商品 2）的价格变动对商品

2（商品 1）的需求变化的影响，可以将其归纳为：

$$E_{21} = \frac{\partial Q_2}{\partial p_1} \cdot \frac{p_1}{Q_2}; E_{12} = \frac{\partial Q_1}{\partial p_2} \cdot \frac{p_2}{Q_1} \qquad (1.4.1)$$

当上述弹性数值大于零时，说明了一种商品的价格变动会导致需求者向另外一种商品转移，这种转移主要来自需求者在既定预算约束下，两种商品价格变动而使其启动替代效应。例如，当商品 1 价格上涨时，需求者购买商品 1 的相对成本提高，使需求者为了满足其效用水平而适度地向商品 2 转移，增加了商品 2 的需求量。因此，当某个商品的需求交叉弹性越大时，就说明了需求者对某一商品价格变动所形成的转移动机越强，就越能够说明两种或多种商品之间的替代关系越强，进而说明商品的卖方在这种商品间的竞争程度越高。在给定竞争空间和时间场景下，这些商品就越有可能处于同一个相关商品市场。

但是，需求交叉弹性通常被视为一种需求交叉的价格弹性，即考虑需求者基于相对价格而进行的需求变动，在市场经济活动中，价格的变动是便于观测和测量的，因此，使用价格来作为需求交叉弹性的主要变量是一种较为便利且直观的手段。实际上，需求者在进行其购买决策时，价格只是影响其购买的一个因素，除此之外还包括了商品的功能、用途、质量、可获取程度等方面因素。我们这里可以采用一个简单的经济学模型对其进行分析和说明。

考虑需求者均匀分布于一个长度为 1 的线性市场中，两个厂商仅销售一种商品或服务，它们分别处于线性市场的左右两端（厂商 1 处于左端、厂商 2 处于右端）。厂商 i，$i = 1,2$ 的销售价格为 p_i，两种商品之间具有替代关系，需求者基于自身效用最大化购买任意一种商品，一个处于市场中任意位置 $x \in (0,1)$ 的需求者购买厂商 1 和厂商 2 商品时的效用函数表示为：

$$u_1 = \theta - p_1 - t_1 \cdot x; u_2 = \theta - p_2 - t_2 \cdot (1 - x) \qquad (1.4.2)$$

在（1.4.2）中的 t_i，$i = 1,2$ 刻画了需求者在选择商品 i 时所需要承担的单位转移成本，即需求者在购买时不仅需要承担价格（即直接成本），还需要承担间接成本，转移成本可以用来描述两种商品之间的非价格替代关系。边际需求者刻画了在市场中购买厂商 1 和厂商 2 产品都能够获得同样效用的需求者，他们划分了两种商品在市场中的边界，根据边际需求者的特征：$u_1 = u_2$，可以将两个厂商的需求函数表示为：

$$Q_1(p_1, p_2) = \frac{t_2 - p_1 + p_2}{t_1 + t_2}; Q_2(p_1, p_2) = \frac{t_1 - p_2 + p_1}{t_1 + t_2} \qquad (1.4.3)$$

两个厂商在线性市场中进行价格竞争，在均衡时，两个厂商的价格分别为：

$$p_1 = \frac{t_1 + 2\,t_2}{3}; p_2 = \frac{t_2 + 2\,t_1}{3} \tag{1.4.4}①$$

将（1.4.4）的价格代入（1.4.3）中，可以得到均衡需求分别为：

$$Q_1 = \frac{2\,t_2 + t_1}{t_1 + t_2}; Q_2 = \frac{2\,t_1 + t_2}{t_1 + t_2} \tag{1.4.5}$$

根据需求交叉价格弹性的公式，模型中两种商品的需求交叉弹性可以表示为：

$$E_{12} = \frac{t_1 + 2\,t_2}{3(2\,t_1 + t_2)}; E_{21} = \frac{t_2 + 2\,t_1}{3(2\,t_2 + t_1)} \tag{1.4.6}$$

根据（1.4.6）的需求交叉价格弹性，我们可以得到以下三个主要的结论，以及需求交叉价格弹性在使用过程中的若干局限性（李青、韩伟，2013）：其一，只要需求者在选择商品时存在间接成本（即 t_1 或 t_2 大于零），两种商品间的需求交叉价格弹性就存在而且均大于零，说明了任意一种商品价格的上涨都会引起需求者替代效应的启动，形成需求的转移，进而改变两种商品的需求程度和相应的市场份额。基于上述逻辑，可以通过使用需求交叉价格弹性（的正负）来测量两种商品之间的替代关系。但是，如果单纯依靠弹性为正来判定两者具有替代关系还存在一定的误差，这是由于对于两种商品的相互替代关系的判定需要使其弹性达到什么样的水平，目前并未有十分明确的回答，这也是需求交叉价格弹性来判定商品间替代关系的一个主要阻碍。其二，两种商品所形成的需求交叉价格弹性并不完全相同，即两种商品的需求对竞争品价格的变化反应程度不尽相同。具体而言，当 $t_1 \neq t_2$ 时，两种商品的需求交叉价格弹性则不同，即产生了非对称的弹性，这就说明了两种商品的价格变动对另一种商品的需求变化程度不同。考虑一种较为极端的情况，当一种商品的弹性极低（趋近于零），另一种商品的弹性较高时，则两种商品的相互替代关系并不清晰，就容易造成需求交叉价格进行替

---

① 均衡价格来自两个厂商在利润最大化过程中进行的价格博弈，根据（1.4.3），可以将厂商 i 的利润函数写为：

$$\pi_i \equiv \Pi_i(p_i, p_j) = p_i \cdot Q_i(p_i, p_j),\ i = 1,2; j = 1,2; i \neq j$$

厂商利润最大化条件为：$\frac{\partial \pi_i}{\partial p_i} = 0$，当两个厂商的利润最大化条件均被满足时，可以得到（1.4.4）中的均衡价格。

代关系判断带来的误判。其三，当市场中商品数量增加时，需求交叉价格弹性的分析难度将显著提高。上述理论模型仅给出了双寡头垄断时的情形，即供需求者进行购买的商品数量仅为两个，我们可以比较清晰地从两种商品之间的价格竞争中获得两个需求交叉价格弹性。但是当市场中可供需求者进行选择的商品数量增加时，更多的弹性使我们在实践中判断商品间的替代关系的难度和复杂程度显著提高，一方面增加了执法过程中的成本，另一方面，也会降低运用需求交叉价格弹性进行市场判断的准确度。[1]

除此之外，根据我国《关于相关市场界定的指南》中所述，在进行相关市场界定分析时，需要同时考虑价格以外的可能会引起需求者进行转移和替代的因素，这就说明了单纯地借用需求交叉价格弹性的方法来进行需求替代分析并不能够充分地回应实践过程中的实际要求。因此，利用非价格的因素也可以比较有效地补偿由价格对弹性进行判断过程中，可能产生的误判。我们依旧基于上述理论模型对非价格判定的方法进行说明，可以将模型中需求者在购买过程中所承担的间接成本 t_1 和 t_2 视为影响需求者购买的非价格因素，这种非价格因素可以包含功能、质量、可获取程度等，同时，我们也可以将这种因素扩张到需求者所处的市场空间中，因此，这种非价格方法也可以借鉴到相关地域市场的界定过程中。根据（1.4.6）中的需求交叉弹性，可以发现以下特征：

$$\frac{\partial E_{ij}}{\partial t_j} < 0 ; \frac{\partial E_{ij}}{\partial t_i} > 0 , i = 1,2 ; j = 1,2 ; i \neq j \qquad (1.4.7)$$

（1.4.7）说明了当一个商品在购买过程中的间接成本增加时，替代品价格变化对该商品需求的影响程度降低；当一个商品的替代品购买过程中的间接成本增加时，该商品价格变化对该替代品需求的影响程度增加。（1.4.7）所阐述的逻辑是，判断商品间的相互替代关系并不需要严格按照商品的价格对需求的变化来进行，而是通过价格以外的其他因素对替代品需求变化来判定。例如，当 t_i 表达了商品 i 对需求者带来的功能水平，即功能越高，则 t_i 越低，此时如果 t_1 和 t_2 的变化可以同时同方向地改变商品 2 和商品 1 的需求，并且这个改变程度可比较，则可以通过商品功能的维度来判断两种商品是否存在相互替代关系，进而判断它们是否处于同一个相关市场中。

---

[1] 李青、韩伟：《反垄断执法中相关市场界定的若干基础性问题》，载《价格理论与实践》2013 年第 7 期。

　　从相关地域市场的角度来看，上述线性市场模型能够更加便于刻画需求者在不同地域间转换的可能性。如图 1－4－1 所示，初始阶段中，需求者的选择为 1 号位置，其中需求者所承担的购买不同商品的非价格成本（即间接成本）为他所移动到对应厂商所形成的三角形面积，其中 t_i 表示了需求者到厂商 i 所形成的成本三角形斜率，当 t 增加时，即便需求者离厂商很近，也会承担较高的成本，当需求者从选择 1 号位置转移到 2 号位置时，他选择厂商 1 和厂商 2 所承担的间接成本发生变化，分别是区域 A 和区域 B。当区域 A 的面积显著大于区域 B 的面积时，说明了这一次转移会为需求者购买厂商 1 产品时带来更大的间接成本。我们可以将这种成本理解为一种十分显著的交通成本或转换成本，例如，将厂商 1 和厂商 2 是在不同地域的水泥供应商，需求者更加靠近厂商 1 所处的地域，如果他选择从厂商 2 购买，则会承担较高的运输成本。当这种转换成本在不同地域厂商交易时发生极大的改变，但这种改变并不会显著影响需求者的需求程度时，则可以发现虽然我们选取的变量是能够影响产品需求的价格或非价格因素，但是由于某种外生的条件约束，而使这些因素无法对需求者的购买决策发生显著的影响，则可以判定这两个或几个厂商并不处于同一个相关地域市场中。

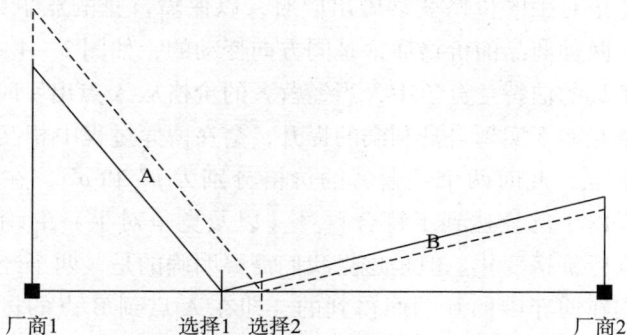

图 1－4－1　转移成本与相关地域市场

　　关于相关地域市场的界定，通常会选择与经营者相较更加外生的变量，这些变量通常不会在短期随着经营者的经济活动而充分改变，从而形成了经营者所面对的市场边界，例如，王先林指出运输成本、商品特性、贸易障碍、消费者偏好、市场进入障碍等，都可以被视为划定相关地域市场的变量。[①] 一个比较具有

① 王先林：《论反垄断法实施中的相关市场界定》，载《法律科学（西北政法学院学报）》2008 年第 1 期。

特点的案例是"食派士滥用市场支配地位行为案",食派士是一个以英文为使用语言的外卖平台,主要针对的是以英文为主要语言的用户,其与中文外卖平台(如美团)被认为处于不同的相关市场中,这里我们可以将用户使用语言定义为不同的消费者偏好,因此可以借用上述规则界定食派士与美团等外卖平台处于不同的相关地域市场。虽然上述两者同处于中国上海市的物理空间内,但是,可以基于消费者偏好(即语言偏好)将上海市划定为不同的地域子市场,消费者使用语言(这种外生的且无法被经营者充分改变的变量)的偏好会形成一个比较明显的子市场边界。

2. 相关市场界定的基础理论:供给替代

供给替代主要是从经营者的角度来确定不同商品之间的替代程度,从《关于相关市场界定的指南》的说明来看,供给替代主要涉及静态和动态两方面的分析因素。静态方面的分析因素主要考虑其他经营者对商品价格等因素的变化做出反应及其程度,考虑竞争的经营者之间,在市场竞争中,他们为了寻求更强的相对竞争力,会与竞争对手进行比较密切且关联性较强的博弈。在价格竞争中,这种博弈过程中的主要工具则是价格,当两种商品存在密切的相互替代关系时,则经营者会基于其竞争对手的价格变动做出应对,以保障自身的竞争力。具体而言,在价格竞争中,两种商品的价格通常是同方向变动的,如图 1-4-2 所示,以价格为主要竞争工具的伯特兰竞争中,当经营者的价格从 A 点出发时,由于两个经营者为了在价格互动下实现自身利润的提升,会在博弈过程中相互寻找到一个均衡的价格,即 B 点,此时两个经营者的价格分别为 p_1^B 和 p_2^B,在这个价格组合下,两个经营者由于已经达到了符合自身(以及竞争对手)的均衡价格,因此两者没有动机进行价格变化。但是这里我们需要明确的是,两个经营者在 B 点的价格是通过他们在博弈中的互动而得到的,即在 A 点到 B 点的过程中,两个经营者不断地对竞争对手的价格变化做出反应,从而实现了均衡,这个均衡可以被认为是一种静态的价格。

反观另一种情况,如图 1-4-2 中的虚线所示,当两个经营者的价格不会被对方的价格所影响时,虽然他们的价格与竞争价格一致,但这种价格组合并不能说明两者具有竞争关系,因为任意价格的变动都不会影响到另外一个价格的变化。比较供给替代下的竞争与非竞争的不同,关键点并不是判断他们的价格是否达到了 B 点的均衡,而是需要观察这组在 B 点的价格是否是通过类似于 A 点的移动而得到的。换言之,从供给替代的角度来看经营者之间的关联,应当观察这组静态的均衡价格的变动是否可以带来组内价格的变化,或者这组均衡价格的变动是否是来自组内价格的变动。

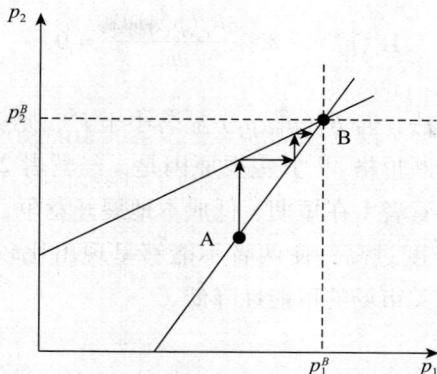

图 1 - 4 - 2　价格互动与供给替代

从动态视角来看，还需要考虑其他经营者进入在位者市场与其进行竞争的难易程度，如果其他经营者进入市场的难度较高（例如改造生产设施的投入、承担的风险等因素较大），则自然而然地形成了两者展开竞争的明显边界，则两者开展竞争的可能性则越低，他们之间形成替代关系的可能性则越小。考虑经营者 1 是在位者，并假设他是一个当前市场中的垄断者，经营者 2 是相对于经营者 1 的其他经营者，也是市场中的潜在进入者，经营者 2 进入市场后的利润可以表示为：

$$\pi_2 = R_2(p_1, p_2) - F \qquad (1.4.8)$$

其中 $R_2(p_1, p_2)$ 是经营者 2 进入市场后的收益，该收益受到了他与在位经营者价格竞争的影响。此外，$F > 0$ 刻画了经营者 2 进入市场的成本，例如改造生产设施的投入、面临的潜在风险等。经营者 1 在制定最大化利润的价格时，会考虑如何将经营者 2 阻挡在市场之外，形成基于价格的进入遏制，则经营者 1 的利润最大化问题可以写为：

$$\max_{p_1} \Pi_1(p_1) \quad s.t. : R_2(p_1, p_2) - F \leqslant 0 \qquad (1.4.9)$$

令 $\lambda \geqslant 0$ 是（1.4.9）所对应的拉格朗日乘子，则相应的拉格朗日函数可以表示为：

$$L(p_1, \lambda) = \Pi(p_1) + \lambda [F - R_2(p_1, p_2)] \qquad (1.4.10)$$

经营者 1 的利润最大化满足条件 $\dfrac{\partial L(p_1, \lambda)}{\partial p_1} = 0$，令最大化利润的价格为 p_1^M，

则应有：

$$\Pi'(p_1^M) - \lambda \cdot \frac{\partial R_2(p_1^M, p_2)}{\partial p_1} = 0 \qquad (1.4.11)$$

根据库恩－塔克方法，若 $R_2(p_1^M, p_2)$ 显著小于 F，则 $\lambda = 0$，使经营者 1 可以在市场中继续行使垄断价格。① 其主要原因是，经营者 2 由于可能的进入市场成本过高，而无法与经营者 1 在短期、低成本地展开竞争，说明了经营者 2 进入经营者 1 所处的市场难度过高，使两者不能够呈现出比较明显的供给替代，因此，两者同处于一个相关市场的可能性降低。

3. 假定垄断者测试

根据《关于相关市场界定的指南》，在分析相关市场时通常除了上述的传统方法外，还可以选用"假定垄断者测试"的方法完成，假定垄断者测试（the hypothetical monopolist test，HMT）或称为"小而显著的非暂时性的价格上升（small but significant and non-transitory increase in price）"，目前比较常用的简称为"SSNIP 检验/方法"，其主要是用作弥补传统相关市场界定方法所固有的主观性。正如上文所讨论的，传统的相关市场界定方法需要考虑价格、产品特征、产品性能、市场进入等多方面的影响机制，随着产品类型、产品品类、产品用途和需求者预期发展地越来越复杂，利用上述标准进行相关市场界定会根据判定者的专业背景、知识背景和认知特性的不同而发生极大的差异，使相关市场边界的判定不准确。美国在 1982 年颁布的《横向并购指南》中率先采用了 SSNIP 方法并定义了"反垄断的相关市场"，SSNIP 方法相较于传统方法的优势在于，其可以通过一个比较客观且成熟的经济学研究范式，借助市场数据（主要是价格）来识别经营者间当前存在的竞争关系，或可能的竞争关系，对传统方法进行良好的量化补充。

SSNIP 方法的一个一般性原理是：首先假定一家垄断的企业存在，当该企业显著地、非暂时性地小幅度（通常为 5% ~ 10%）提高产品价格时，如果有较明显数量的需求者转移使得该假定垄断者无利可图，则说明了当前的市场中存在着和假定垄断者所提供的产品进行替代的产品，即该垄断者的假定不成立，需要将

---

① 在库恩－塔克方法下，关于最优化问题（1.4.9）的互补松弛条件为：$\lambda \geqslant 0$；$F - R_2(p_1, p_2) \geqslant 0$；$\lambda[F - R_2(p_1, p_2)] = 0$。当 F 过大时，则约束条件放松，即 $F - R_2(p_1, p_2) > 0$，此时 $\lambda = 0$，（1.4.11）改写为 $\Pi'(p_1^M) = 0$，说明了经营者 1 的利润最大化价格不会因为潜在的竞争而发生偏离。

替代品的厂商纳入假定垄断者分析范围继续测试，直到价格上涨使得样本企业有利可图为止；如果产品价格上涨导致了假定垄断者依旧有利可图，说明了即便存在需求者的转移，也不会明显冲击经营者的利润，则可以认定该经营者是市场中的垄断者，该垄断者假设成立。

SSNIP 方法的逻辑主要在于两个方面：首先，在需求者视角上价格和购买决策之间的关联。传统经济学理论指出价格和需求之间存在着反向关系，即在其他条件不变时，价格的上涨会引致需求的降低。SSNIP 方法基于上述原则，从价格上涨出发，来判定需求者的购买水平下降对经营者利润的影响。进一步地，价格上涨对于经营者而言应是有利可图的，因为其能够在既定单位成本上获得更高的单位利润，但由于需求的下降，会稀释价格上涨带来的利润提高，形成了利润变化可能的不确定性，SSNIP 方法就是通过探究这种不确定性带来的结果而判定经营者的垄断程度。其次，在不同的需求场景和需求特征下，需求者对于价格的变动反应不同。这便引出了需求者关于价格的需求价格弹性和需求交叉价格两个概念。由于价格上涨，需求者会同时启动其替代效应和收入效应，当市场中存在其他替代品时，需求者会产生相当程度的转移，使涨价者来自价格上涨的利润会被需求者的转移而稀释。因此，SSNIP 方法的一个核心分析手段便是通过判定需求者对于价格变动的弹性来分析涨价者的收益或损失。

从经济学视角出发，考虑一个假定的垄断者通过制定价格来最大化其自身利润，在初始状态下，该经营者的价格为 p_0，此时的市场需求为 $Q(p_0)$，经营者的利润可以表示为：

$$\pi_0 = (p_0 - c) \cdot Q(p_0) \qquad (1.4.12)$$

其中 c 为单位成本，我们在分析中假设该成本不会随着价格和产量的变化而变化，在 SSNIP 方法下，需要设定一个显著的、非暂时性的价格上涨，因此，令上涨后的价格为 p_1，该价格满足条件 $5\% \leqslant \dfrac{p_1 - p_0}{p_0} \leqslant 10\%$，此时经营者的利润则为：

$$\pi_1 = (p_1 - c) \cdot Q(p_1) \qquad (1.4.13)$$

我们尝试分析这次涨价对经营者的利润产生怎样的影响，可以首先刻画价格上涨后经营者的利润变化程度 $\Delta\pi$，可以表示为：

$$\Delta\pi = \pi_0 - \pi_1 = (p_0 - c) \cdot \underbrace{(Q(p_0) - Q(p_1))}_{\Delta Q} = Q(p_1) \cdot \underbrace{(p_1 - p_0)}_{\Delta p}$$

$$(1.4.14)①$$

根据 SSNIP 方法，如果 $\Delta\pi < 0$，说明了 $\pi_1 > \pi_0$，即经营者的涨价行为使其依旧有利可图，则可以判定该经营者自身处于一个相关市场。如果该条件成立，则可以体现为在既定成本和需求函数基础上，由价格上涨带来的利润增加（即 Δp）相较于需求下降造成的利润降低（即 ΔQ）更大，使经营者有利可图。从涨价带来的利润背后的机制来看，可以将（1.4.14）继续改写为：

$$\frac{p_0 - c}{p_0} = \frac{1}{\varepsilon} \cdot \frac{Q(p_1)}{Q(p_0)} \qquad (1.4.15)②$$

其中 $\varepsilon = \frac{\Delta Q}{\Delta p} \cdot \frac{p_0}{Q(p_0)}$ 刻画了需求者（以 p_0 为起点的需求价格弹性）。根据（1.4.15）可以发现，当需求价格弹性较低时，价格的上涨更加容易引致经营者的利润继续上升。这一个结果也更加符合直觉，较低的需求价格弹性说明了需求者对经营者所提供的产品缺乏弹性，即无法在短期找到替代品，反映出该经营者的垄断特征。上述关于 SSNIP 方法所涉及的经营者利润变化比较直观地描述了价格上涨时，经营者可能面临的损失或者获得的收益，在 SSNIP 方法的实际使用过程中，还需要对相关的损失进行差异化的分析。③

在实践中，SSNIP 方法并不是完美的，一个比较重要的争论点在于基准价格的选取，即上文中 p_0 的水平。在司法实践中，通常会选取竞争价格作为基准价格，《相关市场界定指南》第 11 条也指出，如果当前价格已经明显地偏离了竞争价格，则选取当前价格作为基准价格会使相关市场的界定结果不合理。在欧盟的司法实践中，一般采用主导企业市场价格作为基准价格，当主导价格明显高于竞

---

① （1.4.14）的具体来源：

$\Delta\pi = (p_0 - c) \cdot Q(p_0) - (p_1 - c) \cdot Q(p_1) = (p_0 - c) \cdot Q(p_0) - (p_1 - p_0 + p_0 - c) \cdot Q(p_1)$

$\quad = (p_0 - c) \cdot Q(p_0) - (p_1 - p_0) \cdot Q(p_1) - (p_0 - c) \cdot Q(p_1)$

$\quad = (p_0 - c) \cdot (Q(p_0) - Q(p_1)) - (p_1 - p_0) \cdot Q(p_1)$

② （1.4.15）的具体来源可以将（1.4.14）等式左右两边同时除以 p_0，得到：

$$\frac{p_0 - c}{p_0} = \frac{Q(p_1)}{\frac{\Delta Q}{\Delta p} \cdot \frac{p_0}{Q(p_0)}} \cdot \frac{1}{Q(p_0)} = \frac{1}{\varepsilon} \cdot \frac{Q(p_1)}{Q(p_0)}$$

③ 具体经济学分析细节可见余东华、马路萌：《反垄断法执行中相关市场界定的临界损失分析——以雀巢—辉瑞案为例》，载《中国工业经济》2013 年第 7 期。

争价格时，则采用竞争价格作为基准价格。无论是主导价格还是其他显著高于竞争价格的价格，将其作为基准价格用于 SSNIP 方法的实践都会出现相关市场界定不准确的问题，其中最为典型的就是"玻璃纸谬误"。在 1956 年"美国政府诉杜邦公司案"① 中，杜邦公司被指控在玻璃纸市场具有垄断地位，但小幅度的价格上涨使需求者大量转移至其他柔性包装材料，而在包装材料这一市场上，杜邦公司仅占 18% 的市场份额，并不具有垄断地位，因此，美国政府在该案中败诉。这个问题的关键是，小幅度价格上涨的起始点并不是一个关于玻璃纸市场的竞争价格，换言之，作为垄断者的杜邦公司已经在玻璃纸市场上制定了一个垄断价格，而价格即便继续小幅度上涨也会使需求者的实际购买能力大幅度衰减，最可能的选择是流向那些近似替代品上。这个结果说明了 SSNIP 方法的逻辑也许是不可逆的：垄断者的涨价使需求者无法充分流失，使其能够在涨价上有利可图；垄断者的涨价使其无利可图并不意味着需求者由于替代而大量流失。因此，由于基准价格的选取不当而观察的需求者流失，进而使经营者无利可图，并不能充分说明在市场中存在着明显的替代品。导致这个"玻璃纸谬误"现象的主要原因是较高的基准价格已经使需求者并不是由于替代效应而发生的需求决策改变，而是较高的价格已经触发了需求者的收入效应，使其发生了需求决策的改变。关于 SSNIP 方法的其他局限性，还包括了价格上涨幅度的不确定、价格弹性的可获得性、数字经济中产品带来的挑战等，对于数字经济方面的问题，本书第七章会进行详细的讨论。②

---

① *United States v. E. I. du Pont de Nemours & Co.*, 351 U. S. 377 (1956).

② 其他关于 SSNIP 方法的局限性具体可参考余东华：《反垄断法实施中相关市场界定的 SSNIP 方法研究——局限性其及改进》，载《经济评论》2010 年第 2 期。

第二章

横向垄断协议的法学与经济学分析

我国已经进入到高质量发展的新时代。高质量发展需要要素市场有效发挥配置资源的作用。横向垄断协议直接危害市场机制，制约市场在资源配置中的决定性作用的发挥，阻碍要素合理流动。各国都对横向垄断协议采取最严厉的态度。因此，有必要分析横向垄断协议产生的条件、经济效果，为规制该种行为提供理论基础。

一、横向垄断协议的产生与维持

（一）横向垄断协议的产生

横向垄断协议（卡特尔）由内在条件和外在条件合力打造，内在条件是生成横向垄断协议的前提，外在客观条件是达成合谋的基础。

1. 内在条件

内在条件包括内在主观条件和内在客观条件。前者体现为卡特尔成员的共同意志，一般而言，创建和维持卡特尔的意愿无非是通过减少竞争实现高额利润。

企业的本性是追求利润的最大化。在既定市场上，一方经济利益和既定目标实现程度越大，另一方的实现程度就越小，从而受到的强制压力也就越大。一些企业在外在竞争压力之下，采取非正常竞争手段侵害社会利益谋求不正当利益。联合起来共同获得高额利润是大企业转嫁风险的理性选择，是增强利益十分有效的方法。

联合行动排挤了"无形之手"建立了市场的"有形之手"。在 20 世纪 20 年代，现代工商企业已在美国达到成熟期。管理上的协调证明比市场的协调更为有利可图，亦即管理上的有形之手在已经显示其价值的那些经济部门中，利益的内部激励起到了关键的作用。经理革命形成的权力日益集中，同时权力的协调会破坏市场得以正常运行的内在基础结构和信号系统，扭曲市场的资源自发配置功能。这种微观变动的扩散带来的，是自由秩序资本主义向组织化的资本主义转变。

股东大会中心主义时期，权力分散，公司的重大管理活动由集体决定，重大活动的后果由集体承担。制订有关获得高额利润的卡特尔协议需要成员进行民主决策，议定的卡特尔协议如同其他商品交易关系一样最终以正式的"公开契约"的方式制成。对于卡特尔本身和成员企业而言，结成卡特尔是个事关成员集体福利的"大动作"。由此建立的卡特尔被称为正式卡特尔，"公开契约"既是卡特尔成员的公开允诺、行动指南，也是卡特尔组织集体惩罚违反约定者的标准，当然，它也是反垄断执法机关可以轻易得到并施以制裁的把柄。

在严厉惩罚卡特尔的背景下，以书面合同建立的卡特尔开始"去合同化"，代之以信息交换、价格一览表或密谋价格等非正式协议形式。

转入地下的协调行动需要有新的协同机制。由于没有明示合同约束，默示协议的约束力就成了最大的问题。一方面要求参加人忠实守信，同时，不需要将有违法嫌疑的事项交到不一定能获得通过的股东大会去讨论；另一方面，需要一种内部承认的"强制"手段，防止密谋瓦解。"倘若共谋协议的强制实施手段非常软弱，即对削价行为的探查又慢又不完全，该共谋集团就必须承认其弱点。"[①]这对密谋参加人的独立性有了更高的要求。董事会中心主义的权力结构提供了这种协同机制的基础。董事在公司中的专业性、职权性、相对独立性使得他们能够胜任这一外部工作。密谋特别适用于成熟行业发展的高峰时期。因为成熟市场经济关系稳定，受潜在竞争者的冲击较小；且成熟行业具有较高的固定成本，它形成了对潜在竞争者的进入壁垒。

企业成功的营销行动都要建立在能了解到准确信息的基础上，在成熟的市场中，价格信息尤为重要。"价格通报""聚餐会"无外乎是非法卡特尔的替代品而已。由于"合同变种"超出了原法规定的范围，对信息交流需要新的认定标准。在 20 世纪 60、70 年代，出现了大量的新类型价格卡特尔——价格随同（也叫价格领导）卡特尔。和其他价格卡特尔不同之处在于，这种价格卡特尔更具有灵活多变的身形，包括同时涨价、同时降价、轮流部分涨价、轮流部分降价等多种形式。这进一步强化了卡特尔组织的无纸化。

---

① ［美］施蒂格勒：《论寡头垄断》，载［美］库尔特·勒布、托马斯·盖尔·穆尔编：《施蒂格勒论文精粹》，吴珠华译，商务印书馆 1999 年版，第 201 页。

2. 外在条件

外在条件包括市场结构，外部可替代产品的状况等。具体而言，外在条件主要包括如下方面：

（1）产品的需求弹性小。垄断协议是多方主体协调的结果。产品需求弹性的大小与厂商可协调性密切相关。以价格卡特尔为例，产品需求弹性越大，协议提高价格后消费者"逃跑"的可能性就越大，反之亦然。这样，需求弹性和达成协议的可能性呈反向关系，即价格卡特尔在需求弹性越小的情况下更容易达成。理论上，如果价格卡特尔所面临的需求是没有弹性的，即卡特尔所面对的需求是"垂直"的，达成价格协议的成本达到最小化。另外，对于已经达成的价格卡特尔协议，如果控价产品面对的是弹性较大的需求曲线，则维持高价格将加大收入下降的风险，即同盟者背叛的可能性增加。

需求弹性从产品性质和功能上或其组合上反映出来。产品差异表现在成本、性能、功能、原料、售后服务等方面，这些要素组合差别越大，产品差异就越大。不同成本差异所代表的产品竞争力也不同，成本越小、性能越优良、功能越独特，产品竞争力越突出。差异很大且有竞争力的产品的生产商缺少达成卡特尔的动力，其自身就具有垄断性。与卡特尔不同的是，此种环境下，达成纵向垄断协议的可能性增加。

（2）市场结构相对集中。有两种类型的市场结构易于生成垄断协议：整个产业经营者的数量很少，市场结构集中；数量较多的经营者，但在规模上其中一两家经营者占支配地位。通常情况下，经营者的数量越少，越容易达成垄断协议。美国司法部1910～1972年间关于操纵价格的606个案例中，每件案例所涉及的厂商数量最常见的是4个，半数案例涉及8个或更少。较少的经营者不仅节约达成协议的成本，也能提高监督协议执行的效率。如果一个行业只有少数经营者，达成垄断协议后，个别经营者背离协议提高市场份额的行为将直接在其他成员身上显现出来，背叛者很容易暴露身份。

（3）行业协会参与组织和协调。在经营者数量较多但有行业协会参与协调时也容易达成垄断协议（主要是卡特尔）。行业协会作为企业和企业家的组织，是这个利益群体合法的代表者和维护者，其活动容易得到成员的响应。在一些时候，行业协会有可能采取牺牲他人利益而增加自己行业（成员）利益的做法，导致行业协会组织成立的卡特尔现象很普遍。英国政治与经济规划部于1953～1956年对行业贸易协会进行了一个调查，结果发现1300个协会中的243个（占19%）有协助操纵价格的行为。除了统一定价外，其他限制竞争行为，如数量限制、联合抵制和拒绝非成员同行进入已有市场等非价格卡特尔也容易在行业协会的协调下付诸实施。

（4）垄断协议的形成和经济发展阶段也有关。经济发展的周期一般分为繁荣、危机、萧条、复苏四个阶段。垄断协议易于在哪个阶段形成？就卡特尔而言，一种意见认为，卡特尔主要发生在经济萧条时期，即组织卡特尔是"迫不得已"的事情。例如奥地利经济学家 Kleinwächter 认为，在需求波动时期，要想对生产进行有序的调整，非建立卡特尔不可；另一种意见则截然相反，认为，卡特尔并不像人们常说的那样是"迫不得已"的事情，某一行业的企业愿意就价格或其他商业条件达成一致，恰恰不是在萧条时期（这个时期每个人都会另辟蹊径），而是在繁荣时期，因为只有此时才最有可能取得高于成本的销售价格。

事实上，包括价格卡特尔在内，垄断协议在萧条时期更容易解体。而在经济萧条期向经济繁荣期过渡过程中，需求呈上升趋势，这为抬高价格、限制转售低价等提供了客观条件。美国学者哈伯勒在《繁荣与萧条》一书中，提出了制成品与劳务在需求方面与生产方面的变动规律——"加速原理"，可以以此来解释卡特尔形成和经济繁荣之间的关系。该原理的基本含义是，某种产品在需求的带动下加速生产，会引起生产该种产品的那些上游产品（或原料）更大的变动。"加速原理"不仅适用于和前一生产阶段对照处于任何"制成"阶段的产品的生产，也适用于作为经济环节最末端的消费品的销售。消费品需求的细微变动，都可以转化为更高阶段的那些商品需求的猛烈变动；这种变动越猛烈、程度越强，贯穿到最初始的与该消费品相关的产品的生产阶段的力量也就越强，因此，距离消费领域最遥远的那些生产环节波动最猛烈。这样，经济繁荣阶段，因消费需求增加而促动的产量上涨，相对于下游企业，上游企业的地位更有优势，这为上游经营者进行价格合作提供了客观基础。

当然，作为一种人为控制并缩小生产波动进而规避风险的方法，垄断协议不会在短暂的市场需求上浮出现时就立刻达成，如同一个大型交易往往需经过多次要约最终走向承诺一样，一个垄断协议的形成也往往经"合作—背叛"多次博弈，最终走向合作。经济周期的发展从萧条经过复苏到繁荣的过程，是需求状态稳定的时期，它给经营者提供了长期博弈的时间和空间，即经历"背叛无利可图"的短期博弈后，最终会走向共同实现均衡的长期合作战略。而在经济衰退时期，价格会降到平均成本以下，竞争均衡不复存在。垄断协议的实施需要时间和空间条件，同时，需求的上下变动也会使这种勉强达成的垄断协议走向破裂。一些国家的历史证实了经济上升时期和卡特尔的繁荣具有平行、同步发展的对应性特点。

（二）横向垄断协议的维持

横向垄断协议的维持通常考察在已经形成协议之后，卡特尔成员持续停留在卡特尔内部并协同性地实施垄断协议的具体行为和动机。从经济学视角出发，经营者产生某种动机并实施的主要因素是其对该行为进行的"成本—收益"考量，与滥用市场支配地位行为不同，垄断协议行为中的经营者所考虑的成本和收益更加具有动态性，这是由于垄断协议行为通常是一种"联合式"的垄断行为。它一般是由相关市场内（这里我们仅考虑在同一相关市场内具有竞争关系的经营者之间，即横向垄断协议）的经营者通过"合作"进行的合谋，因此，卡特尔中单独成员在进行决策时依旧需要考虑其他成员的反应，而这些反应也会对单独成员的成本和收益产生影响。这种来自个体的影响和卡特尔内部的影响共同形成了横向垄断协议的维持条件，它不但能够帮助我们分析一个卡特尔形成后运行的稳定性和持续时间，也可以从经济学角度为横向垄断协议行为提供相应的司法智慧，例如最优的处罚额度和有效的识别手段选择等。

经营者在横向垄断协议下的主要收益来自它在卡特尔中与其他成员实施协同性的垄断行为所获得的垄断利润，这个收益侧重于一种内部收益，即经营者在卡特尔中能够获得的一种静态收益。此外，经营者还会考虑到一种外部收益，即退出卡特尔后能够获得的利润，我们将其称为一种动态的收益或者是一种偏离（卡特尔）的利润。[①] 从经营者的动机来看，当它能够在卡特尔中获得的内部收益不低于离开卡特尔而获得的外部收益时，经营者将有动机停留在卡特尔内部，当卡特尔所有成员都具有这种动机时，则卡特尔可以保持一种稳定性，在长时间运行。但是，停留或离开卡特尔会给经营者同时带来成本，我们可以将其划分为直接成本和间接成本。首先，直接成本包括了成员在卡特尔内部进行协调的成本，为了维持一个稳定的卡特尔，成员需要就价格、产量、技术、标准、运输、销售等方面进行协调，以达到协同性的统一，在这个过程中，所有成员都需要付出努力和成本来实现一致性的目的。其次，间接成本主要包括了卡特尔成员退出后可能面对的来自卡特尔的冲击对其利润产生的影响，从动态角度来看，间接成本还包括了卡特尔被执法部门查证后的处罚。因此，影响横向垄断协议的因素是一个复合型的组合，不同的因素的影响程度以及不同因素之间的相互制约都会影响一

---

① F. Bloch, "Coalitions and Networks in Industrial Organization", *Manchester School*, Vol. 70, No. 1, 2002, pp. 36 ~ 55.

个横向垄断协议的稳定性。

从一个由 2 个经营者构成的横向垄断协议的静态博弈出发，如表 2 - 1 - 1 所示，表中矩阵第一个值代表了厂商 1 的收益，第二个值代表了厂商 2 的收益，在关于合谋的博弈中，假设 $\pi_D > \pi_M > \pi_C$，说明了在合谋过程中，当其他成员依旧停留在卡特尔时，一家厂商的退出会给他带来更大的收益。在一个较短的时期内，这个偏离收益相较于合谋收益足够大，使得厂商有动机退出卡特尔。但是，合谋收益和偏离收益都远高于竞争收益，这是来自合谋的基本动机，即合谋可以使卡特尔成员通过弱化竞争工具带来的互动效果而协同性地控制市场，从而达到趋于垄断的效果，获得更高的利润。

表 2 - 1 - 1　囚徒困境下的合谋动机

		厂商 2	
		竞争	合谋
厂商 1	竞争	π_C, π_C	$\pi_D, 0$
	合谋	$0, \pi_D$	π_M, π_M

从横向垄断协议的维持来看，卡特尔并不是仅存在于一个时期，它是在一个较长的时期持续运行的，而它是否能够较为稳定地存在并运行，需要考虑卡特尔成员在一个较长时间内的动态博弈。我们这里考虑一个无限时期内的博弈，即时期 $t \to \infty$，厂商在跨时期决策过程中的贴现因子为 $\delta \in (0,1)$，当 δ 越趋近于 0 或 1 时，厂商则更加关注短期或长期的收益。这里我们并不考虑有限时期的情况，即不考虑 $t = T$ 的情况，这是因为，在厂商的重复博弈过程中，由于 $\pi_D > \pi_M$ 的驱使，每一个厂家都会有动机在重复博弈的最后一个时期进行偏离，此时其竞争对手没有充分的反馈时间对其偏离行为进行反应。而在一个无限时期内的重复博弈中，每一个厂商的偏离都需要将这次偏离行为带来的短期收益和长期损失整合，并进行偏离决策，而此时，贴现因子在其中扮演的角色便至关重要。由于表 2 - 1 - 1 所描述的博弈中的参与者是对称的，因此考虑其中任意一家厂商的收益，若两家厂商始终保持停留在卡特尔中，则它们在每一个时期的利润都是 π_M，则跨时期利润可以表示为：

$$V_M = \pi_M + \delta \pi_M + \delta^2 \pi_M + \cdots = \frac{\pi_M}{1 - \delta} \tag{2.1.1}$$

（2.1.1）的运算使用了简单的等比数列求和公式。反观另外一种情况，当一家厂商进行偏离，对于它最好的偏离时间是在博弈的最初就完成偏离，这样会使偏离行为带来的收益在跨时期过程中最大化，而在偏离发生之后，卡特尔解散，那家依旧停留在卡特尔中的厂商将不会行使垄断行为，将在余下的时期与偏离的厂商展开竞争，两家厂商获得了 π_C 的利润。此时，偏离行为所带来的跨时期利润为：

$$V_D = \pi_D + \delta \pi_C + \delta^2 \pi_C + = \cdots = \pi_D + \frac{\delta \pi_C}{1 - \delta} \qquad (2.1.2)$$

结合（2.1.1）和（2.1.2），当一家厂商有动机偏离时，应当满足条件：$V_D > V_M$，即满足

$$\delta < \frac{\pi_D - \pi_M}{\pi_D - \pi_C} = \tilde{\delta} \qquad (2.1.3)$$

由于 $\pi_M > \pi_C$，易证 $\tilde{\delta} \in (0,1)$。从表面来看，（2.1.3）给出的条件比较容易理解，当贴现因子小于某一个特定值时，厂商更加有动机退出卡特尔，这是由于当贴现因子较小时，远期收益为厂商带来的利润贡献率较低，长期保持在卡特尔内部为其带来的长期利润并不能够充分地吸引厂商一直停留在卡特尔内部。同时，退出卡特尔带来的短期收益高于停留在卡特尔时的收益，为了寻求短期收益为自身带来的跨时期利润，厂商有动机在尽短的时间内退出卡特尔，因此，在（2.1.3）条件满足时，卡特尔的稳定性不高，横向垄断协议的维持程度显著降低。从影响路径上来看，首先，偏离收益和竞争收益越高，厂商退出卡特尔的动机越强，这是来自 $\frac{\partial \tilde{\delta}}{\partial \pi_D} > 0$ 和 $\frac{\partial \tilde{\delta}}{\partial \pi_C} > 0$，当 π_D 和 π_C 增加时，$\tilde{\delta}$ 增加，条件（2.1.3）满足的可能性越大，说明了厂商更加容易退出卡特尔。无论是偏离收益还是竞争收益，他们都表示了厂商退出卡特尔后的收益，即继续停留在卡特尔时的机会成本，当停留在卡特尔时的机会成本逐渐增加时，厂商停留在卡特尔的动机将被弱化，提高了其退出的可能性。

其次，合谋收益越高，厂商退出卡特尔的动机越弱，这是来自 $\frac{\partial \tilde{\delta}}{\partial \pi_M} < 0$，当 π_M 增加时，$\tilde{\delta}$ 降低，条件（2.1.3）更加难以满足，说明了厂商退出卡特尔的可能性越低。合谋收益的产生条件是所有厂商必须持续停留在卡特尔内部，在一个较长时期可以为其带来更高的利润，当合谋收益增加时，对于任何卡特尔成员来

说，他们获得的长期收益都会相对提升，也就增加了他们停留在卡特尔的动机。

条件（2.1.3）给出了影响横向垄断协议稳定性的几个主要因素，这些可以初步奠定我们分析横向垄断协议维持的基础，在这些基础上，还存在其他因素形成对横向垄断协议稳定性的间接影响。

第一，卡特尔成员为了维持横向垄断协议而承担的协调成本。在卡特尔维持的过程中，成员间需要就一致性的行动进行高度的协作，这种协作需要成员在制定自身的价格、产量、技术、标准等方面决策时候，并不以自身资源和要素的投入—产出关系作为根本依据，而是需要在卡特尔整体利益最大化的目标下而制定决策，当两类决策出现比较明显冲突时，便会产生成员为了维持卡特尔而承担的成本。这个成本会直接降低 π_M 的水平，根据上文所述，当这种协调成本持续增加时，会显著提高（2.1.3）成立的可能性，即显著地增加厂商偏离的动机，增加卡特尔破坏的可能性。此外，表 2-1-1 给出的博弈描述了一个对称的情形，即卡特尔中的成员形成了较为平衡的互动状态，而在真实的情况中，卡特尔成员相互之间的生产经营能力不尽相同，就导致了不同的厂商在维持卡特尔过程中面对了不同的协调成本。例如厂商 i，$i=1,2$ 的临界协调成本为 F_i，即当协调成本高于 F_i 时，厂商 i 将产生退出卡特尔的动机，并假设 $F_1 < F_2$，说明了厂商 1 维持卡特尔的难度更高，当协调成本对于两家厂商处于 $F \in (F_1, F_2)$ 时，虽然厂商 2 依旧可以承担维持卡特尔的成本而不进行偏离，但是此时厂商 1 的协调成本已经突破了他的临界成本值，使厂商 1 产生了偏离，卡特尔瓦解。说明了对于卡特尔协调成本的分析无需考虑那些应对成本压力能力较强的大规模企业，即有可能形成卡特尔主谋的厂商，而是需要考虑那些参与卡特尔的小规模企业关于成本的抗压力能力，当协调成本大于大多数此类卡特尔成员时，他们陆续退出卡特尔的情况会不断发生，提高了瓦解卡特尔的可能性。

第二，执法部门对横向垄断协议的查证成功概率以及实际处罚额度。虽然横向垄断协议几乎在所有国家和地区都适用于本身违法原则，但是，执法部门对卡特尔的查证和识别是存在一定成功概率的，即并不是所有的横向垄断协议都能够充分地被执法部门识别。导致这个情况的主要原因首先是市场中存在着高度的信息不对称，在这种不完全信息下，厂商和厂商以外的主体（如政府、消费者）之间关于厂商的具体行为的信息结构并不对称，通常情况下，厂商具有了比较明显的信息优势，而横向垄断协议可以被视为厂商利用信息优势而进行的道德风险行为，以实现获得更高利润的目的，例如一些来自美国和欧洲的证据显示，卡特尔被发现的概率只有 10% ~ 20% （Connor，Lande，2012）[1]。进一步地，在目前这种数字化市场环境下，合谋已经不再限于单纯的关于价格和产量的协同行为，而是趋向于一种在生产经营的后台进行技术性行为，这种诸如算法合谋的卡特尔对执法部门来说是一种更大的挑战，也进一步提高了执法部门对卡特尔识别的难度。其次，执法部门的审查成本过高也是降低识别效率的主要原因，由于大部分横向垄断协议都并不是以实体协议呈现出的明示合谋，而可以通过意思表达等形式形成默示合谋，所以寻找到合谋证据的可能性不大，就需要执法部门通过可观测的协同行为如一致性的价格变动等因素进行分析，这个过程需要执法部门承担较大的成本来完成。结合上述两个障碍，通常执法部门会通过对处罚额度的设定来构建一种激励相容的机制，这种机制普遍的认知是通过增加厂商的预期成本，来降低其实施垄断协议的动机。延续这个逻辑，表 2 - 1 - 1 中的 π_M 可以改写为卡特尔处罚金额（P）和识别概率（q）的函数 $G(P,q)$，并且 $\frac{\partial G(P,q)}{\partial P} < 0$，$\frac{\partial G(P,q)}{\partial q} < 0$。无论哪种因素提高，都会降低合谋利润，根据条件（2.1.3），当成员能够将预期成本纳入考量时，他们会通过观察执法部门的审查力度和处罚力度改变自身停留在卡特尔内部的动机，具体而言，当执法部门对卡特尔的处罚金额和识别能力提升时，会强化这种激励相容机制对成员退出卡特尔的动机，使卡特尔的稳定性减弱。[2]

第三，卡特尔所处相关市场的结构和竞争程度。首先，如果卡特尔已经在相关市场中具有了十分显著的支配地位，当单个成员退出卡特尔后，受到的竞争冲击将会十分明显，此时 π_C 会在依旧存在的卡特尔具有的市场势力的压力下显著降低，换言之，卡特尔会对退出的成员进行比较强烈的反击。在一个重复博弈中，退出卡特尔的成员长期的收益将在卡特尔的"攻击"下降低，当一家卡特尔内部的厂商能够预期到这种冲击时，其便降低退出卡特尔的动机。因此，我们可以做初步的总结，当卡特尔在相关市场内的市场势力较强时，成员退出卡特尔的动机被弱化，此时，卡特尔的稳定性增加。除了卡特尔在相关市场内的市场势

① John M. Connor and Robert H. Lande，"Cartels as Rational Business Strategy: Crime Pays"，*Cardozo Law Review*，Vol. 34，2012，p. 427.
② 虽然从一些典型案例中发现，执法部门对卡特尔所制定损害赔偿标准并不能充分地抑制卡特尔的形成和运行，例如，在 1996 年赖氨酸反垄断诉讼中 ADM 公司并未在美国以外地区承担过大的净损失，但是，从机制设计视角来看，增加道德风险行为的成本不失为一种抑制道德风险的手段。关于这方面的细节问题，将在横向垄断协议的宽大制度中详细探讨。

力这个因素以外，卡特尔成员在多个市场内进行互动的程度和频率也影响到了某个成员退出卡特尔后的收益。航空公司的竞争就是一个比较典型的例子，航空公司间的竞争通常涉及了多个相关地域市场，当航空公司在若干给定的航线上进行合谋，若其中的成员退出了这个卡特尔，则其他尚在卡特尔的航空公司会在其他航线上也会对该厂商进行攻击，换言之，在这种多个市场的互动下，且互动频率较高时，退出卡特尔的成员会受到更大的收益上的冲击。因此，退出卡特尔后的成员所处的市场结构以及卡特尔在相关市场内的市场势力会直接影响成员退出后的收益，当这个收益降低时，成员退出卡特尔的动机减弱，提升了卡特尔维持中的稳定性。

另外一种比较典型的横向垄断协议是分割市场行为，从表面来看，分割市场比较容易理解，厂商通过协议将其进行竞争的相关市场外生地分割为若干个子市场，协议中所包含的不同成员在给定的子市场进行经营，在这个过程中相互都基于协议不进入其他成员的子市场进行竞争，使每一个成员尽可能在各自的子市场成为垄断者。从经济学视角来看，分割市场依旧涉及了卡特尔成员的成本和收益之间的权衡，厂商在划分市场中的收益是其在分配的子市场而获得的垄断利润，同时，厂商在划分市场中的成本是其能够保障需求者不会转移到其他子市场所进行的投入。市场分割的形成与实施可以通过以下两个方式实现，首先，虽然不同的厂商控制了不同的子市场，但是不同的子市场内部的价格并无差异，使需求者即便进行了跨市场采购，也无法获得显著的价格优惠，这种情况适用于厂商所销售的产品具有较高的同质性的市场中，例如水泥，同时不难发现，这种类型的市场分割协议通常是伴随价格协议而产生的。其次，卡特尔成员之间的产品具有一定程度的差异性，给需求者的选择带来比较明显的机会成本，这种机会成本给予了厂商一定程度的价格竞争能力，为了调节这种价格差异而带来的子市场之间潜在的竞争，成员间通过协议来约束相互之间的市场边界，通过外生的协议使彼此不会进入其他成员的市场。

在这种情况下，卡特尔成员退出卡特尔的外在表现相较于传统的价格或产量协议更加明确，当一个成员在没有任何告知的情况下进入其他成员的子市场时，便意味着该成员破坏了原先卡特尔的约定而打破了子市场的边界，与其他卡特尔成员间展开了竞争，而这种不合作博弈是卡特尔的对立面。我们用一个一般化的经济学模型来分析这个情况，考虑一个相关市场中 N 家相互竞争的厂商形成了地域卡特尔，并承诺平分市场。如果成员均遵守了地域卡特尔协议，则可以在各自的子市场以垄断价格获得收益，令每个成员的单位成本为 c，垄断价格为 p_M，则每个成员维持卡特尔时的跨时期利润为：

$$V_M = \frac{(p_M - c) - F}{N(1 - \delta)} \qquad (2.1.4)$$

其中 δ 依旧描述了跨时期的贴现因子，F 刻画了成员在每个时期为了维持彼此的子市场边界而投入的成本。考虑成员退出卡特尔的情况，在退出的瞬时，成员的具体表现为以一个具有竞争力的价格快速进入到其他成员的市场，我们这里假设这个具有竞争力的价格可以获得市场中 $k \in (0,1)$ 部分的需求者，这个设定的主要原因是，我们不考虑产品同质化的情形，因此，在每个子市场中，依旧存在一部分的需求者会始终购买在位经营者的产品，这一个现象主要来自不同经营者所销售的产品具有差异化，消费者在选择进入者产品时会承担一定程度的转移成本，抑制了消费者的转移。结合 k 的设定，当 $k \to 1$ 时，经营者的产品同质化比较显著，反之则反。各个子市场内部的产品差异化也可以说明那些退出卡特尔的成员不会无条件地获得"打了就跑（hit-and-run）"时的收益。[1] 因此，成员退出卡特尔后并进入其他成员的市场所获得收益并不是长期的，卡特尔其他成员会对这个退出者进行行动上的反馈，使其利润在长期受到冲击，我们将退出成员的长期利润简化为零。因此，一个地域卡特尔成员退出后的跨时期利润可以表示为：

$$V_D = \frac{kM}{N} \cdot (p_B - c) + \frac{p_M - c}{N} + \frac{\delta}{1 - \delta} \cdot (0) \qquad (2.1.5)$$

其中 $M \leqslant N - 1$ 描述了退出卡特尔的成员在短时间进入其他子市场的数量，需要明确的是，由于产品可能的差异化，即便卡特尔成员退出后以低价格进入其他子市场，它也不会获得该市场中全部的需求者。此外，（2.1.5）还说明了，在成员退出卡特尔后，它并不一定会以一个非垄断者的身份出现在其现有市场中，在瞬时，它依旧会在其所处的子市场中制定垄断价格。若地域卡特尔成员有动机退出卡特尔，则应满足条件 $V_D > V_M$，即

$$\delta < \frac{kM(p_B - c) + F}{kM(p_B - c) + (p_M - c)} = \hat{\delta} \in (0,1) \qquad (2.1.6)$$

---

① 例如，Farrell（1986）验证了阿司匹林市场中的纵向产品差异化并不会使那些"打了就跑"的市场进入者获得瞬时的收益，因为差异化会导致消费者对不同品牌的产品产生关于产品质量的不确定性，提高了他们的转移成本，使那些进入者无法在短期获得能够快速提升利润的消费者市场。见 J. Farrell, "How Effective is Potential Competition?", *Economics Letters*, Vol. 20, 1986, pp. 67~70.

　　从表达形式来看，（2.1.6）和（2.1.3）体现了类似的结果，即当贴现因子处于一个较低的水平时，长期的收益对于卡特尔成员而言并不具有过大的吸引力，成员会追求短期收益为其带来的利润，换言之，成员会在尽可能短的时间内退出卡特尔而获得短期收益，降低了地域卡特尔的稳定性。从（2.1.6）的影响机制来看，我们可以将 $kM(p_B - c)$ 视为成员退出卡特尔之后并在其他子市场获得的收益，通过 $\dfrac{\partial \hat{\delta}}{\partial [kM(p_B - c)]} > 0$ 可以发现，当这个收益增加时，条件（2.1.6）成立的可能性更大，即成员退出卡特尔的动机越强。虽然 $p_M - c$ 表达了成员在自身所处的子市场获得的收益，但是无论成员退出与否，它都能够在即时获得这个收益，因此，它更加关注这个收益为其带来的长期利润。因此，当 $p_M - c$ 增加时，卡特尔成员停留在卡特尔内部获得的长期收益会贡献更大的跨时期利润，弱化了其退出卡特尔的动机。

　　此外，从成员退出卡特尔后的利润最大化视角来看，若该成员退出卡特尔，为了追求利润最大化，它会进入更多的子市场，即 $\dfrac{\partial V_D}{\partial M} > 0$，换言之，若成员进入其他子市场无需承担额外的成本，则该成员进入其他子市场的最优数量为 $M = N - 1$。同时，若成员间的产品差异化十分明显时，即 k 为一个较低的水平，则成员退出卡特尔后会更加有动机进入更多的子市场，来补偿产品差异化为其带来的利润损失。

　　作为一个总结，虽然横向垄断协议在相关市场内的表现形式不尽相同，但是影响其稳定性的主要因素可以比较清晰地归纳为以下三个方面。

　　第一，卡特尔内外部收益特征。当卡特尔带来的收益在长期不会被显著稀释时，卡特尔成员会协同性地关注长期停留在卡特尔时的收益，即便退出卡特尔后短期收益较高，但是这种短期收益通常是瞬时的，不会充分补偿停留在卡特尔内部而获得的长期收益，提高了卡特尔维持的稳定性。

　　第二，卡特尔所处的相关市场结构和竞争程度。当卡特尔在市场中集中度较高，且卡特尔具有显著的支配地位时，卡特尔对于退出成员的反馈所对后者带来的冲击较大，则会明显提高卡特尔成员退出之后的成本，弱化成员退出卡特尔的动机，提高了卡特尔维持的稳定性。

　　第三，反垄断执法部门对卡特尔的审查和处罚力度。当反垄断执法部门对卡特尔的审查频率与准确度偏低时，卡特尔被查证的概率降低，由于卡特尔维持而带来的反垄断诉讼形成的威慑力减弱，同样地，当执法部门对卡特尔处罚力度不足时，该处罚不能够对卡特尔的收益形成撬动效果，提高了卡特尔维持的稳定性。

二、横向垄断协议性质的分析

（一）横向垄断协议法律性质的分析

横向垄断协议的实施后果通常是生产者剩余增加，消费者剩余减少。这具有零和博弈的特性。经营者利益是个体利益或集体利益（卡特尔团体），因主体的不确定性消费者利益属于社会公共利益。由于成本原因和市场支配力的不同，限制竞争协议通常只是少数主体之间的事情，即受益主体只是少数人，而消费者利益和潜在竞争者的"公共"利益远远大于前者。所以横向垄断协议通常是违法的。

判定这类协议本身违法的过程中，一般不需要进一步地考察其竞争效果，这个被省略的过程其合理性在于，横向垄断协议行为与其不利社会后果之间具有如影相随的确定性。由此，形成了本身违法原则。

横向垄断协议之所以"本身违法"，基本理由是在经济上破坏了以定价为核心的竞争机制。竞争机制赖于一种古典式的自由竞争——常态的竞争——以价格为核心的竞争。价格是"经济的中枢神经系统"，价格凝固意味着竞争消失，这是本身违法原则被绝对化的最根本的经济学理由。此外，"危害竞争"还可以被细化为侵害消费者利益（或损害消费者福利），特殊情况下，还会侵害竞争者利益，如联合抵制。

一个案件如果适用本身违法原则，可以大大节约执法（司法）成本。原因在于本身违法是一个不需要价值判断的"事实问题"，强调对应性。它已经脱离了原则指代的"判断"标准的意义，与其说是一个原则，毋宁说是一个规则。因此，一般意义上，这个原则被解释为：只要存在某些卡特尔行为，不论其有无合理性，都属非法。具体而言，对于执法机关或司法机关处理案件，不必调查卡特尔的目的及分析行为的后果即可直接认定行为违法。对于案件的原告，只需要提供属于卡特尔的初步事实证明即可，无需进行效率证明。

美国本身违法原则的最初适用范围是价格固定、地域划分、限制数量、联合抵制、转售价格维持、搭售等案件。随着 20 世纪 70 年代后期美国新自由主义抬头，及在垄断政策的指导思想上哈佛学派的衰落和芝加哥学派的兴起，法律规则的适用也开始回应这一变化。表现在本身违法原则的固有营垒不时地被一些特定的案件所突破，被突破案件在审理程序上注重分析行为的目的、结果等要素，从而使规则在适用中背离了本身违法原则。总结美国和欧盟等反垄断执法的经验，相对比较稳定的适用本身违法原则的行为类型主要是：价格卡特尔、数量卡特尔和地域卡特尔。这三种行为无论什么情况下都会阻碍市场竞争，损害消费者利益。通常，也将其称为"核心卡特尔"。

在有关国家的立法上，并没有明确说明哪些行为适用本身违法原则。在适用上，也出现了本身违法原则合理化的倾向。这个现象值得关注。

（二）横向垄断协议经济效果的分析

从市场中的厂商视角出发，横向垄断协议是厂商通过关于某种竞争工具的协同达到垄断或趋于垄断的过程，这些竞争工具主要包括价格和产量协议，因此，从横向垄断协议表面的认知来看，倾向于"行为—效果"的逻辑。此外，厂商也会通过对其他竞争工具的协同行为达到类似的目的，例如联合限制技术和产品的开发、联合抵制交易等。这些关于竞争工具进行外生约束的协同行为事实上是通过整合厂商的市场势力对其他厂商进行的竞争限制，最终实现卡特尔可以在某种程度上控制市场，能够制定或显著影响市场中的价格，实现利润的提升。横向垄断协议同样可以通过改变市场结构来实现提升厂商利润的目的，例如，厂商协同性地分割上下游市场，将竞争性的市场划定有形的边界，利用边界削弱甚至消除竞争，形成自身所处的子市场的垄断状态，这种横向垄断协议倾向于"行为—结构—效果"的逻辑。但无论哪种情况，横向垄断协议的逻辑起点都是厂商某种协同性的行为，其最终目的是通过弱化或消除竞争而使其利润尽可能趋近于垄断利润。

对横向垄断协议的经济效果的分析大多从关于价格和产量的协议出发，在一个基础的双寡头垄断模型中，两家厂商（标记为厂商1和厂商2）具有对称的结构，即两家厂商的边际成本均为c，两家厂商的产品具有不完全替代性，给定厂商的价格分别为p_1和p_2，此时他们的需求函数可以表示为：

$$Q_1(p_1, p_2) = a - p_1 + bp_2 ; Q_2(p_1, p_2) = a - p_2 + bp_1 \qquad (2.2.1)$$

其中$b > 0$刻画了厂商产品之间的相互替代关系，当b增加时，产品价格的上涨会引致消费者向替代产品大幅度地转移，反映出较强的替代关系，即比较明显的交叉价格弹性。在一个竞争的状态下，两个厂商通过独立地制定价格最大化自身利润，这里所说的独立性指的是厂商基于对竞争对手最优反应的理性预期来制定符合自身利润的价格。厂商i，$i = 1, 2$的利润函数表示为：

$$\pi_i \equiv \Pi_i(p_i, p_j) = (p_i - c) \cdot Q_i(p_i, p_j), i = 1,2; j = 1,2; i \neq j \qquad (2.2.2)$$

厂商 i 的利润最大化条件满足：$\dfrac{\partial \pi_i}{\partial p_i} = 0$，可以得到两个厂商各自的最优反应函数：

$$p_1(p_2) = \frac{a + c + bp_2}{2}; p_2(p_1) = \frac{a + c + bp_1}{2} \qquad (2.2.3)$$

（2.2.3）说明了两个厂商利润最大化下的价格是通过与竞争对手的博弈而产生的，具体而言，竞争厂商的价格之间存在着正向关系，这是来自两个产品之间的替代性，当某一产品价格上涨时，由于消费者的流失，使其替代品的卖家的市场力量得到强化，也赋予了该卖家一定程度的定价能力，使其价格上涨。结合（2.2.3）可以得到两个厂商的竞争状态下均衡价格：

$$p_1^* = p_2^* = \frac{a + c}{2 - b} \qquad (2.2.4)$$

此时的厂商最大化利润为：

$$\pi_1^* = \pi_2^* = \frac{[a - (1 - b)c]^2}{(2 - b)^2} \qquad (2.2.5)$$

我们进一步考虑两个厂商进行价格垄断协议的情形，厂商在这种合谋下的定价不再独立，而是结合他们共同的利润目标来展开价格协同，此时厂商的价格在制定前已经外生地被设定为一致，即 $p_1 = p_2$，我们在这里需要明确的是，此时的一致性价格与（2.2.4）所展现出的价格一致完全不同，合谋下的价格一致来自于厂商所制定的外生的价格协议，而竞争状态下的一致性价格来自厂商竞争的对称结构。卡特尔的利润函数可以表示为：

$$\pi_c \equiv \Pi_c(p) = 2 \cdot (p - c) \cdot (a - p + bp) \qquad (2.2.6)$$

卡特尔的利润最大化满足条件 $\Pi_c'(p) = 0$，利润最大化价格为：

$$p_c = \frac{a + (1 - b)c}{2(1 - b)} \qquad (2.2.7)$$

将 p_c 代入（2.2.6）可以得到卡特尔的最大化利润：

$$\pi_c = \frac{[a - (1 - b)c]^2}{2(1 - b)} \qquad (2.2.8)$$

从竞争价格和垄断价格的比较来看，结合（2.2.4）和（2.2.7）不难发现 $p_c > p^*$，说明了在价格卡特尔下的市场价格上涨。如图 2 - 2 - 1 所示，当垄断协议不存在时，两个厂商的均衡价格（位于 A 点）来自他们在各自的最优反应函数（best-response function，BRF）共同满足的条件成立时，反映出在静态博弈下，两个厂商在价格竞争时的一种稳定状态。当垄断协议存在时，两个厂商之间的互动从一种非合作博弈转变为合作博弈，他们的价格将符合他们协调为一个垄断者时的条件。此时，由于厂商间的价格博弈消失，而使得他们协同至一个更高的价格上（位于 B 点）。从竞争的视角来看，B 点所呈现的价格并不稳定，两个厂商在博弈中会通过逐渐降低价格来获得更多的市场份额，从而达到提升利润的目标（即 B 点至 A 点的虚线箭头方向）；而在垄断协议下，两者的相互信任所产生的相互协作，使他们可以共同保持在一个较高的价格水平，此时垄断协议保证了两者并不会因为任何一方的退出而受到损失，因此 B 点呈现出了一个较为稳定且符合双方利益的价格水平（即 A 点至 B 点的实线箭头方向）。

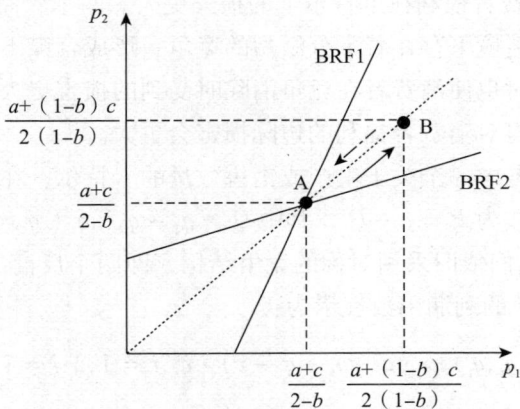

图 2 - 2 - 1　价格竞争与合谋

从垄断协议形成的动机来看，垄断协议能够带给厂商更大的利润是吸引厂商组成卡特尔的主要原因。基于基础分析模型的对称结构，我们考虑两个厂商在卡特尔中可以平均分配利润，对比（2.2.5）和（2.2.8）可以直观地发现 $\frac{\pi_c}{2} > \pi_i^*$，说明了任何一个厂商都可以从卡特尔中获得较高的利润。其主要原因是，两个厂商的价格合谋弱化了消费者对两种产品的相互替代，使两个厂商之间的市场势力协调性地提升，增加了他们共同的定价能力，提高了利润，在两者对利润分配均衡的情况下，都可以获得较竞争时更高的利润，形成了两个厂商实施垄断协议的动机。

从理论和实践的一般性结果来看，基于价格的横向垄断协议行为损害了消费者福利。从上面基础模型的结果出发，将竞争情况和垄断情况下的消费者福利分别表示为 CS^* 和 CS_C，可以发现 $CS^* > CS_C$ 恒成立。[①] 这个结果首先印证了价格卡特尔对消费者的损害，当市场中竞争程度随着卡特尔的形成降低或消除时，消费者无法从厂商的价格竞争中获得更好的交易条件，随着两个厂商的价格协同性地上升，消费者不会通过相互替代来选择更加符合自身效用的产品。同时，由于市场中整体价格的上涨，消费者的效用也会受到收入效应的制约，降低对产品的需求，进一步降低消费者福利水平。进一步地，两种产品之间存在的相互替代关系也显著地影响了消费者福利在卡特尔中的变化，具体而言，通过比较静态分析可以得到：$\dfrac{\partial(CS^* - CS_C)}{\partial b} > 0$，说明了当两种产品之间的相互替代关系增强时（即 b 增加时），消费者福利在卡特尔下的损失更大。两个厂商间较大的替代关系说明了他们在竞争情境下存在着十分激烈的竞争，形成合谋不但使他们对提高利润的诉求更大，同时也使消费者在竞争消除时受到的损害更大，换言之，高度竞争市场中的价格合谋对消费者福利的边际损害会更大。

对应地，我们考虑一个关于生产或销售数量的卡特尔，在古诺竞争中的双寡头垄断市场需求函数为 $P = a - Q$，其中 $Q = q_1 + q_2$，$q_i(q = 1,2)$ 表示了厂商 i 的产量或销量，我们依旧采用对称的竞争结构，即两个厂商的边际成本均为 c。古诺竞争下的厂商 i 的利润函数表示为：

$$\pi_i \equiv \Pi_i(q_i, q_j) = (a - q_i - q_j - c) \cdot q_i, i = 1,2; j = 1,2; i \neq j \quad (2.2.9)$$

厂商利润最大化条件满足：$\dfrac{\partial \pi_i}{\partial Q_i} = 0$，两个厂商在独立制定产量或销量时满足各自的利润最大化条件，也即他们在对竞争对手决策时的最优反应函数：

$$q_1(q_2) = \frac{a - q_2 - c}{2}; q_2(q_1) = \frac{a - q_1 - c}{2} \quad (2.2.10)$$

---

① 将（2.2.4）和（2.2.7）代入对应的需求函数中并计算消费者剩余，可以得到：
$$CS^* = \frac{[a(1-b) - c][a - (1-b)c]}{(2-b)^2}; CS_C = \frac{[a(1-2b) - (1-b)c][a - (1-b)c]}{4(1-b)}$$
通过比较可以发现 $CS^* > CS_C$。

与价格竞争不同，古诺竞争下两个厂商的最优反应函数反映出两个厂商的产量或销量存在反向关系，由于市场中给定的规模，当一家厂商的产量提升时，会挤占其竞争对手的部分市场，使后者的产量或销量下降。（2.2.10）描述了在古诺竞争下符合两个厂商利润最大化的条件，当（2.2.10）的条件同时满足时，两个厂商的决策处于一个稳定的非合作博弈均衡状态，此时两个厂商的产量或销量为：

$$q_1^* = q_2^* = \frac{a - c}{3} \tag{2.2.11}$$

此时，市场价格是：

$$p^* = \frac{a + 2c}{3} \tag{2.2.12}$$

两个厂商的利润为：

$$\pi_1^* = \pi_2^* = \frac{(a - c)^2}{9} \tag{2.2.13}$$

当两个厂商转向合作博弈，共同控制市场中产品的产量或者销量并形成数量卡特尔时，他们将围绕共同利润来协同性地控制产品数量，此时，卡特尔的利润函数可以表示为：

$$\pi_C \equiv \Pi_C(q) = 2 \cdot (a - 2q - c) \cdot q \tag{2.2.14}$$

卡特尔利润最大化时，每个卡特尔成员的产量可以求解为：

$$q_C = \frac{a - c}{4} \tag{2.2.15}$$

将（2.2.15）的卡特尔成员产量代入（2.2.14）中可以得到在数量卡特尔下的市场价格和卡特尔利润分别为：

$$p_C = \frac{a + c}{2} ; \pi_C = \frac{(a - c)^2}{4} \tag{2.2.16}$$

结合图 2 - 2 - 2 可以得到数量卡特尔的以下特征：在竞争状态下，厂商均按照自身利润最大化的目标来制定向市场投放的数量，两个厂商都会尽可能多地进行投放以实现自身利润的最大化（位于 A 点），此时的市场价格（位于 A' 点）描述了两个厂商的共同产量在消费者需求特征中的体现。当数量卡特尔形成后，厂商的利润依旧体现在他们能够在多大程度上通过数量来扰动市场中的价格，因此，两个厂商会在合作博弈下协调性地降低各自的产量至一个较低的水平（位于B点），由于在给定的市场需求下，产量降低会导致供给小于需求，使市场价格上涨（位于B'点），使厂商可以共同享受到产量降低而形成的一种类似于外部性的市场价格统一上涨，市场价格的上涨为厂商带来了更高的利润，形成了他们实施数量卡特尔的动机。[①]

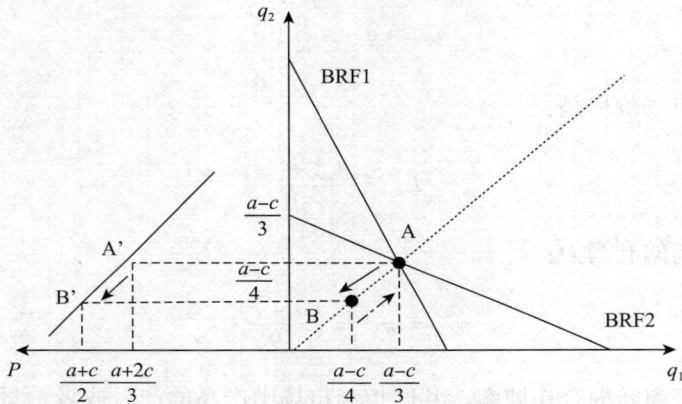

图 2 - 2 - 2　产量竞争与合谋

从消费者福利来看，数量卡特尔和价格卡特尔对消费者福利带来的损害从质的层面是一致的，将（2.2.12）和（2.2.16）的均衡价格代入需求函数中可以得到消费者福利在竞争状态下和垄断状态下的水平分别为：$CS^* = \dfrac{(a-c)^2}{9}$ 和

$CS_c = \dfrac{(a-c)^2}{16}$，说明了数量卡特尔同样会降低消费者福利。这里我们需要明确的是，虽然价格卡特尔和数量卡特尔中厂商进行协同行为的工具不尽相同，但是两种工具在市场中具有极强的关联性。这种关联性导致了经营者无论通过哪种方式进行的协同行为，最终都会体现在市场价格的上涨，稍有不同的是，在价格卡特尔下的市场价格上涨是来自厂商直接的控制价格、固定价格的行为；在数量卡特尔下，市场价格的上涨是来自厂商控制数量的间接结果，此时厂商通过各自的行为都能够"享受"到控制数量而带来的市场中的外部性，即协同控制数量带

---

① 通过比较竞争状态和垄断状态下的市场价格和厂商利润可以发现：$p^* < p_c$ 且 $\pi^* < \dfrac{\pi_c}{2}$。

来的市场价格上涨，使各自的利润都能够因此而得到提升。

在横向垄断协议的具体行为划分中，除了市场竞争中常规的价格和数量上的合谋行为，还存在以划分市场来改变相关市场内部结构的协同行为，这种协同行为并非通过竞争工具直接产生经济效果，而是通过改变市场结构来产生经济效果。从经济学理论的视角出发，厂商能够获得利润的基础是其能够在特定的市场中具有多大程度的市场势力，而市场势力受到了其所处市场结构的影响，当厂商无法从竞争中以较强的市场势力来获得利润时，它们会有动机通过外生地影响市场结构而为自身带来市场势力，并凭借这种强化的市场势力来获得额外利润。这里我们需要明确的是，划分市场并不等同于厂商存在于不同的相关市场中，而是他们将一个相关市场按照自身的利润目标而进行划分，这种划分的标准也不来自对产品的需求替代和供给替代特征，而是以厂商各自的利润最大化目标作为标准进行的分割。

为了进一步说明市场分割带来的经济效果，我们依旧设定一个双寡头垄断的市场结构，两个厂商依旧处于对称的竞争状态，即他们的边际成本均为 c，为了剥离产品差异化对结果带来的影响，考虑两个厂商生产同质化的产品，并进行价格竞争。市场中的消费者规模为 N，每一位消费者的支付意愿均为 θ，即消费者能够接受的最大产品价格是 θ，由于产品高度同质化，消费者在制定购买决策时完全依据产品价格来完成，即消费者会购买价格相对低的产品。换言之，在竞争状态下，两个厂商所提供的产品是充分替代的，且交叉价格弹性趋于正无穷（一个产品价格的微量上涨便会引起全部的消费者转移）。我们同时考虑一个中间状态，当两个厂商的价格保持一致时，他们会因价格也具有相同性质而平均划分市场，基于这个逻辑，厂商 i，$i = 1,2$ 的需求函数可以表示为如下离散的形态：

$$Q_i(p_i, p_j) = \begin{cases} N, 若 p_i < p_j \\ \dfrac{N}{2}, 若 p_i = p_j \quad i = 1,2; j = 1,2; i \neq j \\ 0, 若 p_i > p_j \end{cases} \tag{2.2.17}$$

（2.2.17）的需求函数说明了，如果厂商希望获得竞争利润，它所制定的价格不能高于竞争对手的价格，在这种竞争状态下，所有厂商的价格都会在 $[c, \theta]$ 的区间中尽可能降至最低，否则消费者在价格比较中便会完全转移至那个价格较低的厂商，因此，在这个博弈过程中，所有的厂商都会将价格降低至 $p_1 = p_2 = c$，此时，没有任何一家厂商有动机提高价格（否则会失去所有客户）和降低价格（否则利润为负数），使得市场中的均衡价格处于边际成本水平。这里我们可以进一步了解的是，目前的市场结构为双寡头垄断，从理论上讲，任何厂商都具有一定程度的市场势力来帮助他们制定或影响市场价格，但是市场均衡展现出所有厂商的价格都处于边际成本水平，与完全竞争时的结果一致，这个结果被称为"伯特兰悖论（Bertrand Paradox）"。

这里我们暂不考虑厂商进行价格卡特尔，而是尝试进行市场份额划分，如果两个厂商通过划分市场协议将市场一分为二，即他们以某种边界各自占据并控制市场的二分之一，在边界内，他们便不存在与对方的竞争。此时，来自竞争的价格下降压力便会在自己所控制的市场中彻底消除，即（2.2.17）中的需求函数在市场分割中不再有效，使厂商可以在分割的市场中行使垄断力量。此时厂商 i 在其所处的市场中的定价将在区间 $[c,\theta]$ 内持续提升，由于没有了竞争的压力，厂商在分割的市场内的定价则为 $p_1 = p_2 = \theta$，每一个厂商的均衡利润从竞争状态时的 0 增加到市场分割时的 $\dfrac{(\theta - c) \cdot N}{2}$。从消费者福利的视角来看，在厂商未进行市场分割时，单个消费者的福利为 θ，市场中的消费者总福利为 $\theta \cdot N$，而当厂商进行市场分割时，消费者的福利全部被其所处的分割市场中的厂商抽取，市场中消费者总福利为 0。

从厂商的市场分割协议中我们可以看出，消费者福利的降低完全来自市场分割使厂商之间产生了十分明确的边界，这个边界不是来自产品特征和物理空间，而是来自厂商对竞争边界的划分。在一个正常的相关市场中，厂商之间的竞争应是在这个相关市场边界中无阻碍地进行，但当一个相关市场中的竞争被外生地划分了边界时，则会"创造"出分割市场内部的垄断者。从厂商的视角来看，划分市场虽然会减少他们开展经营的实际空间，但是他们在自己所处的市场空间中具有近乎绝对的市场势力，使其全部的商业活动都可以以一种垄断的状态来完成，当这种在小规模市场中产生的垄断利润超过了在大规模市场中产生的竞争利润时，厂商则有动机实施市场分割的协议。进一步地，厂商在大规模市场中产生的竞争利润将会随着他们的产品间的同质化的增加而降低，这是由于消费者对产品的价格更加敏感，为了捕捉消费者，厂商只能持续降低价格来维持自身的市场份额。因此，在同质化的市场中，厂商更加有可能形成划分市场的动机。从消费者福利的视角来看，划分市场极有可能造成消费者福利流向厂商利润的效果，在上述经济学模型中可以发现，市场分割并没有导致社会总福利的降低，只是改变了社会总福利的结构，因此，没有形成效率的增量，厂商在一个存量的水平上攫取了全部消费者福利并转移至自身利润，换言之，厂商的利润提升完全是在消费者受到损害的基础上而实现的，属于一种经济损害十分严重的垄断协议行为。

在横向垄断协议中，除了上述与价格直接相关的协同行为以外，还涉及一些非价格的协同行为。限制新技术、新设备和新产品的开发和购买以及联合抵制事实上都是厂商通过非价格的手段对特定的竞争对手进行的排挤，以达到排除和限制竞争的目的。上述两种垄断协议行为通常具有阶段性，具体而言，它们并不像基于价格和数量的垄断协议帮助厂商直接地实现利润的提升，也不完全类似于分割市场的垄断协议使厂商在短时期内成为一个市场中的垄断者，而是通过某种与生产经营高度相关的路径来影响市场结构，使卡特尔能够保持其竞争力，进而使其在长期可以达到趋于垄断的状态，并获得相应利润。

具体而言，厂商获得相对竞争力的路径在市场激烈的竞争中变得更加丰富，厂商并不再仅限于通过产品的差异化、管理效能的提升、产品的特性优化等方面来强化竞争力，而是希望在整个生产经营流程中可以得到系统性的提升。新的技术则是厂商追求效率提升的关键因素，技术的嵌入可以使厂商在传统生产资料的基础上实现良好的资源配置，降低生产成本，形成规模经济，进而提升自身竞争力。对新技术、新产品、新设备的开发和购买的限制事实上是从竞争对手进入市场竞争前的效率改善方面进行了制约，降低了竞争对手的竞争力，并进一步以市场的力量排挤竞争对手的过程。虽然消费者的选择将效率低下的厂商筛选出市场，但是，导致厂商竞争力缺失的主要原因是垄断协议对其合理开发新产品、新技术等路径的封锁。

类似地，联合抵制行为也是围绕非价格的路径对同一市场层面甚至是不同市场层面的厂商进行的封锁，例如，在纵向市场中，上游厂商联合向下游特定厂商进行的联合抵制，使下游受到抵制的厂商不能够以充分的资源和要素与同市场内的其他厂商展开正当竞争，进而使其在下游市场机制的选择中被淘汰。上述垄断行为产生的经济效果主要在于两个方面：首先，对于市场中卡特尔以外的厂商而言，由于他们无法获得在正当竞争过程中必要且合理的资源，使其在竞争中无法与卡特尔内部的厂商进行公平的竞争，最终可能会承担经济损失甚至退出市场而承担更大损失。其次，消费者在这个过程中也许并不是直接的受损方，这是由于上述两种垄断协议并不是直接作用于消费者的，而是作用于竞争者的，但由于卡特尔以外的厂商市场势力的弱化和逐渐地退出市场，使市场发生结构性变化，例如，市场集中度会随着联合抵制持续增加，提高了卡特尔和卡特尔内部厂商控制市场的能力，最终会通过抽取消费者福利来增加他们的利润，使消费者福利降低。

　　（三）横向垄断协议豁免制度的法学与经济学分析

　　豁免是指对应当适用反垄断法的垄断行为，基于其在维护国家（地区）利益、社会利益上积极性的一面，而免予追究法律责任的制度。为了维护社会整体和长远的利益，各国及部分地区的反垄断法中都设有豁免制度。

　　1. 豁免制度的法学分析

　　豁免制度是利益衡量的结果。具体而言，首先是竞争政策与其他经济政策关系的平衡，例如对于中小企业的发展各国都非常关注并在产业政策上给予特别对待。其次，豁免制度也是反垄断法适用原则的刚性和灵活性之间的平衡。在理念上，"适用除外"针对的是某些合理的垄断现象；本身违法原则适用于最恶劣的卡特尔（核心卡特尔）。这构成了反垄断法规制范围上的两极。在这两极中间，豁免是相对较好的垄断行为（在规制理念和方法上更偏向于"适用除外"）。①

　　从方法上，豁免制度是对具有限制竞争性质的行为的影响进行利弊分析，在利大于弊时豁免适用反垄断法的禁止性规定。这里的"利"即是豁免制度存在的合理性。豁免制度涉及的"利"包括国家利益和社会公共利益。

　　关于维护国家利益的内容包括：为缓解经济不景气组建卡特尔；维护对外贸易和对外经济合作中的国家利益。为加快企业适应市场变化和减轻结构性波动而成立的卡特尔服务于国民经济稳定发展，如结构危机卡特尔可以加快企业的结构转换，避免转换过程中的过度震荡；特许卡特尔，即由政府特殊批准成立的卡特尔往往出于国民经济发展的总体需要和社会公共福利的需要；出口卡特尔多为扩大出口、增强本国企业在国际市场上的竞争能力而成立的垄断组织；等等。

　　在关于维护社会公共利益层面，反垄断法中的社会公共利益可分为客观公益和主观公益。前者是全社会每个成员都可受惠的共同利益；后者是某类主体（群体）基于特殊社会关系需要给予特殊保护而形成的利益总体。客观公益的内容包括：改进技术、研究开发新产品；提高产品质量、降低成本、增进效率，统一产品规格、标准或者实行专业化分工；实现节约能源、保护环境、救灾救助等。主观公益包括消费者利益和竞争者利益。由于消费者利益和竞争者利益是在和经营者或经营者的联合中比较而得出的利益形式，在"量"上多于经营者（或其联合）利益，所以称其为主观公益。

　　根据法律对豁免的处理方法不同，形成了不同的立法例：

---

　　①　从豁免的对象的特殊性即可看出：豁免的对象主要是那些对维护国家利益有积极意义的行为以及那些对市场竞争关系影响不大，但对社会公共利益有益的限制竞争行为。

第一种是没有明确规定相关标准但灵活适用豁免条件。美国法律没有明确规定哪些垄断协议可以豁免，基于其法律传统，美国法院可以根据不同时期的经济发展状况灵活地决定豁免的范围。法院在判断一个行为是否能够得到豁免时，主要根据合理原则来分析该行为是否具有反竞争的效果。对于那些可能产生的积极效果大于消极影响的协议，给予豁免。

第二种是概括加列举式。德国《反限制竞争法》对于豁免的卡特尔曾经规定得非常具体，但随着欧共体规则统一化进程，德国对卡特尔豁免作了多次修改。2005 年修改后的《反限制竞争法》删除（实际是改变）了标准化卡特尔、条件卡特尔、合理化卡特尔、结构危机卡特尔、专门化卡特尔的豁免规定，形成了关于豁免协议的一般条款和中小企业卡特尔的豁免条款（第 3 条）。概括条款即第 2 条第 1 款："企业间达成的协议、企业联合组织作出的决议以及协同行为，如其能够使消费者分享由此产生的收益、有利于产品的生产或销售或者有利于促进技术和经济的进步，可以豁免适用第 1 条的禁令。"欧共体竞争法上的豁免制度源于《欧共体条约》第 81 条第 3 款。

第三种是列举式。我国台湾地区"公平交易法"（2017 年）第 15 条规定了7 种豁免情形：①为降低成本、改良品质或增进效率，而统一商品规格或型式；②为提高技术、改良品质、降低成本或增进效率，而共同研究开发商品或市场；③为促进事业合理经营，而分别作专业发展；④为确保或促进输出，而专就域外市场之竞争予以约定者；⑤为加强贸易效能，而就域外商品之输入采取共同行为；⑥经济不景气，致同一行业之事业难以继续维持或生产过剩，为有计划适应需求而限制产销数量、设备或价格之共同行为者；⑦为增进中小企业之经营效率，或加强其竞争能力所为之共同行为。

我国《反垄断法》属于第二种，在我国《反垄断法》第 20 条中，包括了两个主要的豁免证明事项。一是消费者由此享受其利益，二是不严重限制竞争。从文本上看，我国垄断协议豁免制度的立法逻辑在于可以"容忍"协议为达到一定的积极效果而对市场竞争产生一定的排除、限制效果，但此种效果应在一定的限度之内，"不会严重限制相关市场的竞争"是我们衡量该限制是否合理的预设底线。囿于"严重"一词表述过于抽象，使判定限制竞争的效果不确定性较强。

在我国法律文本框架下将适用豁免的主动权交由经营者，但囿于这一条件缺乏细化证明标准及认定因素和可供参考的实务经验，经营者在面对执法机关对于"严重限制相关市场竞争"的效果说明及违法性认定上常常无话可说。在数量有限的执法案件中，执法机构适用"不会严重限制相关市场竞争"的状况是：经营者未主动适用豁免条款；或经营者虽主动适用豁免条款，但对豁免适用条件论证不全面且不充分。

沿用欧盟模式法院采用合理原则对协议效果进行正负比较分析，虽然实质内容也涵盖了豁免条件中的正当性条件及消费者权益条件，但实际上架空了第20条豁免条款的适用可能，在继受欧盟模式的文本"骨架"之下灌输美国模式"血液"，必然会引起强烈的排斥反应，造成更大的法律不确定性。

我国《反垄断法》第20条第2款中豁免要件"不会严重限制相关市场竞争"与垄断协议成立要件"排除、限制竞争"在效果程度上存在明显区别，前者证明强调"严重"，后者只要求"具有或可能具有"即可。事实上，"具有"在程度上远远低于"严重"，也正是在这种程度差别之下，豁免条款有其适用空间，即对于限制竞争但又达不到严重程度的垄断协议在证明具有积极效果的前提下可予以豁免。是否严重的评判，可以通过考察市场份额、市场准入的影响、持续的时间等方面进行细化。

2. 豁免制度的经济学分析

根据我国《反垄断法》第20条的规定，横向垄断协议的豁免大致可以划分为基于经济视角的豁免和基于社会视角的豁免，前者更加聚焦于微观经济载体的垄断行为在市场内部所产生的影响，而后者更加关注经营者的垄断行为在市场以外的环境下所产生外部性，更加侧重于评估垄断协议行为所造成的外部性成本对社会总福利带来的影响。例如，《反垄断法》第20条第1款第4项所指出的：为实现节约能源、保护环境、救灾救助等公共利益的垄断行为不适用该法关于垄断协议行为的规定。

关于横向垄断协议豁免制度的设计逻辑和运行机理主要在于对行为和效果的进一步划分，虽然从关于横向垄断协议的禁止性条款来看，横向垄断协议行为在我国适用于本身违法原则，但是其所产生的效果，尤其是经济学效果应得到进一步的评估和衡量，才能从该行为对应的效果层面来全面判定该行为的合法性。上述合法性更多地是从经济学的视角出发来进行评估和判断的，换言之，我们需要基于某个特定的已经附加上"本身违法"属性的横向垄断协议行为进行严谨的经济学分析，围绕"限制、排除竞争"的标准明确指出该行为的实施动因和实际经济效果，进而认定其是否应被禁止，这个逻辑并未相悖于"本身违法"的精神，而是从多个维度视角对特定垄断行为开展分析（刘廷涛，2015）。①

---

① 刘廷涛：《欧盟卡特尔适用规则及豁免规定对中国之启示》，载《东方法学》2015年第3期。

　　从横向垄断协议的豁免标准来看，经济学分析主要关注以下三个方面，首先，垄断协议的实施是否可以在生产或经营上提升效率。在市场层面，效率的提升主要体现在产品生产、加工、流通、销售等环节的成本降低，而这并不能充分体现对垄断协议的豁免原则，应进一步地观察到效率提升而带来的收益并非单纯地进入经营者利润中，而是该收益能否显著地转移至消费者，使消费者福利可以得到显著的提升，这一点从经济分析范式上回应了《反垄断法》第 20 条和《禁止垄断协议规定》第 20 条的说明。其次，垄断协议的实施是否显著地排除、限制了市场中的竞争。如《禁止垄断协议规定》第 16 条第 2 款第 5 项和第 6 项的规定，协议对市场进入和其他经营者产生了较大负面影响时应予以禁止。对市场进入的负面影响主要指垄断协议是否构建了较明显的市场进入壁垒，使场外的经营者通过承担必要的进入成本也无法顺利进入市场、开展经营活动、获得合理利润；对市场中其他经营者的负面影响主要指垄断协议是否通过价格、产量、标准等因素排除了市场中在位经营者。因此，对于横向垄断协议的豁免标准的分析，应关注该协议对市场竞争程度的影响。最后，垄断协议是否实质性地促进了技术的改进和产品的研发。这条路径是关于垄断协议下的经营者协作带来的对研发创新的影响，同时也是微观经济载体的经济行为对市场带来外部性的考察。企业的创新和研发行为所带来的效果并不单纯地体现在企业在市场中竞争力的提升，研发的效果同时可以从市场内部向市场外部的社会环境中转移。例如，在数字经济行业中的经营者创新往往可以带来较高的溢出效应（如地图导航软件的开发和技术创新），推动社会中某种公共物品的效率提升，使社会活动参与者也可以获得相应的收益。上述三个标准的整合以及综合评估，是评价横向垄断协议合理性和合法性的主要标准，虽然三者并不一定同时发生在某个特定的垄断协议行为下，但是可以通过经济学模型将其进行整合，形成一个一般化且规范性的评估框架和判定标准。

　　关于垄断协议豁免制度的经济学分析可以尝试采用一个简化形式（reduced form）模型。在一个竞争状态的相关市场中，全部的经营者进行充分竞争，且假设他们生产并销售同质性产品，产品的单位成本为 c，例如，一个给定区域内的混凝土市场。在伯特兰竞争下，经营者虽然具有一定的市场势力，但产品同质化使他们的价格在竞争中趋近于成本水平，即 $p = c$。市场中的需求者（这里定义为消费者），消费者在购买产品时可以获得 θ 的效用，因此，在竞争状态下的消费者福利水平为 $\theta - c$。与此同时，经营者在市场正常的经营活动以外，还进行必要的创新，我们用创新为社会带来的外部性收益作为评价经营者创新效率，具体而言，经营者在进行创新时能够为社会总福利带来 I 的增长。在该相关市场中，初始状态为竞争状态，如上文所述，竞争状态下的消费者福利和社会总福利是评价横向垄断协议的实施是否产生破坏竞争、弱化福利影响的基准，因此我们将市场公平竞争作为一个指标纳入到社会总福利中，利用参数 K 作为市场公平竞争的评价指标，当 K 逐渐增加时，反映了市场中的竞争趋于公平，反之则反。基于以上设定，在竞争状态下的社会总福利可以表达为：

$$W^* = \theta - c + I + K \qquad (2.2.18)$$

其中 $\theta - c$ 为消费者福利和经营者利润的总和，经营者向消费者收取的价格在两者的福利加总后被内化，同时，由于经营者产品的同质性，经营者在完全竞争中的利润为零，$\theta - c$ 也因此与消费者福利一致；I 和 K 是经营者的创新和市场中的公平竞争带来的社会正外部性收益。

在上述市场中，考虑一个横向垄断协议的情形，该垄断协议带来了以下三个经济效果：其一，经营者在垄断协议下形成了生产上的协同性，体现在其生产成本的降低，令协同效应带来的成本降低程度为 $x \in (0,1)$，则当经营者实施垄断协议时，其单位成本降低为 xc；其二，经营者在垄断协议下形成了技术上的协同性，体现在其创新能力的提升，令技术协同带来的创新效果提升程度为 $k > 1$，则当经营者实施垄断协议时，经营者的联合创新带来的社会正外部性收益为 kI；其三，经营者在垄断协议下形成了行为上的协同性，该协同性表现在固定价格、限制数量、分割市场等方面，这些行为较为直接的体现形式是产品价格的上涨，令 $\delta > 1$ 刻画上涨程度，产品价格此时表示为 $p = \delta xc$，同时，垄断协议降低了市场中的公平竞争水平，损害了竞争，带来了社会负外部性成本，令行为协同带来的市场恶化效果为 $y \in (0,1)$，则当经营者实施垄断协议时，市场中的公平竞争程度为 yK。结合上述三个主要经济效果，在经营者实施垄断协议时，社会总福利可以表示为：

$$\widetilde{W} = \theta - \delta xc + kI + yK \qquad (2.2.19)$$

在评估横向垄断协议的影响方面，我们主要关注的是该行为对消费者福利和社会总福利带来的双重影响，结合（2.2.18）和（2.2.19），若消费者福利在垄断协议下有所提升，则需满足条件：

$$\delta x < 1 \qquad (2.2.20)$$

若社会总福利在垄断协议下有所提升，则须满足条件：

$$\delta x < 1 + \frac{(k-1)I - (1-y)K}{c} \tag{2.2.21}$$

综合（2.2.20）和（2.2.21）两个条件，能够同时满足消费者福利（市场公平）和社会总福利（市场效率）同时提升，则应符合条件：

$$\delta x < \min\left\{1, 1 + \frac{(k-1)I - (1-y)K}{c}\right\} \tag{2.2.22}$$

在进行横向垄断协议的经济效果评估时，我们首先需要明确 δx 的含义，其表达了在垄断协议下，由于经营者的市场协同行为带来的价格上涨和协同生产产生的成本集约的双重效果，且这两个效果存在着相反的方向。协同行为越强（即 δ 增加），消费者接受到的价格越高，消费者福利也越低；而成本集约越强（即 x 降低），消费者能够从成本降低中获得的收益也越大，消费者福利也越高。因此，条件（2.2.22）表达了能够同时使消费者福利和社会总福利同时提升的关于经营者协同性的条件，这个条件主要包含了经营者的垄断协议是否可以将尽可能多的收益转移至消费者的可能性。

其次，垄断协议带来的外部性成本和外部性收益之间的关系直接影响了其对消费者福利和社会总福利的效果。具体而言，当垄断协议产生的外部性成本较高时，即 y 更加接近 1，使得 $\frac{(k-1)I - (1-y)K}{c} < 0$，则会出现情形 $\delta x \in (1 + \frac{(k-1)I - (1-y)K}{c}, 1)$，此时，虽然消费者福利在垄断协议下得到了提升，但是社会总福利下降，这是由于垄断协议在市场中带来的外部性成本过高，使提升的消费者福利无法补偿外部性成本造成的社会总福利下降。反之，如果 $\frac{(k-1)I - (1-y)K}{c} > 0$，则社会总福利提升的效果便已经达到，此时只需要满足条件 $\delta x < 1$ 以实现消费者福利提升的目标便可以评价垄断协议带来的实际经济效果。

再次，垄断协议带来的外部性成本与外部性收益之间的关联主要来自该协议对创新和市场竞争的边际效应。具体而言，当 $k > 1 + \frac{(1-y)K}{I}$ 时，垄断协议越不可能带来关于社会总福利层面的反垄断担忧，这主要是因为较高的创新协同效应可以充分地补偿垄断协议给市场竞争带来的损害。[1] 同时，在判定垄断协议对

---

① 该条件来自对 $\frac{(k-1)I - (1-y)K}{c} > 0$ 的分析。

消费者福利和社会总福利带来的双重影响时，仅需要考察消费者所接受到的价格是否实质性地受到经营者成本集约的收益转移，而无需过多地担忧社会总福利可能的弱化效果。

最后，在利用上述模型对横向垄断协议的豁免进行经济学分析时，应当考察两个维度的公平性。（2.2.22）指出在垄断协议存在时，消费者福利和社会总福利的同时提升说明了该协议可以从效率和公平两个角度产生促进效果，其中的公平性体现在市场内部参与者与外部环境之间的关联，即社会总福利的提升并不是判定垄断协议可以被豁免的充分条件，在社会总福利提升的基础上，消费者也应当获得实质性的收益。此外，对 k 和 y 的相对关系的比较说明了，在市场外部环境中，社会净外部收益的显著提升也不是判定垄断协议可以被豁免的充分条件。例如，社会净外部收益可能是来自经营者的协同创新提升，但伴随着市场竞争的严重损害，而前者若高于后者就展现出了社会外部收益的存在。但是我们需要明确的是，创新协同的提升应不以严重损害市场竞争为代价，因此，当市场竞争的损害（如在位经营者被挤出市场或潜在经营者无法进入市场）被观察到时，即便创新协同能够带来显著的福利提升，这种垄断协议行为也应当被进行调整，而并不应将其划定在豁免的范围内。[①]

三、横向垄断协议宽大制度的法学与经济学分析

（一）横向垄断协议宽大制度的基本逻辑

宽大制度（leniency program），也称宽恕制度。它并非反垄断法上的专有概念，在刑法理论、税收征管法理论上也被广泛使用。但在反垄断法语境下，"宽大制度"具有特殊含义，指通过鼓励卡特尔成员揭露和坦白未被反垄断机构掌握的卡特尔行为和证据，按照坦白的顺序和坦白内容对案件处理的价值给予坦白者部分或全部赦免的制度。

1. 宽大制度的基本类型

世界上最早的宽大制度是美国 1978 年开始实施的。但众所周知，20 世纪 60 至 70 年代的美国市场，信息交流、价格领导等价格协同行为广为商家青睐并在

---

① 对于这部分的分析思路，应当进一步在模型中勾勒 K 的内涵因素，例如，K 应当刻画了目前市场中的竞争状态并反映出目前市场内部为参与卡特尔的经营者和外部潜在经营者的利润水平，若 K 在 y 的影响下产生的降低是来自上述两类经营者利润的显著降低，则印证了文中的讨论。对于 K 的进一步分析应当考察不同市场结构中经营者的竞争状态，在本书中不再一一讨论。

经营中屡试不爽，虽然有一些案件被判定为价格卡特尔，但总体上对价格协同行为并没有形成打压态势，根源在于，这种行为缺乏像协议、决议那样的书面或口头证据，单靠各商家价格一致这种外表进行认定和处罚，既难以以理服人，在很大程度上可能侵害商家的经营自主权。甚至有时候，明知道商家之间存在价格的轮流坐庄，但所掌握的证据仅仅是一次聚会、一个习惯性的问候，甚至一个奇异的眼神。

宽大制度意图改变执法机关的被动状况，但适用初期，效果并不理想。其主要原因是违法的成本和坦白的激励都不够大，不足以激发核心卡特尔成员为保全自己而背叛集体。自美国《谢尔曼法》实施一个世纪以来，卡特尔的行政和刑事责任一直较轻。20 世纪 90 年代以来，经济处罚出现了严厉化的趋势。1990 年美国修订后的反托拉斯法将个人和公司的刑事罚金最高额分别提高到 35 万美元和 1000 万美元。另外，美国司法部越来越多地运用 1987 年《刑事罚金修订法》中计算罚金的方法来对卡特尔实施处罚。根据该法，公司和个人犯罪，可以处以违法所得或因违法行为而受到的损失的两倍的罚金。司法部通常按照销售额的 20% 来计算罚金数额，作为非法收益或损失的两倍的参考数据。2004 年的《反托拉斯刑事处罚增进和改革法》再次将公司违反《谢尔曼法》第 1 条的最高罚金额从 1000 万美元增加到 1 亿美元，将个人违反《谢尔曼法》第 1 条的最高罚金额从 35 万美元增加到 100 万美元。[①] 这为宽大制度的有效执行奠定了制度基础。

由于加大了处罚的力度并明确了宽大的条件，制度运行效果有了明显的提升。[②] 从自那时至近些年的执法效果看，大致可以得出：宽大制度与违法数额成正相关关系。违法数额越大，宽大制度的运行效果越突出。

美国的宽大制度及其快速提升的制度效果，为他国建立同类制度树立了榜样。也成为其他国家借鉴该制度的基本理由。欧盟委员会于 1996 年颁布了《关于减免卡特尔案中的罚款的通知》（该通知于 2006 年 8 月 12 日进行了最新修订），正式确立宽大制度。日本公平贸易委员会也在 2005 年 4 月通过的禁止垄断法修正案中加入了宽大制度的内容，并于 2006 年 1 月开始实行。此外，英国、加拿大、韩国、新加坡等也纷纷建立了自己的宽大制度或对原有程序进行修改。

---

① 游钰：《卡特尔规制制度研究》，法律出版社 2006 年版，第 240～241 页。
② 可以从案件的数量和罚款的数额两方面体现出来，具体数字请参见覃福晓：《美公司宽恕政策自首竞赛效应的法经济学分析——兼论我国〈反垄断法〉第 46 条第 2 款规定的实施》，载《生产力研究》2009 年第 5 期。

当然，有关国家或地区在制度移植过程中，不同程度地进行了适于本国法的制度改良，由此形成了几种风格不同的制度类型，例如美国模式、欧盟模式、日本模式等。我国宽大制度的具体内容体现在《国务院反垄断委员会横向垄断协议案件宽大制度适用指南》中。

2. 宽大制度的经济学分析

从经济学的视角来看，横向垄断协议宽大制度的核心是通过构建垄断协议经营者的激励相容，围绕其预期收益而进行的机制设计。具体而言，横向垄断协议的运行是具有竞争关系的经营者从不合作博弈到合作博弈的一个过程，这个过程具有跨时期的持续性。由于横向垄断协议属于本身违法，因此，经营者在实施垄断协议过程中会尽可能使其行为隐蔽且不易被查证，这使得经营者和反垄断监管部门之间关于垄断协议行为存在着较突出的信息不对称。反垄断监管部门对横向垄断协议的调查取证实质上是改善信息不对称的一个过程，当调查成功后，在特定的横向垄断协议上，执法部门与垄断协议的实施者之间信息趋于完全，使对应的垄断协议行为的违法性得以证实。但是，在调查执法的实践中，关于横向垄断协议行为存在两个主要的难点。首先，在信息不对称环境下的反垄断执法成本过高，执法部门对横向垄断协议行为的调查在于揭开市场信息不对称的"面纱"，对垄断协议的调查并不是直接地寻找垄断行为，而是通过观察垄断行为所产生的特定现象和实际效果去间接地分析和查证该行为的存在性，这就要求执法部门对相关垄断协议行为的经济效果开展深入且全面的调查，同时需要投入大量的技术、时间、人力等方面的资源，增加了执法成本。其次，在一些互联网行业中的数字化环境下的垄断协议行为更加隐蔽，增加了反垄断执法的难度。随着企业数字化转型的快速发展，垄断协议的"意思表达"也逐渐进入到了一个更加深层的环境中，这个环境可能是一组数据，也可能是一种算法，使监管部门对垄断协议的查证，尤其是事中和事后监管更加困难，当监管部门采用的技术和市场中运行的技术存在发展程度的扭曲时，便增加了以技术为主导的垄断协议查证难度。

反观横向垄断协议宽大制度的机制，是将传统的事中和事后监管前置，通过在事前设定对既有的横向垄断协议宽大条件的具体信息，如体现在我国《国务院反垄断委员会横向垄断协议案件宽大制度适用指南》中的具体条款，给经营者预设出他们实施垄断协议、退出垄断协议、举报垄断协议等行为的潜在收益和成本，改变经营者在实施垄断协议过程中的跨时期收益水平，从而形成改变经营者实施垄断协议行为的动机。聚焦宽大制度的激励相容，该制度的主要逻辑是通过降低对举报者的处罚来降低经营者举报其所处的卡特尔的成本，以某种形式的

"收益"提高经营者继续停留在卡特尔内部的机会成本，当该成本提升至一个特定水平时，卡特尔内部的某个或某几个经营者的预期收益便会发生根本性的改变，即经营者退出并举报卡特尔的预期收益高于继续停留在卡特尔的预期收益，使他们自发地产生退出并举报卡特尔的动机和实际行为，形成对他们破坏卡特尔稳定性的激励相容机制。横向垄断协议宽大制度经济学逻辑所产生的主要效果可以归纳为以下几点：

第一，对已经形成的卡特尔内部形成经营者自发的退出机制。横向垄断协议宽大制度的激励相容条件主要由两部分组成：罚款的减免和宽大顺位。罚款的减免从数量的方面增加了在卡特尔内部的经营者退出并举报卡特尔的收益，换言之，增加了经营者继续停留在卡特尔内部的机会成本。当罚款减免额度达到一定水平时，将会平抑经营者继续停留在卡特尔内部实施垄断协议的预期收益，弱化其继续停留在卡特尔内部的动机。宽大顺位从举报的质量上提升了经营者退出并举报卡特尔的动机，宽大制度的实现前提是通过罚款减免来促使经营者自行揭开市场中信息不对称的"面纱"，即自行提升卡特尔和监管部门之间的信息质量，而随着举报行为的推进，先至的信息质量要高于后至的信息质量，因此，宽大制度会提升对先至信息提供者的罚款减免程度。具体而言，最先提供信息（即进行举报）的经营者可以获得最高的来自退出卡特尔的收益，形成了对激励相容的动态调整机制。

第二，对潜在的卡特尔形成抑制作用。卡特尔在形成之初是在同一个相关市场内具有竞争关系的经营者之间的博弈权衡，他们所考量的关键变量主要由两部分组成，一是卡特尔在长期的收益，二是继续保持竞争所获得的收益。当经营者可以预期前者收益水平高于后者时，则可能形成协同性的动机进行"合作"，进而形成卡特尔。宽大制度的建立可以增加经营者在形成卡特尔的决策中另一个变量，即在卡特尔运行过程中是否会有一个或多个经营者为避免卡特尔被查证后的罚款而进行举报，由于这种举报行为可以为特定的经营者带来收益，因此，举报卡特尔对经营者而言总是存在收益，而这种收益又会抑制经营者停留在卡特尔内部的动机。当所有经营者都将上述收益纳入自身构建卡特尔的决策中时，则会降低卡特尔产生的长期预期收益的水平，这种机制改善了事中和事后监管的效果，使经营者在实际违法活动形成前就已经在某种程度上弱化了其违法动机，有效地实现了监管前置。

第三，通过对宽大制度下的罚款额度和相应的宽大顺位的制定，帮助执法部门灵活地实现对卡特尔稳定性的破坏，降低执法成本。如上文所述，对垄断协议的识别需要监管部门承担较高的执法成本，而对经营者激励相容条件的制定可以比较有效地增加其退出卡特尔的自发性，这种自发性的程度也可以由监管部门灵活地调整。由于卡特尔内部经营者的退出动机受到了罚款减免和宽大顺位的影响，因此，监管部门可以通过调整上述变量来改变经营者退出的动机。例如，当罚款减免水平提升和/或宽大顺位的幅度增加（如增加不同顺位经营者的减免差），则可以进一步推动经营者尽早地优先退出卡特尔，在尽可能短的时期内破坏卡特尔的稳定性，实现对横向垄断协议的低成本监管。

（二）横向垄断协议宽大制度的内容设定与运行机理

1. 宽大制度的基本内容与运行机理

宽大制度是反垄断法上一项具有创新性的制度。宽大制度和刑法中的自首和立功制度的运行机理是一致的，都是鼓励违法（犯罪）嫌疑人与有关机关合作，以求获得宽大处理。但也有不同，首先从适用的对象上看，刑法的自首和立功制度既适用于组织犯罪，也适用于个人犯罪；而反垄断法上的宽大制度仅适用于卡特尔行为（准确地说是核心卡特尔行为），即有组织的违法行为。其次，法定性不同。自首立功的条件、"从轻、减轻处罚或免除处罚"的具体内容都不够明确，只能由法官在判决时自由裁量；反垄断法规定的宽大制度往往有明确的预期，其法定性更强。

宽大制度和承诺制度类似，但在适用范围、条件上也不相同。宽大制度适用于卡特尔行为；而承诺制度虽然主要适用于经营者集中，但也不排除在卡特尔和滥用支配地位上适用。承诺制度的适用条件一般是经反垄断机关调查后垄断危险仍不能排除，而宽大制度适用于已经确立核心卡特尔关系反垄断机关未展开调查或已经展开调查但未掌握主要信息。

宽大制度不是反垄断立法伊始就有的制度，而是在反垄断法实施半个多世纪（甚至一个世纪）后因客观实践的需要作出的制度补充。具体而言，核心卡特尔经由"书面协议—信息交流—协同行为"逐渐隐形化后，反垄断法制裁措施形成的威慑，或反垄断机关运用各种调查取证的权力的效率日渐式微。规制核心卡特尔面临特殊的挑战：无证据的情况下取得证据。因循传统的强化管制的思路——扩大权力的内容或同时扩展范围——难以完成这个特殊任务，需要借助被监管一方的力量。由于卡特尔成员的自身状况的差异及由此形成应对市场风险的能力的差别，各成员的意愿会随着市场的变化而变化。分化并利用这种差异削弱成员对卡特尔组织的忠诚度，从内部分化瓦解该组织，可以实现规制新型核心卡特尔的目的，宽大制度由此产生。在这个意义上，宽大制度是一种通过攻心策略，也是一种怀柔政策或绥靖政策。

2. 运行机理的经济学分析

横向垄断协议宽大制度的两个主要组成部分：罚款减免和宽大顺位，从机制设计和程度设计两个维度构建了卡特尔内部经营者退出卡特尔的激励相容，具体而言，经营者是否退出卡特尔主要在于其对两类利润的权衡，其一是继续停留在卡特尔内部实施垄断协议的长期利润，其二是退出并举报卡特尔所获得长期利润。以下几个主要变量的存在将影响上述两类利润水平，同时也直接影响卡特尔内部经营者关于是否停留在卡特尔内部的动机。

第一，经营者对长期收益的关注度。经营者在市场中的生产经营活动包括与竞争对手的互动是在长期发生的，因此，经营者实施垄断协议也是将跨时期的长期收益和短期收益进行衡量，当经营者更加关注合谋的长期收益时，会协同性地提高卡特尔的可持续性，进而强化了卡特尔的稳定性。

第二，监管部门的事中审查力度。卡特尔的隐蔽性并不意味着监管部门的查证成功概率为零，这取决于监管部门对事中审查的投入水平、审查能力、技术水平等因素，当相关的审查力度提升时，卡特尔被识别的概率也随之增加，降低了经营者维持卡特尔的预期收益水平。

第三，监管部门的事后处罚程度。对卡特尔的事后处罚虽然是发生在卡特尔已经损害了社会总福利的基础上的，但是事后处罚程度对于经营者而言是一个公共信息，即在他们实施垄断协议之前就将这个信息纳入考量。因此，事后处罚额度可以对经营者形成一种威慑效应，经营者将其视为潜在发生的、实施垄断协议的机会成本，当该成本增加时，经营者停留在卡特尔内部的预期收益将会降低，弱化其实施垄断协议的动机。

第四，卡特尔带来的利润与竞争状态下利润的比较。经营者实施垄断协议的目的是通过降低市场中的竞争而获得更大的利润，所谓更大的利润指的是合谋利润超过竞争状态下利润的程度，当这两类利润差显著提升时，会增进合谋的收益，提升经营者实施垄断协议的动机。

聚焦到横向垄断协议宽大制度的两项主要内容，其核心运行机理是通过处罚减免和宽大顺位的制定来扰动上述变量，从而实现改变经营者动机的目的。运用简单的经济学模型对上述问题进行分析，考虑一个存在初始竞争的相关市场，经营者可以通过横向垄断协议来降低市场中的竞争，进而获得垄断利润，令该市场运行在无限时期内，即 $t \to \infty$ ，说明了在没有外界干预情况下，市场的内在供需机制可以推动市场持续运行。在每个时期内，卡特尔为内部成员带来的利润为 π_A，而在同样的市场内的竞争状态下，经营者每个时期的利润为 π_C，且 $\pi_C < \pi_A$ 说明了卡特尔能够为经营者带来更高的利润。由于监管部门会对潜在的垄断协议行为进行事中监管，因此卡特尔在每个时期都存在被查处的概率，令该事件发生后经营者的利润降低 K，其中包括了监管部门对经营者的处罚。此外，令 $\delta \in (0,1)$ 来刻画跨时期的贴现率，当 δ 趋近于 1 时，经营者受到长期收益和成本的影响越大。若经营者持续停留在卡特尔内部，其利润可以表示为：

$$\pi_1 = \frac{\pi_A}{1 - \delta} - K \tag{2.3.1}$$

若经营者在时期 t 退出卡特尔，则其跨时期利润则由三部分组成：①退出卡特尔前所获得的来自垄断协议行为的利润；②退出卡特尔后获得的竞争状态的利润；③退出并举报卡特尔而受到的处罚，将上述三个部分整合为该经营者的利润，则有：

$$\pi_2 = \frac{(1 - \delta^t) \pi_A}{1 - \delta} + \frac{\delta^{t+1} \pi_C}{1 - \delta} - \delta^t \gamma F \tag{2.3.2}$$

其中 F 表示了监管部门在 t 时期对经营者的处罚，但是我们考虑了经营者在退出卡特尔的同时也进行举报的行为，因此，$\gamma \in (0,1)$ 描述了对其宽大程度，当 $\gamma \to 0$ 时，宽大程度越强，即对该经营者的处罚程度越低，当 $\gamma = 0$ 时，实现了免除处罚。结合（2.3.1）和（2.3.2）中的利润，经营者产生退出并举报卡特尔的动机在于条件 $\pi_2 > \pi_1$ 满足，即

$$\frac{-\pi_A + \delta \pi_C}{1 - \delta} + \frac{K}{\delta^t} - \gamma F > 0 \tag{2.3.3}$$

通过条件（2.3.3），我们可以分析以下关于经营者退出并举报卡特尔的影响变量：

（1）当经营者更加关心长期收益时，其退出卡特尔的动机将降低。对（2.3.3）左侧部分关于 δ 进行比较静态分析可以得到，当 δ 增加时，条件（2.3.3）更加难以被满足。当 δ 增加时，长期收益对经营者跨时期利润的影响将提升，经营者停留在卡特尔内部可以获得较大的长期收益，虽然在监管部门的事中审查中，经营者的垄断行为存在被查证的风险，并使其承担 K 的成本，但是由于较高的贴现率，即较低的关于长期收益的折减，使经营者的潜在成本会被长期收益充分补

偿，提高了经营者停留在卡特尔内部并获得垄断利润的动机。

（2）当监管部门的审查力度增加和/或处罚力度降低时，经营者退出卡特尔的动机将增强。对（2.3.3）左侧部分关于 K 和 F 进行比较静态分析可以得到，当 K 增加或 F 降低时，条件（2.3.3）更加容易被满足。一方面，K 增加意味着监管部门的审查力度可以形成对经营者行为的约束，增加其实施垄断行为的机会成本，弱化经营者维持卡特尔的动机；在另一方面，当对垄断者的处罚额度增加时，虽然会对其产生威慑效应，但对于已经成型的卡特尔而言，退出卡特尔会使其潜在成本之间转化为实际成本，极大程度地降低了其退出卡特尔后的收益，进而弱化其退出卡特尔动机。

（3）当垄断收益显著高于竞争状态下收益时，经营者退出卡特尔的动机将被弱化。对（2.3.3）左侧部分关于 $(\pi_A - \delta\pi_C)$ 进行比较静态分析可以得到，当该表达式增加时，即当垄断收益与竞争收益之间的差距提升时，条件（2.3.3）更加不容易被满足。这个结果背后的逻辑比较直观，当垄断收益增加时，会更加吸引经营者继续停留在卡特尔内部获得较高的收益。

上述三个主要结果回应了对横向垄断协议的稳定性影响因素的分析，聚焦到横向垄断协议宽大制度，我们可以发现，当宽大制度存在时，即当 $\gamma < 1$ 时，会直接降低经营者退出垄断协议并举报卡特尔的成本，具体而言，$\gamma \in (0,1)$ 会对经营者受到的处罚直接进行折减，使条件（2.3.3）更加容易被满足。这个结果的主要原因是，在宽大制度不存在时，虽然经营者退出并举报卡特尔的动机也会存在，但是囿于举报后依旧会受到 F 的处罚，使其预期到举报卡特尔的成本过高，从而弱化了举报卡特尔的动机。而当该成本随着宽大制度的实施而显著降低时，经营者的退出和举报动机将被激发，即构成了经营者自发地退出并举报卡特尔的激励相容基础。

除此之外，随着卡特尔持续时间的增加（换言之，随着经营者举报卡特尔的时点的滞后），卡特尔在市场中对竞争的损害和对消费者福利的损害将会持续增加，监管部门在宽大制度下通过增加另一个变量来推动经营者尽快退出卡特尔并进行对卡特尔的举报，宽大顺位具体表现在处罚减免与举报时间之间的关联，即 γ 是 t 的函数，具体而言，$\gamma'(t) > 0$ 说明了当举报时间越早（t 越靠近 1）时，处罚减免的程度越大（γ 越接近零）。根据我国《国务院反垄断委员会横向垄断协议案件宽大制度适用指南》第 13 条，"对于第一顺位的经营者，执法机构可以对经营者免除全部罚款或者按照不低于 80% 的幅度减轻罚款"，对于首先提供破坏卡特尔的实质性信息的经营者，其获得的 γ 要远低于其他经营者可以获得的水平。这个设计在推动经营者形成退出并举报卡特尔动机的基础上，进一步加快了其将动机转化为实际行为的速度。从信息质量的视角来看，对于同一个卡特尔，所举报的信息具有较强的同质性，因此，先至信息和后至信息对识别和查证卡特尔所带来的效果不同。具体而言，先至信息对查证卡特尔带来的边际效果要远高于后至信息的边际效果，因此，先至信息的提供者应能够因其举报行为而获得更大的处罚减免。反观条件（2.3.3）不难发现，对其左侧关于 t 进行比较静态分析，当 t 越小时，该条件越容易被满足，换言之，在卡特尔形成后的早期阶段中，经营者对其进行举报能够带来的预期收益将更高，使卡特尔内部经营者更加能够产生退出和举报卡特尔的动机。

第三章

纵向垄断协议的法学与经济学分析

从经营者的角度，纵向垄断协议会产生外部成本内部化的经济效果。当然，如果从外部观察，可能会造成消费者的福利的减少。因此，纵向垄断协议关系的处理建立在经营者利益与消费者利益平衡的基础上。而在扩大意义上，还会将竞争者的利益纳入进来，参与利益平衡，由此，产生了不同国家反垄断法律制度上的分歧。这种分歧的本质，取决于追求资本利益最大化还是服务绝大多数人的利益。

一、纵向限制和纵向垄断协议的分类

（一）纵向限制的特征分析

如果仅从订立的主体和订立的程序上比较，纵向限制和古典契约没有实质性的区别。① 历史上，纵向限制并不是一个独立的行为类型。

1. 以契约为基础及表现形式

因循古典契约观念，早期的纵向垄断协议在性质上被确定为个别性契约，它关注的只是当事人之间的交易，将"限制竞争问题"理解为契约所附的"条件"。这种建立在理性经济人假设基础上的理论基本能够适应由原子式的"均质人"所构建的社会关系：契约中矛盾可以依契约自身的灵活商谈机制和当事人的理性轻易化解。所以，初现于 19 世纪中期复杂社会关系中的纵向垄断协议一开始就被古典契约自然而然地纳入到自己的范畴。这一方面说明了传统契约观念的势力之强大，以至于立法者相信赖于谙熟的契约解释即可从容不迫地完成对新型社会关系的回应；另一方面也反映了对新型社会关系的认识视角十分狭隘，以至

---

① 笔者认为，合同和契约无本质区别，在这一前提下，本文之所以使用契约而没有用合同展开分析，主要限于理论界已形成的"契约自由""契约再生""契约死亡"等固定概念。基于用语的一致性，全文通用"契约"。

于阻碍创新性立法的产生。

不能仅从契约当事人角度出发，将契约看作私人之间的事情。从契约当事人与不特定的第三人之间的关系上看，契约应该是社会的事情。当一个契约被看成是一组契约关系中的一个不可分开的片段时，社会连带观念就产生了。当某个"契约片段"对第三人有持续的不利涉他性时，契约利益关系的平衡便倾向于第三人，由此生成了契约中的公共利益观念。

2. 契约的分化

在 19 世纪末 20 世纪初，社会连带思想和公共利益保护观念作为新的立法资源以其蕴含的强大能量将传统契约（法）撞击成了若干个碎片，分化出如消费者契约（法）、劳动契约（法）等，这一过程被学者形象地描绘成"（传统）契约的死亡"和"（新型）契约的再生"。事实上，传统契约并没有死亡，只是被部分瓦解。只用"死亡"和"再生"来描述这一时期的契约变动也不够全面，因还有部分契约发生了变异，如垄断协议。在立法者的态度上，"再生"的契约如"阿拉丁神灯"一样被高高地挂起——被视之为一种"主权"或人权；而变异的契约则被谨慎地放入"潘多拉盒子"——"规制限制交易的原则以契约法的一部分开始"①，只是在公共利益观念深化以后，限制竞争才逐步成为契约效力的正当阻却要素。

垄断协议作为契约变异后形成的一种特殊关系类型，在其演化中进一步分裂为横向垄断协议（卡特尔）和纵向垄断协议，在纵向垄断协议中又异变出滥用市场支配地位。自此，这些协议关系完全脱离了契约（法）的本体，形成了一个独立的运作系统。

在诸多垄断行为中，纵向垄断协议最为特殊，它集契约和协议于一身。就契约而言，其因包含有自治性而具有某种合理性，但同时也可能夹带着一些限制或强制因素而偏离自由、平等、公平价值；就协议而言，纵向垄断协议还包含一定的利益一致性，甚至在特殊情况下接近卡特尔的性质。这种身份的复合性加大了行为识别的难度。

美国、欧共体的反垄断立法和司法（包括执法，下同）实践，积累了诸多可资借鉴的经验，但又不难发现，在制度上美国、欧共体与我国对纵向垄断协议的认识视角存在很大的差异。在美国，纵向垄断协议不是一个独立的行为类

---

① ［美］基斯·N. 希尔顿：《反垄断法：经济学原理和普通法演进》，赵玲译，北京大学出版社2009年版，第30页。

型，其与滥用市场支配地位共处一个大的平台——"纵向限制"之上；在我国，纵向垄断协议是一个与滥用市场支配地位平行的行为类型，并在范畴上与卡特尔同处一檐——属于一种"协议"形式。在欧共体，纵向垄断协议包括价格、地域、选择供应，交叉供应等方面的限制①；在我国，纵向垄断协议仅仅指价格限制②。这种制度的差异提示我们，完善我国纵向垄断协议制度既不能漠视美国、欧共体法律制度设计中的合理性，也不能不顾本国实际完全照搬照抄。

总之，理解和完善我国纵向价格垄断协议的立法，既需要解决基础性问题——协议与契约的关系、该行为与其他垄断行为的关系，也需要追踪有关国家（地区）的司法经验，更需要立足于本国（非判例法国家）的实际。

3. 协议与契约的分立

囿于纵向价格垄断协议制度和"周边环境"关系的复杂性，为准确把握这一命题，在方法上，以影像理论作为分析工具化繁为简，以期厘清纵向价格垄断协议与契约、卡特尔、滥用市场支配地位之间的关系，并在此基础上，完成纵向价格垄断协议特殊规制制度的构建任务。该方法的运用及其结论当否，期同仁不吝指正。

在反垄断法的规范上，协议与契约有着十分微妙的关系。各国（地区）反垄断法在表述所禁止的垄断协议时，大都采取外延式说明的方式。在列举的外延中，协议和契约又往往被并列在一起。如韩国《规制垄断与公平交易法》第19条规定："经营者不得以合同、协议、决定以及其他任何方法，与其他经营者共同实施或者使得其他经营者以同样的方法实施不正当的限制竞争的……"又如匈牙利《禁止不正当竞争法》第14条第（1）款在规定了"协调性行为或协议（统称为协议）"之外，第（3）款又规定："禁止在合同中确定导致限制或者排除经济竞争的转售价格。"再如我国台湾地区"公平交易法"第7条规定："本法所称联合行为，谓事业以契约、协议或其它方式之合意……"

---

① 具体参见欧共体《纵向协议成批豁免条例》（2790/1999）第4条。本书关于欧共体的相关法律如无特殊标明均来自许光耀主编：《欧共体竞争立法》，武汉大学出版社2006年版。

② 虽然我国《反垄断法》第18条第1款第3项规定了"国务院反垄断执法机构认定的其他垄断协议"，但在解释上有两种取向，一是"其他垄断协议"指限制地域等非价格垄断协议；二是"其他垄断协议"指固定价格和限定低价之外的价格垄断协议，如限制转售高价。笔者认为，后种解释更符合解释的规则，因为本条前两款描述的均是价格内容，"其他"自然应该解释为兜价格的底。在这种解释的基础上，非价格协议的形式则放到滥用市场支配地位之中。

上述国家（地区）立法对垄断协议概念外延的"特殊处理"——将协议与契约并列①，将引发两个值得深入思考的问题：一是被并列的"协议"与"契约"内在的差异是什么？二是为什么在这里需要将"协议"与"契约"并列？

无论如何，应首先明白：反垄断法语境下，"协议"与"契约"是两个不同的概念，不能任意替换。

4. 纵向垄断协议与契约、卡特尔及滥用市场支配地位的关系影像

反垄断法的诞生打破了传统契约法形式的统一性，确立了协议的观念，并进一步确立了单一性协议和复合性协议的类型，同时出现了变异性契约。这样，契约关系便分化出了四种类型：纯粹的契约——传统契约；支配性契约——滥用市场支配地位的交易；纯粹的协议——横向垄断协议；协议和契约的复合——纵向垄断协议。这种分裂和变异增加了认识商业关系的难度，尤其是在技术上进行合法性与非法性的二元分解时。

识别标准的建立首先要在观念上区分开作为群组的各概念之间的关系。

按照光学原理，物体在光线的照射下，其表面上直接受光的部分，显得明亮，称为物体的阳面；而另一部分表面由于背光，则比较阴暗，称为物体的阴面。阳面与阴面的分界线称为阴线。照射在不透明物体阳面上的光线，受到阻挡致使物体另一侧部分在其所在的物面上形成了一个落影（或简称为影，口语也称为影子）。阴面和影子合并称为阴影。

如果将自由比喻成一束光，交易作为受光物体的话，传统契约就是直接受光并显现为明亮的阳面。由于反垄断法要"反"某些行为，往往被"反"的都是事物的阴暗面。这样，自由之光投射到交易物质面上呈现的垄断行为的光影图景就是：卡特尔属于背光的阴面；滥用市场支配地位行为是一种变异了的契约行为，属于交易的落影（影子），而纵向垄断协议由于具有契约和协议的双重属性，属于阳面与阴面的交界线，即阴线。

在建筑设计上，加绘阴影能清晰地看形状和空间的组合关系，并增强图形的形体感、结构感、空间感。在美术上，画面中加上光影变化，可以增强明暗对比、节奏关系。总之，在画面中对光影变化有目的地运用，可以起到集中视线，

① 所谓"特殊处理"，是相对于我国《反垄断法》第16条的规定而言的——"本法所称垄断协议，是指排除、限制竞争的协议、决定或者其他协同行为"，即我国的规定没有将协议和契约并列。事实上，由于外延被缩为协议、决定和协同行为，决定了这个概念是横向垄断协议的定义，而不是垄断协议的定义，但这里需要定义的是"垄断协议"，而不是横向垄断协议。如此说来，毋宁说我们的规定才是"特殊处理"。

突出主题的作用。① 同理，用阴影关系来展示契约、垄断协议和滥用市场支配地位的关系能够清晰地显现他们各自的特点及相互间的差异性。在上述图景中，可以看到，纵向垄断协议处于契约、卡特尔的连接地带，其走向直接影响滥用市场支配地位的形态。

当然，以图示的方法可以直观地揭示纵向垄断协议与诸相关概念之间的关系，但这只是一个朴素的感性认识，要上升为一种理性认识，尤其是要达到从技术标准上判断某种行为属于纵向垄断协议行为而不是契约、卡特尔、滥用市场支配地位，还需要理性认识的基础环节——在概念上剖析纵向垄断协议和契约、卡特尔、滥用市场支配地位之间的关系。

不论是契约还是纵向垄断协议，其订立和执行都包含着当事人间关系处理上的对立与统一，只是对立与统一的关系重心及内容有所差异。从关系重心上讲，契约的对价性决定了交易人之间首先是对立的——订立契约过程中要约、新要约、再要约的协调过程，并且可能无法达到统一（无承诺），契约达成意味着实现了对立关系的统一。尽管现代商业中经常使用的长期合作契约似乎展现了关系和谐一面，但实际上，交易人之间的利益对立关系没有发生根本变化，只是改变了古典契约"一事一议"的特点。与之相对应，垄断协议的协同性决定了当事人间的关系首先是统一的——存在共同的目标和统一的行动，其次才是对立的——有可能存在背叛行为。如果说契约反映的是对立基础上的统一，那么垄断协议反映的就是在统一基础上的对立。从关系的内容上看，契约关系中斗争的焦点是利益的挤压；垄断协议关系中斗争的焦点是信用的保守。在"两个相互矛盾方面共存"的基础上，由于矛盾的重心和内容的不同，共存的性质也发生了变异，斗争性与融合性便转化为各自不同的范畴②。这就是纵向垄断协议的基础虽是契约但在身份上却将其划归垄断协议的道理。

（二）纵向垄断协议的分类

根据限制内容的不同，一般将纵向垄断协议分为纵向限制价格协议和纵向非价格限制协议。

1. 纵向限制价格协议

纵向限制价格协议，又称限制转售价格协议，是指经营者固定或限定交易人

---

① 魏永利、殷金山主编：《美术技法理论：透视·解剖》，高等教育出版社 2007 年版，第 134 页。

② 原文是"两个相互矛盾方面的共存、斗争以及融合成一个新范畴。"参见马克思：《哲学的贫困》，载中共中央马克思恩格斯列宁斯大林著作编译局编：《马克思恩格斯选集》（第一卷），人民出版社 1972 年版，第 111 页。

向第三人转售商品价格的协议。纵向限制价格协议又可进一步分为固定价格协议、限制低价协议和限制高价协议。市场供应过剩的情况下，生产商可能迫使销售商降低价格促销产品，以减轻库存压力，进而产生纵向限制高价协议；生产商为阻止零售阶段的价格竞争，维持高质量的产品形象，可能签订纵向限制低价协议。

限制转售价格的成立，首先要求协议的内容涉及两个交易关系，即生产商或供应商与销售商之间的交易关系、销售商与第三人（零售商）之间的交易关系，且后一个交易关系的价格已被前一个交易关系事先确定。那么，如果限制价格涉及的只是一个交易关系，则不构成限制竞争行为，如生产商与经销商之间是代理关系或寄售关系，代理行为和寄售行为不独立，其后果由本人和委托人承担，故代理人或寄售人的销售行为属于本人和委托人的销售行为，而不是转售行为。在欧盟法中，代理协议、分包和中小企业间的协议一般不适用反垄断法违法性审查。① 另外，母子公司之间的关系为非独立主体之间的关系，涉及的固定价格销售通常被认为是内部关系，而不是限制转售价格关系。

其次，被限制转售的价格形式有固定价格和限定价格两种。实践中，一种较为常见的类似限制转售价格的情形是"建议零售价"。通常，建议零售价是生产商单方建议零售商在产品上标注的单位价格。建议零售价制度的优点在于为消费者选购商品提供了直接的价格参考；对于生产商而言，建议零售价可以帮助生产商确定产品市场定位；对零售商而言，进行商品定价时会适当参考建议零售价，避免盲目定价。从法律角度，这种建议零售价是没有法律约束力的，转售商可以遵守也可以不遵守，生产商也不会因为某一零售商没有遵守该建议零售价格而对其采取制裁措施。但如果生产商或批发商采取强制措施，迫使转售商不得不遵守此"建议"，如采取拒绝供货、限量供货、只供应不畅销货物等手段进行制约的，则该种建议零售价可能属于限制转售价格。

依据不同的分类标准，纵向限制转售价格还可进一步细分为不同的种类：

（1）按照对价格的限制幅度的不同，可分为固定转售价格和浮动转售价格。固定转售价格，是交易双方所限定的价格为固定不变的单一价格，下游企

---

① 当然，不是所有的代理协议都合法。在欧盟法中，下列情况的代理协议可能违法：①代理协议可能包含禁止本人就特定类型的交易、客户或地域委托其他代理人的条款（排他代理条款），和/或禁止代理人担任与本人有竞争关系的经营者的代理人或分销商的条款（单一品牌条款）；②多个本人使用同一代理人，并共同阻止他人使用该代理人，或通过该代理人共谋营销策略或在本人之间交换敏感市场信息；③名为代理实为独立经销。

业只能按照这个单一价格出售商品，不得改变，否则视为违反约定。浮动转售价格，是指交易双方约定一个价格范围，下游厂商可以在这个价格范围内任意定价，如规定售价的上限和下限，或者规定以进价的一定百分比作为上下限，在此范围内的定价都符合约定。浮动转售价格又分为最低转售价格和最高转售价格两种。

（2）按照约定的方式不同，可分为明示转售价格、默示转售价格与承认转售价格三种。明示转售价格，即经营者以口头或书面方式明确的价格，并要求下（上）游厂商遵守转售价格的约定。默示转售价格，即经营者未对交易人明示限制交易人的定价自由，但交易人如果定价低（高）于一定标准，则对之施以"经济制裁"。承认转售价格，即经营者未明确规定交易人的转售价格，但规定交易人在确立某一销售价格前，必须经过经营者的同意。

（3）依转售层次的限制不同，可分为一级转售价格限制和二级转售价格限制。一级转售价格限制，是指交易双方就下游企业将商品转售于第三人时的销售价格加以限制。二级转售价格限制，是指交易双方不仅就下游企业将商品转售于第三人时的销售价格加以限制，还要求下游企业对第三人再转售时的销售价格（再转售价格）加以限制的行为。

以上各种分类当中，限制最低转售价格、限制最高转售价格与建议零售价的分类已被一些国家的立法所采用。如欧盟执行委员会于 1999 年通过的《垂直协议群体除外规则》第 4 条（a）规定："卖方不得要求最低售价，得作建议售价或限制最高转售价格，但不管任何方式，都不得直接或间接造成固定转售价格或限制最低转售价格。"美国的司法实践也对限制最低转售价格与限制最高转售价格区别对待。

2. 纵向非价格限制协议

纵向非价格限制协议，顾名思义，就是上下游企业就价格以外的事项达成的限制竞争的协议，包括地域限制、分销商限制、搭售、限定交易等。不过由于这类协议的签订包含着交易一方的强制，其协商的色彩被淡化，一些国家立法将某些类型归入到滥用市场支配地位之中，如上述后两种行为。①

关于纵向非价格限制协议的类型划分，不论是美国，还是欧盟，都是根据限

---

① 对搭售的认识不同，其被放置于法律中的位置也不同，一般都视搭售为滥用支配地位的行为。本书也将其放在滥用支配地位行为之中。

制内容的不同展开的。按照欧盟 2010 版《纵向限制指南》①，纵向非价格限制协议按照不同内容，划分出如下类型：

（1）以产品为中心划分的不同类型。一是"单一品牌"协议。该协议是指购买商被要求或被诱导主要从一个供应商处购买某特定类型的产品。竞争危险在于购买商承担的不竞争（non-compete）义务或者数量强制（quantity-forcing）义务上。一般评估其限制竞争，要求在特定市场上购买商从一个供应商处购买其所需的 80% 以上的商品或服务的义务或激励方案为基础。二是品类管理协议。该协议是指在分销协议中，分销商委托某一供应商为某类产品营销的"领导品牌（category captain）"，该类产品不仅包含该供应商的产品，也包括其竞争者的产品。因此，对产品的店内陈列、促销，以及店内产品的选择，领导品牌具有影响力。由于领导品牌对分销商营销决定的影响力，当其能够限制或阻碍竞争产品的分销时，品类管理就有可能扭曲供应商之间的竞争，并最终导致反竞争地排斥其他供应商。三是搭售协议。该协议是指当客户购买某种产品时，同时须要向同一供应商或其指定的人购买另一不同产品的情形。搭售行为一般构成滥用市场支配地位行为，但是，如果搭售导致了关于搭卖品的单一品牌义务并具有共益性，可能构成纵向非价格限制协议。

（2）以地域限制为中心形成排他性分销协议。排他性分销（又称"独家销售协议"），是指供应商同意为转售的目的在特定地域内仅对某一分销商供货。同时，该分销商不得向其他排他分销地域进行主动销售。排他性分销的竞争风险主要是减少品牌内竞争和市场划分，还会助长价格歧视。如果多数或所有供应商都采用排他性分销，则可能削弱供应商和分销商两个环节的竞争，并引发这两个环节上的共谋。此外，排他性分销可能导致排斥其他分销商，并因此而减少该环节的竞争。

（3）以销售渠道的限制划分的不同类型。一是排他性客户划分。该协议是指为向特定类型的客户转售，供应商同意仅向一个分销商销售其产品。同时，该分销商通常被禁止对其他排他划分的客户群进行主动销售。欧盟《集体豁免条例》并不限制排他客户群的界定。比如，排他客户群可以是根据职业而界定一组客户，也可以是根据一个或多个客观标准而选择一组特定的客户。排他客户划分可能的竞争风险主要是减少品牌内竞争和市场划分，这尤其会助长价格

① 欧盟 2010 年《纵向限制指南》，苏华译，参见百度文库 https://wenku.baidu.com/view/b414a5f47beeaeaad0f33015.html?_wkts=1690177689502，最后访问日期：2023 年 7 月 24 日。

歧视。如果多数或所有供应商都采用排他客户划分，还可能削弱供应商和分销商环节的竞争，并促进这两个环节上的共谋。二是选择性分销。该协议类似于排他性分销协议，一方面限制授权分销商的数量，另一方面限制转售的可能性。选择性分销与排他性分销的区别是，其对经销商数量的限制并不取决于排他地域的数量，而是首先取决于与产品性质相关的选择标准。选择性分销与排他性分销的另一个区别是，选择性分销对转售的限制不是禁止对其他排他区域的主动销售，而是禁止向非授权分销商销售，即选择性分销体系的购买者仅限于授权经销商或者最终消费者。选择性分销几乎总是用于最终品牌产品的分销。

二、纵向垄断协议的目的及经济效果

（一）纵向垄断协议的目的

在经济学分析中，纵向垄断协议被包含在纵向限制中进行讨论，纵向限制的经济学分析发生在一个纵向关联的市场中，即在一个既定的市场结构下探讨若干特定的经济行为以及相应的经济效果。在经济学分析中，纵向限制包含了纵向价格限制（例如转售价格维持）、排他地区、排他交易等，从我国《反垄断法》视角来看，上述可能的垄断行为具有明显的分界，以价格为主的纵向价格限制行为通常被划分在纵向垄断协议的范畴，而其他的纵向协议通常是滥用市场支配地位行为的讨论内容。从经济学视角来看，之所以把上述行为均划归在纵向限制的范围进行探讨，是因为他们的经济效果均能够直接或者间接地通过价格的形式展现出来。在本书中，为了更加清晰地将反垄断领域中的法学与经济学分析系统地整合起来，本章所探讨的纵向垄断协议的经济学分析与相应的经济效果均从纵向价格协议的角度出发。

在反垄断分析中，哈佛学派、芝加哥学派和后芝加哥学派关于纵向垄断协议（包括纵向约束行为）的分野主要关注于纵向垄断协议的经济效果。例如，哈佛学派更加倾向于将纵向垄断协议中的"垄断"，其带来的经济效果基本指向了市场效率的降低，进而阐明了对纵向垄断协议的规制应当和横向垄断协议类似，施行本身违法的原则。而芝加哥学派更多地偏向于采用合理原则来审视纵向垄断协议，其主要的原因在于，纵向垄断协议的参与者处于不同的市场层面，他们之间本无竞争关系，因此，包括价格为主的垄断协议并不能被直接地认定为具有排除和限制竞争的效果。此外，在纵向垄断协议中，除了协议的参与者对市场的竞争

损害分析以外，还需要考虑这种协议对上下游市场中关于产品和服务的某种效率的改变，更加全面地讨论纵向垄断协议对整个市场范围内的经济影响。①

在纵向垄断协议中，主要涉及的是上游厂商对下游厂商的控制行为，结合本章讨论要点，我们将这种控制行为界定为关于价格的控制行为。抛开纵向垄断协议对市场的经济效果，单纯从纵向垄断协议的目的来看，应当考虑协议的制定者本身的动机，即主要在于上游厂商制定协议的利润。经济学理论认为，当上游厂商能够从纵向垄断协议中获得较高利润时，它便产生了制定并实施该协议的动机。虽然芝加哥学派和后芝加哥学派关于纵向垄断协议的分析视角（和产生的相应效果）不尽相同，但是，关于纵向垄断协议的动机大致可以分为以下几点：①通过弱化价格外部性来提高利润；②通过弱化投资外部性来提高下游市场活力；③通过提高竞争者成本来控制产品市场结构。

1. 价格外部性和纵向垄断协议

首先，价格外部性来自上下游厂商在产品流通过程中自身的利润最大化目标。在产品的流通过程中，纵向市场通常涉及生产商—销售商、批发商—零售商之间的纵向关系，他们大多是关于产品的流通而进行的交易和相对价格的制定。纵向市场较少关注服务的流通，这是由于服务通常在销售后就发生了即时的消费，并不会在一条清晰的供应链上持续的流通和交易。② 上下游厂商的利润最大化目标使其主要的经营路径在于，给定交易相对人的需求特征，通过制定自身的价格来最大化自身的利润。但是，在这个过程中，（尤其是下游）厂商往往会忽视价格的低效率为整条供应链带来的整体利润损失，价格的低效率主要来自下游厂商会在上游厂商给定的价格上加入一个溢价来满足自身的利润目标，即最终市场中的销售价格是在上游厂商的定价上进行多层溢价而产生的，这种多层的溢价形成了价格在产品不断地流通中形成了向上地扭曲，而弱化了产品在最终市场的竞争力和消费者效用，我们可以将这种价格扭曲的程度视为产品在供应链上流通而产生的价格外部性。这种供应链利润损失会随着供应链向上游移动，降低了上游厂商的利润，这便激发了上游厂商通过运用某种价格协议来约束产品在最终市

---

① R. A. Posner, "The Next Step in the Antitrust Treatment of Restricted Distribution: Per Se Legality", *The University of Chicago Law Review*, Vol. 48, 1981, pp. 6~26.

② 本章探讨的纵向垄断协议主要关注于传统经济领域的产品流通，传统经济中的服务流通在纵向协议中较为少见，在涉及服务的业务上，大多都以业务附着于产品进行讨论，而非单纯地讨论服务本身，但是，在本书后续关于数字经济的讨论中，服务可以作为一个单独的商品在数字经济平台以信息的形式进行流通。

场中的价格，从而实现利润的提升。

对于价格外部性和纵向垄断协议的分析可用一个简单的双重边际问题（double-marginalization problem）来解释。在一个上下游市场中各只有一家厂商的供应链上，上游厂商（例如生产商、批发商）将产品销售给下游厂商（例如销售商、零售商），下游厂商购买后再转售给消费者或其对应的下游市场中的交易相对人，将上游厂商和下游厂商分别定义为厂商 U 和厂商 D。我们简化这个供应链模型，假定下游厂商直接面对消费者，即下游厂商是这个特定产品的最后一个销售环节。消费者市场对于该产品的需求函数写为：

$$Q(p) = a - p \qquad (3.2.1)$$

其中 p 为下游厂商制定的销售价格。厂商 U、厂商 D 和消费者之间的互动在两个阶段的动态博弈中展开。在博弈的第一阶段，厂商 U 基于其对产品销售量的预期，制定一个给厂商 D 的销售价格（例如批发价格）w；在博弈的第二阶段，当厂商 D 观察到价格 w 时，它将基于自身的利润最大化目标来制定销售价格 p，此时，对于厂商 D 而言，w 即为其在经营过程中的成本。根据动态博弈的逆向递归思路，我们首先考虑博弈第二阶段的均衡结果，在博弈的第二阶段，厂商 D 的利润函数可以表示为：

$$\pi_D \equiv \Pi_D(p) = (p - w) \cdot (a - p) \qquad (3.2.2)$$

厂商 D 利润最大化条件满足 $\Pi'(p) = 0$，（3.2.2）则可以给出厂商 D 利润最大化的销售价格：

$$p = \frac{a + w}{2} \qquad (3.2.3)$$

将（3.2.3）代入（3.2.1）并写出厂商 U 在博弈的第一阶段时的利润函数：

$$\pi_U \equiv \Pi_U(w) = (w - c) \cdot \left(\frac{a - w}{2}\right) \qquad (3.2.4)$$

其中 c 为厂商 U 在生产中的边际成本，且 $c < a$ ①。厂商 U 利润最大化条件满足 $\Pi'(w) = 0$，得到其利润最大化时给厂商 D 制定的价格：

① $c < a$ 的假设来自对下游市场供需同时存在的考量，a 表示了消费者的保留价格，即市场在活跃时，任何价格均不高于 a，而市场中的价格又是由 c 影响的，因此，为了实现市场的活跃，c 的值不能高于 a。

$$w^* = \frac{a+c}{2} \tag{3.2.5}$$

将 w^* 分别代入（3.2.2）和（3.2.4）中可以得到在上下游厂商在交易中的最大化利润：

$$\pi_D^* = \frac{(a-c)^2}{16}; \pi_U = \frac{(a-c)^2}{8} \tag{3.2.6}$$

这里我们需要考虑的是（3.2.6）中的均衡利润是否是上游厂商在供应链交易中的较好的利润水平，换言之，（3.2.6）中的利润是否是厂商 U 希望达到的水平？回答这个问题可以首先比较（3.2.3）和（3.2.5）的均衡价格，厂商 U 所制定的价格是基于其成本 c 在利润最大化目标上完成的，在这个价格基础上，厂商 D 基于自身利润最大化目标再一次进行了价格的制定，且相较于成本 c，厂商 D 制定的价格进行了再一次的溢价，即 $p > w > c$，价格的上涨导致了消费者的需求进一步地降低，一方面降低了产品在消费者市场中的市场份额，另一方面，当消费者市场存在着竞争或潜在的竞争时，价格上涨会弱化产品在市场中的竞争力。这就是供应链中呈现的关于价格的双重边际问题。为了缓解双重边际问题给利润带来的反向影响，厂商 U 有动机修正其与厂商 D 的交易条件，即施行一种纵向价格协议，将上述关于利润最大化的线性价格调整为基于上下游厂商共同利润最大化的非线性价格。

非线性价格的定价逻辑在于上游厂商直接穿透下游厂商制定产品的销售价格，该销售价格是基于产品的生产成本 c 而制定的。上游厂商所设定的价格协议包括了上游厂商与下游厂商的交易条件，即在产品销售所产生的利润中，上游厂商给予下游厂商的回报。非线性价格的定价目标则是最大化上下游厂商的共同利润，并弱化甚至消除上下游厂商在博弈过程中由于双重边际问题所产生的价格外部性。非线性价格协议的内容主要包括厂商 U 和厂商 D 关于产品销售中的价格 w，以及上游厂商从共同利润中给下游厂商的分配额 f。由于上游厂商制定价格协议的目的是消除双重边际问题，因此，非线性价格中的 $w = 0$，这种设定直接弱化了上下游厂商在供应链上最大化自身利润的效果，而是将两个厂商视为供应链上两个不同环节的共同行动者。此时，上游厂商所制定的产品价格（这个价格可以被理解为上游厂商通过协议要求下游厂商以特定的价格销售产品的价格水平）进入共同利润：

$$\pi_J \equiv \Pi_J(p) = (p-c) \cdot (a-p) \tag{3.2.7}$$

共同利润的最大化条件应满足 $\Pi_J'(p) = 0$，结合（3.2.7）得到纵向价格协议中共同利润最大化的价格：

$$p_A = \frac{a+c}{2} \tag{3.2.8}$$

结合（3.2.3）和（3.2.5）可以得到在线性价格下的产品销售均衡价格为：$p^* = \frac{3a+c}{4}$，易证 $p^* > p_A$，这个结果从消费者市场的价格层面说明了，上游厂商执行纵向价格协议可以直接降低产品在消费者市场的销售价格，我们在本节需要进一步验证这个价格的有效性和价格协议参与者对接受纵向价格协议的动机。将 p_A 代入（3.2.7）中可以得到非线性价格协议下的上下游厂商的共同利润：

$$\pi_J^* = \frac{(a-c)^2}{4} \tag{3.2.9}$$

上下游厂商在非线性价格的协议下对于（3.2.9）中利润的划分可以表示为：

$$\pi_U = \pi_J^* - f; \pi_D = f \tag{3.2.10}$$

通过（3.2.10）不难发现，此时下游厂商的利润已经不再来自其最大化自身利润而带来的收益，而是在上游厂商所制定的纵向价格协议下的一个共同利润的分配额。结合（3.2.6）和（3.2.10）可以分析上下游厂商对纵向价格协议的态度，即两者接受该价格协议的动机。具体而言，当上下游厂商在价格协议框架下均能够获得较线性价格框架下更大的利润时，它们都会有动机接受这个价格协议，这个条件可以表示为：

$$\frac{(a-c)^2}{16} < f < \frac{(a-c)^2}{8} \tag{3.2.11}$$

具体而言，当 f 过高时，上游厂商分给下游厂商的共同利润额度过高，弱化了上游厂商实施价格协议的动机；当 f 过低时，下游厂商从纵向协议中获得的利润过低，弱化了下游厂商接受价格协议的动机。而当 f 处于（3.2.11）所描述的区间内时，一个合理的利润分配使上下游厂商都会从价格协议中获益，增加了价格协议的可行性和稳定性。上游厂商则通过这种有效的纵向价格协议消除了供应链交易上的双重边际问题，进而提高了供应链内部的交易效率。

2. 投资外部性和纵向垄断协议

投资外部性主要发生在那些产品在流通和销售过程中需要附加其他服务的场

景当中，在产品（尤其是一些耐用品）在销售过程中，消费者在购买前会有一个持续较长的决策时期，在这个时期中，消费者通常对比对同类产品的优劣势以及学习产品本身的属性、性能、耐用度、质量等信息，这个过程便增加了销售商的售前服务供给，例如给消费者提供产品相关的信息，而这些售前服务通常是免费的，但对于销售商来讲是有成本的。销售商通常会基于产品本身的品质和自身优质的售前服务来使消费者对其制定购买决策，通过实际的产品销售获得的收益来补偿其承担的成本。此外，投资外部性在纵向垄断协议的分析中进入到了一个更加真实的市场环境中，它使上下游市场已经不再处于一个垄断的状态，而是供应链的上游和下游市场可以存在竞争。

我们考虑一个下游市场存在竞争的纵向市场，具体而言，下游市场具有一个双寡头竞争的市场结构，两家下游厂商定义为厂商 1 和厂商 2，两家厂商从上游厂商处购买产品并转售给消费者。与上一小节的市场设定不同的是，下游厂商在转售商品时存在着价格竞争，这种价格竞争更加真实地反映了下游市场的活力，避免了由于下游市场垄断结构而带来的价格偏离。产品在供应链上进行流通和在消费者市场中进行销售的过程中，还需要有配套的服务支持，这种服务广泛地存在于零售市场中，例如，一些耐用品（如汽车、家用电器）在转售过程中零售商和经销商给予消费者的产品信息服务。①

在"产品 + 配套服务"的下游市场竞争中，我们需要考虑几个重要的条件和市场特征，首先，消费者兼具价格敏感和服务敏感的特征，具体而言，消费者的购买决策既受到了价格的影响，也受到了在购买前下游厂商为他们提供的服务的影响，当价格（服务）增加（降低）时，消费者的购买动机会下降（上升）。在这种消费者的特征下，下游厂商会考量它们在价格竞争中的策略，这是由于下游厂商的价格竞争和服务提供都会使它们承担成本，从利润最大化的角度出发，厂商会权衡它们在价格水平和服务程度方面的制定决策。

其次，下游厂商在竞争中面临着产品同质化和服务差异化，下游厂商销售的产品是由同一个上游厂商提供的，因此，消费者在下游厂商竞争过程中面对的是高度同质化的产品，同质化极大程度地降低了消费者在两家厂商间进行选择的转移成本，在给定服务水平的情况下，消费者的决策主要来自他们所接受到的价格，引致了下游厂商的竞争开始向激烈的价格竞争转移。同时，下游厂商会为消

---

① R. A. Winter, "Vertical Control and Price Versus Nonprice Competition", *Quarterly Journal of Economics*, Vol. 108 (1), 1993, pp. 61~76.

费者提供售前的服务，虽然这种服务对于厂商而言是有成本的，但是厂商可以通过尽可能差异化的服务质量来捕捉消费者，提高产品的销售量，以销售收益来补偿提供服务所产生的成本。

下游市场的特征产生的一个主要问题是下游厂商可能存在的"搭便车"的现象，如图 3 – 2 – 1 所示，下游市场中的厂商在进行价格竞争的同时为消费者提供免费的售前服务，如果下游厂商提供不对称的售前服务，即厂商 1 提供免费的服务而厂商 2 不提供服务，消费者在购买前将会大量地移动到厂商 1 接受免费的服务。当消费者在制定实际的购买决策时，理性的消费者通常会选择那些价格更低的卖家。当厂商 2 不为消费者提供售前服务时，它则将更多的资源投放到与厂商 1 的价格竞争中，即为消费者提供了一个更低的价格（$p_1 < p_2$），使消费者在购买过程中大量地流入厂商 2。厂商 2 的这种行为事实上利用了消费者在购买过程中的两阶段决策：在第一阶段进行（免费）信息的获取，在第二阶段基于价格制定实际的购买决策。当厂商 1 为消费者提供了免费的信息后，其对于信息的投入则形成了对厂商 2 的一种外部性，这种外部性虽然无需厂商 2 进行同样的投资，但是厂商 2 可以享受到其竞争对手投入所带来的利益，使厂商 2 可以更好地将资源投入到价格竞争中，以更低的价格捕捉消费者，获得竞争利润。

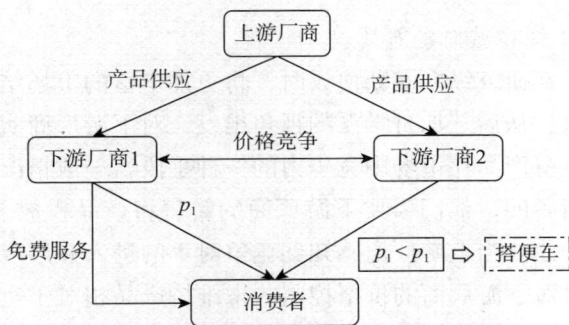

图 3 – 2 – 1　纵向市场中的"搭便车"行为

这种搭便车行为的损害主要产生于两个方面，其一，过度的搭便车行为会直接降低厂商 1 在下游市场竞争中的市场份额，使其为服务所进行的投入成本转变为沉没成本。在长期，厂商 1 无法通过售前服务的提供获得相对竞争力，过高的成本压力会推动厂商 1 逐渐地退出下游市场，改变了下游市场的结构，增加了下游市场的集中度。上游厂商在面对下游市场趋于垄断的结构时，无法在与下游厂商谈判过程中获得较下游竞争市场更好的交易条件，产生利润降低的风险。其二，过度的搭便车行为会促使厂商 1 通过降低服务提供来缓解成本压力，使下游市场出现一种"服务失灵"的状态，即两家下游厂商在关于服务的竞争中呈现了"囚徒困境"：由于担心竞争对手的搭便车行为，所有的厂商都没有动机进行服务的投入，使上游厂商的产品在下游市场缺少了相对同类产品的竞争力。

上述两个损害都增加了上游厂商通过下游市场销售产品所获得的利润，一个比较有效的缓解上游厂商利润损失的方法是，上游厂商通过限制下游厂商的销售价格来平衡下游厂商提供服务的不对称而造成的下游市场结构激烈的变化。例如，在图 3-2-1 中，一个比较直接的观察是，上游厂商通过纵向价格协议将下游市场的销售价格制定为 $p_1 = p_2 = p$，其中 p 描述了上游厂商在价格协议中给下游厂商制定的价格下限，通过协议使下游厂商制定的产品销售价格不能低于这个水平。此时能够产生的两个阶段性的效果，首先，下游厂商的价格竞争被削弱，两家厂商之间消除了利用价格工具展开竞争的能力。其次，两家公司通过服务投入来提高相互之间的差异化，增加消费者的转移成本，从"服务失灵"向"服务激发"的方向转变。这种纵向的价格协议可以在稳定下游市场竞争的同时，采用服务激励的机制提高上游厂商产品在消费者市场相较于同类产品的竞争力。

3. 控制市场结构和纵向垄断协议

后芝加哥学派在研究纵向垄断协议时，将更加丰富的市场结构状态融入讨论的范畴。具体而言，从后芝加哥学派的视角出发，对下游厂商实施价格协议被视为上游厂商维持自身产品在市场中竞争力的一种手段，一般情况下，上游厂商是无法直接接触消费者的，他们需要下游厂商的转售将产品投放至消费者市场中，其竞争对手也是如此。当上游厂商感知到竞争对手的进入并形成较为显著的竞争威胁时，它会通过对下游厂商的价格控制，来维持产品相对于竞争对手产品的竞争力，从而穿透下游市场维持自身产品所处相关市场的市场结构。[①] 基于这个逻辑，纵向价格协议通常是产生了排除和限制竞争的直接效果，因此，后芝加哥学派的普遍观点是纵向（价格）垄断协议可以成为上游厂商设置市场进入门槛，排挤潜在竞争对手的工具，它破坏了竞争性的市场结构的构成路径，是一种具有

---

① T. G. Krattenmaker, S. C. Salop, "Anticompetitive Exclusion: Raising Rivals'Cost to achieve Power over Price", *The Yale Law Journal*, Vol. 96 (2), 1986, pp. 209~293.

损害性的垄断协议行为。[①]

　　基于价格外部性内容中所采用的理论模型进行延伸，考虑一个可竞争的供应链市场，厂商 U 在消费者市场中面对潜在的竞争者厂商 E，厂商 E 进入市场后的利润函数可以表示为 $\Pi_E(p)$，且 $\Pi'_E(p) > 0$ 说明了厂商 U 和厂商 E 的产品之间相互替代的关系，当厂商 U 的价格提高时，消费者会部分地流向厂商 E，增加厂商 E 的利润。厂商 E 进入市场的成本为 F，它进入市场的动机来自其进入后预期的净利润大于零，即 $\Pi_E(p) - F > 0$。

　　从厂商 U 的视角来看，它目前是市场中的垄断者，厂商 E 的进入会改变市场结构，从垄断状态转为竞争状态，竞争的压力会使厂商 U 的利润降低。这里我们需要注意的是，即便目前下游市场还是由厂商 D 控制，不存在过高的竞争程度，但是上游市场中产生的产品实际的竞争是发生在厂商 D 所处的相关市场中，因此，上游厂商 E 的加入会增加整条供应链上环节所涉及的相关市场内部的竞争程度。厂商 U 为了保持自身作为一个垄断者的利润，它会有动机通过维持当前供应链上的市场结构来实现这个目标，其主要的操作手段是，通过实施纵向价格协议，使自身的产品在消费者市场中具有一种极具竞争力的价格，该价格使厂商 E 在进入市场后的净利润无法超过零水平，使厂商 E 在进入市场后无利可图，降低甚至消除了厂商 E 进入市场的动机，使市场继续维持一种垄断的状态。结合（3.2.7），此时厂商 U 的纵向价格协议实施策略可以表达为：

$$\max_p \Pi_J(p) = (p - c) \cdot (a - p) \tag{3.2.12}$$

$$s.t. : \Pi_E(p) - F \leq 0 \tag{3.2.13}$$

　　（3.2.12）依旧描述了厂商 U 制定的纵向价格协议旨在最大化供应链利润，（3.2.13）作为厂商 U 在制定价格时的约束条件，说明了厂商 U 在价格协议内的价格安排同时要使厂商 E 进入市场后的净利润不大于零，利用价格的手段直接制约潜在竞争对手进入市场。令 $\lambda \geq 0$ 为关于（3.2.12）和（3.2.13）的最优化问题的拉格朗日乘子，则相应的拉格朗日函数可以表示为：

$$L(p, \lambda) = (p - c) \cdot (a - p) + \lambda[F - \Pi_E(p)] \tag{3.2.14}$$

使供应链利润最大化的价格来自 $\dfrac{\partial L(p, \lambda)}{\partial p} = 0$，即

---

① 任剑新：《美国反垄断思想的新发展——芝加哥学派与后芝加哥学派的比较》，载《环球法律评论》2004 年第 2 期。

$$\tilde{p} = \frac{a + c - \lambda \cdot \Pi_E'(p)}{2} \qquad (3.2.15)^{①}$$

通过（3.2.15）给出的均衡价格，我们可以得到以下三点思考：首先，由于 $\Pi_E'(p) > 0$，潜在竞争存在时，厂商 U 所制定的价格不高于 p_A，说明了潜在的竞争限制了厂商 U 的定价能力，为了抑制潜在竞争者进入市场，厂商 U 通过供应链上的纵向价格协议来控制下游市场中的产品销售价格，降低厂商 E 在进入市场中的收益，换言之，厂商 U 的价格协议是提高了厂商 E 进入市场的机会成本，进而约束其进入动机，使供应链所涉及的相关市场继续维持在垄断的状态。这种效果是厂商 U 实施纵向垄断协议的核心目标，即通过价格来控制市场结构，进而保持自身利润。

其次，（3.2.15）带来的定价降低了供应链产生的共同利润，将 $\tilde{p}$ 代入（3.2.12）中易得此时的供应链共同利润是 $\pi_J^* - \frac{\lambda^2 (\Pi_E'(p))^2}{4} < \pi_J^*$。这个结果的主要原因是，面对潜在的竞争，在位厂商需要降低其销售价格来间接地增加竞争对手的成本，价格降低就将一部分利润让渡给消费者。为了满足供应链上下游厂商关于价格协议的接受动机，能够使（3.2.11）条件满足的约束就更加严格，这要求上下游企业在由于价格下降而带来的共同利润降低的基础上进行分配，两者在纵向价格协议中都会受到共同利润下降的影响。

最后，一个比较深层的影响是关于厂商 D 的动机，上游市场的厂商 E 的进入与下游市场厂商 D 的利益关系并非绝对相斥的，厂商 D 对于厂商 E 的态度也并不像厂商 U 一样对立，因此，厂商 D 在接受厂商 U 的价格协议时，需要考虑两种可能性，其一是接受价格协议后，市场依旧保持垄断的状态下，厂商 D 能够获得的共同利润分配；其二是不接受价格协议，厂商 E 顺利进入市场使市场竞争程度增加，此时厂商 D 能够获得的利润。当后者的利润高于前者时，增加了厂商

---

① 在利用库恩 – 塔克方法求解（3.2.14）的拉格朗日问题中，还存在关于（3.2.13）约束条件的互补松弛条件：

$$\lambda \geqslant 0; F - \Pi_E(p) \geqslant 0; \lambda[F - \Pi_E(p)] = 0$$

该条件指出均衡价格存在两种情况：①当 $\lambda = 0$ 时，约束条件放松，即 $F - \Pi_E(p) > 0$，此时由于厂商 E 的进入成本过大，使其本身没有进入市场的动机，厂商 U 在价格协议中制定的价格与不存在竞争时的水平一致，即 $p = p_A$；②当 $\lambda > 0$ 时，约束条件收紧，即 $F - \Pi_E(p) = 0$，此时厂商 E 进入市场的成本有可能被其进入市场后的收益补偿，厂商 U 则有动机制定一个价格来约束厂商 E 进入市场后的净利润。我们在文中主要探讨的是第二种情形。

D 对厂商 U 制定价格协议的排斥，换言之，在厂商 D 和厂商 U 关于价格的谈判过程中，潜在的进入者强化了前者的谈判力量。此时，厂商 U 为了维持其垄断地位，则会给予厂商 D 相对更好的交易条件，使其更加倾向于接受价格协议。但无论哪种情形占优，厂商 U 通过纵向价格协议的形式来干预潜在竞争者的进入的主要动机是在于对其市场地位的维持，同时，无论其是否使用价格的手段来实现上述目标，这种效果都是对市场竞争的限制和排除，呈现出比较明显的反竞争结果。

（二）纵向垄断协议经济效果

对纵向垄断协议的经济效果分析是芝加哥学派和后芝加哥学派在相关领域内的主要工作，其目的在于为纵向垄断协议的合理原则提供相应的理论基础。关于纵向垄断协议的经济效果与合理原则的关联点主要在于消费者福利和反竞争效果两个主要的层面，基于不同学派的观点和方法运用，纵向垄断协议产生的经济效果也不尽相同。就纵向垄断协议的合理原则而言，经济效果的分析主要侧重于纵向垄断协议行为对经济活动中的主体产生的具体效果，而非其目的，经济效果是为了验证其目的所产生的结果对经济活动的影响，是采用合理原则进行反垄断分析过程中的一项理论工作。

我们在分析纵向垄断协议的经济效果中，依旧从一个上下游市场不存在竞争的简单结构出发，结合上一节的分析可以发现，在不存在和存在纵向价格协议时，消费者市场的价格分别为 $\frac{3a+c}{4}$ 和 $\frac{a+c}{2}$，且易证后者小于前者。从消费者视角出发，消费者在纵向价格协议时只需承担较低的价格就可以完成购买。此外，较低的价格可以满足更多消费者的购买需求，实现产品在市场中份额的提升，进而提高消费者福利。通过简单的运算可以得到，消费者福利在纵向价格协议不存在和存在时分别为：

$$CS^* = \frac{(a-c)^2}{32}; CS_A = \frac{(a-c)^2}{8} \tag{3.2.16}$$

显然，消费者福利在纵向价格存在时有明显提升，我们可以结合图 3 - 2 - 2 来这种市场结构下的纵向价格协议提升消费者福利进行解释。从图中的 p^* 出发，描述了纵向价格协议不存在时的情形，此时的消费者福利为 A（即 A 的面积表达了 CS^*），厂商 U 和厂商 D 的共同利润为 B + C，在这个区域内，我们没有标注厂商 U 给厂商 D 制定的销售价格 w^*，但 w^* 必然处于区间 (c, p^*) 中，两个厂商在交易过程中内化了 w^*。换言之，如果我们侧重于考察两个厂商在供应链上的共同利润，则 w^* 是厂商 U 每销售一个产品获得的收益，也同时是厂商 D 每采购一个产品所承担的成本，两者的加总内化为零。当纵向价格协议被实施后，消费者市场中的销售价格从 p^* 降低至 p_A，此时的消费者福利为 A + B + D（即该面积表达了 CS_A），显然由于市场价格的降低，消费者每购买一个单位的产品所支付的价格降低，减少了消费者的购买成本，同时，更多的消费者将由于较低的价格选择购买，使市场需求增加，最终提高了消费者在购买产品时的福利水平。此外，厂商 U 和厂商 D 的共同利润为 C + E，当 E > B 时，从上下游厂商的共同目标来看，他们具有实施并接受纵向价格协议的动机，同时，两个厂商通过非线性价格 f 来分配共同利润，内化他们之间的交易成本。

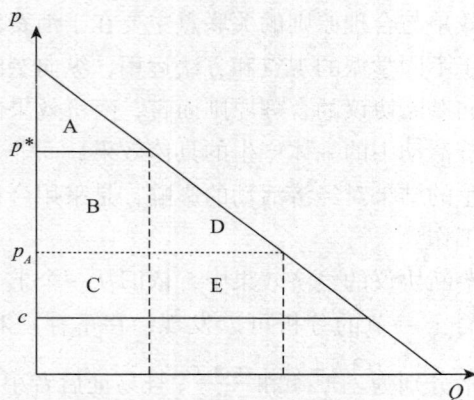

图 3 – 2 – 2　纵向价格协议的效率提升

　　上述关于纵向价格协议能够提升效率主要围绕以下路径展开，在上下游厂商围绕一个线性合同进行交易时，双重边际问题将消费者价格提高到 p^* 的水平，一方面降低了购买产品的消费者福利，另一方面产生了较大的无谓损失。当纵向价格协议以非线性价格的形式执行时，消费者价格降低至 p_A，原先的厂商利润部分转移至消费者福利中（即增量 B），同时，原先的无谓损失也有一部分转移至消费者福利（即增量 D）。对于厂商而言，虽然价格的降低弱化了其产品在销售过程中的单位利润，但是由于新的消费者不断加入，使其销售量明显增加，利润路径从 B 转移至 E，当下游市场中的消费者需求价格弹性足够大时，价格降低对供应链造成的利润损失将能够被消费者数量大量的提高充分补偿，使供应链能够从降价中获得充分的收益，增加了供应链厂商对纵向价格协议的偏好。

　　上述讨论是基于一个基准模型（benchmark model）的框架进行的经济效果分析，在基准模型中，上下游厂商所处的相关市场都是封闭的，因此，市场结构并不是我们所关注的对象，在这种市场结构下，市场中不存在任何的在位竞争和潜在竞争，因此我们在基准模型中的分析属于一种剥离的市场结构的静态分析。但是，从市场运行的实际状态来看，上游或下游市场应当处于一定程度的可竞争状态，即供应链上厂商所处的相关市场应当存在着潜在的竞争，这就需要我们进一步考虑可竞争环境下，纵向价格协议对市场竞争程度的影响。从后芝加哥学派的观点来看，纵向价格协议往往可以形成控制产品市场结构的工具，通过降低协议中的价格水平，提高潜在竞争对手进入市场的机会成本，即提高潜在竞争者进入市场的门槛，降低其进入动机，使上游厂商继续维持其在市场中的垄断地位。从经济效果的角度来看，这种纵向价格协议从以下几个方面带来了不良的效果。

　　第一，消费者失去了市场中竞争所带来的福利进一步提升。当产品市场中不存在竞争时，虽然上游厂商可能利用纵向价格协议将市场中的产品价格制定基础降低至生产成本的水平，以达到降低市场价格、抑制潜在竞争对手进入市场的目的，但是消费者所接受到的价格依旧是一个垄断者基于自身利润最大化所建立的。为了理解这个问题，我们可以将实施和接受纵向价格协议的厂商 U 和厂商 D 视为一个定价主体，该主体基于其边际成本 c 制定利润最大化的垄断价格 p_A，这个垄断价格相较于厂商 U 和厂商 D 独立定价时的价格 p^* 有所降低，但与竞争价格相比依旧处于一个较高的水平。潜在竞争者（厂商 E）的进入启动了消费者的替代效应，为了争夺更大的市场，厂商 U 和厂商 E 将在下游市场中以更低的竞争价格（可以定义为 p_C）捕捉消费者，竞争价格的特征可描述为 $p_C < p_A < p^*$，使更多的消费者参与交易，提高消费者福利。除此之外，现实市场中的消费者大多呈现了横向和纵向的差异化，更多的厂商进入市场可以尽可能大地满足消费者的差异化需求，缓解消费者在市场中无法实现产品替代过程中产生的效用降低，间接地提高消费者福利。

　　第二，潜在进入者失去了进入市场获得利润的机会。在一种可竞争的市场环境下，场外的潜在进入者的利润虽然并不能够被充分地纳入市场总福利的考量之中，但是作为一种动态的分析过程，当场外的厂商具有了进入市场的能力且该厂商的进入可以通过竞争改善市场中的福利时，我们应当尽可能将潜在进入者的利润和其行为产生的福利归入经济效果讨论中。潜在进入者的利润分析在经济效果中主要体现于两个层面，首先，厂商 E 进入市场的前提是市场具有竞争的基础和潜在的收益，当厂商 E 具有进入市场的能力后，它能够与在位厂商展开竞争，一方面通过较好的交易条件捕捉厂商 U 的现有顾客，另一方面，通过开拓新的市场来吸引新的消费者，因此，潜在进入者的利润是伴随着更多的消费者获得较好的交易条件和更高的福利而产生的。其次，市场在运行过程中能够有效地吸引场外的厂商进入是一种市场竞争活跃度的表现，当潜在进入者进入市场的利润持续降低甚至小于零时，就需要引起我们对市场的反竞争担忧，换言之，场内的在位厂商可能会利用某种工具来提高市场的进入门槛，阻碍竞争的产生，间接地降低了市场竞争带来的福利提升。

第三，下游厂商失去了更多的交易机会和进一步拓宽市场带来的收益。纵向价格协议降低了供应链上的双重边际问题，提高了供应链上下游厂商的共同利润，进而通过非线性价格使下游厂商分配了更多的供应链利润，但是，下游厂商的利润基础依旧是来自供应链作为一个统一的定价主体而制定的垄断价格，相较于竞争状态下的价格，依旧对其利润产生一定的抑制效果。此外，当下游市场中的产品数量增加时，产品依旧是由下游厂商而进行销售的，在消费者层面，产品数量的增加可以使厂商 D 获得更多的销售渠道，以更多的路径获取利润。从供应链内部交易的视角出发，上游厂商关于产品的竞争可以调节上下游厂商之间的议价能力。具体而言，上游厂商为了增加自身产品在消费者市场中的竞争力，会通过与下游厂商的谈判来完成对竞争对手的抑制，即上游厂商会将更好的交易条件转移至下游厂商，并进一步传递给消费者。这个过程所带来的经济效果一方面体现在下游厂商会因此而获得更大的供应链利润分配，另一方面，下游厂商也会将这种效率的提高转移至消费者，提高消费者福利。①

在下游厂商投入外部性的分析方面，上游厂商的纵向价格协议可能会带来福利提升的效果。当纵向价格协议不存在时，下游市场中的（部分）厂商可能会为了寻求竞争对手关于产品配套服务的外部性而产生"搭便车"的动机，以一个较低的（但依旧高于供货价格）的销售价格来大量吸引消费者，使其竞争对手关于服务的投入成本转变为沉没成本。这个过程带来的经济效果存在两种可能性，其一是积极投入服务的下游厂商市场份额逐渐下降，使其无法有效经营，最终退出市场，使供应链所涉及的下游市场趋于垄断状态。其二是下游市场中越来越多的厂商失去了对服务的投入动机，使消费者对产品信息产生明显的不确定性。上述两种可能性都会增加消费者在购买过程中的交易成本，降低消费者

---

① Z. Chen, "Dominant Retailers and the Countervailing-Power Hypothesis", *The RAND Journal of Economics*, Vol. 344, 2003, pp. 612~625.

福利。

在产品市场存在着比较明显的竞争和可能的竞争情况下，上述"服务失灵"所产生的负面经济效果依旧存在，考虑表 3 - 2 - 1 中的博弈，下游厂商 D1 和 D2 在竞争中对是否投入服务进行决策，当两家厂商都不进行服务投入时，他们的利润为 π；当两家厂商都进行服务投入时，他们的利润为 $\pi - k$；当仅有一家厂商进行服务投入时，投入服务的厂商利润为 $\pi - k$，未投入服务的厂商利润为 $\pi + k$。在博弈中，任何一家厂商都有动机"享受"其竞争对手的服务投入所带来的外部性收益，同时，任何一家厂商也都有动机约束其竞争对手"享受"自身投入服务所带来的外部性收益。因此，在服务投入的博弈中，均衡结果是两家厂商都不进行服务投入，即出现了"服务失灵"的状态。当市场中的消费者对服务更加敏感时，他们的购买决策将同时受到价格和服务的影响，若此时另外一种产品存在于市场中，或者另外一种产品即将进入市场，且该产品的销售商为消费者提供了充分的服务，则会使消费者对具有充分服务的产品形成流入，直接降低了厂商 U 在市场中的市场份额。

表 3 - 2 - 1　下游厂商的服务博弈

		厂商 D2	
		不投入服务	投入服务
厂商 D1	不投入服务	π_1, π_2	$\pi_1 + k, \pi_2 - k$
	投入服务	$\pi_1 - k, \pi_2 + k$	$\pi_1 - k, \pi_2 - k$

在厂商 U 对下游厂商 D1 和 D2 实施纵向价格协议时，一个固定的转售价格（在协议中，固定的转售价格主要侧重于设定一个转售价格的下限）降低了在服务博弈中不对称策略下的下游厂商利润差，例如，当厂商 D2 进行服务投入而厂商 D1 未进行服务投入时，纵向价格协议降低 π_1，使厂商 D1 "搭便车"行为而带来的收益水平显著降低，弱化了其"搭便车"的动机。从厂商 U 的视角出发，纵向价格协议旨在维持下游市场的竞争关系以及维持自身产品的竞争力。但是从整个市场的视角出发，纵向价格协议一方面可以激发下游厂商投入服务的动机和程度，缓解消费者在购买过程中由于信息不对称而承担的交易成本，另一方面，可以使产品间的竞争不再处于单纯的价格竞争层面，而是进一步地扩展至价格和服务的混合竞争，厂商为了获得产品的竞争力，将积极地投入与产品相关的服

务，上述两条路径都可以形成提高消费者福利的基础。

我们同时要明确的是，基于投入外部性的纵向价格协议并不是始终能够提高福利的，上游厂商通过控制下游市场中大部分厂商的价格，使其产品的销售价格在长期保持了一个较为统一的低水平，换言之，下游厂商在上游厂商的控制下，形成了一种关于价格的协同行为，这种统一的价格虽然能够在某种程度上推动下游厂商为了获得更高的利润而进行全面的服务投入，但是也形成了对市场潜在进入者的约束。在面对市场中已经固定的价格时，潜在的进入者需要以更低的价格进入市场，而更低的价格并不完全实现进入者的利润目标，使他们进入市场的机会成本大幅度提升，构成了市场较高的进入门槛。因此，在投入外部性基础上的价格协议所产生的反竞争担忧会出现在厂商 U 在供应链上构建的"轴辐协议"，使下游厂商的协同低价对竞争和潜在的竞争产生排除和限制。

三、纵向垄断协议的适用原则与经济学分析框架

（一）纵向垄断协议的适用原则

反托拉斯法试图通过保持企业的独立性和创新性来加强竞争。但是，独立性和创新性受到多大程度的危害才构成垄断违法则是个难以度量的问题。就纵向垄断协议而言，协议双方有协商——自主和独立和企业管理创新——的一面，同时供应商的支配性——非自主性——的一面也存在。这影响到此类协议适用原则的稳定性。

1. 外国（地区）立法中纵向垄断协议的适用原则

在美国，对于认定一种垄断行为何时是合法的、何时是违法的，几乎没有哪一个像转售价格协议那样经历了如此漫长和反复变动的过程。美国反托拉斯法对纵向垄断协议的规制从本身违法原则开始，随着时间的推移，都走向了合理原则。

与美国通过法院判例确立分析原则的做法不同，欧盟对限制转售价格的成文规定相当细致。[①] 细致的规则本身就意味着案件的处理不是"一刀切"，由此可

---

① 如 2010 年 4 月 20 日欧盟委员会公布的第 330/2010 号《关于对几类纵向协议和协同行为适用〈里斯本条约〉第 101（3）条的条例》，取代了 1999 年 12 月 22 日公布的《委员会第 2790/1999 号关于对几类纵向协议和协同行为的规定》。同年 5 月，还颁布了《纵向协议集体豁免条例适用指南》（简称"指南"），取代了 2000 年 5 月通过的旧指南。此外，欧盟还有专门针对汽车行业、某些类型的研发协议、某些类型的专业分工等方面适用《里斯本条约》第 101 条第 3 款的规定。

以得出欧盟采取的不是本身违法原则。根据欧盟《纵向协议成批豁免条例》和《纵向限制指南》的相关规定，纵向垄断协议分为核心限制和非核心限制；豁免事项分为集体豁免和个别豁免。按照《纵向协议成批豁免条例》第4条，核心限制包括价格限制、地域限制、对象限制、交叉供应、搭售。核心限制不适用集体豁免。因此，欧盟对纵向限制协议采取的基本态度是原则上禁止，在当事人提出相关抗辩理由（后文将述）且成立时，予以个案的豁免，可以称之为违法推定原则。

2. 我国反垄断法中纵向垄断协议的适用原则

在结构上，我国《反垄断法》第18条的规定由三个部分组成，分别是：三种纵向垄断协议行为（第1款第1、2、3项）的列举；上述1、2项的特殊处理；不予禁止的情形与条件。

从第18条三款各自内容上看，各自的性质完全不同。第1款中列举的三种纵向垄断协议中行为，这是本条规制的对象，也是纵向垄断协议制度得以存在的前提和基础。第2款的主要内容是"经营者能够证明其不具有排除、限制竞争效果的，不予禁止。""证明……竞争效果"，这意味着，这是一个豁免制度。第3款的核心是"……不予禁止"，这便是安全港制度。总结而言，第18条三款的内容分别是：行为类型、豁免制度和安全港制度。

从纵向垄断协议的豁免制度的角度看，其适用禁止加例外原则。我国《反垄断法》第20条最后一款规定了举证责任倒置制度："……经营者还应当证明所达成的协议不会严重限制相关市场的竞争，并且能够使消费者分享由此产生的利益"，显然，立法者将横向垄断协议和纵向垄断协议的证明规则进行了"一刀切"的处理：一律适用合理分析原则。这意味着，对垄断协议的规制重心不是协议类型，而是效果的评估。而这将大大增加规制的难度。按照第18条第2款的规定，豁免制度适用于固定价格转售协议和限制价格转售协议这两种行为。形式上看，第20条规定的是整个纵向垄断协议的一般豁免，而第18条规定的是纵向垄断协议的特殊豁免，这符合纵向垄断协议的特殊性，尤其是影响的双面性。但是，特殊豁免制度只有在这种前提下——建立的特殊豁免制度比一般豁免更为简洁——才符合逻辑。当将第18条中的特殊豁免植入安全港后，因为证明的内容是相同的——事实证明和效果证明，并不能产生优于一般豁免的特殊制度效率。当然，总体的证明结构应该是一样的，即首先推定具有违法性，之后由经营者提出抗辩的证据，证明行为可以被豁免。

基于安全港制度，也存在本身合理原则。而豁免制度是合法（白色）与非法（黑色）之间的灰色地带。在适用中，豁免制度和安全港的差异明显：①适用的场景不同。豁免适用于依靠市场还是依靠政府存在模糊的情况下，需要启动一定的程序并由此最终确定行为是合法还是非法。安全港适用于相信依靠市场配置资源可以实现竞争的情况下。②证明的内容不同。通常，豁免制度的实施其核心内容是效果证明，即积极效果和消极效果的配比证明，如果能够证实前者大于后者，则构成豁免；反之，则行为违法。安全港是符合一定条件时行为即合法。安全港制度的实施不是效果证明，而是事实证明。

安全港制度是本身合理原则指导下构建的规范性制度。从效果上分析，如果说本身违法原则的适用是以经验的方法减轻了证明工作的实质性负担的话，那么本身合理原则的适用则是以类型化标准的方法确立适用对象的范围来提升制度的运行效率。

（二）纵向垄断协议的豁免

从芝加哥学派和后芝加哥学派的部分观点来看，对纵向垄断协议的规制应在一定程度上适用合理原则来进行分析。其来自直接和间接两个层面，从直接层面来看，参与纵向垄断协议的厂商之间并没有直接的竞争关系，反而两者可能处于一种相互补充的供需关系。因此，上下游厂商之间的联合并不会产生直接的反竞争效果，因此，如果从联合行为的表面来判定纵向垄断协议本身违法，缺少了必要的理论支撑。从间接层面来看，上游厂商是否凭借市场势力基于一个纵向垄断协议的方式控制了下游市场，需要通过对上下游市场的结构和市场内厂商的特征进行细化分析，如果在特定的市场结构下，上游厂商所制定的纵向垄断协议并未显著地影响了市场竞争，则可以适用合理原则对纵向垄断协议进行豁免。因此，纵向垄断协议豁免的主要标准和条件，以及纵向垄断协议适用合理原则的方法，应当厘清一些相关的经济效果并进行合理归纳。

（1）测度纵向垄断协议参与者的市场地位是界定协议豁免条件的基础工作。纵向垄断协议的实施是在一个至少具有两级供应链的纵向市场中，该垄断行为的直接效果是排除和限制了市场中的竞争，竞争的具体体现是关于消费者或者用户对于涉案产品与其他产品之间的相互替代关系，而其应反映在上游和下游市场的结构特征与上下游厂商之间的竞争关系。考虑一种情况，当上游或者下游市场的市场结构趋于充分竞争时，纵向垄断协议的实施者虽然存在着以利润最大化为目标的动机，但是该协议的执行会存在较大障碍。例如，当上游市场竞争程度较高时，上游市场的集中度则会偏低，当下游厂商面对某个上游厂商制定的纵向垄断协议时，他们则会较容易地形成对上游产品的替代，使纵向垄断协议背后的谈判力量趋于无效。因此，上游厂商在制定和实施纵向垄断协议时，他们所考虑的一个要件是，下游厂商在与其谈判过程中的谈判失败收益或分歧回报（disagreement payoff）。当上游市场中的竞争较充分时，下游厂商在谈判失败后可以在短期低成本地寻找到上游替代品，增加了下游厂商的谈判失败收益，同时弱化了上游厂商在实施纵向垄断协议过程中的谈判力量。在另一方面，如果我们对偶性地考虑下游市场竞争程度较高时，若上游厂商所制定的纵向垄断协议不是一种广泛性的协议（例如轴辐协议），则该协议并不会显著地影响下游市场的价格竞争，这是因为消费者会自发地选择那些具有竞争力的价格来进行购买，换言之，下游市场的充分竞争弱化了上游厂商所制定的垄断协议的力量。

鉴于此，在界定纵向垄断协议的豁免条件时，应当首先充分地评估涉案厂商所处相关市场的结构和厂商在市场中的市场势力或市场支配地位。

首先，从上游市场角度来看，产品是由上游市场在纵向关系中向下游市场、消费者市场流动的，如果上游厂商在其相关市场中的市场势力较强，则会通过下游厂商来运用其市场势力。市场势力的执行一方面可以体现在上游厂商基于下游市场的需求价格弹性来便利地制定一个利润最大化的价格；另一方面，也可以体现在通过纵向控制来使下游市场价格处于一个更高的水平。当下游市场对上游产品的依赖程度很高时，则价格协议所体现的高价格对产品在下游市场的需求影响并不显著，使上游厂商能够从这种扭曲的价格中获得更高的利润。因此，从一个基础理论的视角出发，判定纵向垄断协议的豁免条件应当遵循"上游市场结构—涉案上游厂商市场势力—上游厂商垄断行为"的逻辑，如果这条逻辑线上的某一个环节可以证明纵向垄断协议对市场中的竞争损害不明显，则可以采用合理原则对该协议进行豁免。

进一步地，上游厂商的市场势力通常反映在其制定价格的能力上，但我们需要明确的是，上游厂商制定价格的能力并不单纯地来自其市场势力，这就要求我们对市场势力和市场支配地位进行关联性的延伸。简单而讲，市场支配地位可以包括对市场势力的讨论，而市场势力并不能完全代替市场支配地位来对厂商的市场控制力进行说明。换言之，一个具有较大市场份额的厂商并不一定具有显著的市场支配地位，反之，市场份额较小的厂商也并不一定具有较弱的市场支配地位。对于厂商市场支配地位的讨论还应当考虑该产品在消费者或用户领域具有某种不易被替代的特征，以及不同的消费者或用户对于产品是否存在着某种需求价格弹性方面的差异。我们可以将这种影响刻画为能够影响消费者决策的非价格因素，例如品牌、使用习惯等，这种类似于厂商的"无形资产"的因素可以在某种程度上平抑消费者对价格的反应，即调整甚至改变消费者对特定产品的需求价格弹性。我们可将上述逻辑刻画在一个消费者效用函数中：

$$u \equiv U(x_1, x_2) = a_1 x_1 + a_2 x_2 - \frac{1}{2} \cdot (x_1^2 + 2b x_1 x_2 + x_2^2) \qquad (3.3.1)$$

其中 $x_i, i = 1, 2$ 为消费者购买产品 i 的数量，$a_i > 0$ 刻画了上面所提及的厂商本身或厂商销售的产品对消费者产生的非价格影响，$b > 0$ 是两种产品的竞争程度或相互替代关系，令两种产品的价格分别为 p_1 和 p_2，则消费者在效用最大化时对产品 i 的最优消费量为：

$$x_i^*(p_i, p_j) = \frac{a_i - a_j b - p_i + b p_j}{1 + b^2}, i = 1, 2; j = 1, 2; i \neq j \qquad (3.3.2)①$$

（3.3.2）中对产品 i 的最优消费量来自两个主要因素，其一是两种产品的相对价格，当一种产品相对价格提升时，消费者会由于替代效应而降低对涨价商品的需求，这种效应是关于产品间正常竞争的直接体现。其二是两种产品的相对非价格因素，当消费者对某种产品非价格因素的反应提高时，例如对其品牌的偏好和使用习惯的依赖，消费者也会增加对该产品的需求。同时，从 $\frac{\partial x_i}{\partial p_i} < 0$ 和 $\frac{\partial x_i}{\partial a_i} > 0$ 可以看出，当消费者对非价格因素更加敏感时，其会降低价格对消费者需求的影响，具体而言，如果消费者对该产品的品牌或者使用习惯的程度增加时，会改变消费者对这种产品的需求价格弹性，即 a_i 的提高会弱化消费者对价格的敏感程度，使该产品卖家制定价格的能力增强，这一关于上游厂商市场支配地位的特征在锐邦公司诉强生的二审中得到了充分的体现。

其次，从下游市场的角度来看，如果下游市场集中度较高，说明了下游市场中可能存在市场势力层面势均力敌的下游厂商，或者存在下游主导企业（dominant firm），无论是哪种情形，都有可能产生比较明显的对上游厂商实施垄断协议能力弱化的效果。就纵向市场内部的交易条件而言，供应链节点企业都会为了自身的利润最大化而行事，而上游厂商的纵向垄断协议通常改变了下游厂商通过销售价格来最大化自身利润的条件，使下游厂商在下游市场正常竞争的情况下无法达到利润最大化的水平，而是按照上游厂商所制定的协议下的价格来进行销

---

① 消费者的效用最大化来自条件：$\frac{\partial u}{\partial x_i} = p_i$。

售。对于那些具有市场势力的下游厂商而言，他们并没有充分的动机接受这种垄断协议，同时，他们的市场势力又能够帮助他们在与上游厂商谈判的过程中获得较为显著的谈判力量，使上游厂商的垄断协议无法顺利地实施。从理论层面来讲，下游厂商是否接受一个来自上游厂商的纵向垄断协议，还在于其在下游市场中的主要竞争对手是否也会接受这个协议。如果其竞争对手接受了这个协议，便使其可以通过更加灵活的价格与竞争对手展开竞争，同样地，如果其竞争对手未接受这个协议，其更加没有动机接受价格协议，因为价格协议会外生控制其在下游市场中利用销售价格与竞争对手进行博弈的空间和能力。因此，与其说在这种情况下的纵向垄断协议是上下游厂商之间的博弈，不如将其视为下游厂商之间的一种博弈，在这种下游市场厂商的互动中，纵向垄断协议将成为束缚下游厂商的一种工具，极大程度地抑制了他们接受价格协议的动机。

在对上下游市场结构的分析中，需要引起我们对纵向垄断协议关注的特殊情形应考虑以下两种情况。

第一种情形是，主导企业市场。主导企业市场指的是市场中存在少量几家甚至是一家能够显著影响市场的主导企业，其余企业均为价格高度竞争的边缘企业（small fringes）。主导企业通常具有一种对上游厂商的买方抗衡势力（buyer counter-vailing power），这种势力会将主导企业在下游市场中的市场势力向上游传递，进而降低上游厂商的经营利润。[1] 为了缓解利润下降，上游厂商会将较好的交易条件以价格协议的形式大量地转移至边缘企业，形成边缘企业对主导企业协同性的抗衡，进而实现上游厂商利润的回升。从经济学理论来看，这种类型的纵向垄断协议通常是有助于提高效率和维护竞争的，且在边缘企业间的竞争程度较高时，会较为显著地提高消费者福利。[2] 从反垄断法的视角来看，这一点也与我国《反垄断法》第20条第1款第3项"提高中小企业经营效率，增强中小企业竞争力"高度呼应。我们需要关注的第二种情形是，上游厂商所制定的垄断协议是否是在下游市场中大范围存在的，如果垄断协议在下游市场中大规模存在，且控制了较大下游市场的销售价格，则上游厂商便通过一个协议构建了下游厂商之间的协同性并实施协同价格，可以将其视为轴辐协议，这种情况下，即便下游厂商的市场

---

① Z. Chen, "Buyer Power: Economic Theory and Antitrust Policy", *Research in Law and Economics*, Vol. 22, 2007, pp. 17~40.

② Z. Chen, H. Ding, Z. Liu, "Downstream Competition and the Effects of Buyer Power", *Review of Industrial Organization*, Vol. 49, 2016, pp. 1~23.

势力较弱，但是在轴辐协议下所形成的销售价格依旧具有较明显的影响市场的能力，甚至是排除和限制竞争的能力，这种类型的纵向垄断协议应不在豁免的考量范围内。

（2）衡量纵向垄断协议下的效率提升和竞争限制之间的关系以及效率的主要流向。以纵向市场为研究起点，从纵向垄断协议的内在效果来看，它能够通过缓解上下游企业在交易过程中的外部性来降低在供应链中的交易成本，进而提高供应链交易的效率。通过上文关于价格外部性的理论分析中也可以发现，通过纵向价格协议的制定和实施，一方面增加了纵向市场中上下游厂商的共同利润以及各个厂商对共同利润的分配额；另一方面，双重边际问题的消除同时降低了产品在消费者市场的价格，提高了消费者的福利水平。这个经济效果说明了纵向垄断协议具有效率提升的效果，而且通过消费者福利的变化可以验证，这种来自纵向垄断协议的效率提升是可以在纵向市场中顺利延展，并将效率提升带来的福利效果传递至消费者层面。这种情形下的纵向垄断协议具有一定程度的经济合理性，并且大多可以采用《反垄断法》第20条来进行说明。例如，上游厂商在研发新产品、改进技术、提高产品质量等方面需要承担较高的成本，而一些下游厂商可以通过合作的形式为上游厂商缓解成本压力，为了保持产品在销售过程中稳定的现金流，两个主体会通过纵向价格协议的形式在一定时期进行协同，当成功地研发或推广高质量产品后，可以显著提高消费者福利和社会总福利，则可以将其理解为一种效率实现从市场向社会转移的合理行为。

但是，上述所讨论的市场结构大多处于一种较为完美的状态，并没有充分地将纵向垄断协议的外部效果考虑进来，外部效果主要体现在纵向垄断协议对市场中竞争程度的影响。在特定情境下，上游厂商的纵向（价格）垄断协议是为了形成对下游厂商的激励机制。例如，在服务投入外部性的分析中，上游厂商制定的价格协议是为了避免下游厂商对产品所需的配套服务的投入缺位，防范下游厂商为了获得更大利润而基于服务外部性而产生的"搭便车"行为。这种垄断协议从表面来看并无不妥，甚至还可以从一定层面说明其通过激发下游厂商的服务投入来提高消费者在购买全流程中来自服务体验的福利水平。但是，从此类纵向垄断协议的背后逻辑来看，需要明确的是协议下的价格是否对其他产品产生了明显的冲击，换言之，这种协议下的价格是否明显地影响了下游市场中的产品竞争秩序。如果上游厂商的主张是纵向垄断协议是为了激励下游厂商的服务投入，以实现提高消费者福利的效果，则需要进一步测度这种协议的价格对其他产品销售的影响，若该价格产生了对其他产品在下游市场中的挤出，且挤出会产生提高市场集中度、提高销售价格、降低消费者福利的后果，同时，消费者福利的降低无法被福利的提升充分补偿，我们则可以合理地论证上游厂商为了实现消费者来自于服务提升而形成的福利水平的提升的理由不成立，这种纵向垄断协议不应在豁免的范围内。

在反垄断规制过程中，一个比较明显的制约因素是规制者和厂商之间存在着信息不对称，厂商所实施行为的具体动机无法充分地被观察和识别，纵向垄断协议的外部效果和内部效果之间的差异化效果就需要某种方法对其进行权衡。这种方法要求我们通过经济学分析所展现的经济效果来验证一个特定的纵向垄断协议的合理性，换言之，这种方法提供了"效果—行为—动机"的一种逆向逻辑。通过对纵向垄断协议在市场中所涉及大多利益相关者的福利效果进行分析，来判定厂商行为的合理性，再对厂商的行为和目的（即动机）进行判断。上述所讨论的逻辑和不同的应用场景说明了，厂商行为的效率提升应是纵向垄断协议的必然效果，而对该行为的豁免背后所执行的合理原则应当充分考察效率提升后的分配，以及效率提升是否带来了经济上的"副产品"。如果效率增量大多流向了厂商本身，而非消费者，则从市场角度而言，这种效率提升下的纵向垄断协议是无效的。同时，如果效率提升仅体现在供应链的内部效果，而对外部效果产生了明显的负面影响，即产生了排除和限制竞争的"副产品"，则此类纵向垄断协议应受到规制和调整。

（3）界定纵向垄断协议对市场可竞争程度的影响。从后芝加哥学派对于纵向市场的基本观点来看，供应链的上游和下游市场中的充分竞争应当体现在市场的可竞争程度上，当市场中不存在明显的外生进入门槛时，市场内外的厂商应当可以在承担了必要成本的前提下自由进出市场，形成市场的动态竞争。在纵向垄断协议下，市场中（主要是下游市场中）的价格会受到上游厂商明显的影响，一种具有排除和限制竞争的纵向垄断协议对市场竞争的损害并不一定作用于市场中已有的竞争，而同时会作用于潜在的竞争。基于上述逻辑，评估纵向垄断协议的豁免条件应当考察市场潜在进入者的进入门槛水平，具体而言，潜在厂商进入市场的门槛衡量了其进入市场后的收益和进入成本之间的关联，如果前者明显低于后者，而同时后者的形成又是来自场内厂商的纵向垄断协议，则该协议便极大可能产生了限制市场潜在竞争的效果。

我们可以通过图 3 − 3 − 1 来说明纵向垄断协议对潜在竞争的影响，在给定潜在进入厂商 E 的进入成本 F 时，厂商进入市场后的合理竞争价格为 p_c，该价格产生的收益为 A + B，即当 A + B > F 时，厂商 E 有动机且有能力进入市场与在位的厂商展开竞争。在位厂商为了避免进入者带来的市场竞争而对其形成的利润降低，则利用纵向价格协议的形式将市场价格降低至某一水平。例如图 3－3－1 中的 p，为了可以获得市场，厂商 E 进入市场后的价格上限则为 p，否则其产品将不能够形成良好的竞争力。但是，当价格 p 为厂商 E 所带来的收益 B＋C＜F 时，厂商 E 进入市场的机会成本则过高，使其进入市场后的经营无利可图，弱化了其进入市场的动机，换言之，在位厂商的价格协议外生地改变了潜在进入者的盈利空间，维持了市场结构处于一种垄断的状态。

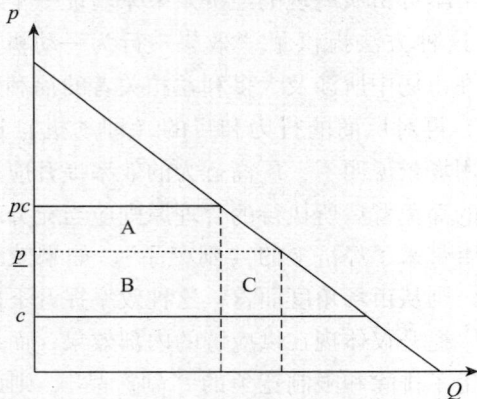

图 3－3－1　厂商 E 利润与纵向垄断协议价格

就约束潜在竞争而言，在位者所制定的纵向垄断协议价格应当符合：

$$\pi_E = (p - c) \cdot Q(p) - F = 0 \tag{3.3.3}$$

在进行量化评估时，当纵向垄断协议下的价格不高于 p 时，则很有可能会出现限制潜在竞争的效果。进一步地，通过全微分（3.3.3）可以得到：

$$\frac{dp}{dF} = \frac{1}{Q(p) - (p - c) \cdot Q'(p)} > 0 \tag{3.3.4}$$

说明了当厂商 E 的进入难度越低（即 F 越小）时，在位厂商的纵向垄断协议的定价也会越小，换言之，当市场的可竞争程度逐渐提升时，在位者利用低价格形成纵向垄断协议的动机和程度则会越大。此外，通过（3.3.4）不难发现，当消费者对厂商 E 所提供的产品的需求价格弹性逐渐降低时，即消费者对厂商 E 产品的价格趋于不敏感时，上述关于在位者利用价格约束厂商 E 进入的程度会更加明显。这个结果为我们提供了对纵向垄断协议豁免分析中的动态过程，这种动态过程不仅包括了对厂商 E 进入市场能力的变化过程，更重要的是，提出了市场、产品、消费者差异化的不同下，应对在位者的价格行为进行差别化的分析。例如，对于那些准入门槛低的市场而言，在分析时更应当关注在位厂商的低价协议；对于那些准入门槛高的市场而言，在位厂商的排挤动机并不完全会体现在低价格上，他们可能会通过一些非价格的因素来改变消费者对不同产品的需求价格弹性，以增加消费者的转移成本来实现对潜在进入者的竞争限制。

· 第四章 ·

滥用市场支配地位行为概述

形式上，滥用市场支配地位行为发生在交易中，具有合同的外形；但实质上，无法单纯从合同自由、自治等方面进行评价——这种行为可能危害的主体不限于合同相对方，滥用行为中的危险或危害会不断传导到下游主体，甚至危害普通民众的福利。因此，既需要分析其可能存在的合理的一面，也需要揭示其可能存在的危险的本质。

一、市场支配地位的确定

（一）推定市场支配地位

所谓推定，是指依照法律规定，从已知的基础事实推断主体法律状态的过程。为了降低反垄断执法机关和司法机关的评估难度，减少工作量，提高执法和司法效率，各国（地区）法律都规定了可以推定经营者具有市场支配地位的情形。

1. 相关法律规定中的推定

德国《反限制竞争法》第 19 条规定，一个企业占有相关市场至少 1/3 的市场份额；三个或三个以下企业共同占有其 50% 或 50% 以上的市场份额；五个或五个以下企业共同占有其 2/3 或 2/3 以上的市场份额，就具有市场支配地位。日本《禁止垄断法》第 2 条规定，一个企业每年在相关市场的销售额超过 1/2，或者两个企业的销售额之和超过 3/4，就具有市场支配地位。俄罗斯《竞争保护法》则规定，市场份额超过 65% 的企业具有市场支配地位，市场份额不超过 35% 的一般不具有市场支配地位。同时，为了避免出现错误的推定，在俄罗斯被推定具有市场支配地位的经营者可以举出反证推翻反垄断执法机关和司法机关的推定，以维护目标经营者的合法权益。

我国《反垄断法》第 24 条规定，有下列情形之一的，可以推定经营者具有市场支配地位：①一个经营者在相关市场的市场份额达到 1/2 的；②两个经营者在相关市场的市场份额合计达到 2/3 的；③三个经营者在相关市场的市场份额合计达到 3/4 的。有前款第 2、3 项规定的情形，其中有的经营者市场份额不足 1/10 的，不应当推定该经营者具有市场支配地位。被推定具有市场支配地位的经营者，有证据证明不具有市场支配地位的，不应当认定其具有市场支配地位。

各国（地区）法律所规定的推定市场支配地位的指标不完全相同①，是由其市场结构和竞争状况决定的。市场结构越松散，市场竞争越激烈，市场份额越高。

除了上述市场份额指标外，在产品弱替代性的情况下，独家代理人往往也具有市场支配地位。例如，第 20 届世界杯足球赛门票，国际足联选定瑞士 MATCH HOSPITALITY AG（以下简称 MATCH 公司）为有关套餐的独家代理机构，负责在全球的销售业务。MATCH 公司选定注册于我国香港地区的中国盛开体育国际有限公司（以下简称中国盛开）代理在大中华区（中国大陆、香港、澳门、台湾地区）的销售业务。盛开公司应具有市场支配地位。

关于自然垄断行业的垄断主体是否具有支配地位，认识有所不同。在俄罗斯，不论此类主体是否达到 35% 的市场份额，均推定具有市场支配地位。这种推定市场支配地位的情形，符合自然垄断实体经济的性质。按照俄罗斯《自然垄断法》（2001 年修订），"自然垄断"是指商品市场的一种特殊状态，在这种状态下的商品市场，由于工业技术特性，生产中不存在竞争（原因在于每件产品生产成本实质性地减少导致产量的增加）需求能够被有效满足，且由自然垄断实体生产的商品不能被市场上的其他商品替代，导致在商品供给市场上其需求受价格影响的幅度小于其他类型的商品。我国最高人民法院发布的《关于审理垄断民事纠纷案件适用法律若干问题的规定（征求意见稿）》中确定，受害人提供的证据能够证明被诉垄断行为人属于下列情形之一的，人民法院即可初步认定被诉垄断行为人具有市场支配地位，但被诉垄断行为人有相反证据足以推翻的除外：供水、供电、供热、供气等公用企业；公用企业以外的由法律、法规和规章或者其

---

① 除了上述列举的推定市场支配地位的标准外，一些国家规定的推定市场支配地位的市场份额标准具有本国特色。欧盟成员国总体的平均份额是 40%。芬兰、英国、西班牙是 25%；捷克、葡萄牙、匈牙利是 30%；波兰、立陶宛是 40%；瑞士是 40%~50%；蒙古国、韩国是 50%；俄罗斯是 65%。

他规范性文件赋予其从事特定商品或者服务的独占经营资格的经营者。受害人提供了证明被诉垄断行为人具有市场支配地位的初步证据，被诉垄断行为人未予否认，或者虽予以否认但未提交足以支持其否定主张的证据的，人民法院可以认定其具有市场支配地位。在最高人民法院发布的正式文件《关于审理因垄断行为引发的民事纠纷案件应用法律若干问题的规定》中，上述规定被删除。实践中，如"惠州大亚湾溢源公司捆绑户表工程案"① 中，对自然垄断行业采取也不是推定的方法，而是认定的方法。

2. 推定的经济学分析

从经济学的视角出发，反垄断法实践中的推定市场支配地位主要是从市场结构的判定方法进行分析，从现实市场特征来看，推定市场支配地位所采用的"划线"在诸多实践中会受到若干限制。例如，以市场份额的标准来推定市场支配地位必须要基于准确地判断相关市场的边界，而相关市场边界的分析若缺乏合理且有效的经济学工具，会大概率出现误判。此外，快速发展的数字经济市场模糊了相关市场的边界，使市场份额的推定手段面临适用性瓶颈。再如，对于共同市场支配地位的判断若仅依靠共同市场份额（即头部经营者的市场份额加总）会稀释经营者之间在行为上的关联性，我们对明显市场支配地位的反垄断担忧主要来自于那些具有市场支配地位的经营者（或经营者集团）利用其市场支配地位排除和限制市场中的竞争，而在推定标准下的共同市场份额结构内部，经营者相互之间的博弈事实上也是其实施滥用行为的主要根据，若两个或三个经营者之间存在十分明显且显著的竞争关系，则它们任一实施滥用行为都会使竞争对手对其进行较为有力的反击，提高滥用市场支配地位行为的机会成本，降低经营者滥用市场支配地位行为的动机。因此，关于市场支配地位行为的确定，大部分的实践依旧是以认定的范式来解决，基于市场结构的推定大多集中在相关市场的边界比较清晰、市场中经营者的博弈关系比较明确的情境中，同时，推定的范式可以帮助执法部门以更高效、低成本的方式来缩小分析范围，给市场支配地位的认定提供方向性和效率基础。

从市场支配地位的推定逻辑来看，我们主要从两个方面展开讨论：

（1）关于推定市场支配地位的理论根据是建立在经营者所具有的市场份额可以为其带来市场势力的基础上的，我们对于具有市场支配地位经营者的反竞争

---

① 当事人在提供建设施工项目临时供水服务时附加交易条件——将户表工程建设进行捆绑交易。参见广东省工商行政管理局行政处罚决定书〔粤工商经处字（2013）第2号〕。

担忧主要在于，该经营者可能会滥用其市场支配地位带来的市场势力实施损害竞争和消费者福利的垄断行为。而当市场份额和市场势力之间的必然联系消失后，较高的市场份额也不会使经营者在经济活动中形成对其他经营者和交易相对人的影响，以及对市场竞争的进一步干扰。从市场势力对同一相关市场内具有竞争关系的经营者视角来看，市场份额的增加可以提升经营者在市场中获得交易机会的概率，进而增加其相对于其他经营者控制市场的能力，最终使该经营者可以更加有效地采用更多的竞争工具（如价格、产量、标准等）实现对市场竞争程度的干扰，可能会产生排除和限制其他竞争对手的效果。考虑传统的 n 厂商的产量竞争（即 n 公司的古诺竞争）中的反需求函数为 $P = a - Q$，每家厂商边际成本为 c。在均衡时，单个公司的勒纳指数为：

$$L_i = \frac{a - c}{a + nc} \qquad (4.1.1)[①]$$

在对称情况下，单个厂商的市场份额可以表示为 $S_i = 1/n$，基于此将（4.1.1）改写为勒纳指数的形式：

$$L_i = \frac{S_i(a - c)}{aS_i + c} \qquad (4.1.2)$$

比较静态分析指出 $\frac{\partial L_i}{\partial S_i} > 0$ 说明了当该厂商市场份额增加时，其市场势力也随之提升，进而强化其定价能力以及控制市场的能力。

从纵向市场中的交易相对人视角来看，市场份额为经营者带来的市场势力主要在于对交易相对人的影响，考虑具有市场支配地位的经营者 A 和其交易相对人（厂商 B），它们通过广义纳什谈判完成共同利润 Π 的分配，其中 π_A^0 和 π_B^0 表示了两者在谈判失败后的收益。令 $\gamma \in (0,1)$ 刻画厂商 A 相对于厂商 B 的谈判力量，当 $\gamma \to 1$ 时，厂商 A 在谈判中的力量更强，能够获得更高的分配利润的可能性也越大。将经营者 A 的市场份额 s 融入上述变量中，可以进一步得到以下特征：$\Pi'(s) > 0$；$\pi_A^{0'}(s) > 0$；$\pi_B^{0'}(s) < 0$，说明了当经营者 A 的市场份额增加后，其可以在纵向市场环境中获得更多的交易和潜在交易机会，对于已有的交易，经营

---

① 古诺竞争的演算过程来自最大化单个厂商的利润 $\pi_i = (a - \sum_{i=1}^{n} q_i - c) \cdot q_i$，得到均衡产量 $q_i = \frac{a - c}{n + 1}$ 和均衡市场价格 $P = \frac{a + nc}{n + 1}$，利用勒纳指数公式 $L_i = \frac{P - c}{P}$ 可以得到（4.1.1）的结论。

者 A 可以利用其在市场中较高的占有率实现交易中更强的谈判力量；对于潜在交易，经营者 A 可以利用市场中更多的交易机会在短期以低成本寻找到可替代的交易相对人。广义纳什谈判的过程可以表示为：

$$\max_{\pi_A, \pi_B} \Omega(\pi_A, \pi_B) = (\pi_A - \pi_A^0)^{\gamma} (\pi_B - \pi_B^0)^{1-\gamma} \tag{4.1.3}$$

$$s.t. : \pi_A + \pi_B = \Pi \tag{4.1.4}$$

将（4.1.4）代入（4.1.3）并求解最优化问题可以得到经营者 B 的分配利润：

$$\pi_B = (1 - \gamma)\Pi(s) + \gamma \pi_B^0(s) - (1 - \gamma)\pi_A^0(s) \tag{4.1.5}$$

通过比较静态分析，当经营者 A 的市场份额提升后，其交易相对人利润下降应满足条件：

$$\frac{\partial \pi_B}{\partial s} < 0 \to \frac{\Pi'(s) - \pi_A^{0'}(s)}{-\pi_B^{0'}(s)} < \frac{\gamma}{1 - \gamma} \tag{4.1.6}$$

条件（4.1.6）中的 $\Pi'(s) - \pi_A^{0'}(s)$ 描述了经营者 A 的市场份额上升对其自身分配利润的影响程度。具体而言，当经营者 A 的市场份额上升后，它能够从现有交易中获得更大的共同利润，但同时，它控制市场的能力随着市场份额的提升而强化，使其在谈判失败后的收益水平也提升，反映出 $\pi_A^{0'}(s)$ 表达了它继续维持与经营者 B 交易的机会成本变化程度。（4.1.6）中的 $\pi_B^{0'}(s)$ 表示了经营者 A 市场份额提升对经营者 B 在谈判失败后的利润影响。当上述两个部分的比值小于某一特定值 $\frac{\gamma}{1 - \gamma}$ 时，经营者 A 的利润由于其市场份额带来的影响小于经营者 B 的利润受到的影响，说明了经营者 A 的市场份额的增加对经营者 B 的影响相对更大，使经营者 B 的分配利润随着经营者 A 的市场份额增加而降低。

如果我们进一步对上述函数做出以下设定：$\Pi(s) = aS^{1/2}$；$\pi_A^0 = b_1 S^{1/2}$；$\pi_B^0 = V - b_2 S^{1/2}$，条件（4.1.6）可以表示为：

$$s > \left[\frac{a - b_1}{b_2} \cdot \frac{\gamma}{1 - \gamma} \right]^2 \tag{4.1.7}$$

条件（4.1.7）回应了关于市场支配地位的推定原则，当经营者 A 的市场份额高于某一特定值时，会在谈判过程中显著地影响其交易相对人的分配利润。①
上述讨论来源于经济学分析范式，从更加一般的视角来看，经营者的分配利润描
述了其在交易过程中的谈判条件，这种条件可以包含在交易中的价格、附加条
件、标准等，直接影响了其在交易中收益水平。

（2）关于共同市场份额的推定涵盖了相关市场的结构特征和经营者之间的
行为特征，根据我国《反垄断法》第 24 条第 1 款第 2、3 项规定，两个和三个经
营者在相关市场的市场份额分别达到 2/3 和 3/4 的，可以推定上述经营者具有共
同市场支配地位，但同时要求上述涉及的所有经营者的市场份额不能低于 1/10。
这一关于共同市场份额的推定原则包含了两个重要的信息，其一是共同市场内的
经营者都具有较显著的市场份额，其二是市场份额使共同市场内的经营者之间存
在一定程度的抗衡关系。当这些特征存在时，便说明了我们在考虑共同市场份额
带来的市场支配地位的同时，需要明确两个或两个以上的经营者之间的竞争。市
场理论指出，在竞争环境下，厂商为了提升自身的相对竞争力，会通过更加积极
的竞争手段和程度使其在与竞争对手的博弈中胜出，并获得较大的市场份额和相
对较高的利润。因此，即便市场集中度如《反垄断法》相关条款所述存在比较高
的程度，当头部厂商之间的竞争程度很高时，经营者所具备的市场支配地位也会被
适度减弱。为了进一步分析这种情形，我们采用了 Hotelling 模型进行说明。

考虑一个长度为 1 的 Hotelling 线性市场具有双寡头的竞争格局，厂商 1 和厂商
2 分别位于市场的左端和右端，消费者均匀分布在市场上且密度为 1。令厂商 i，$i =$
1，2 的价格为 p_i，市场上处于 $x \in (0,1)$ 的消费者 k 购买两家厂商产品的效用函数
分别为：

$$u_1^k = \theta - p_1 - t \cdot x \text{ 和} u_2^k = \theta - p_2 - t \cdot (1 - x) \qquad (4.1.8)$$

其中 $\theta \in \Re^+$ 表示了消费者购买产品后获得的效用水平，x 是消费者距离厂商 1
（即市场的左端点）的距离，因此 $1 - x$ 表示了消费者距离厂商 2（即市场的右端
点）的距离，$t > 0$ 刻画了消费者的单位转移成本，当两个厂商的产品之间相互替
代性较低时，消费者的单位转移成本较低，这个逻辑说明了消费者可以比较便利

① 例如，经营者 A 的高市场份额能够为其现有交易和潜在交易带来更大的利润，且对其交易相对人
在其他交易机会中产生较大限制时，可以定义 $a_1 = 10$，$b_1 = 9$，$b_2 = 5$，且当经营者 A 和经营者 B
关于共同利润的分成分别为 $\gamma = 0.75$，$1 - \gamma = 0.25$ 时，根据条件（4.1.7），当经营者 A 的市场份
额超过 36% 时，其市场份额的增加会显著降低交易相对人的利润水平，即经营者 A 的市场份额形
成了对交易相对人利润的影响和间接控制。

（即低成本）地在两种产品间进行转移，在这种情况下，由于产品差异化为厂商带来的相对竞争力也就越弱，为了实现更好的竞争，两家厂商之间利用其他竞争工具（如价格）进行竞争的动机则越强。利用市场中的边际消费者（即消费两家厂商产品都能够获得同样效用的消费者）的位置划定两家厂商的需求函数，表示为：

$$Q_1(p_1,p_2) = \frac{t - p_1 + p_2}{2t}; Q_2(p_1,p_2) = \frac{t - p_2 + p_1}{2t} \qquad (4.1.9)①$$

两家厂商在市场中进行价格竞争，通过选择价格最大化自身利润：

$$\pi_i \equiv \Pi_i(p_i,p_j) = p_i \cdot Q_i(p_i,p_j), i = 1,2; j = 1,2; i \neq j \qquad (4.1.10)$$

厂商利润最大化条件满足：$\frac{\partial \pi_i}{\partial p_i} = 0$，可以得到厂商利润最大化价格：

$$p_1 = p_2 = \frac{t}{3} \qquad (4.1.11)$$

通过上述价格可以发现，当两家厂商相互替代关系比较弱时，即 t 值较高时，消费者在两个厂家间进行转移的成本较高，削弱了厂商之间的竞争程度，增加了厂商的市场势力，使其能够制定较高的价格。从消费者福利来看，市场价格的上涨直接降低了消费者在购买任何厂商产品时的福利水平，同时，消费者在面对价格上涨时，由于较高的转移成本，也降低了对竞争厂商之间的相互替代的动机，间接降低了消费者福利。我们可以进一步刻画此时的消费者福利并分析消费者福利与产品相互替代程度之间的关联，令 CS 刻画消费者福利水平，可以表示为：

$$CS = \sum_{j=1}^{2}(\theta \cdot Q_i - p_i \cdot Q_i - \frac{t \cdot Q_i^2}{2}) = \theta - \frac{t}{12} \qquad (4.1.12)$$

通过（4.1.12）不难发现，当消费者在不同产品间的转移成本降低时（即 t 降低时），消费者福利可以在双寡头垄断情境下得到提升。这个结果背后的逻辑是，当消费者可以低成本在两种产品间进行转移时，厂商之间的竞争则更加激烈。例如，任何一家厂商的价格上涨都会引起消费者快速地转移，使该厂商失去

---

① 需求函数来自（4.1.8）中选择两家厂商都能够获得同样效用的消费者的效用函数，即 $\theta - p_1 - t \cdot x = \theta - p_2 - t \cdot (1 - x)$，得到 $x = \frac{t - p_1 + p_2}{2t}$，$x$ 表示了边际消费者与厂商 1 的距离，即为厂商 1 在市场中的需求，进一步地 $1 - x$ 表示了厂商 2 的市场需求。

市场并降低利润。因此，在相互替代关系较强的竞争当中，厂商为了可以捕捉消费者并维持自身的市场份额，需要以更加优惠的价格展开竞争，维持自身的相对竞争力。从这个结果中我们可以发现，市场结构的确可以从某一个层面说明厂商具备获得市场支配地位的基础，但是否该厂商具有了市场支配地位需要进一步分析厂商之间的竞争程度。如上面模型所述，若厂商间的竞争程度较高，即便其市场份额可以表现出其在市场结构中的状态，但是由于在共同市场中的竞争程度也相应较高，使其需要以更加积极的方式来进行竞争，弱化了其由于市场份额所带来的支配地位。

以上分析是通过经济学范式探讨了在结构推定市场支配地位的视角下，如何引入经营者的行为来进一步细化市场支配地位的形成过程。在实际的市场活动中，以市场份额的量化标准来推定市场支配地位依旧面临着若干难点，其中比较主要的是在数字经济市场中的市场支配地位的判断。具体而言，数字经济市场的一个主要的特征在于经营者使用的多市场布局策略使它的业务涉及了多个领域，虽然我们可以根据不同领域的业务特征来划分该经营者所处的相关市场，并围绕相关市场边界以特定的变量来计算其市场份额，如在平台经济中的某个市场中，可以采用在一定时期内的订单数量、交易额、活跃用户数量来辅助计算经营者的市场份额以及相应的市场集中度。但是我们需要明确的是，在数字经济领域中，经营者在某个特定的相关市场内的市场势力并非是单纯地来自该市场，而很有可能同时来自其所涉及的其他市场。这是由于同一个经营者在不同的业务中所使用的生产要素，即数据要素，具有同质性，经营者可以在其他市场收集数据，并大规模地使用在其他不同市场中，形成了数据上的绝对优势。如果该经营者在某个相关市场中的市场份额不足以达到推定其具有市场支配地位的标准，但是其具有了较强的数据要素优势，提高了其控制其他经营者和交易相对人的能力，则也应当认定该经营者具有了市场支配地位，这一点在我国《反垄断法》第22条进行了说明。这也呼唤了反垄断执法在经营者不同的经济活动维度中进行更加全面的分析，并回归到市场支配地位的认定标准进行判断。此外，关于数字经济领域的反垄断分析，将在本书的第七章进行详细探讨。

（二）认定市场支配地位

1. 认定具有市场支配地位的法律条件

关于经营者是否具有市场支配地位，在不具备上述条件的情况下，也可能认定经营者具有市场支配地位，此时需要考虑各种因素进行综合分析。

依有关国家的立法例，综合分析一般以市场份额作为主要参考因素，同时结合原材料的控制能力、企业的财力、技术优势，其他企业的依赖性等。我国《反垄断法》第 23 条规定的认定经营者的市场支配地位的参考因素有如下方面：

（1）经营者在相关市场的市场份额以及相关市场的竞争状况。这是评价经营者是否具有市场支配地位的结构性方法。市场份额是指特定经营者的总产量、销售量或者生产能力在特定的相关市场中所占的比例，又被称为市场占有率。

市场份额是企业规模的外在反映，也是企业利润的内在基础。对于上游企业而言，市场份额大的企业采购能力也强，同时，市场份额大的企业往往拥有庞大的销售网络，任何一个下游企业的"逃跑"都不会对其形成制约，进而不会威胁到其正常的生产经营。市场份额较小的竞争者则不具有上述能力。

在市场份额不高的情况下，判定一个经营者是否具有市场支配地位，需要考察相关市场的竞争状况。这个"竞争状况"指相关市场的其他经营者的市场份额状况，即分析其他企业和目标企业的市场份额状况。如果差距较大，则可能认定目标企业具有市场支配地位。欧共体委员会在"Virgin 大西洋航空公司诉英国航空公司案"[1]（*Virgin v. British Airways*）中，认定市场份额只占 39.7% 的英国航空公司在英国民航旅行服务市场上占市场支配地位，这是因为该公司的最大竞争者 Virgin 公司在该市场上的占有率仅为 5.5%。在"联合商标案"中，欧共体和欧洲法院发现，"联合商标"在相关市场上占 45% 的份额，而这个份额是其最大竞争者市场份额的两倍，因此一致认为，这个企业是一个占市场支配地位的企业。

2007 年 1 月 17 日，俄罗斯联邦反垄断机构发布了《关于改变依职权确立经营者支配地位行政规则令》，明确了不足 35% 市场份额的经营者也可能具有市场支配地位。该规则令指出，符合下列条件时，反垄断机构可以认定在商品市场上份额低于 35% 的经营者具有支配地位：该经营者比其他经济实体在相关产品市场所占比例高，并且可能对商品流转的一般条件产生决定性影响。具体而言，决定性影响包括如下条件：①经营者有能力单方面确定商品的价格水平，并将对商品销售的相关产品市场的一般条件起决定性的影响；②由于经济、技术、行政或其他限制，阻碍新的竞争者进入相关产品市场；③经营者在消费时无法取得其他替代品（包括生产用的消费替代品）；④商品价格的改变并不导致需求降低。

可见，经营者市场份额的大小和经营者是否具有市场支配力量之间具有紧密

---

① 2000/74/EC：Commission Decision of 14 July 1999 relating to a proceeding under Article 82 of the EC Treaty（IV/D–2/34.780–virgin/British Airways），C（1999）1973.

的联系，但并不是市场份额未达到推定标准的经营者一定不具有市场支配地位。反垄断法关注的是经营者是否有足够力量来排除或限制竞争，而不是禁止经营者达到某种规模。

（2）经营者控制销售市场或者原材料采购市场的能力。一切生产只有通过销售才能实现其最终目的。销售市场是链接生产和消费的关键环节。控制销售市场也就有能力将控制力向上传导（生产市场）或向下传导（消费市场），进而可能形成对上下游的控制。这种控制力可以依一个经营者的力量形成，也可以由几个经营者联合形成。辛迪加就是以签订共同销售产品和采购原材料的协议而建立起来的垄断组织。这种垄断形式的主要特点，是成员企业在法律上和生产上仍保持独立，但产品销售和原材料采购上由辛迪加统一处理。所以，它比卡特尔有更大的稳定性。

一般来说，一个经营者能够控制产品销售渠道或原材料采购来源，就能对上下游经营者形成间接控制（和依据占有股权形成的直接控制相比较）。一个经营者与其上下游经营者订立排他性交易的情况下，市场被控制的程度达到了最大化，独家代理就属于这种情况。独家代理是在约定的地区范围内，代理人拥有某类商品或业务专营权的代理。由于合同中约定，委托方不得在本地区委托第三方代销该项商品；未经独家代理同意，委托方也不得指定任何分代理，因而独家代理人就形成了垄断某种产品销售渠道的能力。

（3）经营者的财力和技术条件。资本量差距悬殊也能产生支配力。竞争的激烈程度同相互竞争的个体数量多少成正比，同相互竞争的资本差距大小成反比。资本代表着承担风险的能力，常规的竞争大都以价格为中心，价格优势的实质是财力优势。

技术尤其是专利技术或知名品牌，本身就是一种竞争优势。高技术产品和知名品牌将加大竞争产品间差别的显著性，进而其产品的市场替代性变小，垄断性加强。从工业产权上来讲，工业产权是一种公认的垄断权，拥有这种特权的主体就拥有特殊的竞争力量。如果这种垄断技术没有可替代性或具有弱替代性，技术本身就是一种市场力量。另外，当某一专利技术成为必要专利被选入标准后，必要标准专利拥有者具有市场支配地位。因为参与该行业竞争的产品制造商/服务提供商若提供符合标准的商品/服务，就不得不实施相关必要专利技术且无法做规避性设计以绕过该必要专利。这种标准带来的封锁效应与专利权自身具有的法定垄断属性相结合，使必要专利成为产业参与者唯一且必须使用的技术，产业参与者不得不寻求必要专利权人的许可，否则将丧失参与竞争的前提和条件。因此，必要专利与一般专利不同，其并不存在充足的实际的或潜在的近似替代品。在"华为诉交互数字垄断案"① 中，一二审法院均认定，因交互数字掌握 3G 标准必要专利，在专利许可谈判时，其具备控制华为公司使用其 3G 标准必要专利的价格、数量及其他交易条件的能力，因此，交互数字在中国和美国相关地域市场上具有市场支配地位。

（4）其他经营者对该经营者在交易上的依赖程度。上述市场份额、控制销售市场和原材料、财力和技术条件等产生的市场支配地位，主要是从整个行业甚至整个产业角度来描述判断主体是否具有市场支配地位，它涉及这个行业（产业）的主要或所有竞争者。相比之下，本条件描述的是交易人之间的微观关系，这个视角的描述可以理解为是上述条件的补充。这意味着，在上述市场份额等方面并不处于支配地位，但在与交易对方进行交易时却表现出一定的市场优势，也可以此认定为具有市场支配地位。由于它是在与交易对方的交易中比较得出的，因此准确地讲，它是一种"相对市场优势地位"。

滥用相对市场优势地位一般可以分为两大类：一是基于需方对供方的依赖而形成的优势地位；二是基于供方对需方的依赖而形成优势地位。具体而言，在供大于求的情况下，生产者会在产品流通中形成对销售者的一定依赖关系，销售者的地位优于上游的生产者，甚至下游的销售者的地位也优于上游的销售者。在我国市场上，作为生产者的中小企业依赖大型零售商拥有强大的销售渠道，需要交纳所谓的进店费、上架费等就是这种依赖关系的典型表现。相反，在供不应求的情况下，生产者的优势地位则高于销售者。

因长期合同关系可以产生相对市场支配地位。供需双方之间建立的商业往来关系，一个经营者与另一经营者缔结了涉及经营基本事项的长期契约关系，则会有针对性地在资本投资、技术发展、人员培训、商业信誉以及客户网络等方面投入主要资源，在已适应供货渠道与模式的情况下，就形成一种需方对于供方的依赖状态。同样，长期销售合同也是如此，上游经营者会形成对下游经营者的依赖。

产品的可替代性弱或销售（购买）渠道的限制也能产生市场支配地位，即使达不到上述推定市场支配地位的相关份额。例如，在"宁波科元塑胶有限公司诉宁波联能热力有限公司滥用市场支配地位纠纷案"中②，在某工业园区内，存在甲乙两家经营供热的企业，在地域市场上，甲的市场份额为 60%，乙的市场

① 参见（2013）粤高法民三终字第 306 号。
② 浙江省宁波市中级人民法院民事判决书（2013）浙甬知初字第 86 号。

份额为 40% 。A 企业距离甲有 4 公里之远，而与乙的距离在数百米之内。A 与乙有管道相联通。此时，关于乙市场支配地位的认定不能采取市场份额的方法，而应该依据销售渠道的依赖性和产品的可替代性。相对于 A，应认定乙企业具有市场支配地位。

（5）其他经营者进入相关市场的难易程度。这是从是否存在进入壁垒的角度进行的分析。进入壁垒是影响新企业进入市场的重要因素。进入壁垒的高低决定进入后的利润水平，进而直接影响新企业的进入概率。经济学上，即使在位企业与潜在进入企业具有相同的边际生产成本，但由于进入壁垒的存在，潜在进入企业进入市场后，它所面临的边际生产成本也要高于在位企业。

尽管对进入壁垒认识不同①，但进入壁垒是客观存在的。一般而言，形成进入壁垒的因素有三个：技术、设施和法律。相应地，壁垒的类型分别为：技术壁垒、设施壁垒和法律壁垒。

技术壁垒，是商品的生产在一个大的产出水平范围内呈现边际（与平均）成本递减而产生的壁垒。生产技术使得规模相对大的厂商成为低成本的生产者（经济学上也将这种优势称之为自然垄断）。在这种情况下，既有厂商可能发现通过削减价格将其他厂商挤出该产业是有利可图的。同样，一旦建立起垄断，进入就很困难，因为新厂商生产规模相对较小，从而生产的平均成本相对较高。②对于这种壁垒如果既有厂商没有采取挤出战略（例如掠夺性定价），一般不认为是违法的。

设施壁垒，主要指关键设施（essential facility）壁垒，也称瓶颈壁垒，指进入市场所必不可少的设施的占有者拒绝提供该设施形成的壁垒。设施占有者掌握着其他竞争者进入市场的瓶颈，潜在竞争者在关键设施的限制下束手无策。换言之，市场的潜在竞争者依赖于关键设施，依赖于关键设施的拥有者。美国和欧洲反垄断法判例发展出了"关键设施原则"。关键设施原则的适用要求原告证明："①垄断者控制着关键设施；②从现实性或合理性的角度来看，潜在竞争者没有能力复制该关键设施；③拒绝竞争者使用该关键设施；④垄断者提供该关键设施

---

① 哈佛学派认为，进入壁垒是由于行业的技术特性和需求的特点所产生的对既有厂商有利而不利于潜在进入者的客观因素。因此评价进入壁垒应更多地关注市场力量和市场集中度。芝加哥学派认为，进入壁垒是寻求进入的厂商必须承受的而既有厂商却不必承担的成本。因此，除了政府的法律限制外不存在真正的进入壁垒。

② ［美］沃尔特·尼科尔森：《微观经济理论：基本原理与扩展》，朱幼为等译，北京大学出版社 2008 年版，第 355 页。

的可行性。"① 在实践中，关键设施涉及的范围很广，包括铁路、港口以及电信等运输网络设施、金融部门中的支付系统，等等。知识经济的背景下，关键设施还扩展到知识产权领域。

法律壁垒，即由法律而不是由经济条件所带来的进入壁垒。被法律限定的进入壁垒一般是合法的，例如由政府授予专利垄断权，这种壁垒的合理性在于鼓励创新；另外，由法律授予一家厂商在一个市场提供某种服务的特许权如公用事业（煤气与电力）、邮电业、电视台与电台等形成自然垄断行业，其合理性在于：这一产业的平均成本在一个大的产出范围内是递减的，即该产业内的经营者可以通过大规模生产而实现明显的规模经济，从而，可以通过将产业变为一个垄断产业来达到最小的平均成本。当然，也存在以法律形成的非法的进入壁垒，如抽象行政垄断。

（6）与认定该经营者市场支配地位有关的其他因素。除了上述通常的因素外，认定经营者是否具有市场支配地位有时还要考虑一些其他因素。例如，联合体与成员之间的关系、地域影响等。例如，德国《反限制竞争法》第 36 条第 2 款规定，参与集中的一个企业是《股份公司法》第 17 条意义上的从属企业或支配企业，或是《股份公司法》第 18 条意义上的康采恩，则以此类方式联合在一起的诸企业视为单一企业。若干个企业开展合作经营，以致它们能够对另一个企业施加支配性影响的，它们之中的任何一个企业都视为支配企业。

2. 认定市场支配地位的经济学分析

从反垄断的实践来看，对市场支配地位的认定从更加细致和全面的角度对经营者的市场势力进行了分析和判断。具体而言，滥用市场支配地位行为是经营者将其具有的市场势力转变为滥用能力并实施，且最终形成了限制、排除竞争效果的过程，单纯地以市场份额对市场势力进行判断，在市场经济活动中并不能充分地回答市场势力的形成机制以及滥用市场势力的根本原因，需要从市场经济活动本身出发，从更多的维度来判断经营者的市场势力，以及那些能够帮助经营者将市场势力转化为滥用能力的方面。市场支配地位的认定则从较为全面的角度对经营者的市场势力进行了说明完善。根据我国《反垄断法》第 23 条和《禁止滥用市场支配地位行为规定》第 7 到第 13 条，可以从经营者涉及的横向结构、纵向结构、控制能力等方面探讨认定市场支配地位的经济学逻辑。在《禁止滥用市场

---

① ［美］欧内斯特·盖尔霍恩、威廉姆·科瓦契奇、斯蒂芬·卡尔金斯：《反垄断法与经济学》，任勇、邓志松、尹建平译，法律出版社 2009 年版，第 147 页。

支配地位行为规定》第 12 条中，明确提出了平台经济等新型业态的市场支配地位的认定和相应的标准，不同于传统经济，以平台经济为代表的互联网行业中的经营者在生产经营模式、成本结构、业务延伸、生产要素等方面都发生了巨大的变化，这也为传统方式认定市场支配地位提出了挑战，关于数字经济中市场支配地位的认定，将在本书的第七章进行具体讨论，本章主要探讨传统经济中一般化的市场支配地位认定思路和主要逻辑。

（1）经营者的横向结构。经营者所处的相关市场的横向结构的分析可以被视为对市场支配地位推定的一种细化，如上一节所述，单纯地通过市场份额对市场支配地位进行推定，缺少了由于经营者之间的互动而展现出的影响单个经营者市场支配地位的信息。具体而言，关于经营者横向结构所认定的市场支配地位主要侧重于以下几个方面。

首先，市场的发展特征和运行模式直接影响市场结构。由市场份额产生的市场支配地位是滥用市场支配地位行为的充分条件，而非必要条件，换言之，在相关市场中具有较大市场份额的经营者可能会滥用市场支配地位，也有可能因为其他因素的约束而无法滥用其所具有的市场势力。因此，在考虑经营者所具有的市场势力时，确实需要考察其在相关市场内的市场份额，但同时，还需要明确其所处的相关市场的特征和对应的市场结构。例如，对于那些产能需求比较固定的市场，其市场中的总需求长期保持在一个稳定的水平，就导致市场中存在的比较稳定的供给者，使这个市场的集中度长期保持在一个较高的水平，在这种市场特征和对应的运行模式下，单纯依靠若干寡头所具有的市场份额或几个经营者所具有的共同市场来判断其市场支配地位，会缺少必要的依据。这是由于，这种类型的市场内的产品通常具有较高的同质性，使寡头长期保持在较强的竞争状态下，抑制了单个寡头滥用市场势力的动机。

其次，竞争程度影响特定市场结构下的经营者市场势力和潜在行为。市场支配地位来自经营者在相关市场中的市场势力，较强的市场势力改变了市场中消费者在不同产品间的价格弹性。当市场势力引起消费者在不同产品转移过程中需要承担较大的转移成本时，经营者则具备了利用其市场势力实现对交易相对人的剥削和对竞争对手的排挤，即便在这种情况下经营者并不具有较大的市场份额，但消费者所承担的转移成本会加强在相关市场内不同消费者的边界，使经营者具有了稳定的消费者集团，在不同的集团内强化了经营者的控制能力。

最后，市场的动态发展和规模影响市场的竞争程度。创新和技术的变化影响了市场的动态发展，以及市场在不同发展阶段中的竞争程度。类似于价格、产量等，创新和技术也属于经营者在相关市场中开展竞争的重要手段，当经营者在某一特定阶段完成创新并获得新技术时，其相对于竞争对手而言便具备了更加显著的竞争力，也随之提升了其市场势力。因此，在观察市场的动态发展过程中，针对那些技术密集型的行业，应当更加关注厂商在创新和技术变化过程中市场势力的变化。我们需要格外明确的是，在创新和技术不断变化的过程中，市场规模、市场中厂商数量，甚至是市场集中度并不一定会随即发生明显改变，但此时具有技术优势的经营者的市场势力会显著强化，亦可通过技术层面来对经营者的市场支配地位进行合理的认定。进一步地，下文也会根据围绕技术的知识产权来讨论经营者运用这一可能的必要设施来控制其他经营者的能力，以及封闭市场的能力，因此，创新和技术的生成不仅是一个在市场发展过程中的动态因素，同时，也是一个改变经营者市场势力的多元化因素。

（2）经营者的纵向结构。经营者的纵向结构反映了经营者在供应链中与其上游或下游的交易相对人之间的关系，不同于横向的市场结构，在纵向市场中，关于具有市场支配地位经营者的反竞争担忧来自该经营者是否将其市场势力延伸至其他市场中，即交易相对人所处的市场中，损害了交易相对人所处市场的竞争。因此，市场支配地位并不仅限于经营者在其所处的相关市场内的市场势力的滥用，而是将滥用范围扩张到与其相关的其他市场中，规范了市场势力延伸的市场空间。聚焦到具体的垄断行为，具有市场支配地位的经营者在纵向市场中的滥用行为可以体现在其对交易相对人的限定交易、拒绝交易、差别对待等方面，这些交易相对人大多与经营者没有直接的竞争关系，但经营者可以将其市场势力转移到与交易相对人的特定交易和交易条件中，干扰交易相对人在其所处的相关市场内正常的生产经营。当交易相对人由于不合理的交易条件而出现经营困难，甚至退出市场时，则经营者的滥用行为干扰了交易相对人市场的竞争，进而形成了市场支配地位向其他市场的转移，对竞争产生了跨市场的负向影响。

在纵向市场中，具有市场支配地位的经营者无论是对上游供给者还是对下游需求者进行控制，都涉及了其在供应链的力量，即对上游的买方力量和对下游的卖方力量。买方力量或卖方力量的形成通常是来自上下游市场的结构差异，即当上下游市场中的厂商数量、竞争程度、产品差异化程度出现较明显的差异时，便易出现上下游市场中的某个或某几个经营者的买方或卖方力量。例如，当上游市场的市场集中度较高且下游市场的集中度较低时，相对于下游市场，上游市场中的经营者在其所处的相关市场中便具有较明显的市场势力，该市场势力不仅能够帮助厂商在其所处的市场横向平面中获得控制市场的能力，也可以通过市场势力的向下延伸来控制下游市场的经营者，并进一步影响下游市场的竞争程度。具体而言，上下游市场的交易主要体现在下游的需求者对上游供给者的选择和转移，这个过程受到了交易中所涉及的直接成本（即价格）和间接成本的影响。当某个经营者在上游市场中具有十分明显的支配地位时，其不仅能够控制对下游市场的价格制定，同时，也可以影响下游市场经营者在转换上游交易相对人过程中的成本，使其缺少必要的选择自主权，甚至是形成了对下游经营者的直接封锁。当这种封锁使下游市场的经营者无法进行正常的生产经营后，下游市场经营者则会因此被排挤出市场，进而改变了下游市场的市场结构和竞争程度，当这种市场结构的改变损害了消费者和其他经营者福利，以及市场中本应来自竞争的外部收益（如创新收益）时，这种来自上游经营者的行为则通过穿透纵向市场而损害了下游市场的竞争。

在认定纵向市场中经营者的市场支配地位过程中，我们需要格外关注的一个方面是上下游厂商间的相对抗衡势力，这种抗衡势力通常出现在上下游市场的市场集中度均较高的情况下。在这种情况下，上下游市场中均存在一定数量的具有较强市场势力的经营者，而这些经营者在交易的过程中，并不会出现单方面的控制能力，而是两者在交易中呈现出较明显的博弈状态，这种博弈状态一方面可以约束由于某一个经营者市场势力过大而形成的对其他市场的控制；另一方面，双方的博弈会尽可能弱化上下游经营者在交易中的交易费用，并将交易费用的降低以价格或其他交易条件的形式传递到最终消费者，从而提升消费者福利。例如，Z. Chen 研究指出，当下游市场呈现主导企业格局时，下游的主导企业会将其在下游市场中的市场势力以买方力量的形式传递至上游市场，实现对上游市场的控制。① 但同时，上游市场中的厂商会通过给予下游边缘企业更好的交易条件来实现其与下游主导企业博弈中的优势，上游厂商的行为会产生两个主要的效果，其一是通过更好的交易条件强化下游边缘企业相对于主导企业的竞争力，弱化主导企业的市场势力转化为买方力量的程度；其二是将更好的交易条件以低价格的形式传递至消费者，提升消费者福利。因此可以发现，即便在纵向市场中的上游或下游经营者具有一定程度的市场势力，其是否会将该势力实际转化为市场支配地位并实施滥用行为需要进一步考察纵向市场内部的结构，不同的内部结构会影响市场中的经营者互动关系，并进一步影响其具体的行为和对应的经济效果。因

---

① Z. Chen, "Dominant Retailers and the Countervailing Power Hypothesis", *RAND Journal of Economics*, Vol. 34 (4), 2003, pp. 612~625.

此，在纵向市场视角下认定市场支配地位不仅要关注在某一个市场中的经营者所具备的市场势力，还需要进一步分析该市场势力在纵向结构中的传递能力和实际效果，当纵向市场中交易相对人市场同样存在着显著的市场势力，并对其对应的市场中的市场势力形成抗衡时，便不易形成纵向市场中市场支配地位被滥用的反竞争担忧。

（3）经营者的控制能力。展现经营者市场支配地位的另一个体现形式是其控制能力，主要包含两个维度的控制能力，即对其他经营者（包括竞争对手和交易相对人）的控制能力，以及静态层面和动态层面的控制能力。

首先，从对其他经营者的控制能力来看，它主要来自经营者自身所具备的不同于其他经营者的特征，例如经营者的财力、技术条件，以及其他经营者对与该经营者交易的依赖程度等。经营者实施市场支配地位滥用行为的主要原因在于其具有相对于其他经营者的优势，就同一市场平面的经营者而言，具有市场支配地位的经营者对与其具有竞争关系的经营者进行排除，或限制潜在的经营者进入市场，是由于它能够将不同于竞争对手的优势运用在实际的竞争过程中，使其能够在常规竞争中将竞争优势转化为反竞争的工具。例如，当具有市场支配地位的经营者没有正当理由，以低于成本的价格销售商品时，其行为的不合理性是通过外生力量改变市场中的供需关系而产生的均衡价格，以低于正常竞争水平的价格对竞争对手的市场进行冲击。其不合理性主要体现在两方面：其一是该价格并非市场竞争而产生的，是偏离市场经济活动均衡水平的价格，其二是该价格带动市场中的竞争出现不盈利的状态。关于低于成本销售产品所产生的经济效果和福利效果，将在本章第二节详细阐述，这里我们需要明确的是，经营者以低于成本价格销售产品的根源在于，经营者能够在一定时期内保持小于零的利润，且使其继续完成常规的生产经营活动，这就需要经营者具有较强的财力和融资能力，且这种能力显著地高于其他经营者对应的能力。换言之，经营者这种滥用市场支配地位的行为并非来自其具有的竞争力，而是在于其具有的优于其他经营者的内在特征。

就不处于同一市场平面的经营者而言，具有市场支配地位的经营者对其他经营者的控制能力主要来自能够显著增加交易相对人成本的特征。在纵向市场中，经营者为稳定供需关系所带来的生产经营效率在较长的时期内构建出了符合其与交易相对人保持交易关系的运行模式，这种运行模式可以被视为一种符合交易效率的专属性资产，当这种交易被打破后，一方面会造成经营者关于上述专属性资产的失效，形成了由于交易消失而带来的直接成本；另一方面，经营者需要转向其他交易相对人，并为了转移后的交易而构建新的交易模式和对应的专属性资产，从而形成转移成本。因此，经营者在纵向市场中的控制能力事实上是来自它能够对交易相对人构建专属性资产的控制能力，具体体现在给交易相对人带来的交易费用，当这种交易费用由于经营者在某方面的独特优势而提升时，则使该经营者产生了对纵向市场中的其他经营者的控制能力。例如，具有市场支配地位的经营者对其上游或下游的交易相对人实施限定交易的行为，其能够实施限定交易条款的主要原因在于它能够以某种能力约束交易相对人的决策和行为，如该经营者具有供需过程中必要的技术、必需设施等，使交易相对人在转移过程中需要承担巨大的成本，这种优势在认定纵向市场中经营者由于控制能力而获得的市场支配地位中十分关键。

其次，从静态和动态的控制能力角度出发，以上的讨论更多地关注了经营者在一个静态的环境下对其竞争对手或交易相对人的控制能力，但市场中博弈的过程通常是在一个动态的维度下进行的，这种动态的维度主要展现了经营者进入市场和退出市场的过程。在动态维度上，更大的反竞争担忧是来自市场中的退出程度远高于进入程度，这是由于，市场中经营者的退出程度反映了现行市场中的竞争状态，当退出程度越高，市场集中度提升的概率越大，市场势力的集中程度也就越高；而市场中经营者的进入程度反映了现行市场的可竞争程度，当市场的进入程度强于退出程度时，即便现行市场的结构较为集中，也并不会产生过大的反垄断担忧。这是由于，较强的市场进入程度反映出较高的市场可竞争性，可竞争性给在位经营者带来了明显的竞争压力，使其将市场势力转化为市场支配地位滥用的能力得到有效的限制。因此，从动态竞争的视角认定市场支配地位时，应当着重观察市场中在位经营者是否具有封闭市场的能力，例如以价格、产量、标准、技术等手段提高市场进入门槛的能力，尤其是市场中的经营者具有了必需设施，或构建了较稳固的品牌化模式和消费者的消费习惯时，新的经营者进入市场后，则需要投入更大的成本来扩展和维持自身的市场份额，这些条件应当包含在认定在位经营者具有市场支配地位的标准当中。

二、滥用市场支配地位行为的类型

滥用市场支配地位是以行为的方式表现出来的，因行为类型有多种，可以（也需要）对各种行为进行归纳，分析不同行为类型的共性和个性。

（一）滥用市场支配地位的本质

反垄断法将市场支配地位定义为：经营者在相关市场内具有能够控制商品价

格、数量或者其他交易条件，或者能够阻碍、影响其他经营者进入相关市场能力的市场地位。

1. 市场支配地位产生的基础

市场支配地位来源于市场势力。市场势力是经营者制定高于竞争价格（边际成本）的能力。市场势力可以由一个主体显示出来，也可以在几个主体联合之后显示出来，它是垄断组织或组织成员制定垄断价格的基本经济条件。

市场支配地位不同于相对优势地位。相对优势地位主要产生于供求关系的失衡。具体而言，在供大于求的情况下，生产者会在产品流通中形成对销售者一定程度的依赖关系，销售者的地位优于上游的生产者，甚至下游的销售者的地位也优于上游的销售者。赊销是供大于求情况下的典型形式。

市场支配地位来源于控制资源的差距悬殊，还可能来自知名品牌或法律授予的特权。资源占有量差距悬殊才能形成支配力，竞争的激烈程度同相互竞争的资本的多少成正比，同相互竞争的资本的大小成反比。资本代表着承担风险的能力，初期的竞争大都以价格为中心，其实质就是考察各自上述风险承担的能力；一个知名品牌产品可以以苛刻的条件吸引众多的销售商，知名品牌将加大品牌间区别的显著性，进而其产品的市场替代性变小，垄断性加强；拥有法律特权（如资格）的主体就拥有特殊的竞争力量，知识产权是一种公认的特权垄断，当然，在鼓励技术创新目标下，这种特权被允许，也存在没有合理依据的特权被法律认可的情况，例如，由于法律改变了市场准入条件，导致市场上形成两种截然不同的经营条件，反垄断法要反对的是合法垄断的滥用和维持不公平的竞争条件的情况。

2. 市场支配地位的本质

（1）控制资源不平等产生权力。控制资源意味着拥有权利，但不等于拥有权力。比较关系上的不平等控制才可能形成权力关系。在一般意义上，作为权力来源的"资源"不限于财产。时间、信用、地位、宗教等都可以生成为权力。[①]但是，所有的这些资源本身并非自然具有权力的属性。每一家企业都拥有一定的资金、技术、厂房，但并不能说他们都拥有权力。生成权力的资源既有质上的特性，也有量上的要求。前者如政府确立的垄断性经营的主体；后者如在一个相关商品市场中占有 60% 比例的企业。与非垄断经营的同类设施的经营主体、同一相关市场的其他经营者相比较，存在资源占有上的不平等，这种不平等表现为市场关系地位上的不平等，进而形成了权力。当然，在特定时间条件下的资源不平

---

① ［美］丹尼斯·朗：《权力论》，陆震纶、郑明哲译，中国社会科学出版社 2001 年版，第 148 页。

等关系因条件的暂时性，权力的存在不稳固。通常，法律关注的不是临时性的权力，而是相对稳定的权力关系。

作为权力生成基础的资源可分为个体资源和集体资源。由此，权力分为个体性权力和集体性权力。个体资源包括个人金钱、声望、社会地位、知识技能等。集体资源可以分为同质性个体资源的集合，以及服务于共同目标的不同类别资源的整合。相比较，个体资源的调取很少需要或完全不需要重新部署就可以立即实现，因此，个体资源流动性较强。集体资源的形成、运用、流转等都存在整合成本，集体资源只有在重新部署或以某种方式动员后才能实施。如何高效率动员？按照丹尼斯·朗的观念，组织和团结是两种最重要的整合个体资源的方式。

（2）滥用支配地位的本质是拥有经济权力。以往，权力概念几乎被定格为行政关系的独有范畴，而经济主体拥有的主要是权利。在经济法学界，一些论著中也有使用"经济权力""财产权力"等概念的情形，但遗憾的是，一种情况是混用"经济权力"和"经济权利"，另一种情况是将"经济权力"指向的是市场管理权或宏观调控权①——没有脱离行政权力这一传统范畴。事实上，行政权力和民事权利关系的简单划分已经不能适应市场规制的需要，竞争中经营者的市场力量是后天生的，是权利社会化以后，基于控制资源的差异性显现出来的高于一般权利能力的社会性能力，它不是法律赋予经营主体的特权。不妨在反垄断法语境下将这种市场力量称之为经济权力。因为它具有权力本身的支配性和社会性。

在反垄断法中创建经济权力概念有多重意义。首先可以以此揭示市场主体关系的不平等性。表面上经营中或交易上的行为具有选择性，带有权利的本色，但实质上这种所谓的选择因经济权力的存在而被施加了一定的限制，甚至限制到没有选择机会的程度。其次，揭示不同类型的垄断行为的内在机理。权力描述的是由潜在到现实的可能性及其效果。以利益最大化为目标，经营中主体的权力越大，权力滥用或被滥用的可能性越大。再次，为政府介入解决竞争矛盾的适当性上提供理论基础。权利是一种双方选择性的期待利益，是一种利益平衡的结果。经济权力则是一种单方（或联合的多方）可实现的利益。如果另一方具有在利益分配上分散的对抗性，则无需政府介入；若另一方具有有限的对抗性，则需要政府适度介入。另一方不具有对抗性，则需要政府坚定地介入。最后，为完善反

---

① 经济权力是政府依法行使领导和组织经济建设职能时所享有的一种命令与服从性质的权力。经济权力与经济职权是紧密联系的：经济权力是各种经济职权的集合体，没有经济权力就谈不上经济职权。参见陶广峰等：《构建与创新：经济法哲学研究》，中国检察出版社 2017 年版，第 60 页。

垄断法制度及其规制手段提供说理依据。针对不同类型的经济权力的滥用提供不同的认定标准和手段才能妥善处理和公正对待权力和权利之间的关系。

（3）滥用经济权力产生社会性损害。权力本身有很多特性，抽象性、制约性、针对性等，社会性是权力区别于权利的一个重要特性。权力不是一种属性而是一种关系。同时，权力不同于权利。权力揭示的是人与人的关系，权利可以指向人与物，特殊情况下也可以指向人与人的关系，如监护权。即使权利和权力内容上涵摄人与人的关系，权力的特殊性依旧鲜明：它描述的是社会关系，而不是家庭关系或家庭外孤立的个人与个人的关系。社会性是权力诸多特性中最为重要的特性，以至于在社会学上，权力的替代性语汇是社会"影响"。① "权力存在于社会的每一个角落，它与人们的利益密切相关，无论人们关心与否，都毫无例外地要与人们发生某些必然的联系。"② 因为权力关系具有非对称性，即一方对另一方具有支配力而不是相反，由此形成权力的社会性影响。

权力的社会性影响包括两个方面：消极影响和积极影响。"不同社会结构中的人对它感受的强度、深度和广度是大为不同的，或遭受其害，或深得其利。"前者如对他人合法财产进行非法剥夺。后者如对侵害权利或利益的行为的有效制止、对控制社会性危险采取的预防措施等。通常，权力的不利社会影响来自权力的滥用。权力何以滥用？按照卢梭的政治理论，权力滥用的源动力是追求利益。权力行使的危险来自利益关系的错位，即混淆了公职人员的个人利益、全体公职人员的集团利益（或部门利益）、社会公共利益之间的界限，形成利益冲突。"在一个完美的立法之下，个别的或个人的意志应该是毫无地位的，政府部门所在的团体意志应该是次要的，公意或者主权的意志应该是主导的，而且是其他意志的唯一规范。但是，按照自然的次序，这些不同的意志越是能集中，就变得越活跃。于是，公意便总是最弱的，团体的意志占第二位，而个别意志则占一切之中的第一位。"③换言之，公域与私域的利益矛盾、"理性经济人"与"忠实公共人"的角色冲突极容易致使公职人员丧失公共精神，从而导致公共权力的异化、私权与公权的错位。在异化和错位中的"国家公职人员作为'理性经济人'，其职业特点决定了'权钱交易'的易致性"。④ 权力运用产生的不利影响可能针对的是特定主体，也

① "社会学视角下的权力概念，核心词变成了'影响'。"参见王彦斌：《权力与机构：大学组织运行的社会学分析》，华中师范大学出版社2017年版，第72页。

② 王彦斌：《权力与机构：大学组织运行的社会学分析》，华中师范大学出版社2017年版，第63页。

③ ［法］卢梭：《社会契约论》，何兆武译，商务印书馆1980年版，第83页。

④ 谢庆奎、佟福玲主编：《政治改革与政府转型》，社会科学文献出版社2009年版，第214～215页。

可能针对不特定主体。即使是前者，也会产生关系上的社会连带性。

如果说权力和影响是同义语，权力的滥用和权力的不利社会影响是附加了相同限制性条件的等式。为什么权力滥用会直接产生社会不利影响。这源于权力发生外部影响的特殊内在机制。

权力本身内含三个要素：有意性、有效性和潜在性。有意性即通过有意识地设计、规划形成行动方案。有效性即行动方案和方案的落实（计划和结果）之间的可实现性。潜在性是非亲自行使仍不影响计划实现的效应。卡尔·弗里德里希将潜在性发生效应的状况称之为"预期反应规则"。① 从有效性和潜在性出发，意味着，权力内含可控的两个时间：现在时和将来时。结果的可控性意味着可以通过现在把握未来。当然，权力与权利的最重要区别不是时间性，而是在于具有外部影响的行为结果上。在权力关系中，计划（起点）和目标（终点）之间存在稳定的"预期反应规则"，即权力行为"可以通过指导、强制或者告诫加以改变。"② 而在权利关系中，计划和目标之间遵循的是偶然的"预期反应规则"。

权力"是一个人或群体改变另一个人或群体行为的能力，……这需要行使权力者具有经济、军事、制度、人口、政治、技术、社会或者其他方面的资源。"③ 建立在经济资源基础上的权力的滥用对他人和社会的影响首先是经济性的。放任这种关系，意味着，"公共权力向私人组织转移。……与此同时，国家权力为社会权力所取代。"④ 这种容忍是社会不可承受之重，由此，形成了经济领域中对权力滥用的国家干预。反垄断法便是这种干预的典型形式。

（二）滥用市场支配地位行为的基本分类

学理上关于滥用市场支配地位行为的分类往往是多视角的分类，形成的分类结果也具有多元性。根据滥用市场支配地位的目的不同，分为剥削型滥用和妨碍型滥用；根据行为主体数量不同，分为单独滥用市场支配地位和平行滥用市场支配地位；根据行为的载体不同，可以分为价格上滥用市场支配地位和非价格上滥用市场支配地位。

---

① Carl J. Friedrich, *Constitutional Government and Politics*, New York：Harper and Brothers，1937，pp. 16 ~ 18.

② ［美］塞缪尔·亨廷顿：《文明的冲突与世界秩序的重建》，周琪等译，新华出版社 2002 年版，第 78 页。

③ ［美］塞缪尔·亨廷顿：《文明的冲突与世界秩序的重建》，周琪等译，新华出版社 2002 年版，第 78 页。

④ ［德］哈贝马斯：《公共领域的结构转型》，曹卫东等译，学林出版社 1999 年版，第 171 页。

1. 剥削型滥用和妨碍型滥用

德国理论界将滥用优势地位划分为妨碍型和剥削型两种。① 妨碍型滥用，是指具有市场支配地位的经营者为了维护自己的市场支配地位，排挤竞争对手或阻碍潜在竞争者进入市场。剥削型滥用，是指具有市场支配地位的经营者通过剥夺交易对方的利益来获得垄断利润的行为，这类滥用行为主要有：垄断高价或低价、价格歧视、搭售或者强加不合理条件等行为。

剥削型滥用侵害的是购买者利益（潜在消费者）；妨碍型滥用侵害的是竞争者利益。另外，前者是在不剥夺交易人主体资格的前提下谋取垄断利益，具体而言，侵害的是消费者成本福利、选择权和公平交易权等；后者是经营者为剥夺竞争者（潜在竞争者）的生存权而采取的限制或阻碍行为，侵害竞争者的生存权和发展权。

这种划分的意义在于，理解不同类型行为的本质及侵害的主客体之间的利益关系，在认定类型行为时能够准确把握判定标准。

2. 单独滥用市场支配地位和平行滥用市场支配地位

单独滥用市场支配地位，是一个具有市场支配地位的经营者依靠其自身力量即可实施的滥用行为。一般情况下，滥用市场支配地位行为大都是单独滥用，因为多个主体滥用受害面太大、行为违法性表露得太露骨，易受到反垄断执法机构的处罚。

平行滥用市场支配地位行为是多个主体独立实施且行为具有一致性的滥用支配地位的行为。例如，两个竞争者合计占有市场份额达到 2/3 以上，且每一个的市场份额都超过 1/10，它们在相同的时间内就竞争商品都实施了涨价。

人们习惯上将平行滥用市场支配地位叫作联合滥用市场支配地位，其实，"联合滥用"的叫法并不准确，因为"联合"表达的是意思联络基础上的行为一致，而意思联络为基础的一致行为属于协同行为（卡特尔）。所以用"联合滥用市场支配地位"这个概念将无法在语义和行为性质上与"协同行为"相区分。况且，联合滥用市场支配地位的存在就是为了补充协同行为在认定上的不足。

这种分类的意义在于，突出联合滥用市场支配地位行为主体的特殊性，并合理处理其与协同行为制度的补充性关系。

3. 价格上滥用市场支配地位和非价格上滥用市场支配地位

前者是以价格为工具实施的滥用市场支配地位行为，表现为不公平价格、掠

---

① ［美］戴维·J. 格伯尔：《二十世纪欧洲的法律与竞争》，冯克利、魏志梅译，中国社会科学出版社 2004 年版，第 385 页。

夺性定价、价格歧视；后者是以非价格工具实施的滥用市场支配地位行为，表现为拒绝交易、限定交易、搭售等。

由于价格在市场中的特殊性，认定中要合理区分价格上的垄断行为和企业价格自主权。因此，认定价格垄断行为需要更充分的理由。

三、抗辩的一般理由

（一）法律上的理由

法律上的理由即直接来自法律的规定。这又包括本法的规定和他法的规定；法律的直接规定和法律的原则性规定。它们之间还可能存在内容交错。

本法中的直接规定，即在反垄断法的相关解释中明确规定的抗辩事由。在《禁止滥用市场支配地位行为规定》中每一种滥用市场支配地位行为都规定了具体的"正当理由"。如拒绝交易行为的正当理由包括：因不可抗力等客观原因无法进行交易；交易相对人有不良信用记录或者出现经营状况恶化等情况，影响交易安全；与交易相对人进行交易将使经营者利益发生不当减损；交易相对人明确表示或者实际不遵守公平、合理、无歧视的平台规则，等等。

他法的直接规定，如《保险法》第125条规定，"个人保险代理人在代为办理人寿保险业务时，不得同时接受两个以上保险人的委托。"他法的间接规定，如《电力法》第25条第1、2款规定，"供电企业在批准的供电营业区内向用户供电。供电营业区的划分，应当考虑电网的结构和供电合理性等因素。一个供电营业区内只设立一个供电营业机构"。这些规定包含着限定交易和地域划分等垄断因素，但其合理性主要是由特定时期内规模经济、能源安全、健康等因素决定的。

另外，这里的"法律"是广义的，除了全国人大通过的法律，也包括行政法规和部门规章。例如，在特许经营中常包含有地域限制、货物来源限制等合同条款，这些限制的合理性理由来自《商业特许经营管理条例》第3条规定的经营特性，即特许权人向特许经营人提供的不是一般的产品，而是一套与产品或服务相关的注册商标、企业标志、专利、专有技术等经营资源，为了维护自己的知识产权，允许在特许经营协议中规定一些限制性条款，以对特许经营人从事的以知识产权为核心的有关活动，如商标利用、专利实施、装潢维护、商业秘密保护等进行规范和管理。

事实上，可援引的我国法律上的抗辩理由主要是后两者。原因在于，我国转型中存在诸多社会关系是需要随着经济环境的变化而进行相应的调整的。手段的适应性要求法制的灵活性。例如，在价格管理中，成品油属于政府指导价商品，供交通、民航等汽、柴油的价格会根据国际市场油价变化情况，按照现行成品油价格形成机制，上升（或降低）成品油价格，调价的理由是以国家有关价格主管部门指导意见依据的。再如，对于主要为小企业提供授信服务的专业化金融服务机构，其设立需要由金融监管机构颁发金融许可证和营业执照，这种准入限制是基于特殊的风险控制。

从范畴上说，公用企业、专营企业或者涉及公共利益的企业，其市场准入或在位企业的行为，法律所作的相关限制都属于合法的限制依据。

当然，相关法律上的合理理由也会随着经济发展而发生变动。这既包括垄断状态合理理由的废止或修改，也包括行为方式的改变。前者如传统电信业的垄断，将随着天音、京东等19家（第一批）民企准入移动通信转售业务而逐渐打破。这些曾经的"外来者"将通过租赁基础电信运营商的基础网络和其他硬件资源，根据市场与用户需求对电信服务进行深度加工，并以独立的计费系统、客服号、营销和管理体系来树立自己的品牌面向最终用户提供服务。为适应2014年国务院发布的《关于取消和下放一批行政审批项目的决定》而修改的《电信条例》重新确立了电信市场竞争的基础关系——电信资费由原来的"以成本为基础的定价原则"改为实行市场调节价；打破了主体间的垄断——放开网间互联协议和电信资费定价的限制，删除了政府价格管制的相关内容；改变了政府监管的基本方向——由政府确定重要的电信业务资费标准，改为依法加强对电信业务经营者资费行为的监管，维护消费者合法权益。这表明垄断行为也发生了改变。因此，以行政法规或规章为基础的法律上的合理理由是变动中的合理性。

从结果上着眼，法律上的理由包括无法定伤害抗辩。它是指经营者在商业过程中，所从事的滥用市场支配地位行为没有达到阻碍、限制竞争的危害结果，不应被认定为违法的情形。

（二）经济上的理由

简单地讲，经济即资源配置，经营者是利用资源和配置资源的基本主体。同时，经营者是以营利为目的的市场主体。经济上的合理理由即为获得正常利润而采取经营行为的合理性。

企业经营行为是指以经济效益为中心的企业生产与经营的行为过程。因而企业的效益性是评价企业经营行为是否合理的根本出发点。所以，企业经营行为分析，应以企业效益为中心。

企业经营行为分析，就是利用企业有关经营资料，通过企业市场适应性、经营收益性、资金流动性、生产效率性、经营稳定性以及企业发展与改造状况等指标，运用各种科学分析方法，评价企业经营的状况和结果，以促使企业行为规范化。

这里，可用来分析的工具主要是成本，可以称为成本合理化抗辩。成本又可以分为两个指标：利润率和交易条件。

企业经营行为可分为一般经营行为和特殊经营行为。两者的抗辩理由有所不同。对于后者需要特殊情况特殊分析，如我国法律中规定，因转产、歇业等原因而低于成本销售的。另外，实践中，企业在准入市场之初或生产出新产品之初，为推广、招徕顾客而进行的"损失性销售"，应属于企业的合理销售行为，不管是否有法律明确规定，这种行为具有经济合理性和行业的普遍性的特点。

对于一般企业经营行为，评判行为是否合理来自经营者自身状况的纵向（历史）比较或参照竞争者的横向（现实）比较。

就纵向比较而言，以涉案经营者上一年的相关产品的价格状况或利润状况作为基础，比较现在该产品的利润状况，再结合市场变动状况分析行为的合理性。就横向比较而言，以同类经营者的价格状况或利润状况来分析行为的合理性。

成本抗辩的前提，是不同交易之间的成本存在差异，如批量供应、从容的交货时间或者其他合理理由，对客户的最终价格也会存在差异。在美国，有关成本抗辩是在"*Borden* 案"（1962 年）中确立的。[①] 通常情况下，经营者会根据不同的购买数量去衡量是否给予以及给予多大程度的价格、数量、期限等优惠。这种由于交易条件不同而导致的交易结果差异通常被认为是合理的。正如我国《禁止滥用市场支配地位行为规定》第 19 条第 1 款第 2 项规定的，禁止具有市场支配地位的经营者没有正当理由，对条件相同的交易相对人在交易条件上实行不同的数量折扣等优惠条件的差别待遇。由于交易数量、期限等交易条件直接影响生产商品的成本，交易条件抗辩具有一定的经济合理性。一般而言，交易数量越大、

---

① 1958 年联邦贸易委员会对 Borden 公司提出价格歧视控告，Borden 公司把自己的客户分成了两个部分：①A&P 和 Jewel 两个连锁店；②一些独立的商店。根据销售量的大小，这些独立的商店又被分为四个小组。在品质相同的情况下向两个部分及四个小组施以不同的价格，被告的辩护是，销售给连锁店的每 100 美元的平均成本和销售给独立商店的四个小组的平均成本不同。案件被最终认定，成本差异可以允许价格歧视，但 Borden 公司的成本没有合理的理由。转引自［美］小贾尔斯·伯吉斯：《管制和反垄断经济学》，冯金华译，上海财经大学出版社 2003 年版，第 252 页。

结算时间越短等越能为厂商有效节约成本，这符合规模经济的特点。当然，交易条件抗辩主要适用于实体经济中，个别交易条件在虚拟经济中可能发生变异，而不再具有合理性。例如，以信息产品为基础的网络服务行业不应该采用该理由作为合理的成本抗辩，因为增加销售量只产生了很小的交易成本的变化。

由于成本问题的复杂性——需有严格的成本会计的计算基础，而且成本具有可控制性，哪些是合理的可控成本，哪些属于不合理的可控成本需要作基础性识别，反垄断立法只能明确是否有必要去考察成本合理化以确定其禁止范围。而对于成本合理化的考察方式和范围，应给予反垄断执法机构充分的自由裁量权——应依据个案的不同情况进行分析、裁决。执法机构应当以尊重经营者的价格自主权为基础，以经营者所处市场的竞争情况为出发点去衡量其实施的行为是否违法。明确成本抗辩有助于反垄断执法机关区分违法的经营者行为，也有利于经营者维护自身的合法权益。

总体而言，经济上合理性抗辩的前提，是企业自身利益增进不得危害社会公共利益。换言之，需证明企业行为有利于自身利益，且不危害社会公共利益。例如企业以选择性分销方式强化品牌管理，提高产品的竞争力、提高消费者福利等，就属于"正当理由"。当然，有时候是否侵害消费者福利的问题分析，无法直接判断出来，此时还需要进行相关测试。例如在分析掠夺性定价或不公平高价行为时可以适用比较收费测试、转换价格测试、比较回报率测试等。

（三）技术上的理由

技术是人们有目的地利用自然、创造人工物品的活动。这种活动和（自然）科学活动不一样，后者是为了获得真理而进行的揭示自然规律或解释自然现象的活动。科学活动是中立的，技术活动是功利的，既重视客观效果，也重视主观愿望的实现。

开发创造技术的目的是满足人类的需要。从价值角度而言，技术本身所能满足人们的需要包括内在的精神价值和外在的社会价值。[①] 前者指技术的思想价值、认识价值、文化价值、审美价值等；后者指政治价值、经济价值、生态价值等。

不同于精神价值，在社会价值上，技术具有双重性，即积极的一面和消极的一面。积极的一面主要体现在推动生产力发展上，即技术运用带来了巨大的经济

---

① 张纯成主编：《自然辩证法概论》，河南大学出版社 2011 年版，第 185 页。

效益，并成为推动社会进步的核心力量。恰如马克思在概括资产阶级在不到一百年的阶级统治中所创造的生产力时所惊叹的："机器的采用，化学在工业和农业中的应用，轮船的行驶，铁路的通行，电报的使用，整个大陆的开垦，河川的通航……过去哪一个世纪料想到在社会劳动里蕴藏有这样的生产力呢？"① 然而，在技术飞速地创造生产力的同时，技术运用对自然和社会的负面影响也越来越凸显。尤其是 20 世纪末叶以来，农业技术的广泛应用，使得人类赖以生存的土地再生能力下降；食品加工技术的运用使食品安全问题上升到一个民族的生存和发展的高度；化工技术的大量应用使得人类依赖的自然环境空前恶化，等等。

　　滥用市场支配地位行为的技术抗辩的基础，是技术在社会运用中价值的双重性。抗辩是否成立往往取决于技术运用的正当性，运用技术的积极性和消极性的配比。

　　例如，在我国电信发展的特殊阶段，曾出现一种叫作"小灵通"的通信方式，其所占用的频段是由中国的 3G 标准 TD－SCDMA 分配的。尽管这不是一种先进的技术，但因费用低廉而颇受一些消费者的喜爱。后来国家要加快发展 3G，这与"小灵通"所占用的频段发生冲突，以至于可能导致通信服务质量无法继续保障，"小灵通"用户要么升级，要么转网，要么停用。此时拒绝交易或限定交易就具有合理的技术理由。再如"重庆燃气集团股份有限公司垄断行为案"② 中，燃气公司提出收取以修正系数为基础的费用的抗辩理由是：天然气的体积计量按国家计委、国家经委、财政部、石油部关于颁发《天然气商品量管理暂行办法》（已失效）（计委燃〔1987〕2001 号）第 22 条规定的，天然气按体积进行计量，天然气体积计算的标准状态为 20 度，绝对压力为一个标准大气压的环境下进行，在现有市场上能够准确对天然气进行计量的仪表是带有温度压力自动补偿装置的天然气表（以下简称自动表），自动表的工作原理就是将气表的工作状态由各种复杂的环境气候条件下转换为一个标准大气压和 20 摄氏度的温度环境，从而达到准确计量的目的，但自动表的价格相对较高，因此，由于成本的原因，

---

① 中共中央马克思恩格斯列宁斯大林著作编译局编：《马克思恩格斯选集》（第一卷），人民出版社 1995 年版，第 277 页。

② 燃气公司在供应天然气的过程中，要求其下属 7 家分公司在对非民用气用户开通天然气时与客户签订的《天然气供用气合同》和《安全附加协议》中，附有一则条款，其内容大致为：天然气表上的显示读数并非作为计费的气量数，而是在天然气表的显示读数基础上乘以"修正系数"，得到的数值才作为计费的最终数值。该公司称之为收取"修正系数"费用，也称"调节系数"或"补偿系数"费用。参见渝工商经处字〔2014〕第 1 号。

在重庆市场上，非居民用户所使用的天然气表多为不带自动补偿装置的气表，为避免企业损失，由当事人对不带自动修正仪的天然气表进行修正具有合理性。这里既包括法律理由、经济理由，也包括技术理由。表述的技术理由是：不带自动补偿装置的气表由于气压和温度等原因不能准确转换使用量，需要补偿散失气流量。

技术理由应以现有科技水平为基础，以技术发展为依据。在现有科技可预见的范围内提出行为的合理性，其抗辩理由可以成立。否则抗辩理由不成立。另外，技术性抗辩必须是技术运用能够产生正效应才可成立。正效应可以通过分析对消费者利益或竞争者利益产生的积极影响而得出。

· 第五章 ·

滥用市场支配地位行为的法学与经济学分析

滥用市场支配地位行为会依靠经营者的市场力量阻碍市场要素流动。在新时代高质量发展的背景下，建设全国统一大市场是构建新发展格局的基础支撑和内在要求。因此，畅通国内市场大循环，需要关注这种市场力量，防范滥用市场支配地位破坏市场的秩序。

一、基于价格的滥用市场支配地位行为的法学与经济学分析

（一）不公平价格

不公平价格，指没有合理的理由，以不公平高价出售或低价购买的行为。

1. 不公平价格的法学分析

不公平价格是非价值规律下的定价。一般来说，高价和低价的合理基础是市场供求关系的变化，不公平价格不是以供求关系为基础的价格，而是人为控制价格或强迫价格条件下厂商间的行为。

（1）基本认定标准。不公平价格的认定标准有两个：

第一，市场支配地位。实行不公平高价或低价的经营者具有市场支配地位。不公平价格的内在表现是经营者之间的不平等经济关系，弱势一方的经济利益受到强势主体一方的挤压，不得不接受强势一方提出的价格条件。通常强势一方都具有市场支配力，弱势一方名义上是独立的主体，实际上其经营中已形成对强势一方的依附。市场支配地位是不公平价格的前提，没有这个前提，在交易人之间的协调中很难形成"不公平"的价格。

第二，实施不公平高价或低价。我国《反垄断法》第 22 条第 1 款第 1 项规定，具有市场支配地位的经营者不得以不公平的高价销售商品，或者以不公平的低价购买商品。虽然法律中规定了两种不公平价格行为，但理解和执行中的最大问题是"不公平"的认定。欧共体法院在 1976 年"*General Motors* 案"中，将不

公平价格认定为"超过所提供的有关服务的经济价格的定价"①，这里的经济价格应该主要指合理价格。这个案例中的"超高定价"和上述我国《制止牟取暴利的暂行规定》中的暴利价格在内涵上应无本质差异。当然，何谓"暴利"，法律中并无相关认定标准。

（2）价格是否公平的认定标准。认定价格是否"公平"，通常是通过相关比较后得出的。我国相关法律规定了三种比较的类型②：自身成本—价格比较、纵向成本—价格比较、横向价格比较。

首先，自身成本—价格比较。这是静态成本—价格比较，即在一个要素（成本）不变的情况下，考查另一要素（价格）变动的合理性。具体而言，在成本基本稳定的情况下，考查价格变动是否超过正常幅度提高销售价格或者降低购买价格。商品价格由成本加合理的利润构成。在竞争性的市场中，一个商品的合理价格应该在成本基础上加一定幅度的利润。但问题是，什么是合理的利润率以及如何计算？成本是计算的基础，利润率是评判的主要依据。在成本基本稳定的情况下，超过正常幅度提高销售价格或者降低购买价格，构成不公平价格。"正常幅度"是通过一定时间内的价格变动幅度比较得出的。例如，几年前制造"蒜你狠""豆你玩儿"事件③的企业，在其成本没有提高的情况下，大幅度涨价的行为就难免有滥用市场支配地位之嫌。

其次，纵向成本—价格比较。这是动态成本—价格比较。即在两项要素均变动的情况下，考查变动得是否均衡。如果销售商品的提价幅度显高于成本增长幅度，或者购买商品的降价幅度明显高于交易相对人成本降低幅度，则构成不公平价格。国家发改委在2011年"康师傅涨价案"中，比较全面地适用了此种比较的方法。④

---

① 孔祥俊：《反垄断法原理》，中国法制出版社2001年版，第563页。
② 按照《禁止滥用市场支配地位行为规定》第14条，认定"不公平的高价"或者"不公平的低价"，可以考虑下列因素：①销售价格或者购买价格是否明显高于或者明显低于其他经营者在相同或者相似市场条件下销售或者购买同种商品或者可比较商品的价格；②销售价格或者购买价格是否明显高于或者明显低于同一经营者在其他相同或者相似市场条件区域销售或者购买同种商品或者可比较商品的价格；③在成本基本稳定的情况下，是否超过正常幅度提高销售价格或者降低购买价格；④销售商品的提价幅度是否明显高于成本增长幅度，或者购买商品的降价幅度是否明显高于交易相对人成本降低幅度，等等。
③ 2010年前后出现流行用语，用来描述大蒜、绿豆、生姜等农产品价格大幅上涨。价格上涨的原因除了供需矛盾外，更主要的是从农产品的收购商到批发商，甚至零售商都不同程度地囤积产品。
④ 2011年3月30日国家发改委对康师傅公司涨价行为展开调查，发现康师傅公司在方便面市场具有较大的市场份额：2010年容器面销售额全国占比达到69%，"开心桶"销售额全国占比达到

再次，横向价格比较。某一商品或者服务的价格水平、差价率、利润率应不超过同一地区、同一期间、同一档次、同种商品或者服务的市场平均价格的合理幅度。但是，生产经营者通过改善经营管理，运用新技术，降低成本，提高效益而实现的利润率除外。可见，横向价格比较即以可参照主体的价格状况进行比较。在我国"华为诉美国 IDC 公司滥用市场地位垄断纠纷案"中，法院支持了华为公司对不公平定价的指控采取的就是横向比较方法：IDC 对华为的四次报价均明显高于竞争对手，如苹果、三星等公司的价格，针对全球手机销量远不如苹果、三星等的华为公司索要高价明显缺乏正当性、合理性。①

最后，其他相关因素。还有哪些因素属于要考虑的因素，我国法律没有明确的规定。俄罗斯法规定了时间、数量、购买者或者销售者的构成、进入条件等。实践中，一些行业团体所统计的商品或者服务的市场平均价格、平均差价率、平均利润率以及社会平均成本等信息可以作为分析是否属于不公平价格的参考因素。同时，分析中还可能结合该价格与国民经济和社会发展的关系或者与居民生活的密切程度，市场供求状况和不同行业、不同环节、不同商品或者服务的特点综合把握。相比之下，时间要素至为重要。上述各方法在运用时可能均需要考虑各要素的"历史"情况。

（3）抗辩。认定"不公平的高价"和"不公平的低价"，价格是否公平应当以经济上的理由为中心。涉嫌不公平价格的行为发生在价格变动中，受相关因素的影响，市场价格也经常处于变动中，由此便产生了合理与不合理、公平与不公平之分。

影响价格变动的主要因素都是不公平价格行为抗辩的理由。它们包括内在因素如产品成本、销售量、定价策略和方法等；外在的因素如需求关系、竞争者的定价策略、消费偏好等。这决定了抗辩的依据不可能是单一的。

在诸多因素中，主导性的抗辩要素有两个：成本和盈利（或利润率）。成本

73.6%；2010 年下半年以来，受原材料价格上涨等因素影响，方便面生产成本有所上涨，盈利有所下降，但 2010 年平均净利率为 13.2%，2011 年 1 月份净利率仍有 10.1%，在业内属于较高水平。2011 年 3 月中旬，康师傅公司调整部分容器面价格，同时增加部分原料（肉粒加倍或面饼克重稍许增加），"开心桶"出厂价调价幅度为 12.6%。据此测算，"开心桶"单桶生产成本环比将上涨 8.4%，净利率将达到 14.3%，比调价前净利率高出 4.2 个百分点，比 2010 年平均净利率高出 1.1 个百分点。调查数据结果表明，康师傅公司作为具有市场优势地位、在行业内影响较大的企业，其调价幅度相对过高。国家发展和改革委员会认为，康师傅涨价不合理，并对康师傅公司予以提醒告诫。

① 一审：（2011）深中法知民初字第 858 号；二审：（2013）粤高法民三终字第 306 号。

在定价中起着决定性作用。补偿成本是产品定价的基础，在盈利率不变的情况下，成本的变动必然会引起价格的变动。故而，这两个因素相互制约，其水平可以涵盖其他因素对企业定价的影响。

成本和盈利率的抗辩需要以统计数据来反向证明其价格的合理与公平。一般可以用两种方法进行证明。一是历史比较的方法。即对自己价格变动前后的成本进行比较，再对比利润率的变化。如果利润率变动不大，则是合理的。二是利润率的横向比较。即选取可比对象的利润率或行业平均利润率水平进行比较。如果变动不大，则是合理的。当然，"大"或"不大"需要结合支配地位主体的历史状况和竞争者的利润状况来确定。

如果无法核定成本，如"高通案"等知识产权许可中的滥用行为，或案情简明到无需核定成本，如"山东顺通、山东华新控制复方利血平原料案"，仅以本企业同类产品价格的横向比较或可比竞争者的纵向比较即可得出利润率的不合理，此时，成本抗辩无法发挥效力，只能进行价格、营业模式、社会效果等抗辩。

2. 不公平价格的经济学分析

从经济学视角出发，关于在反垄断领域的不公平定价行为的主要争论点在于，经营者的此种定价行为是否出于其利润最大化的目标。换言之，经营者的定价可能呈现的不公平定价是来自在市场竞争中的博弈，还是来自经营者主观的基于价格的剥削性滥用行为。若市场中可视的不公平定价来自经营者为了在既定的市场势力下实现其利润最大化，则其定价行为可以被视为一种针对交易相对人的合理定价，这里的合理主要体现在经营者的价格可以被市场机制运行所调节。上述观点主要的理论基础是经营者作为理性人在市场中开展生产经营活动，比较具有代表性的司法辖区是以美国为代表的部分国家，他们主张不予通过反垄断法来规制不公平的定价行为（Gal，2004）。① 价格是一个有效的市场中供需机制的具体表现，经营者通常基于自身的生产和经营成本，以及交易相对人对市场中产品价格的反应程度（如需求价格弹性）和竞争对手的反应程度来进行价格制定。例如在一个寡头竞争的市场中，当某个经营者偏离其利润最大化原则，将销售价格制定在一个"不合理"的高水平，或在其所处的供应链上将购买价格压制在一个"不合理"的低水平，则会显著地失去交易机会，同时也失去自身在上下

---

① M. S. Gal，"Monopoly Pricing as an Antitrust Offense in the U. S. and the EC: Two Systems of Belief about Monopoly?"，*The Antitrust Bulletin*，Vol. 49（1－2），2004，pp. 343～384.

游市场中的市场份额，造成利润降低的后果。在竞争市场中的利润降低主要是由于价格变化所导致的交易相对人的转移，以产品市场为例，如果经营者将价格提升至不合理的高水平，则需求者将转移至价格相对较低的经营者进行购买，这便解释了竞争环境下的市场机制约束了经营者制定价格的"不合理"动机。

类似地，如果定价发生在一个趋于垄断的市场中，上述涨价行为也会受到经营者利润最大化目标的影响。换言之，在利润最大化的驱动下，经营者的定价大多会受到某种"上限"的约束。具体而言，价格的上限来自需求者对价格的反应程度，以及需求者在给定价格下其效用的变化，若价格上涨至需求者获得产品或服务所带来的效用无法补偿的时候，需求者则会选择其他替代品。从经济学思维出发，需求者放弃购买虽然会为其带来零效用，但是由于较高的价格，使其购买产品所获得的效用也无法达到大于零的水平，理性的需求者将不再购买此类产品。从需求替代的角度来看，需求者可能在同一个相关市场无法找到能够充分替代的产品，但是其可以适度降低对产品效用的要求，而转移至另一个相关市场进行不完全的替代。经济学对其的解释可能在于，需求者从一个横向产品差异化市场向纵向产品差异化市场转移，由于横向产品差异化市场中的垄断者使该市场缺少替代性，且不合理的高价使需求者无法在该市场内部实现转移，需求者则将以效用最大化为标准向更低层级的市场转移，即产生了纵向差异产品间的相互替代。

但基于以美国为代表的对不公平定价的"放任"态度的逻辑，上述情况也不会频繁发生，从表 5 - 1 - 1 的数例中可以进行求证。考虑在一个市场中仅有一家厂商，在没有竞争的环境下，该经营者具有极高的市场势力，我们设定该市场势力主要体现在其定价能力上。为简化分析，令该市场内的需求函数是离散的，市场中共有七名消费者，他们的保留效用水平从低到高依次为：1，2，4，8，10，14，18，厂商的定价是基于上述保留效用展开的，即也为离散定价。令厂商的单位成本为 $c = 1$，则厂商的定价和对应的市场需求与利润可以归纳在表 5 - 1 - 1 中。[①]

表 5 - 1 - 1　垄断者的定价与利润

价格	需求	利润
1	7	0

---

① 厂商的利润来自对应价格减去成本 1 形成了单位利润与对应价格所产生的需求相乘的结果。

续表

价格	需求	利润
2	6	6
4	5	15
8	4	28
10	3	27
14	2	26
18	1	17

通过表中数据不难发现，垄断者的定价并不会完全基于市场中具有最高保留效用的消费者特征来制定，而是基于全部消费者对价格变化的反应而制定的。如图 5 - 1 - 1 所示，当市场中的价格超过 8 时，虽然每位消费者能够贡献的利润将持续增加，但是该利润的增加无法补偿厂商市场份额的降低，最终使其总利润降低。因此，厂商为了获得最大化利润，将会理性地将其价格制定在 $p = 8$ 的水平，即在理性人假说下，8 为该厂商在这个特定的市场中的价格上限。

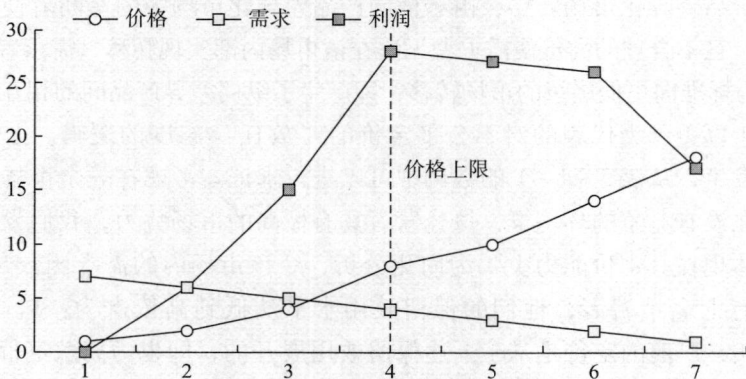

图 5 - 1 - 1　利润最大化与价格上限

以上的例子指出，基于理性人的假说以及市场机制的有效运行的基础条件，可视的市场高价格与"不合理"的高价格之间存在解读上的差异。垄断市场中的高价格固然会使经营者将消费者剩余转移至自身利润中，但是这种定价是出于经营者的利润最大化目标，属于一种理性的定价行为，但是，在没有外界干预和潜在竞争威胁时，这种价格通常具有较高的水平，若将这种以利润最大化为目标的定价视为一种"不合理"高价格，则会出现垄断行为判定和经济学理论之间的偏差。

在另一方面，欧盟及欧盟国家对"不合理"高价格持有规制的态度。他们认为，对不合理高价格的规制是对消费者福利所设定的保障。同时，欧盟委员会和欧盟法院也对基于价格的剥削性滥用持审慎态度，他们主张对消费者福利的保护并不是以直接的价格规制作为手段，而是通过保护竞争来完善市场中的竞争机制，并间接地调整市场价格来实现对消费者福利的提升和维持。对上述问题可以起到较好解释作用的是德国《反限制竞争法》第 20 条所规定的"禁止具有相对交易优势地位企业滥用该地位对依赖于自己的企业进行不正当妨碍行为"，其中明确了经营者在交易中的优势地位和其他经营者或利益相关者对该经营者依赖性之间的关联。具体而言，经营者在销售中可能的不合理高价格（或采购中的不合理低价格）首先是来自其交易优势地位的，而该优势地位又是导致其交易相对人对其产生依赖性的原因。因此，不合理的高价格的判定并不单纯地来自经营者是否在市场中具有较强的支配地位，进而使其获得的关于价格的市场势力，而是与特定交易本身或特定产品基础上的交易本身具有某种程度的优势关联，例如经营者与竞争者之间的相对优势，以及经营者与消费者之间的不均衡的交易优势。

为进一步具体化上述问题，我们采用一个简单的双寡头市场竞争模型进行阐述。考虑经营者 A 和经营者 B 在市场中进行价格竞争，两家厂商的单位成本均为 c，这个设定规避了厂商在竞争过程中由于成本结构的不同而导致的价格差异。结合上述关于相对优势的探讨，设定厂商 A 具有相较于厂商 B 的相对优势，这种优势在消费者群体中的体现在，消费者在从 A 转移到 B 的过程中需要承担显著的转移成本。换言之，消费者在这个双寡头垄断的市场中选择厂商 B 时要承担额外的机会成本，可以用 $x > 0$ 来刻画该机会成本。为简化分析，我们不对消费者在两家厂商之间的选择设定其他的转移成本，即消费者仅基于自身效用水平、厂商价格和从 A 转移到 B 的成本来制定购买决策。从一个静态竞争的视角出发，两个厂商制定价格的标准是使市场中的消费者均为边际消费者，即消费者在选择两个厂商时产生的效用水平一致，这个条件直接引致了两个厂商的价格 p_A 和 p_B 满足条件：$p_A = p_B + x$，此时两个厂商的用户数量分别为 n_1 和 n_2。需要明确的是，用户数量可以是外生界定，也可以根据消费者偏好来内生形成，由于设定方式并不会影响分析结果，因此本模型选择外生设定的方式来完成。厂商 A 具有相较于厂商 B 的优势，这个优势体现在两个方面：首先，由于消费者在从 A 转移到 B 的过程中需要承担成本，说明了相较于厂商 B，厂商 A 能够为消费者带来更大的效用，提高了厂商 A 在与消费者交易时的优势；其次，由于厂商 B 在与厂商 A 在竞争时需要以价格的形式来补偿消费者放弃购买厂商 A 产品所承担的成本，因此，厂商 B 相较于厂商 A 便形成了明显的竞争劣势，换言之，消费者的转移成本为厂商 A 在竞争中带来的一定的能够控制市场的相对优势。

聚焦两家厂商的价格竞争，由于消费者转移成本的存在，厂商 A 的定价并不完全来自其成本结构和其与厂商 B 之间的竞争，同时受到了消费者转移成本的影响。如图 5－1－2 所示，由于消费者的转移成本为厂商 A 带来的相对交易优势，因此，厂商 A 的价格在均衡时较厂商 B 的价格更高，且当消费者的转移成本增加时，两家厂商的价格差距也会随之增大。消费者的转移成本在这里可以被理解为是厂商 A 的产品相较于厂商 B 的产品优势，当消费者放弃厂商 A 转向厂商 B 时，意味着消费者放弃了厂商 A 的产品对其所带来的优势，即形成了消费者放弃厂商 A 产品的机会成本。为了补偿消费者的机会成本，厂商 B 所制定的价格需要低于厂商 A 的价格至少 x，才能以价格优势捕捉消费者。

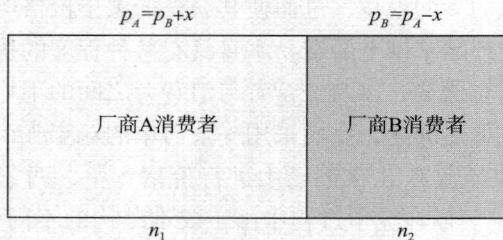

$$p_A = p_B + x \qquad\qquad p_B = p_A - x$$

厂商A消费者 厂商B消费者

n_1 n_2

图 5－1－2 转移成本与厂商定价

反观厂商 A 的定价，由于转移成本的存在，厂商 A 可以相较于厂商 B 制定更高的价格，当这种价格差不高于消费者的转移成本时，厂商 A 始终可以具有相对的竞争优势，以获得更多市场份额。当消费者的转移成本由于两家厂商产品差距增加而提高到足够高时，也会推动厂商 A 为了获得更高的利润而提升其价格，极大程度地抽取消费者剩余。此时，由于两家厂商存在持续的竞争关系，通过 $p_B = p_A - x$ 可知，厂商 B 也会随即提升价格，此时，消费者无论选择哪个厂商的产品，其福利都可能会因为厂商间的相对优势的变化而降低。因此，关于不公平定价背后的经济学逻辑应当考虑其是否因某种竞争过程中的因素而损害了交易相对人的福利。在上述模型实例中，交易相对人为消费者，两家厂商之间的竞争存在不对称性，即厂商 A 具有相对优势：首先，这种相对优势给予了厂商 A 更强的定价能力，即便不遵循利润最大化的原则，当消费者的转移成本增加时，厂商 A 都有动机提升自身价格，当其与厂商 B 的价格差不高于消费者转移成本时，厂商 A 都可以从其顾客群体中抽取更高的消费者剩余。其次，两家厂商之间的博弈关系使厂商 B 在面对竞争对手提价后也随之提升价格，使其本身的顾客福利也会降低。

因此，单纯利用相对价格（与类似市场经营者价格对比）、成本结构、成本变化程度作为不公平定价的标准还存在一定欠缺，因为这些标准都是来自市场竞争中经营者可能使用的竞争工具，其具有较明显的以利润最大化为目标的制定原则和经济学属性。此外，这种判定标准放大了价格与经营者成本之间的关联，换言之，价格的变化也许并不完全来自成本的变化。对于定价是否公平和合理的判断应当来自对交易相对人福利的变化程度。在反垄断法的视阈下，当某类价格未出现排除和限制竞争时，可能出现的过高销售价格或过低的购买价格并未显著地损害交易相对人福利的情况下，应对这种价格的不公平认定持审慎态度，即要充分考虑不公平定价的后果要件（孟雁北，2022）。①

（二）掠夺性定价

1. 掠夺性定价的法学分析

掠夺性定价，是指具有市场支配地位的经营者为了排挤竞争对手，在一定范围的市场上和一定时期内，以低于成本的价格销售某种商品来获取竞争优势的行为。

（1）掠夺性定价的目标与手段。掠夺性定价不同于不公平低价。实施不公平低价可以使支配地位主体获得高额利润，实施掠夺性定价的直接后果是将竞争对手排挤出市场。可能会出现因不公平低价而致经营者破产的情况，但这是一种想象竞合。另外，手段上，不公平低价一般不低于成本定价，而掠夺性定价的主要认定标准是低于成本价格。所以，掠夺性定价是扼杀性的，而不公平低价是剥削性的。

在市场竞争激烈的情况下，某些经济实力雄厚的经营者为了垄断市场，会有意暂时将某种（某些）商品的价格压低到平均成本以下销售，吸引消费者，排挤市场上其他竞争者。一旦竞争对手离开市场，掠夺性定价的实施者就会提高价格以补偿掠夺期内的损失。本质上，掠夺性定价是通过牺牲短期小利益换取长期大利益的一种"经营战略"，实现这个战略目标的条件是将竞争对手排挤出市场并在一定的期间内阻止潜在的竞争者进入。

要理解掠夺性定价行为，必须明确低于成本销售与将竞争对手排挤出市场之间的关系。从纯粹逻辑和静态经济关系而言，低于成本销售既不是将竞争对手排

---

① 孟雁北：《反垄断法规制平台剥削性滥用的争议与抉择》，载《中外法学》2022 年第 2 期。

挤出市场的充分条件，也不是必要条件。通常，实力相当的竞争者之间采取掠夺性定价往往两败俱伤，掠夺性定价的目标难以实现。掠夺性定价其实是资本实力的较量，以大欺小、以强凌弱。当然，大小实力的较量，也不是"小"竞争者注定被挤出市场，因小竞争者可以通过融资增强抵御风险的能力。将竞争对手排挤出市场只是低于成本销售的后果之一。除此之外，低于成本销售有多种市场结果：①对手破产；②对手被兼并，即厂商的低价行为迫使竞争对手合并；③对手坚持；④对手死而复生。厂商低于成本销售可能暂时成功地赶走了竞争对手（一般性转产），可是一旦实施提价，竞争对手又死而复生。另外，将对手排挤出市场的手段多种多样。新产业组织理论通过对退市的研究发现了一种特殊的将对手排挤出市场的手段，即通过选择一个自身的产量水平使潜在进入者及新进入者面临无利可图的剩余需求曲线，这个产出水平相对的价格是限制进入价格，它是既有厂商阻止潜在者进入的最高价格，同时在这个价格下，既有厂商也能获得利润。

法律上限制掠夺性定价的主要原因有两方面。一是在对抗条件差距较大的情况下，将竞争对手挤出市场是掠夺性定价的直接后果；二是这种定价能够阻止潜在竞争者进入。一般来说，低价会产生阻止市场准入的效果，其理由是，刚刚进入市场的厂商沉没成本大，和既有厂商相比，新厂商在竞争中处于劣势。低于成本定价不是被动的市场适应，而是一种理性策略，是一种以资本为武器的战略。

（2）有关国家（地区）法律上对掠夺性定价的认定标准。早期判定掠夺性定价需低于成本销售和进入壁垒两个条件同时齐备。在反垄断执法整体上由事后救济向事前救济转变的大背景下，进入壁垒的认定渐渐地转化为存在进入壁垒的目的和手段，而不是结果。这降低了执法的难度。另外，由于市场状况的差异，赋予作为标准的"成本"的内涵也不完全相同，进而产生地域上的立法和执法的差别。

在美国，掠夺性定价涉及《谢尔曼法》第 2 条（支配企业的垄断化）和《罗宾逊－帕特曼法》第 2 条（地理上的价格歧视）的规定。美国反托拉斯的结构主义时代，对掠夺性定价的判断标准相对简单，原告只要能证明被告是大企业，且在相关市场上实施了低于成本价格的销售行为即可赢得诉讼。实际上，这个标准因"实施低价"事实的绝对化而便于司法裁判，但它有可能以牺牲消费者的利益为代价。1975 年阿里达和特纳文章的发表对上述标准的变革产生了革命性的影响。在坚持低于平均可变成本价格这个基本衡量标准之下，同时强调抬高价格和维持抬高价格这两个条件，形成了"掠夺性低价＋抬高价格＋维持高价"三个环节的判定标准。1986 年的"松下电器案"中，美国最高法院提出：

"任何掠夺计划的成功都取决于市场力量的维持达到足够长的时间，以使掠夺者能够弥补损失以及获得额外收益。"另美国最高法院在 1993 年 "*Brooke Group Ltd. v. Brown & Williamson Tobacco Co.* 案"的判决中确立的掠夺性定价标准中同样包含了上述内容，即掠夺者必须是拥有足够的市场力量把价格抬高到垄断价格并能保持该价格水平足够长的时间的优势企业。①

日本《禁止垄断法》对掠夺性定价没有明确的规定，一般适用《禁止垄断法》第 2 条第 6 款，司法实践强调三方面标准："低价 + 连续维持低价 + 带来困难"。"低价"即低于成本价格。"连续维持低价"需排除偶然降价的情况，像季节性产品、保鲜产品或库存商品等降价销售。"连续"被理解为在一定期间不间断地或有反复地进行低价销售。"带来困难"，是指给其他经营者带来经营上的困境，这需要综合地考虑低价商品的数量、期间、广告宣传状况、商品的特性等因素。②

在欧盟竞争法中，掠夺性定价早期是作为滥用行为的一种纳入到《欧共体条约》第 82 条之中的。之后欧共体委员会也颁布过关于掠夺性定价的法律文件以细化其内容，③ 但直到 1985 年的 "AKZO 案"才第一次实际认定这种滥用优势地位的行为。④

在认定上，欧共体更加突出地强调了占市场优势地位的企业排挤竞争对手的意图，只要是出于限制竞争的目的而降价，就是一种滥用优势地位的行为，其降价是否已低于成本价仅是一个辅助标准。在 "AKZO 案"的调查中，欧共体委员会从原告 ESC 公司获取了被告 AKZO 公司带有威胁性内容的信函证据，找到了证明该公司排挤竞争对手的主观意图的证据。AKZO 公司辩称，它们的产品价格超过了平均可变成本，根据阿里达 – 特纳规则，其行为是合法的。但欧共体委员会认为 AT 检验完全没有考虑占市场优势地位的企业在价格竞争中的长期策略，而欧共体的竞争政策恰恰是要在共同体大市场建立有效竞争的市场结构，故 AT 检验不适用于该案。欧共体委员会据此认定被告 AKZO 公司的行为构成掠夺性定价。

---

① 辜海笑：《美国反托拉斯理论与政策》，中国经济出版社 2005 年版，第 167～168 页。

② 维持一定的时间很难形成固定的标准，1981 年 9 月中旬至 11 月上旬两家牛奶经营店以低于进货价 50～60 日元的价格销售，其销售行为给其他牛奶专卖店带来不利的影响，被判为不当贱卖。参见 ［日］铃木满：《日本反垄断法解说》，武晋伟、王玉辉译，河南大学出版社 2004 年版，第 73～74 页。

③ 1966 年欧共体委员会发布了《关于聚合行为的备忘录》将掠夺性定价确定为滥用优势地位的形式之一。

④ 阮方民：《欧盟竞争法》，中国政法大学出版社 1998 年版，第 381 页。

欧共体法院在该案的判决中，认可了欧共体委员会的决定，并明确了掠夺性定价的两个标准，即平均可变成本的标准和平均总成本的标准。进一步而言，一个占有市场优势地位的企业在主观上具有排除竞争者的目的，在客观上在平均可变成本以下销售其产品，就应该理所当然地认定属于掠夺性定价。另外，市场优势地位企业以高于平均可变成本但是低于平均总成本的价格销售，如果是出于排挤竞争对手的目的，同样也可以构成掠夺性定价行为。①

（3）我国法律上掠夺性定价的认定标准。在我国，法律对掠夺性定价标准的设定，最初体现在《反不正当竞争法》和有关价格法律、法规中。这些法律、法规对掠夺性定价的认定标准不尽一致。从 1993 年《反不正当竞争法》第 11 条的规定上看，对掠夺性定价采取的是主观加客观标准，即排挤竞争对手的目的和低于成本的价格销售商品的事实两个标准。至于应当以何种成本作为"低于成本销售"的标准，语焉不详。这不仅缺乏操作性，也很容易在实务操作中造成混乱。该条款于 2017 年修法时删除。尽管《价格法》第 14 条第 2 项增加了"扰乱正常的生产经营秩序，损害国家利益或者其他经营者的合法权益"要件，但上述问题同样存在。1999 年 8 月 3 日原国家发展计划委员会发布的《关于制止低价倾销行为的规定》第 5 条规定，低于成本"是指经营者低于其所经营商品的合理的个别成本"。另该规范第 10 条规定："在个别成本无法确认时，行业组织应当协助政府价格主管部门测定行业平均成本及合理的下浮幅度，制止低价倾销行为。"可见，该规范将"低于成本"界定为低于经营者的个别生产经营成本。对于行业平均成本，只能作为参考而不能作为界定的依据，以免在实际执行中将原本属于市场调节价格的商品变相地转变为实行政府指导价的商品，违背《价格法》的有关规定。②

结合上述有关国家立法和我国的价格法律规范，本书建议完善并确立我国认定掠夺性定价的要件：①行为人实施了以低于成本的价格销售商品的行为；②掠夺性定价行为以排挤竞争者为目的；③行为人掠夺性定价在客观上一般会导致经

---

① 关于"ESC 公司诉 AKZO 公司案"事实和欧洲法上掠夺性定价的界定标准的相关论述可参见王晓晔：《欧共体竞争法》，中国法制出版社 2001 年版，第 249～252 页；阮方民：《欧盟竞争法》，中国政法大学出版社 1998 年版，第 381～383 页。

② 参见赵小平主编：《〈价格违法行为行政处罚规定〉释义》，中国物价出版社 1999 年版，第 17 页。另外，2003 年 6 月 18 日国家发展和改革委员会根据《价格法》制定的《制止价格垄断行为暂行规定》（已废止）第 7 条规定："经营者不得凭借市场支配地位，以排挤、损害竞争对手为目的，以低于成本的价格倾销；或者采取回扣、补贴、赠送等手段变相降价，使商品实际售价低于商品自身成本。"这里的"自身成本"和上述"个别成本"应是一个概念。

济实力薄弱的其他经营者的利益受损，并且破坏了社会正常的竞争秩序。

（4）抗辩。认定掠夺性定价行为的违法性时，应当注意区分正当的价格竞争与以排挤竞争对手为目的低价销售。如果目的不在于排挤竞争对手，则应准许。因此，掠夺性定价的抗辩可以从目的性的角度和方法的角度来进行。

从目的性的角度，若企业实施低于成本销售行为的目的是企业本身的生存需要，则应当承认其合法性。此时的目的性是以特定行为为基础推定出来的。通常，企业处于生存或发展的调整期、适应产业转移期，或产品本身的特性要求，或国家的政策调整、外部环境变化的需要等都可以作为合理理由。具体可表现为：降价处理鲜活商品、季节性商品、有效期限即将到期的商品和积压商品的；因清偿债务、转产、歇业降价销售商品的；为推广新产品进行促销等。

从方法的角度，对于新准入的企业而言，还会考虑产量限制规则（威廉姆森提出），即涉嫌掠夺者在行为发生后 12 ~ 18 个月内显著地提高了产量。如是就证明存在掠夺性定价。对于既有企业来说，需参考市场份额或进入壁垒，如果其很低，说明降价行为在未来予以补偿的危险很大。

2. 掠夺性定价的经济学分析

从现有关于掠夺性定价的经济学分析文献中，掠夺性定价在经济学视角下的探讨主要可以归纳为 $2 \times 2 \times 2$ 的分析模式。首先，具有市场支配地位的经营者实施掠夺性定价对其竞争对手产生的行动方向是双向的。一方面，低于成本的价格销售会排挤市场竞争中在位的竞争对手；另一方面，低于成本的销售价格在市场中的维持会阻碍潜在的经营者进入市场。因此，掠夺性定价并不仅会将竞争对手排除出市场，同时也会将潜在的竞争对手阻挡在市场之外。其次，具有市场支配地位的经营者实施掠夺性定价的过程是两阶段的。在实施掠夺性定价过程中，经营者首先会将其价格制定在成本之下，以同时提高自身和竞争对手的成本来实现独占市场；当排除和限制竞争的目的达到后，经营者在后续阶段会提升其价格至垄断水平甚至更高，以实现对第一阶段成本的补偿。最后，具有市场支配地位的经营者实施掠夺性定价的成本收益是双向的。实施掠夺性定价的经营者在第一阶段通常会以降低价格的形式同时扩大自身与竞争对手的损失，但在第二阶段会以提高价格的形式补偿甚至超额补偿第一阶段的损失。

虽然现有关于掠夺性定价本质的判断在"扩大损失"和"价格低于成本"的议题上仍存在讨论的空间，但是，如果结合上述双向分析的范式不难发现，实施掠夺性定价的经营者的"损失"因其所面对的竞争对手性质的不同而发生变化，进一步影响了掠夺性定价的推定依据（许光耀，2018）。① 具体而言，对于排除在位竞争对手而言，根据市场结构和竞争状态，经营者通常会以相较于成本更加低的价格来实现对市场的独占。其主要的原因在于，此时的竞争对手已经运行于市场当中，且能够在市场竞争过程中获得利润，若要通过扩大损失的途径来抑制竞争对手的有效运行，则需要在弱化其竞争力的同时降低其利润甚至形成亏损。在另一方面，对于潜在的竞争对手而言，其所面对的权衡在于进入市场成本以及进入市场后的预期收益，在位经营者若尝试阻碍潜在竞争对手进入市场，可以一方面以强化自身竞争优势提升其进入成本；另一方面，以低价格来降低其进入市场后的预期收益，而前者对于在位经营者而言并不一定会产生"亏损"的表现。

掠夺性定价能够成功实施并实现经营者独占市场目的的要件主要在于两个方面，这两个方面涉及掠夺性定价运行的两个阶段：首先，经营者实施掠夺性定价所对其产生的损失是否能够对其长期利润产生重大影响。掠夺性定价虽不一定为经营者带来亏损，但是相较于正常经营的状态，掠夺性定价会给经营者带来损失。经营者在实施掠夺性定价时的损失来自其偏离了短期利润最大化的目标而去寻求市场结构在长期的改变，并进一步在趋于独占的市场中获得超额利润，以补偿其损失。但是，由于竞争对手应对掠夺性定价的能力不同，需要经营者对掠夺性定价的低于成本程度以及实施掠夺性定价的时间进行准确地制定，才能够实现长期利润的提升。换言之，掠夺性定价所造成的损失可以被视为经营者为了实现独占市场而进行的投资，若掠夺性定价并未排除和限制市场竞争，则该投资则大部分转化为了经营者的沉没成本，当该成本对其长期利益产生重大影响时，将会弱化经营者实施掠夺性定价的动机。其次，在掠夺性定价的成本补偿阶段，较高的价格是否能够继续维持经营者的垄断地位。在实现了对市场竞争的排除和限制后，实施掠夺性定价的经营者进入了成本补偿的阶段，其补偿的主要形态是将价格提升至垄断水平甚至更高，由于此时经营者已经趋近于市场价格的制定者，则市场价格将随着该经营者的制定水平运行。此时，较高的市场价格会提高潜在进入者的预期收益，即提升了场外经营者进入市场的动机，在可竞争市场环境下，且在位经营者并未对市场进入壁垒进行过多的干扰时，该定价会引起场外经营者的积极进入，若场外经营者进入成功，则会降低在位经营者的独占收益，使其在成本补偿阶段的效果降低。若在该阶段中，场外经营者成功进入，则会弱化实施掠夺性定价的经营者在长期的收益，也会形成弱化其实施掠夺性定价动机的主要因素。

---

① 许光耀：《掠夺性定价行为的反垄断法分析》，载《政法论丛》2018 年第 2 期。

　　结合上述两个关于掠夺性定价的实施要件，芝加哥学派对掠夺性定价的有效性和经营者实施掠夺性定价的初始动机主要围绕以下两个方面进行了批评：从潜在竞争的视角出发，潜在的竞争对手会在观察到在位者提升价格的情形下产生进入市场的动机或直接付诸实际行动，这里也包含由于掠夺性定价而早期退出市场的经营者，这些经营者的进入动机将降低实施掠夺性定价的经营者在长期获得利润的可能性。从在位竞争的视角出发，经营对手在制定关于掠夺性定价的应对策略时并非短视的，而是会考虑实施掠夺性定价的经营者的长期意图，当竞争对手能够预期未来价格会出现上涨时，其会继续停留在市场中保持与其他经营者的竞争，以期价格上涨为其带来长期的收益。

　　围绕掠夺性定价在成本—收益、动态策略、竞争对手反馈等方面的特征，我们可以通过一个跨时期的重复博弈模型对其进行描述。一个竞争市场中，具有市场支配地位的经营者 A 意图实施掠夺性定价将其竞争对手 B 排挤出市场，根据以上所探讨的关于掠夺性定价的主要特征，厂商 A 的实施过程将分两个时期完成：在第一时期，厂商 A 以低于成本的价格销售产品，获得利润 $\pi_L < 0$，这里的负利润刻画了厂商 A 在低于成本的销售价格情境下承担的损失；在第二时期，若厂商 A 成功排挤竞争对手，则成为市场中的垄断者，通过制定垄断价格（也可以是更高的价格）获得超额利润 π_H。这里需要明确的是，厂商 A 在第一时期的负利润并不意味着其偏离了利润最大化目标，而是来自其旨在最大化的跨时期利润。在另一方面，如果厂商 A 不实施掠夺性定价，继续保持与厂商 B 的竞争，其利润为 π_C，由于竞争的存在，$\pi_C < \pi_H$，说明了竞争压制了厂商 A 的市场势力，使其不会获得较独占市场时更高的利润。反观厂商 B，它在面对竞争对手的掠夺性定价时会存在两种选择：其一是退出市场，获得零利润；其二是继续停留在市场中。在其停留的第一时期，由于掠夺性定价增加了竞争成本，使厂商 B 在第一时期的利润降低至 π_L，这个设定原因是，两家厂商具有直接的竞争关系，为了在掠夺性定价中继续保持一定程度的市场势力，厂商 B 需要跟随厂商 A 的定价，即以一种价格战的形式继续停留在市场中，使其利润降至与厂商 A 一致的水平。由于在模型的设定中，两家厂商的博弈仅发生于两个时期，因此，在第二时期，若厂商 A 没有将竞争对手排除市场，则他们将继续处于基于成本的定价博弈中，此时厂商 B 的利润回升至 π_C。

　　在每个时期的博弈中，厂商 A 作为制定价格策略的先行者优先制定价格，厂商 B 跟随定价，根据逆向递归法，首先考虑厂商 B 的决策。当厂商 B 决定退出市场时，其跨时期利润为 0；当厂商 B 决定停留在市场中时，其跨时期利润为：

$$\pi_B = \pi_L + \delta \pi_C \tag{5.1.1}$$

其中 $\delta \in (0,1)$ 刻画了跨时期的贴现率，当 δ 越接近于 1 时，厂商远期利润的折减越小，即远期利润为厂商带来的利润水平越高。通过比较厂商 B 的两个决策为其带来的利润水平，其有动机停留在市场中的条件满足：

$$\delta > -\frac{\pi_L}{\pi_C} = \delta_1 \tag{5.1.2}$$

其次，考虑厂商 A 的决策。当厂商 A 决定实施掠夺性定价时，其跨时期利润可以描述为：

$$\pi_A^P = \pi_L + \delta \pi_H \tag{5.1.3}$$

当厂商 A 不实施掠夺性定价时，其跨时期利润可以描述为：

$$\pi_A^N = \pi_C + \delta \pi_C \tag{5.1.4}$$

在厂商 A 的决策阶段，若其有动机实施掠夺性定价，则满足以下条件：

$$\delta > \frac{\pi_C - \pi_L}{\pi_H - \pi_C} = \delta_2 \tag{5.1.5}$$

关于以上模型的设定，我们需要明确两点：其一，模型并不强行设定厂商 A 的掠夺性定价完全能够将其竞争对手排除市场，从模型的构架来看，其仅将跨时期博弈中的一个子博弈，即当厂商 A 有动机实施掠夺性定价时的情境纳入考量，通过分析关键变量探究厂商 A 实施掠夺性定价的动机。其二，模型并未将无限期的博弈情况纳入分析，在无限期价格战中，厂商 B 在停留市场中时的跨时期持续能力将减弱，随着时期的推进，厂商 B 退出市场的可能性将增加，这一点将在本模型的延伸分析中探讨。

（5.1.2）和（5.1.5）中的两个关键值 δ_1 和 δ_2 反映了厂商 A 和厂商 B 的决策条件，聚焦掠夺性定价的动机和其实际产生的效果，当 $\delta_2 < \delta < \delta_1$ 存在时，会形成一个"厂商 A 有动机实施掠夺性定价，且厂商 B 在面对掠夺性定价时退出市场"的均衡，为了求证上述关于 δ 的区间的存在性，我们可以首先比较 δ_1 和 δ_2，不难发现，在本模型中 δ_1 恒大于 δ_2。[①] 结合厂商 A 和厂商 B 的对应条件，我

---

① 若 $\delta_1 > \delta_2$，则有 $\pi_C^2 - 2\pi_C\pi_L + \pi_H\pi_L > 0$，其判别式为 $\sqrt{4\pi_L(\pi_L - \pi_H)} < 0$，说明不等式恒成立。

们可以得到以下均衡结果：①当 $\delta > \delta_1$ 时，厂商 A 有动机实施掠夺性定价，且厂商 B 会停留在市场中；②当 $\delta_2 < \delta < \delta_1$ 时，厂商 A 有动机实施掠夺性定价，且厂商 B 会退出市场；③当 $\delta < \delta_2$ 时，厂商 A 没有动机实施掠夺性定价，两家厂商在市场中继续保持竞争。上述均衡结果主要揭示了关于掠夺性定价的两层效果：首先，两家厂商的决策受到贴现率的影响，具体而言，当贴现率较高时，长期收益对两家厂商都具有较强的吸引力。一方面，厂商 A 会更加关注掠夺性定价对其带来的潜在收益；另一方面，厂商 B 会更加关注停留在市场中而获得长期收益。这里我们需要强调的是，虽然厂商 A 实施掠夺性定价并未将竞争对手排挤出市场，使其在第二时期回复常规价格，此时厂商 A 在第一时期的损失将成为沉没成本，但是，由于竞争利润在长期并未受到大幅度折减，可以将厂商 A 在短期的损失进行充分补偿，因此，厂商 A 依旧有动机实施掠夺性定价。其次，贴现率对两家厂商的长期收益影响程度不同，进一步地，厂商 A 更加能够获得较高贴现率为其带来的长期收益。上述第二个均衡结果可以说明这个现象，当贴现率降低至区间 (δ_2, δ_1) 时，长期收益对厂商 B 继续停留在市场中并不会产生促进效果，因此厂商 B 会由于较低的长期收益而退出市场，而此时，长期的垄断收益会推动厂商 A 继续保持实施掠夺性定价的动机，便形成了厂商 A 通过掠夺性定价排挤竞争对手的结果。

上述模型分析仅简单地刻画了掠夺性定价的运行模式和潜在效果，但是，根据芝加哥学派关于掠夺性定价的分析，上述模型所给出的均衡结果仍具有细节上的差异，这些差异将在更加真实的场景中影响两个厂商在掠夺性定价上的行动策略，具体可以归纳为以下几个方面。

第一，竞争状态下的收益会弱化掠夺性定价的形成。通过对 δ_1 和 δ_2 进行比较静态分析可以发现，$\dfrac{\partial \delta_1}{\partial \pi_C} > 0, \dfrac{\partial \delta_2}{\partial \pi_C} < 0$，说明了当市场中常规竞争为厂商带来的收益提升时，将会缩小区间 (δ_2, δ_1)，使厂商 A 的掠夺性定价实施的可能性降低。其背后的逻辑在于，π_C 增加将提升厂商 A 实施掠夺性定价的机会成本，即其实施掠夺性定价将损失部分 π_C，当该成本增加时，厂商 A 实施掠夺性定价的收益将随之降低，弱化了相应动机。

第二，独占市场的利润降低会弱化掠夺性定价的形成。这个结果从表面来看比较直观，当厂商 A 预期其通过掠夺性定价成功将竞争对手排挤出市场后的利润降低时，其长期收益并不能充分补偿实施掠夺性定价的短期损失，便降低了实施掠夺性定价的动机。进一步地，π_H 受到了若干其他因素的影响。首先，市场的可竞争性的提升会为厂商 A 在独占市场时带来潜在的竞争压力，使其即便处于市场的垄断地位，也不会充分地行使垄断势力；其次，市场中较高的价格会吸引大量的潜在竞争者进入市场，使厂商 A 无法充分地实现掠夺性定价后的独占目标。

第三，掠夺性定价为厂商带来的损失增加会提高厂商 A 实施掠夺性定价的动机。通过上述均衡条件，这个结果并不明显，我们可以对 δ_1 和 δ_2 关于 $-\pi_L$ 进行比较分析，发现 $\dfrac{\partial \delta_1}{\partial(-\pi_L)} > 0$，$\dfrac{\partial \delta_2}{\partial(-\pi_L)} > 0$ 且 $\dfrac{\partial \delta_1}{\partial(-\pi_L)} < \dfrac{\partial \delta_2}{\partial(-\pi_L)}$，说明当 $-\pi_L$ 增加时，或 π_L 降低时，区间 (δ_2, δ_1) 会增大，提高了厂商 A 实施掠夺性定价的可能性。这个结果背后的逻辑是，π_L 在第一时期同时影响了两家厂商，而厂商均需求长期收益来补偿短期损失，对于厂商 A 而言，其长期收益较厂商 B 更高，能够获得补偿的可能性也较大，因此，虽然短期损失会同时影响两家厂商，但厂商 A 受到的影响相对较低，即提升了其实施掠夺性定价的动机。从实际市场环境的角度来看，掠夺性定价并非如模型所述发生在两个时期中，而可能会发生在更长的跨时期竞争中，随着时期的不断推进，两家厂商面临的损失会持续增加，而当厂商 B 的初始竞争力低于厂商 A 时（例如，厂商 A 市场支配地位更加显著、市场份额更高、技术能力更强），前者抵御掠夺性定价在长期带来的损失能力将更弱，便更加有可能退出市场，使厂商 A 获得独占市场的机会，因此可以发现，π_L 在一个长期的竞争中对厂商 B 的影响更大

（三）价格歧视

1. 价格歧视的法学分析

价格歧视，是指占市场支配地位的经营者没有正当理由对条件相同的交易相对人实行不同的价格或者不同交易条件，使某些交易相对人处于不利的竞争地位的行为。

反垄断法中的价格歧视属于差别待遇的一种主要形式。在经济学上，价格歧视是一个内涵丰富的概念，但法律上的价格歧视有"自己"的内涵。理解经济学上的价格歧视的含义有利于准确理解和把握法律上价格歧视的标准。

（1）反垄断法上价格歧视的含义。美国《克莱顿法》最早对特定情况下的价格歧视问题作了否定性的评价。[①] 该法第 2 条规定，商业者为使用、消费或转

[①] 当然这一立法前提也受到了质疑，反对者认为，这里混淆了"保护竞争者"和"保护竞争"这两个概念，"如果因为保护竞争者而反对充分发展的竞争，竞争本身就不能再存在下去了"。另外，司法实践表明，这个法使诉讼变得更加复杂，因为这个法中的抽象词语过多。参见［美］马歇尔·C. 霍华德：《美国反托拉斯法与贸易法规——典型问题与案例分析》，孙南申译，中国社会科学出版社 1991 年版，第 42 页。

卖的目的，在美国直接或间接地就商品购买者进行价格歧视，使其在商业上显著减少竞争或产生独占之虞，其行为视为违法。可以看出，《克莱顿法》对价格歧视的规定未覆盖上述经济学对价格歧视划分的所有类型，更不是泛泛地将广义上的价格歧视全部作为规制的范围。

美国之所以规制价格歧视，是由于《克莱顿法》颁布之前，大企业挤压中小企业的现象非常普遍。大企业经常采用的手段就是价格歧视，即实施上述的二级价格歧视的方法，使中小企业处于不利的竞争地位。所以，《克莱顿法》的立法目的之一是保护中小企业，防止经济力量过度集中。但对最终消费者实施价格歧视并不违反该法，这形成了调整目标和范围上的明显的漏洞。

美国在 20 世纪 30 年代，连锁店经营模式的广泛推广，联合体的规模迅速膨胀，其在交易中的优势地位也越来越明显，包括进货折扣高于一般中小经营主体。这造成了连锁店等大企业与同类中小企业竞争条件的不公平。为补充和修正上述不足，美国国会颁布了《罗宾逊－帕特曼法》，该法第 1 条规定："从事商业的人在其商业过程中，直接或间接地对同一等级和质量商品的买者实行价格歧视，如果价格歧视的结果实质上减少竞争或旨在形成对商业的垄断，或妨害、破坏、阻止同那些准许或故意接受该歧视利益的人之间的竞争，或者是同他们的顾客间的竞争，是非法的。"第 2 条规定："商人在其商业过程中，在国内对同一品质、数量、等级的商品，通过给予买者比其竞争者更高的折价、回扣、补贴、广告劳务费故意进行歧视，或为了破坏竞争、消灭竞争者，以低于其竞争者的价格出售或以不合理的低价出售，是非法的。"

与《克莱顿法》相比较，《罗宾逊－帕特曼法》规定的价格歧视在判定标准上更加细致，扩充到"实质上减少竞争"或"旨在形成对商业的垄断"或"妨害、破坏、阻止竞争"；在类型上也扩大了，扩大至上述三级价格歧视。尽管如此，美国成文法上的价格歧视认定标准仍相对含糊。

其他国家或地区法律对价格歧视的规定亦如此。德国《反限制竞争法》（2005 年修订）第 19 条禁止"提出的报酬或其他交易条件差于该支配企业本身在类似市场上向同类购买者所要求的报酬或者其他交易条件，除非该差异存在客观正当理由"。该法第 20 条还禁止支配企业、企业联合组织"在向同类企业开放的商业交易中，以不公平的方式直接或者间接阻碍其他企业，或在没有客观正当理由的情况下直接或者间接地给予另一个企业不同于类似企业的待遇"。日本《不公正的交易方法》（公正交易委员会 1982 年颁布）第 5 条规定了事业团体的差别待遇。① 日本《禁止垄断法》第 2 条第 9 款规定，（禁止）以不当的价格进行交易。《欧共体条约》第 82 条也禁止"在相同的交易情形下，对交易当事人实行不同的交易条件，因而置其于不利的竞争地位"。我国台湾地区"公平交易法"第 19 条第 2 款规定："无正当理由，对他事业给予差别待遇之行为，且有限制竞争或妨碍公平竞争之虞者"。

诸多规范都如此模糊处理的主要缘由，是歧视性价格和正常市场价格如此之近，以至于难以从正面总括不同情况下的价格差别具有危害性的特点。市场价格的常规形式就是价格有所差异，分析价格差异具有危害性，既需要结合自身的情况，也要考虑市场结构、市场变化、行为绩效等。

（2）反垄断法上价格歧视的认定标准。尽管如此，仍不妨碍我们从一般的认识视角并结合经济学上的价格歧视含义，概括法律上认定违法价格歧视的标准，以对法律规定的倾向性有一个框架性的把握。

认定价格歧视的违法性，应该综合以下方面：

第一，经营者具有市场支配地位。此不赘述。

第二，市场被同一销售商分成了两个或两个以上的不同层次的购买（消费）主体。这里的"同一销售商"是一个法律概念而不是事实概念，即法律上的同一主体。分公司或不具有自主经营权的分销商没有经营自主权，这些主体应和总公司或总供货商视为同一销售商。

第三，不同层次购买者的划分基础是可比条件下的价格差别。相同的销售价格意味着销售者的经销规则具有开放性和普遍性，下游企业享有公平的竞争环境。而价格差别往往和购买数量、货币支付时间、担保等紧密相连。例如，购买10 箱产品给予 5% 的价格折扣，购买 20 箱产品给予 10% 的价格折扣。价格歧视可以理解为在可比条件下对个别主体的价格特惠。在相近似的条件下没有得到同等待遇，"歧视"才存在。近似条件包括产品的基本条件近似，如产品型号、等级、包装条件等；也包括外部经济条件，如通货膨胀水平、运费水平等；甚至还包括时间变动，如《罗宾逊 - 帕特曼法》第 1 条（a）项允许"随着影响市场的条件的变化而产生的价格变化"。当然，现代营销理念下，品质相同或近似的概念内涵已被大大地改变了。新的商标、新的装潢、新的包装等往往都被视为不相同或不近似。因此，传统产品品质相同或近似是从产品以及从产品的功能出发进

---

① 即事业者团体或共同行为不当地排斥某事业者或在事业者团体内部、共同行为中对某事业者进行不当的差别性对待，使该事业者的事业活动发生困难。

行判断的；而现代产品品质相同或近似是从市场以及消费者的认同出发进行判断的。这种变化增加了价格歧视的认定难度。

第四，经营者有能力阻止或限制高价购买者向低价转移，或阻止低价购买者将产品转卖给高价购买者。这是反垄断法上的价格歧视和经济学上的价格歧视最本质的区别。由于经营者的"阻止或限制"侵害了购买者的自主权和选择权，无法通过购买者的自由转向实现市场价格均衡。换言之，如果高消费群体的人员可以自由地向低价群体流动，则不构成反垄断法上的价格歧视。

（3）抗辩。价格歧视的认定中，需要给予行为人以一定的抗辩，如果占市场支配地位的经营者实行价格差别待遇时，能够提出正当理由，则其行为是合法的。

美国《罗宾逊－帕特曼法》第2条（b）项指出，经营者可以为了"善意应对竞争者同等的低价"（in good faith to meet an equally low price of a competitor）而向特定需求者提供明显优于其他需求者的交易条件。"1978 联合商标案"（United Brands）的判决确立了竞争法的正当性抗辩的法律基础：要求被控方只能善意且必要地应对而不是为打败竞争对手而进行出价。通常，将价格歧视的正当性抗辩称为"善意"抗辩。

"善意"是针对经营者的主观商业判断标准，如何证明经营者具有善意，则只能进行客观推定。一般，从以下方面进行综合判断：客观上，要证明经营者面对一定的外在竞争压力，外在竞争压力包括竞争对手行为、相关市场竞争、自身商品竞争力等；手段上，说明其管理手段的合理性，即基于外在竞争压力产生的可信的商业预测和行为决策；效果上，还需要评价歧视价格只是对竞争者降价行为的回应，而不是用于排斥竞争者，即可以进一步解释为"应对"竞争，而非"打败"或"削弱"竞争者——合法的价格歧视只可以是防卫性的，而不能是侵略性的。

2. 价格歧视的经济学分析

不同于反垄断的法学分析思路，经济学视角下的差别待遇问题更加关注经营者对其需求者所制定的差异化价格，价格歧视是差别待遇的一种体现形式，其虽然不能与具有市场支配地位的经营者的差别待遇行为作等价分析，但是在经济学分析的框架下，价格歧视行为也可以比较充分地描述经营者的若干差别待遇行为。这主要是因为经营者实施价格歧视的主要手段是针对相同或不同的交易相对人进行差别化的定价策略，而价格又是需求者在购买产品或服务过程中的直接成本，对成本在需求者效用中的理解可以在于价格层面，也可以在于购买过程中的其他交易条件上，例如购买时获得的折扣、付款条件和付款方式的差异、售后服务的差异，上述不同方面的差异性都可以体现在不同需求者在购买过程中的相对成本。因此，经济学视角下的价格歧视分析及其相应结果可以比较充分地回应在反垄断领域中的差别待遇问题。

传统的价格歧视主要指的是卖方对不同的买方或买方集团制定差异化的价格，而制定该价格的能力来自卖方的市场势力，即可以被理解为卖方具有（至少）能够影响价格的市场支配地位是其实施价格歧视的充分条件，否则，在一个近乎完全竞争的市场中，经营者一方面不具备制定和影响价格的能力，另一方面，经营者在高度竞争环境下也无法获得市场支配地位，使其所实施的价格歧视不会对其收益产生增进的影响。因此，关于价格歧视的经济学分析大多首先关注一个垄断市场，我们从一个简单的垄断市场模型出发，一家厂商所面对的消费者由于其对价格的反应程度（如需求价格弹性）不同，被外生划定为两个不同的买方集团，我们将其称之为不同的子市场，子市场 1 和子市场 2 的需求函数分别为：

$$p_1 = 100 - 2q_1 ; p_2 = 80 - q_2 \tag{5.1.6}$$

厂商的边际成本为 $c = 20$，如果厂商有能力充分地识别和分辨来自两个子市场的消费者，则其可以对不同的买方集团制定不同的价格，即（5.1.6）中所刻画的 $p_1 \neq p_2$。由于销售给不同子市场的产品是相同的（反之便不能称之为价格歧视），厂商在所有子市场中的边际成本均为 c，此时，厂商的利润函数可以表示为：

$$\pi \equiv \Pi(q_1, q_2) = (p_1 - 20) \cdot (100 - 2q_1) + (p_2 - 20) \cdot (80 - q_2) \tag{5.1.7}$$

厂商利润最大化条件满足 $\frac{\partial \pi}{\partial p_i} = 0$，$i = 1, 2$，求解（5.1.7）的利润最大化条件可以得到在价格歧视下，两个子市场中的价格和需求分别为：

$$p_1 = 60, p_2 = 50 ; q_1 = 20, q_2 = 30$$

通过对比价格不难发现，同样的产品在子市场 1 中的价格相对较高，这是由于子市场 2 中的消费者对该产品价格变动反应更加敏感，即更加富有弹性，而子市场 1 中的消费者对该产品的需求更加"刚性"，赋予了经营者在子市场 1 中相对更强的市场势力，进而能够制定相对更高的价格。我们侧重于分析价格歧视对消费者福利和社会总福利的影响程度，令子市场 i 中的消费者福利为 CS_i，则有：

$$CS_1 = 400 ; CS_2 = 450$$

将 q_1 和 q_2 代入（5.1.7）中得到厂商在价格歧视下的最大化利润，令 π^{PD} 表达该利润：

$$\pi^{PD} = 1700$$

社会总福利水平为上述利润和消费者总福利的总和。为了进一步分析价格歧视给各个集团利益和社会总福利带来的影响，我们考虑一个不允许实施价格歧视的市场环境，此时，（5.1.6）中 $p_1 = p_2$，将两个需求函数整合为：

$$p_1 = p_2 = p = \frac{260}{3} - \frac{2Q}{3} \tag{5.1.8}$$

其中 $Q = q_1 + q_2$，反映出虽然两个子市场中的消费者对同一个产品具有不同的需求价格弹性，但是由于价格歧视在市场中被禁止，他们只能接受一个统一的价格，而该价格并不会完全基于任一子市场内的消费者需求价格弹性而制定，而是综合市场中全部的消费者需求特征而制定。再一次利用经营者的利润最大化条件，求解价格歧视被禁止时的市场价格和市场需求，分别为：

$$p = \frac{160}{3}; Q = 50$$

进一步地，将上述价格代入经营者的利润函数和消费者福利中可以得到在单一价格下最大化利润和消费者福利，将其表示为 π^{UP} 和 CS^{UP}：

$$\pi^{UP} = \frac{5000}{3}; CS^{UP} = \frac{2500}{3}$$

比较价格歧视前后的厂商利润、消费者福利和社会总福利可以得到以下结果：价格歧视可以同时提高厂商利润和消费者福利，进而提升社会总福利。这个结果生成的主要原因来自市场中的消费者具有差异化的偏好，使他们的需求对同样的价格变动反应的程度不同。在单一定价策略下，厂商需要同时考量两类消费者的需求价格弹性来制定一个统一的价格，此时，缺乏弹性的消费者可以因富有弹性的消费者的存在而享受到较低的价格，而富有弹性的消费者会因缺乏弹性的消费者的存在而支付较高的价格，这会使单一价格并不能充分满足所有类别消费者的需求。消费者对于单一价格的反应体现在其需求上，由于两类消费者的需求并没有充分地满足，使厂商的定价也无法充分地将消费者剩余转移至自身利润。而价格歧视可以较好地缓解上述问题，通过对不同类别的消费者的实际偏好进行差异化的定价，厂商可以在满足消费者需求的基础上极大程度地实现消费者剩余向利润的转化，使消费者福利和厂商利润在价格歧视下得到提升，进而提高了社会总福利。

上述三级价格歧视的主要特征是消费者群体间可以形成一种外生的共性，不同群体的共性划定了消费者在子市场的边界，当不同群体可以依据于其外生的共性而接受到不同的价格时，该群体内部的具有共性的消费者的需求都可以得到满足。更重要的是，在以上关于三级价格歧视的分析中可以发现，厂商利润的增加是伴随着消费者福利的增加而产生的，并未出现损害消费者福利的情形。不同于三级价格歧视，一级价格歧视是在关于所有消费者的支付意愿信息充分可视的情况下而进行的差异化定价，这种"个性化"的定价实际上是将全部消费者的剩余转移至厂商利润。例如，将以上分析模型修改为离散需求，且市场中仅有两名消费者，他们的意愿支付分别为 100 和 40，这个意愿支付的差异仅来自消费者本身的差异，而非消费者针对同一个产品的不同的需求特征。厂商此时最优的单一定价应为 $p = 100$，厂商在这个价格下仅服务支付意愿高的消费者，并获得 80 的利润。[①] 若厂商可以充分识别不同的消费者，其会对不同的消费者进行定制化的价格设定，即对支付意愿高的消费者定价为 100，对支付意愿低的消费者定价为 40，最终获得 100 的利润。从社会总福利的视角来看，此类价格歧视可以实现总福利的提升，但此时，社会总福利的增加完全是来自厂商利润的增加，而厂商利润的增加是来自对消费者剩余的充分抽取，换言之，此时的社会总福利的提升是基于全部消费者剩余转移至厂商利润而实现的，虽然产生了社会效率上的增进，但并未实现社会总福利的公平分配，同时也并不能成为帕累托改进式的福利提升。在关于一级价格歧视的传统经济学分析中，由于厂商并没有充分的能力观察到消费者的支付意愿，使得一级价格歧视并不会充分地在实践中实现，但是，随着厂商技术的不断创新，尤其是在数字经济环境下，厂商凭借技术以及其与消费者高度的互动，获得了海量的关于个体消费者特征的数据，使其能够针对不同的单个消费者进行差异化定价，这通常被视为数字经济环境下的一种基于价格差异的剥削型滥用市场支配地位行为。从理论层面而言，数字经济经营者（如平台经营者）的价格歧视会增加价格的离散性，虽然差异化价格会缓解单一定价的效率扭曲，但是价格的离散性会扰动平台所产生的网络外部性对用户带来的效用效果，进一步产生效率扭曲（Weyl，2010；杜创，2021）。[②]

　　以上关于价格歧视的经济学分析利用了假设剥离的若干真实市场环境下的特

---

① 此时，厂商有两个价格选择 $p = 100$ 和 $p = 40$，给定厂商的边际成本为 $c = 20$，当其选择 $p = 100$ 时，市场需求为 1，厂商利润为 80；当期选择 $p = 40$ 时，市场需求为 2，厂商利润为 40。利润最大化下的厂商最优价格为 100。

② E. Weyl，"A Price Theory of Multi-sided Platforms"，*American Economic Review*，Vol. 100，2010，pp. 1642 ~ 1672；杜创：《平台经济反垄断：理论框架与若干问题分析》，载《金融评论》2021 年第 4 期。

征，虽然经济学模型分析能够给出一个较为自洽的结论，即合理的（来自消费者外生群体特征而制定的）差异化定价能够同时提高厂商利润和消费者福利，进而提升社会总福利，但是，这一结论也并非是始终适用的。如上文所提及的在数字经济领域中，以价格歧视为代表的差别待遇问题，在很大程度上会损害消费者的福利，产生基于价格的剥削性滥用的问题。此外，现有的经济学分析也对三级价格歧视所带来的福利效果产生了分野，如 Varian 和 Cowan 认为三级价格歧视对社会总福利会带来不确定的影响，这是由于在经济活动中的参与者福利的提升是伴随着其他某些参与者的福利下降而发生的，当福利降低效果强于福利提升效果时，三级价格歧视反而会带来社会总福利的弱化。[①] 我们围绕现有三级价格歧视的相关文献所带来的反垄断担忧，将以下两个问题剥离出来，针对性地展开探讨。

第一，消费者需求信息与价格歧视有效性之间的关联。无论是垄断的市场结构还是寡头竞争的市场结构，具有市场支配地位的经营者实施价格歧视的前提是能够区分不同类别的消费者，这个前提不仅适用于三级价格歧视，也同时适用于一级价格歧视和二级价格歧视（即目录价格）。当经营者和消费者之间存在较为显著的信息不对称时，则使得经营者在差异化定价中无法对指定的消费者群体进行尽可能精准的价格制定，造成了基于价格的福利扭曲，同时，经营者也会因该扭曲而无法获得价格歧视所带来的收益。因此，在价格歧视的实现过程中，信息识别与市场支配地位具有同等重要的地位。在传统的市场经济实践中，经营者可以通过消费者的地域、支付方式等特征来区分消费者，在纵向市场中，上游供应商也可以通过下游交易相对人所在的地区、行业、产品特征、市场份额来划分下游需求者，但这种划分大多基于传统的经验主义范式，存在一定程度的不准确性。在数字经济环境中，数字技术和大数据的运用帮助经营者更加精准地区分不同类别的需求者，经营者在数字技术的辅助下，在其与交易相对人不断地互动中实现数据和信息不断的转化，降低了两者的信息摩擦，但与此同时，也带来了关于价格歧视的反垄断担忧，"大数据杀熟"便是其中的一个典型的表现形式（李三希、王泰茗、武玙璠，2021）[②]。如上文分析所述，趋近于一级价格歧视的"大数据杀熟"将大量消费者剩余转移至经营者利润，被视为一种比较明确的剥

---

① H. R. Varian, "Price Discrimination and Social Welfare", *American Economic Review*, Vol. 75 (4), 1985, pp. 870~875; S. Cowan, "Third-degree Price Discrimination and Consumer Surplus", *The Journal of Industrial Economics*, Vol. 60 (2), 2012, pp. 333~345.

② 李三希、王泰茗、武玙璠：《数字经济的信息摩擦：信息经济学视角的分析》，载《北京交通大学学报（社会科学版）》2021 年第 4 期。

削型滥用行为，但从经济学视角来看，需要对价格歧视的客体进行差异化的分析才能确定这种行为是否能够实质地损害消费者福利。例如，唐要家、王逸婧指出，当消费者具有较显著的隐私管理能力且隐私管理程度处于一个合理水平时，类似于"大数据杀熟"的个性化定价模式会实现消费者福利和社会总福利的提升。[①] 这个结果回应了数字经济环境下的价格歧视行为的经济效果和经济属性，对价格歧视行为在数字经济市场中的规制提供了差异化规制和引导的新思路。

第二，市场竞争状态下价格歧视有效性的问题。关于传统的价格歧视的分析大多建立在垄断的市场结构下，而在市场活动的实践中，具有市场支配地位的经营者往往不是市场中的垄断者，而是具有较显著市场势力的寡头，在寡头市场中，价格竞争和产品差异化通常是同时存在的，在差异化产品的竞争格局下，价格歧视所带来的经济效果便显得更加复杂。具体而言，产品差异化提高了消费者在选择不同产品过程中的转移成本，使厂商在竞争中可以因其产品相较于竞争对手产品的差异化而获得更强的市场势力，产生了竞争弱化的效果；而厂商在多产品销售的环境下针对不同的子市场进行价格歧视又加强了其在子市场内与对应的竞争对手进行价格竞争的程度，形成了竞争促进的效应。上述两种效应的相互叠加和相互影响直接导致了厂商在实施价格歧视中的策略，进而影响了市场中的消费者福利和社会总福利。例如，唐要家和吕萃指出，寡头市场中的三级价格歧视面临着更加复杂的福利权衡分析，应当充分考虑价格歧视下的竞争促进效应为消费者带来的福利影响，同时应在社会总福利提升的基础上更多地关注价格歧视所带来的福利提升是否形成了对消费者福利的转移，确保消费者福利不受伤害。[②]

二、基于非价格的滥用市场支配地位行为的法学与经济学分析

（一）搭售行为

1. 搭售行为的法学分析

理解搭售行为时，切忌望文生义。搭售并不是指零售企业在向消费者销售产品时将两种不同的产品一同销售，或销售商品时配送其他品牌的产品，更不是附加劣质、滞销的商品。后两种行为虽然侵害了消费者的合法权益，但从竞争关系

---

① 唐要家、王逸婧：《消费者隐私管理与垄断平台个人化定价福利效应》，载《产经评论》2021 年第 4 期。

② 唐要家、吕萃：《差别产品寡头三级价格歧视的竞争效应及反垄断审查机制》，载《产经评论》2016 年第 1 期。

的角度，却不是反垄断法所调整的内容，而属于反不正当竞争法、产品质量法或消费者权益保护法调整的内容。

反垄断法所规制的搭售，是指经营者提供商品或服务时，强迫交易相对人购买其不需要、不愿购买的商品或服务，或者接受其他不合理的条件。[①] 搭售从属性上归于捆绑销售，但属于特殊的捆绑销售。一般捆绑销售不限制经营者或消费者的选择权，是合法的；当卖方强行要求买方购买捆绑的产品，且买方无其他选择时，涉嫌违法。

（1）搭售的目的。搭售的基本目的，是使相关主体节省成本和开支，包括销售者和消费者。对于消费者而言，搭售节省了捆绑产品单个组件的搜寻成本；另外，当一般搭售产品的总价格少于单独销售单个组件的价格之和，且消费者可以从竞争市场上单独购买各组件产品时，搭售可以视为能节约开支的另一种消费选择。对于销售者而言，两种或两种以上产品捆绑销售可以节约单独销售的管理成本，减轻库存压力，并实现多品牌整体价值和收益等。

除了上述基本动机外，搭售可以辅助销售者实现特殊目的：

第一，通过搭售控制另一市场。20 世纪 80 年代以前，美国对搭售采取相对严厉的处罚措施。按照经济学上的杠杆理论，企业在主商品市场上拥有的垄断力量可以借助于搭售产生的杠杆作用，延伸到搭售产品市场上，并且因此增加其垄断利润。杠杆作用理论还强调搭售具有排斥竞争者的作用：在主商品市场上拥有垄断力量的厂商通过搭售可以使得其他厂商难以进入搭售商品的市场。[②] 我国第一个否决的经营者集中案——"可口可乐并购汇源案"，在表述理由时运用了该理论。

第二，规避政府管制。政府对特定的资源或关系民众生活的产品或服务多实行价格管制，商家通过涉入非管制产品和服务并以搭售方式经营可以规避政府价格管制。以食盐这一政府价格管制产品为例，假设国家规定食盐的最高价格不得超过 1.6 元/斤，而食醋是市场定价产品，如大型超市将食盐和食醋搭售，标价在 1.6 元/斤以上时，就模糊了食盐的管制价格。

搭售也时常与其他限制竞争行为"捆绑"在一起充当限制竞争行为的工具或瓦解限制竞争协议的力量。在价格歧视中，搭售可以作为隐性价格歧视的手

---

① 有的将搭售和附条件销售分开处理，这里的搭售包括附条件销售。

② 当然，芝加哥学派并不认同该理论的现实性，其反对的理由是搭售并不能增加企业的总利润。参见辜海笑：《美国反托拉斯理论与政策》，中国经济出版社 2005 年版，第 129 页。

段。如甲乙两地消费者对 B 产品的接受能力不同，甲地可接受的价格高于乙地。供应商在甲地采取销售 B 产品搭售 A 产品的销售策略；在乙地采取销售 B 产品搭售 C 产品的销售策略。另外，在价格卡特尔中，搭售可以充当背叛价格卡特尔的工具。维持价格卡特尔比建立价格卡特尔更难。卡特尔得以维持的一个外在标志是价格内部公开并且各成员遵行价格。单个企业以降价来扩大销售是导致价格卡特尔破裂的主要动因。隐蔽的背叛做法可以在保持价格不变的情况下，通过搭售实现扩大销量的目的。

（2）搭售的违法性认定。结合相关立法、相关案例，反垄断法上搭售的认定标准应当包括以下几个方面：

第一，两种不同产品捆绑销售。搭售的两种或两种以上的商品在功能、性质上属于不同商品。由于产业集群及复杂产品集合性，使得独立产品一体化的趋势加强。历史上，汽车上的收音机和汽车还属于两类独立的产品，而现在汽车内安装收音机已经是汽车完整功能的一个重要体现。如何判断两个产品是否为独立的产品，可以分为如下情况进行分析：一种情况是只有搭配使用才能实现商品的完整设计性能，两种或两种以上产品之间构成一个整体结构；另一种情况是产品一对一搭配使用能比"一对多"产生更好的效果，如"柯达（洗印设备和专用相纸搭售）案"；还有一种情况是不存在性能和效果上的稳定联系，人为地将产品搭配在一起销售。这里只有第三种情况涉嫌反垄断法所禁止的搭售。

第二，拥有市场支配力。将搭售作为滥用市场支配地位的基本理由是"违背其意愿"。只有实施主体拥有一定的市场力量才能强迫他人，才能使他人产生迫不得已的心理状态和"只能如此"的行为方式。形式上，搭售所蕴含的违背购买者意愿以合同形式表现出来；实质上，没有一定的市场力量是不能迫使对方接受违背其意愿的合同的。在"福特纳公司案"中，美国最高法院声明，要判定搭售非法，进行搭售的厂商必须在被搭配销售的产品的市场上拥有一些其他竞争者所无法享有的优势。[①] 我国《反垄断法》因将其放置于滥用市场支配地位之中，从构成要件上，也要求其主体具有市场支配地位。

第三，违背购买者意愿。通常，购买者在对产品作出统筹安排后才得出其需求结构，可能主产品和搭售产品都在购买者的统筹安排之中，但大多数情况下，购买者只是需要主产品和搭售产品中的某一个。违背购买者的意愿表现为：购买

---

① ［美］丹尼斯·卡尔顿、杰弗里·佩罗夫：《现代产业组织》，黄亚钧等译，上海人民出版社 1998 年版，第 1254 页。

者被剥夺了搭售产品的选择权和搭售市场之外该产品的获取权。

（3）抗辩。在市场交易中，出现搭售的原因是多种多样的，搭售和附条件销售并不一律违法。通常，正当理由有以下三个方面：

第一，符合交易习惯。《欧共体条约》第82条第1项之（e）及第86条（d）项，把对方当事人接受与合同内容在本质上或商业惯例上无关联的附加义务作为签订合同的前提条件。这意味着，如果属于交易习惯则不认为是搭售。如出于商品的完整性，将鞋子和鞋带之类的关联商品一起出售。

第二，有利于商品的性能或者价值的综合发挥。如出售高科技的产品时，生产商或者销售商要求购买者一并购买它们的零部件或者辅助材料，因为这样有利于产品的安全使用，或者提高产品的使用寿命。

第三，两种商品（包括服务）搭售能提高效率。这种含义的效率包括两方面内容：节约开支，即整体或一次购买比多次购买能够减少支出；减少搜寻成本，即市场上零散购买所花费的时间，人力或财产支出能够减少。例如，广电在采购有线电视机顶盒和智能卡时，将机顶盒和智能卡逐一配对，并把机顶盒号码和智能卡号码录入该公司的仓库系统中。消费者在申请开设有线电视账户时，工作人员会将用户资料同其购买的机顶盒号码与智能卡号码配对。在智能卡具有非替代性的情况下，这种配置对消费者而言就是有效率的。

2. 搭售行为的经济学分析

（1）搭售的经济学基本解释。经济学领域对搭售行为的分析主要探讨了厂商利用该策略进行价格歧视的效果，在搭售策略下，厂商可以利用不同产品和不同产品组合更好地实现价格歧视，形成竞争力的提升和利润的增加。经济学理论同时研究搭售的反竞争效果，当结卖品的卖家在其相关市场内具有较强市场势力时，消费者对结卖品的依赖程度提高，卖家获取利润的路径并非利用消费者较低的需求价格弹性来制定较高的价格，而是通过强制性地销售搭卖品获得额外利润。①

通常情况下搭卖品和结卖品对消费者而言存在一定的相互补充的关系，这里的相互补充并非完全互补（perfect complement），因为完全互补的产品通常都是由一个卖家在一次交易中完成，同时消费者也会默认这种搭配是一种正常且符合常规的交易（例如鞋、手套等产品），这种情况类似于上文中所提到的"符合交

---

① 经济学分析中，会将结卖品和搭卖品分别称为搭售品和被搭售品，这里我们统一使用结卖品和搭卖品这一组名称。

易习惯"的搭售。搭卖品和结卖品的相互补充是两种产品在共同使用时可以为消费者带来额外的效用，或者两种产品存在兼容的关系，例如电脑操作系统和网络浏览器，消费者使用浏览器上网的基础工作是需要在其设备上安装操作系统，且系统和软件需要有兼容性，消费者才能完成上网，这种情况类似于上文中所提到的"提高产品性能或综合价值"。

结卖品的卖家和搭卖品的卖家可以是一体的也可以是相互独立的，在搭售行为中，一般考虑两种产品卖家是相互独立的，即两种产品可以从不同的卖家处选购，否则对搭售的分析则转移至多产品厂商（multiproduct firm）的分析领域中。当结卖品的卖家同时可以销售搭卖品时，其可以被视为一个多产品厂商，在反垄断的经济分析中，这种情况十分常见，且并不会出现我们对这种状态的反竞争担忧。同时，当结卖品的卖家捆绑结卖品和搭卖品，但同时也给予了消费者单独购买结卖品的选择时，这种情况也并不会产生较大的反竞争问题，该行为可以被视为一种目录价格下的价格歧视，如图 5-2-1 中的路径①和路径③同时发生的情况。此时，消费者在面对厂商 A 和厂商 B 时存在多个购买选择，且购买两种产品是充分自由的，消费者可以通过不同的厂商以不同的组合完成消费，这种情况通常被称为厂商 A 的混合捆绑（mixed bundle）策略。但是，当厂商 A 缩小了其为消费者提供的购买选择，仅以路径③（图中虚线路径）销售产品时，便意味着消费者如果希望获得结卖品，他必须从厂商 A 处选择搭卖品，这种情况通常被称为厂商 A 的纯捆绑（pure bundle），大多数的反竞争担忧来自此。因此，我们通常对搭售进行四个要件的分析：①结卖品和搭卖品是否是相互独立的产品；②厂商是否通过某种强制性使消费者不得不接受搭卖品；③厂商是否在结卖品市场上拥有相当大的市场势力来强制买方接受搭卖品；④搭售行为在搭卖品市场上产生了反竞争效果。前两个要件事实上属于商业行为中的中立策略，要件③属于厂商搭售行为不合理性的形成基础，最后一个要件是判断厂商搭售行为不合理的根本依据。[①] 厂商对于两种独立的产品进行强制性搭售从反垄断规制和经济效果上来讲并无不妥，其可以被视为厂商经营过程中试图获得利润的手段。作为理性人，厂商如果无法获得更大利润，则不会选用这个策略。但是，当厂商在结卖品市场中的市场势力足够大，以至于可以利用搭售行为干扰另外一个独立产品所处的市场中的竞争时，则该行为产生了排除和限制市场竞争的效果，而这个效果是来自厂商的市

---

① ［美］赫伯特·霍温坎普：《联邦反托拉斯政策——竞争法律及其实践》，许光耀、江山、王晨译，法律出版社 2009 年版，第 623～624 页。

场势力存在以及该势力的不合理使用（即滥用行为）。

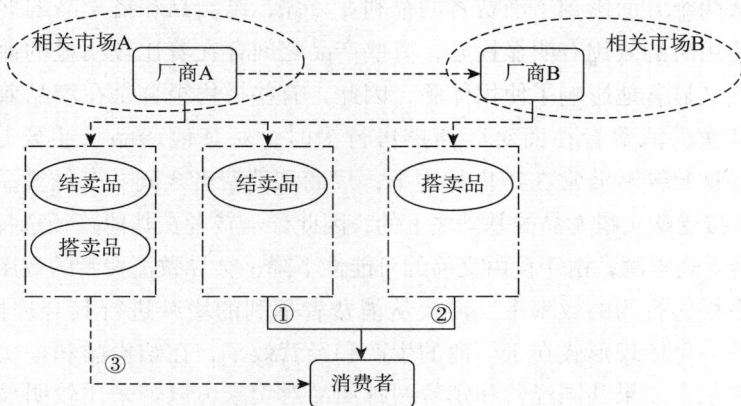

图 5－2－1　搭售下的厂商行为分析

从经济效果来看，传统理论的观点是搭售行为通常发生在厂商在结卖品相关市场中具有垄断势力，而将这种垄断势力延伸至搭卖品的相关市场中，一方面限制和排除了搭卖品市场中的竞争；另一方面，通过市场势力的滥用，结卖品的厂商也可以通过捆绑销售抽取更多的消费者福利，从效率角度也并未有显著的提升。这个理论观点主要来自哈佛学派关于搭售的杠杆理论，当结卖品的卖家具有较强市场势力时，它会通过搭售这个杠杆将结卖品在消费者领域的依赖度转移至对搭卖品的依赖度上，在挤出搭卖品卖家的同时也阻碍了其相关市场的进入，提高了搭卖品市场的进入门槛。[1] 从芝加哥学派的观点来看，搭售并非以排除竞争对手为主要目的。消费者在购买特定商品时的支付意愿给定时，若厂商 A 已经在其相关市场内处于垄断状态，其通过搭售来抽取更高的消费者福利会显著导致消费者需求下降，对其利润的上升产生较为明显的负面效应，换言之，厂商 A 已经能够在具有优势竞争力的结卖品市场中获得充分的利润，其并不会有充分的动机再通过搭卖品来获得额外的利润。因此，厂商搭售的主要动机应来自对两种商品范围经济的考量，即通过搭售寻求成本降低、质量优化、效率提升等经济目标。[2]

结合上述两个观点来看，对于厂商搭售行为的反竞争效果需要结合厂商的实

---

[1]　M. D. Whinston, "Tying, Foreclosure, and Exclusion", *The American Economic Review*, Vol. 80 （4）, 1990, pp. 837 ~ 859.

[2]　R. Posner, "The Chicago School of Antitrust Analysis", *University of Pennsylvania Law Review*, Vol. 127 （4）, 1979, pp. 925 ~ 948.

际状态和具体行为结果进行深入分析。具体而言，从效率层面来看，厂商的搭售行为主要从两个方面影响了消费者的福利。首先，结卖品和搭卖品的捆绑是否对消费者在使用时的效用有明显提升，有些产品之间存在着比较明显的兼容性，而这种兼容性又显著地影响了使用体验，因此，有些搭售组合是在产品兼容层面所必要的。其次，消费者在面对厂商搭售行为时，对其他产品（主要是搭卖品）的选择路径被封锁。通常在搭售行为下，厂商和消费者之间关于结卖品的交易是基于消费者接受购买搭卖品的基础之上的，因此，消费者在其他路径选择其他厂商的搭卖品会受到限制，由于自由交易的可能性下降，会导致消费者的效用降低。

在考虑搭售行为的效率中，需要从消费者福利的增减进行其合理性的权衡。效率的另外一个体现形式在于厂商的生产和经营效率，在结卖品和搭卖品的生产和经营过程中，如果共同经营和销售两种商品对卖家可以带来比较明显的范围经济。例如，两种产品单独生产时的成本为 $C_1(x_1)$ 和 $C_2(x_2)$，而共同生产经营并销售时的成本为 $C(x_1+x_2)$，范围经济呈现出 $C(x_1+x_2) < C_1(x_1) + C_2(x_2)$，厂商则产生了搭售的动机，如果厂商搭售所产生的成本优势能够显著地转移到消费者市场，则这种搭售便产生了一定程度的效率提升。但我们同时需要进一步明确的是，厂商的搭售行为即便形成了效率的提升，他的行为也并不会有损到市场中的竞争。这种对竞争的分析，需要考察厂商所处的相关市场结构，尤其是结卖品所处的市场结构，这直接影响了结卖品卖家是否会将其可能的市场势力传导至搭卖品市场。如果结卖品市场（如图 5-2-1 中市场 A）是竞争的，则厂商的搭售行为并不会显著地影响两个产品市场的竞争，这是由于消费者对结卖品间存在着替代关系，当他们观察到搭售行为使价格提升，且搭售所带来的兼容性并没有充分补偿他们所承担的成本时，消费者会自发选择其他的产品购买。

（2）搭售的经济效果：消费者福利分析。我们首先从消费者福利的视角出发，分析搭售行为的经济效果。如上文所述，厂商的搭售行为对消费者的主要影响在于消费者是否会在这种没有"外部选择"下效用降低，以及消费者是否能够通过结卖品和搭卖品之间的兼容性获益。鉴于此，我们建立一个纵向差异模型，消费者对于结卖品和搭卖品的组合（例如操作系统和浏览器）的偏好 θ 纵向分布于区间 $[0, N]$ 中，当 θ 越趋近于 N 时，消费者对上述组合的偏好度越高，也意味着消费者愿意为组合支付更高的价格，反之则反。厂商 A 是结卖品的卖家，但同时也具有销售搭卖品的能力，令结卖品和搭卖品的生产成本分别为 c_1 和 c_2，厂商 A 捆绑销售的成本为 $\delta(c_1+c_2)$，其中 $\delta \in (0,1)$ 描述了捆绑两种产品对厂商带来的成本节约。① 对应地，厂商在单独销售结卖品和销售捆绑产品的价格分别为 p_1 和 p_2，当捆绑产品出现时，消费者会因为两种产品的兼容性获得一定程度的效用增进，我们将这种效用增进定义为 $\gamma > 0$。如果厂商 A 仅销售结卖品，消费者则可以在搭卖品市场中自由地购买搭卖品，我们假设搭卖品市场是完全竞争的，且市场价格外生为 f。消费者除了购买厂商 A 的产品，也有可能会选择其他的替代品，这个设定的主要原因是，我们不强行地假设结卖品市场是完全被厂商 A 垄断的，厂商 A 被视为在这个相关市场中具有十分显著的市场势力，使消费者对其销售的产品具有十分大的依赖度，但是，当捆绑价格过高以至于超越消费者的支付意愿时，消费者也可以"退而求其次"地选择尽可能可以替代厂商 A 产品的其他产品，此时消费者获得的效用为 u_0。u_0 的大小描述了外部选择在结卖品市场中相对厂商 A 的产品竞争力和产品本身属性，当其他产品的品质和相应的卖家相对于厂商 A 更显著时，消费者则会从外部选择中获得更高的效用，即 u_0 越大，对厂商 A 的垄断行为的冲击和抑制能力越强。

作为一个分析的基准模型，我们首先考虑厂商 A 不进行搭售行为的情境，此时消费者可以从厂商 A 购买结卖品，同时从厂商 A 或者其他厂商处购买搭卖品，消费者购买厂商 A 产品时的效用可以表示为：

$$u \equiv U(p_1) = \theta - p_1 - f \qquad (5.2.1)$$

在消费者效用中，由于结卖品市场中的厂商 A 具有显著的市场势力，因此其能够凭借该势力将价格 p_1 制定在成本 c_1 之上，而搭卖品市场完全竞争，因此，所有卖家都是价格的接受者，该产品价格是外生的，消费者在购买中获得在使用过程中的基础效用，并承担两种产品的价格。在消费者偏好的纵向分布中，边际消费者描述了那些选择厂商 A 和不选择厂商 A 都能够获得同样效用的消费者，即边际消费者效用符合条件：$U(p_1) = u_0$，这部分消费者偏好则为：

$$\tilde{\theta} = p_1 + f + u_0 \qquad (5.2.2)$$

在消费者偏好的分布 $[0, N]$ 中，偏好高于边际消费者偏好的群体会选择厂商 A 的产品，即厂商 A 所销售的结卖品需求函数可描述为：

---

① 在这个理论模型分析中，我们将厂商的搭售定义为纯捆绑，这个设定的原因是我们希望分析这种强制性搭售对消费者福利的影响，当混合捆绑出现后，消费者的自主选择全自然呈现出来，使消费者的福利可以得到有效提升，同时也给予搭卖品市场足够的竞争空间。

$$Q(p_1) = \Pr(\theta \geqslant \bar{\theta}) = N - p_1 - f - u_0 \tag{5.2.3}$$

此时厂商 A 的利润函数为：

$$\pi \equiv \Pi(p_1) = (p_1 - c_1) \cdot Q(p_1) \tag{5.2.4}$$

在厂商 A 的利润函数中我们需要明确的是，虽然其利润来自销售结卖品，但是并不意味着厂商 A 不销售搭卖品，由于搭卖品的市场完全竞争，其市场价格与边际成本一致，因此，所有的搭卖品卖家在正当竞争下的利润均为零。厂商 A 的利润最大化价格满足条件：$\Pi'(p_1) = 0$，即利润最大化价格为：

$$p_1 = \frac{N + c_1 - f - u_0}{2} \tag{5.2.5}$$

厂商 A 销售结卖品的价格受到了其对应生产成本的正向影响，同时受到了搭卖品价格的负向影响。对消费者而言，结卖品和搭卖品之间存在着一定程度的互补性，当搭卖品价格上涨时，为了满足消费者偏好，结卖品价格下降补偿消费者在搭卖品上的成本。此外，当消费者能够从外部选择中获得更高的效用时，说明了外部选择的产品能够对厂商 A 的产品形成较明显的替代，也反映出外部选择产品的卖家对厂商 A 形成比较明显的竞争关系。将价格（5.2.5）代入（5.2.4）中得到厂商 A 的最大化利润：

$$\pi^* = \frac{(N - c_1 - f - u_0)^2}{4} \tag{5.2.6}$$

在纵向分布的消费者偏好中，消费者与厂商 A 交易时的福利为偏好水平高于边际消费者偏好的那部分消费者集团的福利水平，

$$CS(p) = \int_{\bar{\theta}(p)}^{N} U(p) \, dp \tag{5.2.7}$$

当 $p = p_1$ 时，消费者福利为：

$$CS^* = \frac{(N - c_1 - f - u_0)^2}{8} \tag{5.2.8}$$

我们进一步考虑在厂商 A 实施搭售行为时的情况，当消费者面对厂商 A 的搭售行为时，消费者的选择改变为"购买捆绑产品"或"外部选择产品"，此时消费者的效用函数改写为：

$$u \equiv U(p_2) = \theta - p_2 + \gamma\theta \tag{5.2.9}$$

在（5.2.9）中，消费者所承担的价格不再是结卖品价格 p_1 和搭卖品价格 f 的组合，而是一个捆绑产品的整体价格 p_2，虽然从哈佛学派角度出发，这个捆绑价格会显著高于分售价格以实现厂商获取更大利润的目标，但是，消费者的支付意愿存在上限，理性厂商不会将其销售价格在这种捆绑的强制性下制定得过高，因此，我们并不先导地认为 p_2 显著地高于 $p_1 + f$。除此之外，消费者的效用会受到结卖品和搭卖品两种产品组合而产生的兼容性的促进效果影响，我们这里考虑 γ 为一个给定的参数，但是在后续将对其进行比较静态分析，即当 $\gamma = 0$ 或者趋近于零时，经济效果发生如何变化，并观察这种由厂商 A 自发提供的产品互补性所带来的效用提升对搭售行为的经济效果带来怎样的影响。延续基准模型的分析范式，搭售情况下的厂商 A 的需求函数可以表示为：

$$Q(p_2) = N - \frac{p_2 + u_0}{1 + \gamma} \tag{5.2.10}$$

厂商 A 此时的利润函数为：

$$\pi \equiv \Pi(p_2) = \left[p_2 - \delta(c_1 + c_2) \right] \cdot \left(N - \frac{p_2 + u_0}{1 + \gamma} \right) \tag{5.2.11}$$

厂商 A 的利润最大化满足条件：$\Pi'(p_2) = 0$，其利润最大化价格则为：

$$p_2 = \frac{(1 + \gamma)N - u_0 + \delta(c_1 + c_2)}{2} \tag{5.2.12}$$

将（5.2.12）的价格代入（5.2.11）利润函数和（5.2.7）中可以得到厂商 A 的最大化利润和此时对应的消费者福利，分别用 π_B 和 CS_B 表示：

$$\pi_B = \frac{\left[(1 + \gamma)N - u_0 - \delta(c_1 + c_2) \right]^2}{4(1 + \delta)}; CS_B = \frac{\left[(1 + \gamma)N - u_0 - \delta(c_1 + c_2) \right]^2}{8(1 + \delta)^2} \tag{5.2.13}$$

图 5-2-2 描述了厂商 A 实施搭售的主要动机和经济效果。具体而言，厂商实施搭售的主要动机来自两个方面：首先，当消费者对结卖品和搭卖品之间存在较明显的互补关系时，即图中横坐标逐渐向右侧移动时，消费者对购买捆绑产品的动机则越强，厂商进行搭售时的捆绑产品在市场中的竞争力也越强，如果此时消费者的外部选择无法为其带来更大的效用，消费者则会选择捆绑产品，而随着消费者对搭售中的两种产品间互补关系逐渐增强时，捆绑产品为厂商带来的利润也将越大，在图中体现在区域 I 向区域 II 的过渡。其次，厂商在搭售时，捆绑产

品之间可能生成的范围经济可以促进厂商在实施搭售时的利润水平，如（5.2.13）中的利润所示，$\frac{\partial \pi_B}{\partial \delta} > 0$ 说明了在搭售下，厂商可以通过同时生产销售两种产品获得成本的降低，同时，（5.2.12）揭示出当 δ 降低时，消费者也能够从厂商的成本节约中获得更低的价格，即成本节约带来的效率增进可以通过价格这条路径转移至消费者。

但是，厂商实施搭售的动机与消费者能够受益于搭售的条件并不相同，从图 5-2-2 中可以发现，在区域 II 中，虽然厂商的利润在搭售下可以得到明显的提升，也增加了厂商实施搭售的动机，但是，此时的消费者福利是相较于分售情况下更低的，其主要原因是，消费者对两种产品互补性所产生的效用提升虽然给予厂商在搭售下获得更大利润的可能性，但是这个区间的互补性还不足以使消费者购买捆绑产品所获得的福利增进充分补偿他们所支付的价格，而当两种产品间的互补性足够大，使消费者可以"绝对地"从捆绑产品中获益时，消费者福利才能在搭售下得到提升，即从图中区域 II 向区域 III 过渡。

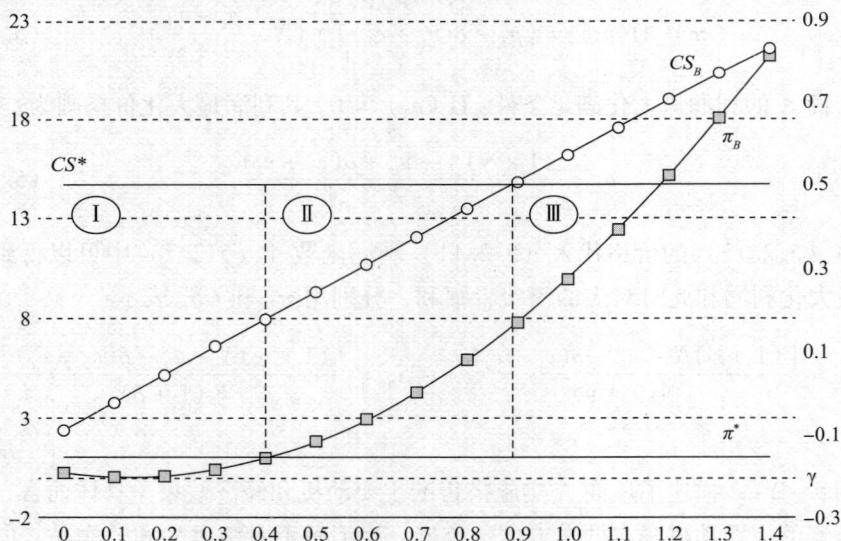

图 5-2-2 搭售下的厂商利润与消费者福利

上述理论分析结果阐述了两个关于厂商搭售的主要结论：其一，搭售行为并不一定总是能够为厂商带来更高的利润，当捆绑产品间的互补性能够吸引消费者或者厂商可以从捆绑中获得更大的成本降低时，厂商会产生实施搭售的动机。其二，搭售行为为厂商和消费者带来的效率提升存在"扭曲"，图 5-2-2 中的区域Ⅰ—区域Ⅲ的过渡说明了，搭售会首先为厂商带来效率提升，使厂商从搭售行为中获益，而其次是消费者，换言之，在区域Ⅱ中，仅有厂商可以从搭售中获得更高的利润，而消费者不能获得更大的福利，从这个视角来看，消费者在搭售中受到了损失，这个损失是基于厂商获得更高的利润而产生的。最后我们还需要明确的是，在这个基础模型中，我们并没有考虑厂商 A 所处的相关市场内的竞争，因此我们也并没有充分验证是否厂商的搭售行为会挤出竞争对手或限制潜在的竞争出现，仅从效率的角度论证了芝加哥学派关于厂商对搭售行为的理性选择问题。

（3）搭售行为对竞争的影响。搭售对竞争的影响主要体现在结卖品厂商可能会通过外生或者内生的约束提高消费者对搭卖品的购买。外生约束来自厂商通过一种协议直接控制消费者的购买选择，即购买结卖品的前提条件是必须以某种形式购买搭卖品；内生约束是通过增强结卖品和搭卖品之间的互补性或者结卖品与其他搭卖品的不兼容性，使消费者自发地从结卖品卖家处同时选择两种产品，例如，电脑操作系统作为一种结卖品，其卖家同时销售网络浏览器作为搭卖品，为了限制和排除浏览器市场的竞争，卖家可以提高自身销售的操作系统和浏览器的互补性或者增加自身操作系统和其他浏览器的不兼容性，以此来提高消费者对捆绑产品的偏好。上述两种关于厂商搭售的约束对竞争的影响，前者属于基本绝对性地以限制和排除竞争为目的的，在进行反垄断规制时，应当考虑本身违法的原则；而后者有可能是结卖品厂商为了改善技术、保护知识产权、提升消费者体验度而进行的，应考虑使用合理原则进行分析。

为了进一步探讨搭售行为对竞争的影响，我们考虑一个竞争的市场，由于搭售行为主要影响的是搭卖品所处的相关市场，我们将这个竞争市场中的产品定义为搭卖品（如上文例子中所述的网络浏览器），结卖品厂商通常具有较强的市场势力，因此，我们认为结卖品厂商是其相关市场中的一个垄断者。搭卖品市场存在两个厂商（标记为厂商 1 和厂商 2），则搭卖品市场是一个双寡头垄断市场，其中厂商 1 同时是结卖品市场中的垄断者。如图 5－2－3 所示，消费者均匀分布在长度为 1 的线性市场中，且消费者密度简化为 1，厂商 1 和厂商 2 分别位于线性市场的左端和右端，消费者基于产品价格和两种搭卖品的差异程度制定购买决策，一个位于市场中任意位置 $x \in [0,1]$ 的消费者购买厂商 1 和厂商 2 的产品获得的效用分别为：

$$u_1 = \theta - p_1 - f - x; u_2 = \theta - p_2 - (1-x) - b \tag{5.2.14}$$

其中 θ 是消费者在购买产品并消费后获得的基础效用，也表示了消费者对产品的支付意愿水平，我们假设这个基础效用足够高使得消费者可以购买到一个单位的产品；p_i，$i = 1,2$ 为厂商 i 销售搭卖品的产品价格；f 是结卖品的销售价格，由于只有厂商 1 销售结卖品，因此 f 完全是由厂商 1 决定的。$b > 0$ 刻画了厂商 1 的结卖品和搭卖品之间的关联，体现在消费者购买厂商 2 的搭卖品的成本上（即效用水平降低）。例如，厂商 1 销售的捆绑产品间的互补关系较强时，消费者虽然有机会购买厂商 2 的搭卖品，但是由于其在与厂商 1 的结卖品共同使用时的兼容性不高，使消费者在混用的时候效用降低，另一种情况是，由于厂商 1 在结卖品市场具有较强市场势力，它要求消费者在购买结卖品时必需购买搭卖品，使消费者执意购买厂商 2 销售的搭卖品时的成本急剧提高，一个比较极端的情况是，当厂商 1 的搭售协议对消费者的约束力极强时，消费者购买厂商 2 产品的成本急剧增加，即 b 非常高，可以使消费者购买厂商 2 的产品时的效用降低为零。

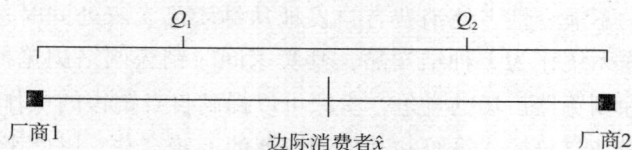

图 5 - 2 - 3　消费者市场

图 5 - 2 - 3 中的 $\hat{x}$ 刻画了市场中购买厂商 1 和厂商 2 的产品都能够获得同样效用的消费者，即边际消费者，其效用特征反映了 $u_1 = u_2$，此时 $\hat{x}$ 的位置刻画了两个厂商在市场中的边界，即两个厂商的需求为 $Q_1 = \hat{x}$，$Q_2 = 1 - \hat{x}$，具体而言，

$$Q_1(p_1,p_2,f) = \frac{1 - p_1 + p_2 - f + b}{2};Q_2(p_1,p_2,f) = \frac{1 - p_2 + p_1 + f - b}{2}$$

$$(5.2.15)$$

两个厂商的利润函数分别为：

$$\pi_1 \equiv \Pi_1(p_1,f) = (p_1 + f) \cdot Q_1(p_1,p_2,f);\pi_2 \equiv \Pi_2(p_2) = p_2 \cdot Q_2(p_1,p_2,f)$$

$$(5.2.16)$$

我们首先考虑第一种情形，厂商 1 制定一个捆绑产品的价格与厂商 2 展开竞争，这种情况下，两个厂商将 $p_1 + f$ 视为一个价格，厂商的利润最大化条件满足：$\dfrac{\partial \pi_1}{\partial (p_1 + f)} = 0$ 和 $\dfrac{\partial \pi_2}{\partial p_2} = 0$，他们利润最大化价格为：

$$(p_1 + f)^B = \frac{3+b}{3}; p_2^B = \frac{3-b}{3} \tag{5.2.17}$$

通过（5.2.17）的价格可以发现，厂商 1 的市场势力主要来自他能够为结卖品和搭卖品之间构建的关联度，无论是外生导致还是内生导致，当两种产品的关联度提高时，即 b 增加，则厂商 1 的市场势力会明显提升，体现在其价格上涨。此外，将（5.2.17）代入（5.2.15）中的需求函数中，可以得到此时厂商 2 产品的需求为 $Q_2 = \frac{3-4b}{3}$，不难发现，当厂商 1 捆绑的两种产品对厂商 2 的搭卖品冲击提升时，即当 $b > 3/4$ 时，则厂商 2 会被挤出市场。

考虑第二种情形，厂商 1 分别制定结卖品和搭卖品的价格与厂商 2 展开竞争，这种情形下，消费者将考虑三个产品的价格对自身效用的而影响，厂商的利润最大化条件则改变为：$\frac{\partial \pi_1}{\partial p_1} = 0$、$\frac{\partial \pi_1}{\partial f} = 0$ 和 $\frac{\partial \pi_2}{\partial p_2} = 0$，他们利润最大化价格为：

$$p_1^S = f^S = \frac{3+b}{4}; p_2^S = \frac{5-b}{4} \tag{5.2.18}$$

从厂商的利润最大化定价来看，捆绑产品之间的关联性对两个厂商的市场势力影响是一致的，厂商 1 依旧可以通过结卖品和搭卖品之间的互补关系获得更强的市场势力，同时这种市场势力可以体现在两种产品的价格均上涨的情况。但是，从产品组合角度来看，消费者在购买厂商 1 的产品时承担的成本更大，即 $p_1^S + f^S > p_1^B$，同时，$p_2^S > p_2^B$ 反映出消费者在购买厂商 2 的产品时承担的成本也更高。因此可以发现，当厂商 1 进行搭售，且厂商 1 针对结卖品和搭卖品分别定价时，整个市场中消费者所面对的价格是上涨的。但是，此时 $Q_2 = \frac{5-b}{8}$ 说明了厂商 2 被挤出市场的可能性更低（厂商 2 被挤出市场的条件是 $b > 5$），要求厂商 1 对产品的捆绑进行更大的限制。造成这个结果的主要原因是，在这种定价模式下，厂商 1 的捆绑产品相对于厂商 2 的搭卖品的价格更加不具有竞争力，若厂商 1 希望通过搭售将厂商 2 挤出市场则需要对两种产品进行更强的销售约束。

考虑第三种情形，厂商 1 对其产品进行动态定价，即在第一阶段对结卖品进行定价，在第二阶段对搭卖品进行定价，逆向递归法下，给定结卖品价格 f，厂商 1 和厂商 2 关于搭卖品的利润最大化价格分别为：

$$p_1^D = \frac{3-f+b}{3}; p_2^D = \frac{3+f-b}{3} \tag{5.2.19}$$

在定价的第一阶段，厂商 1 基于（5.2.19）中价格所产生的预期市场需求对结卖品进行定价，此时厂商 1 的利润函数为：

$$\pi_1 \equiv \Pi_1(f) = f \cdot Q_1(f) = f \cdot \frac{(3 - f + b)}{6} \qquad (5.2.20)$$

厂商 1 在定价第一阶段中的利润最大化条件满足：$\Pi_1'(f) = 0$，其利润最大化价格为：

$$f^\rho = \frac{3 + b}{2} \qquad (5.2.21)$$

相比于第二种定价模式，动态的定价模式也展现出捆绑产品的关联度对厂商 1 市场势力的强化作用，同时，此时厂商 1 的价格相较于前两种情形更高。此外，厂商 2 的需求在动态定价模式下为 $Q_2 = \frac{9 - b}{12}$，说明了厂商 2 被挤出市场的可能性更低。

通过上述三种定价情形的对比，我们可以得到关于搭售对市场竞争影响的几个主要结论。首先，厂商的搭售行为会增加其在竞争市场中的市场势力，通过比较厂商 1 在搭售品市场的定价，由于两种产品之间存在着一定程度的关联度，无论关联度是来自厂商 1 外生协议还是来自两种产品之间的兼容性，关联度的提高会使厂商 1 在结卖品市场中的市场势力转移至搭卖品市场，提高厂商 1 在搭卖品市场中的定价。其次，厂商的搭售行为会产生对竞争对手的挤出效果。上述三种定价模式虽然在价格的量化程度上有所不同，但是从需求对比可以发现，捆绑产品间的关联度在某些程度上可以造成 $Q_2 \leq 0$ 的结果，但是根据厂商 1 的定价阶段和价格结构的变化，这种对厂商 2 需求的冲击不尽相同。例如，当厂商 1 先在结卖品市场中展开经营，随后以搭售的形式进入搭卖品市场时，如果搭售行为没有对消费者的选择产生极其明显的约束，则不会显著地对搭卖品的竞争对手产生挤出市场的效果。

我们需要进一步关注的是，厂商 1 对于结卖品和搭卖品之间关联度的操作和影响程度所带来的反竞争担忧。如上文所述，如果厂商 1 是外生地将消费者的购买选择通过搭售的形式进行了约束，则此时 b 的值会显著增加，在结卖品市场中没有充分选择的时候，b 在消费者市场中的展现甚至可以为正无穷，即在任何定价模式下，厂商 2 都会被挤出市场，这种情况下厂商 1 的行为应是本身违法的。在另一方面，如果厂商 1 对于结卖品和搭卖品之间的关联是内生制定的，即 b 的值是可计量的，且该值是在厂商 1 出于产品互补带来的消费者体验或知识产权保护的目的实施的，此时消费者可以从厂商 1 的投入中获益，我们需要进一步衡量消费者收益的程度与搭售行为对市场竞争破坏程度，通过合理原则对搭售行为进行判定。

关于消费者收益和竞争损失的权衡，我们需要进一步追问的一个问题是，是否可以依据前者大于后者来直接判定厂商的搭售行为是合理的，而不予规制和调整？从一个静态分析的视角，的确可以指出一种可能性：消费者福利在 b 较大时得到提升，且此时市场依旧保持在一定的竞争状态。但是，从一个动态的视角出发，当消费者大规模地转移至厂商 1 后，厂商 1 则会在一个时期后构成在搭卖品市场内的垄断者，进而依据自身的利润最大化来制定价格，或者在搭卖品市场进一步实施垄断行为。因此，即便从短期看，消费者的福利会得到一定提升，但是从长期来看，搭售所形成的竞争损害（即便该损害在短期可以被消费者福利的增加而充分补偿）在长期具有比较明显的反竞争担忧。因此，对于搭售行为中关于效率与竞争的分析不应完全针对量化的标准展开，而是应当更加倾向于市场中（主要是搭卖品市场中）长期的竞争程度进行分析。

（二）限定交易行为

1. 限定交易行为的法学分析

限定交易，也称排他性交易，是指没有正当理由限定交易相对人只能与其进行交易或者只能与其指定的经营者进行交易的行为。在欧盟法上将限定交易分为一般商品来源的限定和利用价格折扣固化购买者的限定两种类型。我国《反垄断法》第 22 条第 1 款第 4 项规定的是一般商品来源的限定，《反价格垄断规定》第 14 条第 1 款规定了价格折扣的限定。[①]

限定交易具有排他性，但此排他性不同于知识产权许可中的排他性。后者是指对被许可人享有的知识产权，除了专有权利人可以自己使用外，不允许专有权利人许可第三人使用，约束的是专有权利人；而排他性交易中的排他性，约束的是占有市场支配地位经营者的交易相对人。

限定交易既可能导致反竞争的恶果，又可能带来提高效率的好处。在 20 世纪的大多数时间里，美国法院在审判限定交易案件的时候，尽管采取的是合理推定原则，但在态度上却是严厉的。之所以会有这种态度，是因为他们担心限定交

---

① 《反价格垄断规定》第 14 条第 1 款：“具有市场支配地位的经营者没有正当理由，不得通过价格折扣等手段限定交易相对人只能与其进行交易或者只能与其指定的经营者进行交易。”

易会导致"市场圈定"（market foreclosure），即排斥竞争对手继而形成垄断局面。[①]

供应商通过限定交易能够阻止销售商销售其他竞争品牌产品。形式上看，排他性交易是当事人意思自治的产物，但在实质上该种交易具有强迫的内在因素，由此可能导致双方权利、义务关系的不平衡。限定交易的危害性主要有如下方面：

第一，限制交易相对人的交易自由。从微观上讲，限定交易是交易人限制交易相对人的销售（购买）渠道，其直接结果是交易人减少了市场交易的不确定性，但限定了交易相对人的选择权，可能形成交易上的依赖。这里的交易相对人不是为生活目的购买商品的消费者，故针对的交易自由不是侵害消费者的选择权，而是为生产经营消费的购买者的合同自由。限定交易和合同及纵向垄断协议的关系非常紧密。如限定的交易不是基于强迫，而是基于被限制者的自愿，可能不构成限定交易；或者限定是基于双方的共同意愿，可能构成纵向垄断协议。[②]

第二，削弱相关市场上的竞争。市场完善与否的一个很重要的指标是市场的开放程度，即每一个市场主体面对的市场空间大小和自由选择的机会是否被不合理限制。所以，宏观上讲，人为限制市场主体的活动空间会剥夺竞争主体的交易机会，抑制市场机能的发挥。由于交易人被固定，作为交易人竞争者的不特定第三人则丧失了交易机会。

我国法律实践对限定交易的认定标准主要是：市场支配地位、对（既有和潜在）竞争者利益的影响和对消费者的影响。被限定交易若存在法律、经济、技术上的正当理由，则可能使被限定的交易具有合法性。具体而言，可以包括以下方面：

第一，为了保证产品质量和安全。一些产品为保障质量的稳定性和性能的安全性，需要在原材料采购、产品制造、存储、运输等方面进行严格管理，这可以成为被限定交易的正当理由。例如我国现行的食盐、烟草的采购。当然，在技术运用的稳定性越来越强、产品的安全性越来越有保障的情况下，被限定交易的产品的范围应越来越小。例如，我国1984年颁布的《民用爆炸物品管理条例》规定，县级以上厂矿企业单位需用爆破器材时，由物资主管部门指定独家交易。

---

① ［美］迈克尔·D. 温斯顿：《反垄断经济学前沿》，张嫚、吴绪亮、章爱民译，东北财经大学出版社 2007 版，第 101 页。

② 俄罗斯《竞争保护法》第 10 条规定的行为——强制交易，更强调"强制"本身的证明，即坚持占有支配地位的组织存在威胁不签订合同将增加买方负担的行为（罚款性质的条款和违反补偿性质的导致亏损的条款或者不履行规定的义务将终止合同或中止执行合同义务等）。这不同于其他国家法律实施中的效率证明。

2006 年修改的《民用爆炸物品安全管理条例》则取消了这种独家交易。同时于第 9 条鼓励一体化作业："国家鼓励民用爆炸物品从业单位采用提高民用爆炸物品安全性能的新技术，鼓励发展民用爆炸物品生产、配送、爆破作业一体化的经营模式。"

第二，为了维护品牌形象或者提高服务水平。特许经营是反映这种缘由的典型形式。特许人将自己所拥有的商标、商号、产品、专利和专有技术、经营模式等以合同的形式授予被许可人使用，要求被许可人按合同规定，在特许人统一的业务模式下从事经营活动。特许经营的交易具有排他性，一般表现为禁止从第三人处购买同类产品。① 但它的正当性在于：通过统一的产品范围、质量标准和场所风格等树立产品品牌，提升企业无形资产的价值。当然，特许经营也可能假借维护品牌形象、提高服务水平实施不正当滥用市场力量的行为，如向对方收取不必要的费用、搭售、地域限制等。

第三，能够显著降低成本、提高效率，并且能够使消费者分享由此产生的利益。自然垄断行业向社会提供的产品或者服务都是通过固定的管道或者线路进行的。因铺设管道或者道路的成本很高，从经济的有效性出发，从供应场所到用户的管道或者线路应当只有一条。如果要在这些部门引进竞争机制，势必就会重复铺设管道或线路，增加至少一倍的投资。如果现有特定企业提供的产品能够满足社会需求，就应该阻止其他企业进入，保护现有特定企业的垄断经营。如果自然垄断的基础性行业允许竞争，将提高该行业产品的社会平均成本，从社会整体经济效益衡量，必然造成资源的浪费，不利于社会总福利最大化。另外，从服务于消费者的角度而言，自然垄断行业的生产和销售需同时进行并且不宜中断，提供安全和价格合理的产品或服务，直接关系到人民生活稳定和国民经济的发展。

2. 限定交易的经济学分析

从经济学的视阈出发，限定交易行为是具有市场支配力的经营者将其市场势力转移至其与交易相对人的交易内部中，通过增加交易相对人的转移成本，提升交易相对人对交易条件的依赖性的行为。具体而言，实施限定交易的经营者的交易相对人在进行决策中面临两类成本：其一是从现有交易中转移到其他经营者的

---

① 例如，原国家经济贸易委员会 2002 年制定的《关于规范加油站特许经营的若干意见》第 8 条规定："被特许人必须履行以下基本义务：（一）遵守特许人的经营方针和政策，自觉维护特许经营体系的名誉及加油站的统一形象，不得有以下行为：1. 销售第三方油品；2. 自行开展促销活动；3. 从事合同约定之外的其他经营活动……"

成本，即转移成本；其二是现有交易条件中的限定条款为其带来的成本，即交易成本。转移成本来自具有市场支配地位的经营者在交易过程中展现出的市场力量，该市场力量并不一定来自该经营者拥有市场经济活动中的必需设施，而更有可能来自该经营者关于生产经营的技术、财力、市场份额等方面的相对优势。这种相对优势提高了其他经营者和交易相对人对该经营者的依赖程度，增加了交易相对人在谈判失败后的成本。转移成本的增加背后的逻辑在于，当交易相对人与市场势力强的经营者谈判失败后，其只能转移至其他市场势力较弱的经营者，而这些经营者在市场中所具备的优势并不能像前者一样将充分的市场势力转移至交易相对人，使交易相对人在选择市场势力较弱的经营者时所获得的收益降低，这个收益降低的程度便反映出交易相对人的转移成本。

此外，交易成本来自具有市场支配地位的经营者在其与交易相对人的交易条件制定中外生地加入的提升自身收益或潜在收益，同时降低交易相对人收益的条款。在本节的分析中，这种条款主要是限定交易条款。该条款一方面进一步增加了交易相对人转移到其他经营者的成本，直接提高了实施限定交易的经营者的交易稳定性；另一方面，该条款间接地约束了经营者的竞争对手的交易机会，实现了经营者排除、限制竞争的目的。

对于交易相对人而言，具有市场支配地位的经营者的市场势力强弱是影响其交易相对人决策的主要因素，我们可以用以下表达来刻画交易相对人在限定交易条款下的利润：

$$利润 = 收益 - （交易成本 - 转移成本）$$

首先，在常规交易下，交易相对人的利润不包含以上公式中的两个成本，当以上成本产生并增加后，交易相对人事实上弱化了其与经营者的交易动机。其次，我们需要明确的是，当经营者的市场势力增加后，交易相对人的转移成本也随之增加，弱化了其选择其他经营者的动机。因此，交易相对人在进行决策的过程中，需要权衡上述两类成本对其利润产生的影响。进一步地，两类成本对交易参与者带来的影响也不尽相同，交易成本的提升伴随着经营者的利润提升，具体而言，当经营者利用其市场支配地位外生地加入限定交易条款时，则在很大程度上稳定了其市场规模和盈利能力，虽然限定交易条款会增加交易相对人的成本，但是，其会增加经营者的收益。此外，转移成本的增加并不会显著改变经营者的收益，仅会通过调整交易相对人的利润来影响其转移动机和相应的决策。因此，对于经营者而言，其制定限定交易条款的基础在于，条款对交易相对人带来的交易成本是否可以较大程度地被转移成本所抵消，当这种情形发生后，交易相对人虽然需要在条款下承担无法充分自由地选择交易的成本，但是，它同时会考虑到转移会为其带来更大的成本，进而弱化了转移到其他经营者的动机，使限定交易条款的制定对控制交易相对人带来实质性的影响。

从限定交易行为的经济效果来看，上下游市场结构、上下游经营者关联、相关市场边界和特征等因素都会产生差异化的效果，但是，从一个一般化的分析框架出发，可以将相关的经济效果进行归纳。考虑一个在给定相关市场内具有支配地位的经营者 A，以及其在市场内的任意交易相对人 B，两家厂商在交易中能够创造共同利润 Π，他们在交易成功后基于相对的谈判力量分配共同利润，令 $\gamma \in (0,1)$ 刻画厂商 A 相对于厂商 B 的谈判力量，则此时厂商 B 的相对于厂商 A 的谈判力量则为 $1 - \gamma$。两家厂商在交易失败后分别获得 π_A^0 和 π_B^0 的利润，我们将其定义为外部利润，外部利润描述了经营者在既定交易失败后进行关于本交易的外部选择时所获得的利润，当某一经营者的较强的市场支配地位是来自控制市场的能力时，它则能够在交易失败后短期寻找到其他的交易相对人完成交易，使其外部利润水平始终处于一个较高的水平。例如，在本框架中的经营者 A 便具有较大的外部选择，为其带来了较大的外部收益机会。两家厂商在交易时遵循了广义纳什议价的原则，他们交易的最优化问题则可以表示为：

$$\max_{\pi_A, \pi_B} \Omega(\pi_A, \pi_B) = (\pi_A - \pi_A^0)^{\gamma} (\pi_B - \pi_B^0)^{1-\gamma} \tag{5.2.22}$$

$$s.t. : \pi_A + \pi_B = \Pi \tag{5.2.23}$$

将（5.2.23）的约束条件改写为 $\pi_A = \Pi - \pi_B$ 并代入目标函数（5.2.22）中，求解最优化问题 $\Omega'(\pi_B) = 0$ 可以得到：

$$\pi_B = (1 - \gamma)\Pi + \gamma \pi_B^0 - (1 - \gamma)\pi_A^0 \tag{5.2.24}$$

通过（5.2.24）可以发现，厂商 B 来自与厂商 A 交易的利润受到外部利润和相对谈判力量的影响。首先，当某家厂商的外部利润增加时，会强化其在交易中的谈判地位，增加谈判收益。其次，当厂商在谈判中的相对力量提升时，其谈判收益也会提升。就谈判力量而言，它主要来自该厂商能够控制其他厂商的能力，可以被视为厂商市场势力在谈判中的体现，例如，经营者 A 在市场中具有较强的市场支配地位，使其具有了比较显著的市场势力，进而强化了其控制市场和交易相对人的能力，赋予了它更强的谈判力量。此外，若厂商 B 在初始交易时并未选择厂商 A，而是选择相关市场内其他经营者 C，在此我们假设厂商 A 是市场中唯一一家具有市场支配地位的经营者，因此，厂商 C 与厂商 A 之间并不具备明显的抗衡关系，此时厂商 B 的收益为 π_B^0。

聚焦限定交易行为，基于限定交易条款带来的两类成本主要从两个方面影响了 π_B。令该条款给厂商 B 带来的交易成本为 e，转移成本为 s，它们分别影响了厂商 B 在交易发生后的实际利润和潜在转移后的利润，围绕这两个成本，我们可以将（5.2.24）改写为：

$$\pi_B = (1 - \gamma)(\Pi - e) + \gamma \pi_B^0(s) - (1 - \gamma)\pi_A^0 \qquad (5.2.25)$$

不难发现，当限定交易条款给厂商 B 造成了较大利润分配的弱化时（来自 $\dfrac{\partial \pi_B}{\partial e} < 0$），厂商 B 则产生了转移的动机，但同时，厂商 A 的市场势力又会增加厂商 B 在转移过程中的成本，即 $\dfrac{\partial \pi_B}{\partial s} < 0$，这会给厂商 B 带来决策上的干扰。具体而言，厂商 B 放弃与厂商 A 交易并转移至厂商 C 的动机应满足条件：

$$\Pi - e - \pi_A^0 > \pi_B^0(s) \qquad (5.2.26)①$$

虽然限定交易条款的加强（即 e 的增加）会弱化厂商 B 与厂商 A 交易的动机，但是厂商 A 的市场支配地位会显著降低厂商 B 选择厂商 C 时的利润，即（5.2.26）的右侧部分也会随着厂商 A 的市场势力增加而降低，当（5.2.26）左侧降低程度低于右侧降低程度时，厂商 B 依旧会选择与厂商 A 进行交易，即便限定交易条款会为前者带来较大的利润损失。从整个相关市场经济活动中的参与者来看，上述限定交易行为主要带来了以下四个方面的影响。

第一，限定交易损害了交易相对人的收益。从上述分析中不难发现，限定交易条款直接约束了交易相对人的自由选择，使其无法在不同的交易中实现符合自身利润最大化的目标，降低了其在正常交易过程中的收益。这种收益的降低主要体现在两个方面：其一是限定交易使交易相对人不能在既定的市场环境中按照自身的实际需求寻找交易对象，使其生产经营无法实现效率上的增进；其二是经营者往往会基于自身的利润需要而通过限定交易条款增加交易相对人的成本，降低其利润。

第二，限定交易排除和限制了市场中的竞争。（5.2.25）和（5.2.26）揭示

---

① （5.2.26）的条件来自 $(1 - \gamma)(\Pi - e) + \gamma\pi_B^0(s) - (1 - \gamma)\pi_A^0 > \pi_B^0(s)$。

出市场中其他不具备市场支配地位的经营者有效收益是来自交易相对人的实际选择和交易，即 $\pi_2^0 > 0$ 的条件是交易相对人的实际选择，否则其他经营者无法获得充分的交易对象和交易收益。限定交易条款使大部分交易相对人转移至具有支配地位的经营者，显著减少了与该经营者同处于一个相关市场内的其他经营者的交易机会，当这些经营者无法获得预期收益时，它们则面临退出市场的风险。同时，潜在的经营者也可以预期进入市场后较少的交易机会和较低的交易收益，弱化了它们的进入动机，使市场中现有的竞争和潜在的竞争程度明显降低。

第三，限定交易损害了消费者的福利。当交易相对人由于限定交易条款而增加成本时，它们会将这种成本以价格的形式转移到消费者身上，同时，由于限定交易条款使市场中的交易大多集中到具有支配地位且实施限定交易条款的经营者中，使消费者在上游经营者之间的限定交易条款下也失去了大量的交易机会和可选择的能力，在面对价格提升的同时，也增加了转移成本，其福利受到损失。

第四，限定交易会带来潜在的纵向市场合谋风险。经营者的限定交易条款并不一定完全在于交易相对人的交易选择权方面，还可能同时涉及了交易相对人的价格制定方面，当交易相对人由于限定交易条款与经营者保持了较为高度的一致性时，可能会产生上下游市场中的纵向垄断协议行为，或实施限定交易的经营者为其交易相对人群体提供实质性的帮助（即轴辐协议）。实施限定交易的经营者无论是在纵向市场的上游还是下游，只要其具有市场支配地位并将其拥有的市场势力以限定交易条款传递到交易相对人的行为策略中，就会产生合谋风险，对其他经营者和消费者造成进一步的福利损害。

（三）拒绝交易行为

拒绝交易是没有合理的理由拒绝向购买者提供产品或服务的行为。一般来说，交易需尊重意思自治、契约自由，每个市场主体有选择权，包括有权不选择（拒绝）与某一市场主体进行交易，且不需要特别理由。但对于占市场支配地位的经营者而言，拒绝交易的客体可能对（潜在）竞争者的生存有重要影响，那么，这种情况下的拒绝交易就会损害市场竞争。

1. 拒绝交易的法学分析

（1）拒绝交易的理解。理解拒绝交易时，应当主要把握以下方面：

第一，拒绝交易常作为维持垄断地位或垄断经营的手段，其可能单独存在，也可能穿插在其他垄断行为中使用。作为辅助工具使用的拒绝交易多具有惩罚性。例如，排他性交易中，如果经营者不"从一而终"，将受到拒绝交易的惩罚。

又如维持转售价格行为中，如果销售者擅自降价或变相降价，可能被"断货"。

第二，拒绝交易包括已经交易情况下的拒绝和欲进行交易的拒绝。前者是针对特定交易对象的有条件拒绝，后者往往是针对不特定对象的无条件拒绝。有条件拒绝多带有惩罚性，其目的是纠正交易人的不"合规"行为，其对象是已经确立交易关系的当事人。不管在交易中是否对"拒绝权"有所明示，只要理由不充分，实施拒绝就是违法的。这种拒绝不同于合同抗辩，合同抗辩产生的基础是对方存在不履行合同的风险，而拒绝交易的理由多是交易对方的行为超出了被不合理限定的范围，所以一个是法定的，一个是意定的。欲进行交易的拒绝，往往是为阻止潜在竞争者的市场准入。

第三，拒绝交易是单独的拒绝，而不是共同的拒绝。单独的拒绝交易，是指不当地拒绝与某经营者进行交易。共同的拒绝交易，是指同与自己处于竞争关系的其他经营者共同实施拒绝同某一经营者进行交易或者限制有关交易商品或服务的数量或内容的联合行为。共同拒绝的典型形式是联合抵制。所以，拒绝交易不同于联合抵制。

第四，适用对象包括产品和服务，一些情况下也适用于知识产权。前者不必赘述。知识产权的垄断性本身促成了权利人的市场支配地位，这种支配地位可能被滥用。授予发明创造以专利权，是为了保护发明人的智力成果，也是为了推广该发明创造。获得了专利权不予以实施，有违法律保护专利权的主旨。因此，法律规定了专利强制许可制度。其中从属专利的强制许可和拒绝交易有相似之处，两者的共同点是关系人之间存在"依赖关系"。从属专利是两项专利之间存在实施上的依赖关系，前一项专利的实施需要使用后一项专利，或者相反；而拒绝交易是产品来源或服务项目和技能上的依赖关系。法律并不是要打破这种依赖关系，而是在维持依赖关系的基础上避免滥用这种关系。如果单纯为了维护专利权，任何人未经许可都不得使用专利权人的专利，那么后一项专利就可能因前一项专利权人的拒绝许可使用而不能实施，这将抑制开发从属技术的积极性。如果允许优势主体对具有依赖性的弱势主体施以产品或服务上的拒绝，就会阻碍弱势主体的生存和发展。

（2）拒绝交易的法律规制。拒绝交易和交易被拒绝之间是不同的，理论上，后者往往是被拒绝但尚有替代性资源，而前者则没有替代性资源或资源的替代性极小。实践中，需参考市场力量、拒绝的理由、给对方造成的损害等因素进行综合分析。

综合有关案件和理论，法律上拒绝交易的认定应把握以下方面：

首先，实施主体是具有市场支配地位的经营者。从市场关系而言，拒绝交易是拒绝配置资源。一般情况下，经营者有选择交易相对人的权利。选择交易相对人时被对方抛弃不是拒绝交易，因选择人和被选人都有选择机会，因自身的劣势而被抛弃恰是市场发挥作用的结果。如果经营者占有大量的资源或垄断性资源而拒绝配置，可能涉嫌拒绝交易。与联合抵制相比较，拒绝交易的相对人所面对的市场结构更严峻。因为被拒绝的相对人除此之外可能别无选择。

其次，拒绝交易行为阻碍交易相对人的生产或销售。实施的拒绝交易通常表现为：拒绝供货、拒绝按时供货或拒绝供给合格货物等。拒绝交易的方式包括：削减与交易相对人的现有交易数量；拖延、中断与交易相对人的现有交易；拒绝与交易相对人进行新的交易；设置限制性条件，使交易相对人难以继续与其进行交易。这些行为如果阻碍、限制交易相对人的生产或销售，则可能构成违法。以欧盟委员会曾处理的一个案件为例，Commercial Solvents 是一种制药原材料的全球唯一生产商，Zoja 是欧盟市场上使用该原材料的厂家之一。Commercial Solvents 要求与 Zoja 解除合同，Zoja 向欧盟委员会投诉，声称若不能从 Commercial Solvents 及其分支机构获得这种原材料，无法再从其他地方获得。欧盟委员会命令 Commercial Solvents 供应最低限度的原材料。欧盟法院维持了欧盟委员会的决定。[1]

最后，对于潜在竞争者而言，拒绝交易的客体是特定的，即交易对象属"核心设施"。一旦核心设施被拒绝，交易对象的已经营业务将被迫中止，欲经营业务将无法展开。典型的示例是不同电信网络之间的拒绝互联互通行为。一般认为，核心设施是一方经营者占有、另一方进入市场必须使用的设施，且该设施不可复制或复制成本过高。当然，反垄断法实施中核心设施的认定有多种标准，需要结合案件的具体情况加以运用。上述我国《禁止滥用市场支配地位行为规定》确立了核心设施认定的基本原则，即应当综合考虑以合理的投入另行投资建设或者另行开发建造该设施的可行性、交易相对人有效开展生产经营活动对该设施的依赖程度、该经营者提供该设施的可能性以及对自身生产经营活动造成的影响等因素。

（3）抗辩。滥用市场支配地位之拒绝交易和合同自由之拒绝交易在主体和客体方面都存在一定的差异。在正当理由上，前项拒绝交易的正当性需进行客观证明，主观意愿的抗辩（不想交易）是无效的。客观证明一般包括以下三点：

---

[1] *Commercial Solvents v. European Commission* ［1974］I C. M. L. R. 309.

第一，没有阻断交易相对人的市场选择。经营者能够证明交易相对人可以合理的价格向其他经营者购买同种商品、替代商品，或者能够以合理的价格向其他经营者出售商品的，交易的目的即可以达到，此种情况下，经营者的拒绝交易对交易相对人的经营不会产生实质性障碍。

第二，经营者自身的经营风险显著增加。例如，交易相对人有严重的不良信用记录，或者出现经营状况持续恶化等情况，可能会给交易安全造成较大风险。再如，经营者自身产量不足，开放设施将使自身的经营状况受到严重的影响。

第三，妨碍已有客户使用该设施。例如，因技术容量的原因，开放核心设施将使旧客户乃至整个市场经营者的经营效果受到不利影响。

2. 拒绝交易的经济学分析

拒绝交易行为通常是具有市场支配地位的经营者以非价格的方式约束其交易相对人正常交易的行为，其最终产生了限制、排除竞争的效果。从拒绝交易的经济学逻辑来看，经营者的核心目标与限定交易类似，都是旨在增加其自身收益，从两种行为的实施路径而言，他们存在关于经营者的两重相反的方向。具体而言，拒绝交易是通过降低交易相对人所处相关市场的竞争程度，实现提高拒绝交易实施者的利润的目标，可以被视为一种通过"推力"提升经营者利润的手段；限定交易则是通过强化经营者控制交易相对人的聚集，实现尽可能控制交易相对人的相关市场的目标，可以被视为一种通过"拉力"提升经营者利润的手段。但是，从经营者与其交易相对人的博弈逻辑来看，上述两种滥用市场支配地位行为还存在较为明显的差异，这种差异主要体现在两个方面。

首先，具有市场支配地位的经营者是否存在充分的动机实施拒绝交易。从利润最大化视角出发，经营者如果能够从现有的交易中实现利润提升，则作为理性人，其并没有充分动机拒绝与现有交易相对人交易，除非现有交易存在生产经营过程中的收益减损或其他客观原因。因此，我们则需要进一步考量当交易相对人被排除后，其所处的相关市场结构是否发生了显著改变，而同时，实施拒绝交易的经营者可以从这种市场结构变化中有利可图。这种情况便增加了拒绝交易的潜在收益，强化了经营者实施拒绝交易的动机。

其次，拒绝交易的存在是否显著地形成了排除、限制竞争的效果，以及明显地降低了消费者福利和社会总福利。拒绝交易的直接影响是交易相对人在短期失去的交易机会，但是这并不意味着交易相对人被排除在相关市场的竞争之外，即便实施拒绝交易的经营者具有市场支配地位，其行为也可以被视为一种合同自治。从经济学分析中，我们需要明确的是，交易相对人在失去交易机会后是否可以在短期以合理成本寻找或创造交易机会，同时，交易相对人无法实现交易时，相关市场内部的竞争是否受到了显著的损害，进一步地，上述两种情况是否损害了消费者和社会总福利。当这个连锁反应发生后，才可以判定经营者的拒绝交易行为是否违法。

围绕经营者实施拒绝交易的动机，我们可以基于上一节中的广义纳什谈判溢价进行分析。具有市场支配地位的经营者 A 和其交易相对人 B，针对某一特定产品或服务形成交易关系，两者的谈判过程由（5.2.22）和（5.2.23）描述，在均衡时，经营者 A 的分配利润可以表示为：

$$\pi_A = \gamma\Pi + (1 - \gamma)\,\pi_A^0 - \gamma\,\pi_B^0 \qquad (5.2.27)$$

关于（5.2.27），我们需要关注以下两点：首先，Π 表达了在交易相对人所处相关市场既定的竞争程度时两个经营者的共同利润，即经营者 A 并未实施拒绝交易时的共同利润，令 k 刻画交易相对人所处相关市场中的竞争程度，则 $\Pi'(k)$ < 0 说明了竞争程度越高，共同利润越低。其次，π_2^0 表达了交易相对人在与经营者 A 谈判失败后的利润水平，该利润受到了经营者 B 转移到其他经营者或者自己创造交易机会时承担成本的影响，令 s 描述了上述成本，则 $\pi_B^{0'}(s)$ < 0 说明了成本越高，经营者 B 的利润则越低。

例如，经营者 B 如果转移至其他经营者，它需要承担 s 的转移成本，体现在设备的改造、生产要素的再调配、技术的调整等方面，当这个成本提升时，经营者进行转移的成本也将随之提升，当该成本提升到一个较高水平时，则会使经营者 B 的利润降低为零。若经营者 B 由于成本过高而导致利润降低至零以下的水平，则会退出市场，改变了其所处的相关市场的结构，改变了相关市场内的竞争程度。其背后的逻辑在于，当经营者 B 由于成本过高而无法继续经营，则会退出市场，提高其所在市场的集中度，降低竞争程度。因此，如果将经营者 B 所处相关市场经营者数量定义为 n，则有 $n'(s)$ < 0。进一步地，如果经营者 A 实施拒绝交易，令其利润为 $V(n)$，且 $V'(n)$ < 0，说明了经营者 A 的交易相对人所在的市场集中度越高，交易相对人就越能够为经营者 A 带来更高的利润。结合上述分析，经营者 A 实施拒绝交易的动机应满足条件：

$$V(n(s)) - \gamma\Pi(k) - (1 - \gamma)\,\pi_A^0 + \gamma\,\pi_B^0(s) > 0 \qquad (5.2.28)$$

条件（5.2.28）主要揭示了经营者 A 实施拒绝交易动机的两条主要路径：其一，经营者 B 所处的相关市场中的竞争程度越高，经营者 A 则越有可能实施拒绝交易行为。其主要原因在于，交易相对人市场的激烈竞争会降低经营者 A 交易收益，此时，经营者 A 则会通过拒绝交易来影响交易相对人的市场结构。具体而言，通过拒绝交易来排除市场中的部分交易相对人，提高市场集中度，降低市场竞争程度，从而获得更高的交易收益。其二，经营者 B 的转移成本带来的市场结构影响大于对其造成的谈判力量影响时，经营者 A 则越有可能实施拒绝交易行为。这条路径带来了一定程度的反直觉结果，从直觉分析来看，经营者 B 的转移成本越高，经营者 A 实施拒绝交易的效果越明显，但是我们需要明确的是，经营者 A 是能够从与经营者 B 的现行交易中获益的。具体而言，经营者 A 与经营者 B 通过谈判可以获得分配收益，并且，当 s 提高时，经营者 B 谈判失败的成本越高，即弱化了其与经营者 A 谈判时的力量，给经营者 A 带来更大的谈判收益，这个效应会提高经营者 A 继续与经营者 B 进行交易的动机。在另一方面，当经营者 B 的转移成本过高而使其在拒绝交易情形下退出市场时，其所在的市场中厂商数量降低，使经营者 A 在后续的交易中可以获得更高的收益，这个效应会提高经营者 A 拒绝与经营者 B 进行交易的动机。上述两个效应存在相反的效果，经营者 A 是否会实施拒绝交易取决于第二个效应是否能够强于第一个效应，换言之，如果经营者 A 能够从经营者 B 所在的市场集中度降低中获得更大的收益，则其会产生实施拒绝交易的动机。

此外，对于拒绝交易行为是否可以被判定为滥用市场支配地位行为，应遵循以下三个阶段的逻辑开展经济学分析。

首先，经营者 B 转移至其他经营者或自行创造交易机会的成本水平是否过高，且这种情况是否广泛地存在经营者 B 所处的市场中。经营者 A 具有市场支配地位并不意味着其在市场中完全控制其交易相对人，当经营者 A 的市场份额、技术能力、财力、控制其他经营者的能力并不十分高，以至于其他交易相对人无法在短期以合理的成本选择其他经营者进行替代时，经营者 B 的转移成本则不会显著提高，此时，经营者 B 可以以合理的成本向其他经营者转移。此外，如果经营者 A 拒绝交易所基于的市场势力并不是完全来自某一项必需设施时，则经营者 B 也可以通过自行创造交易机会来完成生产经营。因此，如果经营者 B 能够以较低成本、较短时间继续在经营者 A 拒绝交易时完成生产经营并获得商业利润，则经营者 A 的拒绝交易行为并不会显著干扰经营者 B 所处的相关市场的竞争，此类行为也并不具有滥用的特征。

其次，经营者 B 退出市场是否会显著地影响其所处的相关市场的结构。当上述交易相对人在面对拒绝交易时由于成本或技术的原因无法继续生产经营，并退出市场，同时，此类情况显著影响到了市场结构时，则会产生拒绝交易的反垄断担忧。这种情况的主要体现在于三个层面：其一，交易相对人所处的相关市场并不存在充分竞争，即该市场的集中度较高，此时当少数经营者由于拒绝交易而退出市场后，会显著改变该市场的结构，使市场向独家垄断结构趋近，这便会增加该市场内部的垄断风险。其二，交易相对人所处的相关市场存在较充分的竞争，但大规模的经营者都受到了拒绝交易的约束，使市场中大多数的经营者由于拒绝交易而无法继续生产经营，也会直接导致市场结构的改变。其三，拒绝交易不仅发生在现有的交易相对人市场中，也发生在潜在的交易相对人集团中，当潜在的经营者准备进入市场时，拒绝交易行为会形成对他们进入市场的门槛，限制了竞争的发生。

最后，经营者 B 的转移或退出是否会显著地影响消费者福利和社会总福利。拒绝交易会从两条路径形成对消费者福利和社会总福利的影响：其一，如果经营者 B 的转移会为其造成较大的成本，经营者 B 为了补偿该成本会以更高的价格销售产品，这便将拒绝交易在纵向市场中带来的交易费用以价格的形式转移到消费者身上，同时，这种价格上涨并不是伴随着质量显著提升而产生的，而是供应链内部的交易费用的提升而带来的，直接造成了消费者福利的降低。其二，如果经营者 B 以及更多数的经营者由于拒绝交易而退出市场，则会降低市场中的竞争，提高市场中的集中度，这就会使那些依旧停留在市场中的经营者的市场势力被强化，缺乏竞争使他们能够以更高的价格销售产品，也会造成消费者福利下降的结果。进一步地，如果拒绝交易行为显著地改变了交易相对人所处相关市场的结构，尤其是使市场集中度显著提高，则会产生市场中依旧存在的经营者潜在的垄断行为，例如，基于价格的滥用市场支配地位行为、垄断协议行为、以限制竞争为目的的滥用市场支配地位行为等，由于控制市场能够为他们带来比较稳定的商业利润，则会降低这些经营者创新的动机，缺少必要的创新和研发会降低技术改进带来的社会溢出效应，在长期降低社会总福利。

三、滥用知识产权行为

1. 知识产权滥用的法学分析

知识产权是一种为保护知识产权人而设立的法定的垄断权，这种权利的行使具有专有性和排他性，一旦被滥用会侵犯他人参与自由竞争的权利。

（1）法律规制的基础。如同在意志论范畴中尼采的权力意志论代替了叔本华的生命意志论一样，垄断竞争超越了自由竞争时，经济主体的行为意志指向也相应地发生了变化。在垄断阶段，加剧了的竞争迫使经济主体改变行为目标和活动方式。通过控制更多的人来减少获取利润中的风险是垄断主体和追求垄断的主体共同的权力意志。"大大小小的竞争，处处都按照权力意志转变为支配关系，借以增长和扩充权力。"①

传统社会中，权力意志转化为权力的客观基础主要是政治力量和经济力量。现代社会，权力意志的基础结构发生了重大的变化。其中，最为突出的就是知识转化为权力的可能性大大提高。法国社会学家福柯发现，人类的知识与权力具有一种生产性的关系。在福柯有关现代权力的理论表述中，他更愿意采用一种"知识权力"（"权力知识"）或"知识—权力"（"权力—知识"）的形式。② 在"知识—权力"的向性关系中，工业革命的技术被他看作新的权力技术，它训诫着人的语言、行为和身体，把一个生物人整合在知识和权力的结构中，成为符合各种规范的主体。同样在这个向性关系中，德国哲学家海德格尔从另一个角度揭示了知识转化为权力的现代性基础及其表现形式，就是技术的物质化。海德格尔指出，技术的本质乃是强制性命令与要求，由于现代技术的权力意志，即现代技术要将其一切对象纳入技术框架或赋予技术的结构。技术理性背后的权力意志要求依照功能效率的标准去控制一切、操纵一切。其导致的人与事物的自身性毁坏是一种"最高的危险"。

在技术上，反垄断法规制知识产权滥用的基础是技术在市场支配地位的认定中的影响，其前提是相关市场的界定。根据 1995 年美国《知识产权许可的反托拉斯指南》的相关规定，知识产权许可中的反托拉斯执法涉及相关技术市场和相关创新市场③的分析。我国反垄断委员会《关于相关市场界定的指南》中也规定了相关技术市场：在技术贸易、许可协议等涉及知识产权的反垄断执法工作中，可能还需要界定相关技术市场，考虑知识产权、创新等因素的影响。在反垄断执法中涉及知识产权的相关商品市场，可以是技术市场，也可以是含有特定知识产权的产品市场。

---

① 何汝璧、伊承哲：《西方政治思想史》，甘肃人民出版社 1989 年版，第 436 页。
② 沈立岩主编：《当代西方文学理论名著精读》，南开大学出版社 2005 年版，第 287 页。
③ 相关创新市场，是指企业之间就某一领域中未来新技术或新产品的创新性研究开发所形成的市场。这个类型市场所发挥的功能具有补充性。如果一个许可协议不易通过对现有的产品或者技术的影响进行评估，美国司法部或联邦贸易委员会就可能通过它对相关创新市场的影响进行评估。因为创新市场具有不确定、无现实损害性等，欧盟并没有引入这个概念，但欧盟在案件的审查中会将其作为一种分析有关产品市场、技术市场的辅助工具。我国目前制度中亦没有这个市场类型。

对于相关技术市场的界定，需求替代和供给替代的作用几乎难分伯仲。相关技术市场包含被许可的知识产权和它的近似替代品。近似替代品是指与被许可使用的知识产权相比，在限制市场力量方面足够相似的技术或商品。从供给的角度而言，替代品包括针对特定新产品和新方法或者其改进的研究和开发，或者与该研发具有相似替代性的成果。

关于技术市场上经营者支配地位的认定，根据美国《知识产权许可的反托拉斯指南》的规定，"主管机关假定专利、版权或商业秘密并不必然使其所有者拥有市场支配力。尽管知识产权赋予某一特定产品、方法或相关作品的排他权"。其理由是，通常会有足够的上述产品、方法或作品实际或潜在的相近替代品阻碍市场支配力的行使。在缺少替代品的情况下，"专利或其他形式的知识产权的确授予了一种市场支配力，那么这种市场支配力本身并不违反反垄断法"。从这一点看，技术市场和商品市场中认定市场支配地位的标准大致是相同的，即市场份额是判断支配地位的主要依据，此外，参照依赖性、技术创新等。换言之，知识产权法中所赋予的专利等垄断权，并不必然推定为具有市场支配地位，是否具有市场支配地位还要考查产品的市场份额。

反垄断执法机构对经营者涉嫌滥用知识产权的垄断行为进行分析时，一般采取以下步骤：①确定经营者行使知识产权行为的性质和表现形式；②确定行使知识产权的经营者之间相互关系的性质；③界定行使知识产权所涉及的相关市场；④认定行使知识产权的经营者的市场地位；⑤分析经营者行使知识产权的行为对相关市场竞争的影响；⑥如果经营者行使知识产权行为排除、限制了相关市场的竞争，则进一步考察该行为的有利影响以及该有利影响是否大于排除、限制相关市场竞争所造成的不利影响。

（2）滥用知识产权支配地位。在各类的知识产权滥用支配地位行为中，专利权的滥用尤为突出。因科技在促进国家经济增长的过程中，专利的作用越来越明显，在各种智力成果中专利和生产力以及经济利益、经济价值关系最为紧密。随着经济全球化加深，跨国公司利用专利控制国际市场的现象愈发常见，所以对专利权滥用的规制是反垄断法对知识产权滥用行为规制的重点。

行使知识产权行为对竞争产生或者可能产生的不利影响，可以通过以下方面进行综合分析：首先是通过知识产权的取得或者独占性许可减少相关市场竞争者的数量，或者通过知识产权交叉许可协议消除经营者之间原本存在的竞争。其次，相关行为对潜在市场竞争的排除、限制，如通过拒绝许可知识产权行为，控制关键技术等资源，设置或者提高相关市场的进入障碍，使得其他经营者不能以合理的条件获得该资源，阻止潜在竞争者的进入。

专利权所有人或持有人可以利用相同或相似的手段单独或联合滥用权利。

第一，单独滥用知识产权。归纳起来，单独滥用知识产权的行为有以下几种方式：其一，搭售行为。在许可协议中，搭售意味着要求被许可人接受本不需要的知识产权或者购买、使用本不需要的产品或服务，作为得到所需知识产权的许可证的条件。① 搭售必须是两类不同的产品捆绑销售，如果捆绑销售的产品属于在技术上为完善许可合同标的所不可或缺的，该捆绑销售不是搭售。微软公司视窗和浏览器捆绑销售的案件是典型的具有排他意图的知识产权搭售案件。还有一种搭售的变种——总括许可，也称强制一揽子许可，即被许可人要想得到所需许可证必须同时接受一项本不需要的许可证。其二，价格歧视行为，即许可方无正当理由对交易对方实施价格上的差别待遇，以至于限制、阻碍被许可方参与市场竞争的行为。其三，拒绝交易行为，即一方当事人对对方当事人生产经营所必需的技术信息实施不交易。一般来说，拒绝交易要求拒绝的对象是核心设施，这里的核心设施可以是有形物，也可以是技术信息。

当然，并非知识产权滥用行为仅有上述几种，也并非上述名称下的行为一律被认定为违法。认定某行为属于某种知识产权滥用需要结合技术本身的性质、特点、行为目的、国际环境等因素，因此，本身违法原则没有固化在某种知识产权滥用行为中，合理原则的使用更为普遍。②

第二，联合滥用知识产权支配地位。许可人使用联合专利（"专利池"）来进行整体许可时联合权利人利用这一优势，对被许可人施加不合理限制，产生了联合滥用知识产权支配地位。利用专利池实施的限制竞争行为主要表现为强制被许可人接受非必要专利的一揽子许可。认定专利池滥用时，必要和非必要专利的界定是反垄断审查时的关键问题。

在组建专利池过程中，企业经常会将问题专利、假性专利、过期专利混入专利池中，这些专利被称为非必要专利。这种做法既破坏了专利池内部各权利人的公平利益，同时也对专利池外的被许可方形成不合理的限制。由于必要专利往往

---

① ［美］德雷特勒：《知识产权许可》，王春燕等译，清华大学出版社 2003 年版，第 638～639 页。另美国 1995 年《知识产权许可的反托拉斯指南》将"搭售"定义为，一方出售某产品的协议……其条件是买方同时购买另一项不同的（或搭售的）产品，或至少同意他不会从其他供应商处购买该产品。

② 有关此方面更为详细的论述和案件评论，参见［美］德雷特勒：《知识产权许可》，王春燕等译，清华大学出版社 2003 年版，第七章。

具有经济垄断性，专利权人还可以凭借对必要专利的市场支配力，将自己对市场的控制力延伸到本来处于竞争关系的非必要专利技术的竞争市场中，从而实现更大垄断。

必要专利一般从以下方面来认定：其一，在技术上应该是互补专利，即如果没有该项专利，则无法达到该专利池所要求的技术标准。"池"中每一项专利的存在都是整个专利池存在的必要条件。飞利浦从 20 世纪 90 年代起将其持有的生产刻录 CD 光盘（CD-R）和可擦写 CD 光盘（CD-RW）专利通过一揽子打包的方式向外许可。包括美国 Princo 公司在内的五家公司与飞利浦签订了一揽子许可协议。但没过多久，被许可人就不再向飞利浦支付许可费，理由是飞利浦将制造 CD 的不必要专利作为许可的条件和内容。美国国际贸易委员会调查发现，存在制造 CD 的某些可替代性技术，最终认定，飞利浦的专利池中包含四项非必要专利。[①] 其二，在商业上生产该种专利产品，势必侵犯某一专利，而且这个专利还是无法取代的或者取代成本不划算的，那么该专利为必要专利。其三，必要专利的判断还应当是持续性的，因为专利的必要性会随着时间的推进而不断变化。如 DVD "6C" 专利池中就有这样的规定，专家组必须每四年对池内专利进行一次审查，将非必要专利剔除出专利池。[②]

如果专利池中的专利是实施强制一揽子许可的，通过独立第三人——专家评判入池专利是否符合必要性的标准是一种可行的解决争议的方法。另一种是更具原则性的思路，即要想相对公平地解决许可双方的争执，关键是应该给予被许可人选择的自由。

（3）抗辩。反垄断法上的知识产权滥用支配地位的抗辩包括以下方面：

第一，"安全港"抗辩。一定市场份额下的经营者知识产权限制不具有明显的反竞争性，这被称为"安全港"。一般安全港存在两个可避风的港湾：份额避风港和竞争性避风港。

美国上述"指南"中份额避风港的标准确定为：受该限制实质性影响的相关市场上许可人和被许可人的合计市场份额不超过 20%。我国《关于禁止滥用知识产权排除、限制竞争行为规定》第 7 条也确立了安全港制度，并且设置了两

---

① 张乃根、陈乃蔚主编：《技术转移的法律理论与实务》，上海交通大学出版社 2006 年版，第 225 ～ 226 页。

② 国家知识产权局知识产权发展研究中心组织编写：《规制知识产权的权利行使》，知识产权出版社 2004 年版，第 64 页。

个不同标准：低于市场监管总局规定的标准；符合市场监管总局规定的其他条件。

竞争性避风港是在市场份额数据无法获取到，或该数据不能准确地体现竞争的重要性的情况下适用的。一般，除被许可协议各方控制的技术外，还存在一定数量的（美国上述"指南"要求四个或四个以上）独立控制的技术，并可以让使用者以可比成本代替许可技术；或者存在一定数量（美国同上）的独立控制的实体拥有所需要的专门资产，可以从事与许可协议各方的研发活动构成相近替代品的研发。

在我国的反垄断实践中，采取的是单一的替代性技术标准：在横向关系中，在相关市场上存在至少四个可以以合理成本得到的其他独立控制的替代性技术；在纵向关系中，在相关市场上存在至少两个可以以合理成本得到的其他独立控制的替代性技术。即经营者行使知识产权的行为有上列情形之一的，一般情况下，可以不被认定为我国《反垄断法》第17条第1款第6项和第18条第1款第3项所禁止的垄断协议。

第二，效率抗辩。因滥用知识产权行为包括知识产权联合（横向）中的权利滥用和滥用市场支配地位（纵向），故这里的效率抗辩包括豁免抗辩和正当性抗辩。在美国"伊斯曼柯达公司诉图像技术服务公司案"中，上诉人柯达公司提出的豁免抗辩是：通过排除维修组织服务，能为消费者提供更高品质的服务，避免出现维修故障；正当性抗辩是：控制库存成本（因为独立维修组织的存在而无法得出准确的库存估算）、防止搭便车行为。[①] 不管哪种抗辩，从总体上都以行使知识产权行为对竞争产生或者可能产生的有利影响为基础，表现为通过创新或者技术的传播利用，提高生产或者资源利用的效率，提高产品质量等。从法益的角度而言，须有利于维护社会公共利益。具体可表现为消费者可以分享由此产生的利益，或者市场参与者的利益不被严重侵害。

成功的效率抗辩还需要满足下列条件：①效率的提高必须是客观的和可以证明的，即可以通过相关数据来说明效率水平。②知识产权滥用产生的限制性行为不会严重限制相关市场的竞争，即经营者能够证明该行使知识产权行为同时产生

---

① 柯达公司负责生产和销售影印机并提供相关的售后服务。被上诉人是18家独立服务机构。自1980年起，独立服务机构为柯达提供影印机和微缩设备的维修服务。随着独立维修组织竞争能力的不断提高，柯达公司采取了一系列措施限制独立的维修组织提供柯达设备的维修服务。1987年，18家独立维修组织起诉，认为柯达从事了搭售或拒绝交易行为。*Eastman Kodak Co. v. Image Technical Service*，*Inc.* 504U. S. 451（1992）.

或者可能产生有利影响，且有利影响大于不利影响。也就是说，经营者自身利益的增进不得以损害其他市场相关者的利益为代价。③现实的、明显较少的限制是不可避免的。换言之，实施这种限制的方式没有可替代的其他方式。

2. 知识产权滥用的经济学分析

从经济学视角出发，知识产权的整体框架是通过给予知识的创造者某种排他的权利来促进创新的过程，排他的权利保障了知识的创造者在创造知识（如技术、创新）过程中的成本可以得到充分的补偿，同时，其创造的知识在使用过程中可以得到充分的保护，即不会被他人没有正当理由使用。排他的权利具体可以体现为知识的创造者可以利用知识本身或知识的载体控制利润的获取路径，这里并不意味着必须赋予知识的创造者一个垄断者的身份，使其可以通过获得垄断利润来补偿创新的成本，而是给予它交易创新或交易知识所承载的产品的权利，使其可以在合理的范围内获得创造知识应有的合理回报。但在某些情况下，知识产权保护使经营者产生了相悖的行为，即在通过知识产权创造价值的过程中超越了上述合理的范围，使其通过不合理的手段和路径来获得利润。例如，经营者通过某种投入使自身的技术在需求者高度依赖的情况下不与其他经营者技术兼容，将其他经营者排除在市场竞争之外；具有基础技术的经营者拒绝与其他交易相对人就关于技术的使用进行交易，巩固自身在市场中的垄断地位。这些手段都可能会导致在技术相关的某些市场中竞争的缺失。

技术创新下的知识产权具有一个较传统产品不同的特征，即知识产权更多的是对技术或者创新的保护。虽然技术在某些情况下可以独立存在、使用、交易，但是技术有时是附加在产品上的。因此，对于技术所涉及的知识产权的滥用行为可能会发生在技术层面，也可能发生在产品层面，这就导致了我们在分析知识产权滥用行为时，需要将两个市场进行一定程度的分割，并进行细化分析。此外，当一种技术在市场中无法找到可替代的产品或者可替代的技术时，就需要探究是否可以通过创新来实现替代技术的生成，进而向市场补充可替代的产品，而当技术的拥有者通过某些滥用行为向市场的后端延伸，并阻碍了竞争者对相关技术的创新和研发时，则会从创新竞争的层面实现限制或排除，因此，关于知识产权滥用行为的分析需要依照相关技术市场的技术抑制和技术授权的逻辑展开。①

（1）相关技术市场：在位经营者的技术抑制。我们首先考虑一个相关技术

---

① 王先林：《知识产权领域反垄断中相关市场界定的特殊问题》，载《价格理论与实践》2016 年第2 期。

市场中经营者关于知识产权滥用的行为。对于一个具有技术优势的经营者而言，滥用知识产权形成对竞争的限制或排除并不是该经营者的核心目标。事实上，经营者的核心目标是通过将若干策略注入其经济活动中达到利润提升的效果。因此，经营者虽然具有技术的优势，但是除了通过滥用知识产权实现对竞争的抑制之外，其依旧具有自发地转移其技术使用权的动机，即经营者有动机授权其他经营者使用其技术。我们考虑在一个相关技术市场中的经营者 A，其具有一种在初始情况下可以被替代的技术，这说明了其他的经营者（定义为经营者 B）可以选择与 A 进行协商获得该技术的授权，同时，也可以通过某种创新行为来研发能够与 A 的技术进行替代的技术。首先考虑新技术出现后的市场，此时市场中的用户将面对两个经营者所提供的技术，这种技术可以是直接向用户出售，也可以是通过承载于某种产品或服务向用户出售。① 令用户均匀分布在一个长度为 1 的线性市场中，并将用户的密度简化为 1，经营者 A 和 B 分别处于线性市场的左端和右端。经营者 A 和 B 通过价格竞争来完成其技术在用户市场中的价值体现，令经营者 $i, i = A, B$ 的价格为 p_i，用户购买两家经营者产品时的效用表示为：

$$u \equiv U(p_i) = \begin{cases} \theta - p_A - x & \text{若购买 } A \\ \theta - p_B - (1-x) - k_0 & \text{若购买 } B \end{cases} \quad (5.3.1)$$

其中 $\theta \in \Re^+$ 描述了用户在购买技术或产品时获得的基础效用，$x \in (0,1)$ 刻画了用户在 A 和 B 两个经营者之间的转移成本，$k_0 > 0$ 描述了一个关于经营者 A 和 B 关于技术产品竞争的重要参数，它说明了作为先行者的经营者 A 的技术在用户领域具有一定的竞争优势，同时也反映了经营者 B 通过技术创新而产生的技术产品相较于经营者 A 的产品仅是一种替代技术，而并非迭代技术，用户在购买 B 的技术产品后依旧存在一定的机会成本，即效用的折减。边际用户反映了购买了经营者 A 和 B 都能够获得同样效用的用户，即满足条件：$u(p_A) = u(p_B)$，基于边际用户的特征，可以获得两个经营者的需求函数：

$$Q_A(p_A, p_B) = \frac{1 - p_A + p_B + k_0}{2}; Q_B(p_A, p_B) = \frac{1 - p_B + p_A - k_0}{2} \quad (5.3.2)②$$

---

① 直接向用户出售的技术。例如，欧盟"微软案"中，太阳公司向微软公司请求提供的兼容性信息，该信息可以被视为一种可出售的技术。见许光耀：《知识产权拒绝许可行为的反垄断法分析方法——以欧盟微软案为例》，载《价格理论与实践》2018 年第 3 期。

② 边际用户满足条件 $\theta - p_A - x = \theta - p_B - (1-x) - k_0$，可以得到 $x = \frac{1 - p_A + p_B + k_0}{2}$，$x$ 为边际用户距经营者 A 的距离，即经营者 A 在市场中的需求。

经营者通过制定价格最大化利润，价格的制定反映了经营者所具有的技术在用户市场中的价值创造过程，经营者的利润最大化满足条件 $\dfrac{\partial \pi_i}{\partial p_i} = 0$，其中 $\pi_i \equiv \Pi_i(p_i, p_j) = p_i \cdot Q_i(p_i, p_j)$，$i = 1, 2$；$j = 1, 2$；$i \neq j$，利润最大化的价格分别为：

$$p_1 = \frac{3 + k_0}{3}; p_2 = \frac{3 - k_0}{3} \tag{5.3.3}$$

将（5.3.3）代入（5.3.2）中得到利润最大化时两个经营者的产品在市场中的需求：

$$Q_A = \frac{3 + k_0}{6}; Q_B = \frac{3 - k_0}{6} \tag{5.3.4}$$

结合（5.3.3）和（5.3.4）可以得到经营者在竞争状态下的利润：

$$\pi_A^c = \frac{(3 + k_0)^2}{18}; \pi_B^c = \frac{(3 - k_0)^2}{18} \tag{5.3.5}$$

通过（5.3.5）可以发现，虽然经营者 B 所提供的技术产品相对于经营者 A 而言具有一定的竞争劣势，使用户在使用过程中承担一定的成本，但是由于该产品相对于经营者 A 的产品具有较为良好的替代性，因此在 k_0 并不过大时，经营者 B 依旧可以通过创新来提供近似技术，与经营者 A 展开竞争。

反观另外一种情况：经营者 A 通过前期的技术投入降低了其技术的可替代性，使其他经营者无法在短期创新出新的技术进行替代。此时，经营者 A 的技术在相关市场内则成为一种垄断的技术，当该技术附加在某个技术产品时，该产品的不可替代性也因为技术的附加而体现出来，使该产品也成为一种垄断产品，进而使经营者 A 成为在技术市场和产品市场的垄断者。令经营者 A 的垄断利润为 V，其在价格竞争阶段的前期便会进行对技术的投入，使其无法被其他技术所替代，令经营者 A 的投入程度为 e，进行这种投入所产生的成本为 $G(e) = \dfrac{\beta \cdot e^2}{2}$，其中 $\beta > 0$ 刻画了技术投入的效率，β 越大，则效率越低。经营者 A 进行技术投入的目的是降低经营者 B 在内的其他经营者研发替代技术的可替代性，即使 k_0 提升为 $k_0 + \alpha \cdot e$，其中 $\alpha > 0$ 表示了经营者 A 的技术投入对其他经营者技术投入的抑制程度。经营者 A 在进行技术投入时的最优化问题可以表示为：

$$\max_e V - \frac{\beta \cdot e^2}{2} \quad s.t. : Q_B = \frac{3 - k_0 - \alpha \cdot e}{6} \leqslant 0 \tag{5.3.6}$$

其中，约束条件说明了，经营者 A 的投入是在其他经营者的市场份额不高于零的基础上实现利润最大化的。令 $\lambda \geq 0$ 为（5.3.6）中有条件最优化问题所对应的拉格朗日乘子，则其对应的拉格朗日函数为：

$$L(e,\lambda) = V - \frac{\beta \cdot e^2}{2} - \lambda\left(\frac{3 - k_0 - \alpha \cdot e}{6}\right) \tag{5.3.7}$$

经营者 A 的最优技术投入水平满足条件 $\dfrac{\partial L(e,\lambda)}{\partial e} = 0$，即

$$e = \frac{\alpha\lambda}{6\beta} \tag{5.3.8}$$

根据库恩－塔克方法，经营者 A 的最优决策可以归纳为以下两点：①当经营者 B 技术的替代程度较低时，即 k_0 较大时（即 $k_0 > 3$ 时），经营者 A 不会进行技术投入，即 $e = 0$。这主要是由于 B 的技术替代程度低导致了用户对 B 的技术或产品偏好程度低，使 B 的替代技术不会对 A 在技术市场和产品市场产生较大的冲击，此时经营者 A 没有充分的动机承担成本来投入技术，对经营者 B 进行抑制。②当经营者 B 技术的替代程度较高时，即 k_0 较小时（即 $k_0 < 3$ 时），经营者 A 会进行技术投入，投入水平为 $e = \dfrac{3 - k_0}{\alpha}$。这主要是因为 B 的技术替代程度增加，使用户可以较为平滑地在 A 和 B 两种技术和产品之间进行转移，并不会承担较大的转移成本（因为转移成本被 k_0 刻画），使 B 的技术和产品对 A 产生了比较明显的冲击。此时，经营者 A 便产生了通过技术投入来抑制经营者 B 的技术和产品进入市场的动机，并通过技术投入实施该抑制行为。[①] 从经营者 A 技术投入的决策分析来看，其并不是始终都有动机对经营者 B 所提供的替代技术进行抑制的，其核心在于经营者 B 的技术是否可以对 A 的技术形成良好的替代。在一些技术环境中，由于用户对技术的偏好、技术在用户使用中的必需性、技术与其

---

① 库恩－塔克方法中关于（5.3.6）的互补松弛条件为：$\lambda \geq 0$；$\dfrac{3 - k_0 - \alpha \cdot e}{6} \leq 0$；$\lambda\left(\dfrac{3 - k_0 - \alpha \cdot e}{6}\right) = 0$，当（5.3.6）中的约束条件松弛时，$\dfrac{3 - k_0 - \alpha \cdot e}{6} < 0$，即 $\lambda = 0$，易见（5.3.8）中的技术投入为零，即 $e = 0$；当（5.3.6）中的约束条件收紧时，$\dfrac{3 - k_0 - \alpha \cdot e}{6} = 0$，即 $\lambda > 0$，通过求解约束条件可得 $\lambda = \dfrac{6\beta(3 - k_0)}{\alpha^2}$，根据（5.3.8）可得 $e = \dfrac{3 - k_0}{\alpha}$。

他软硬件的兼容性等条件制约，用户更加偏好使用一种成熟的技术。这赋予了经营者 A 的技术和产品在用户市场中的稳定性，使 B 所提供的替代品不能快速地占据市场。此时，经营者 A 则无需承担投入成本对其他经营者进行抑制。

从利润视角来看，经营者 A 的技术投入行为决策主要取决于该行为是否能够为其带来更高的利润。在决策中，经营者 A 主要考虑进行技术投入和不进行技术投入时的利润比较，前者来自将 e 代入（5.3.6）的目标函数中，后者来自（5.3.5）的 π_A^C。这里我们并不考虑 $e=0$ 时的情况，此时由于 k_0 过高使经营者 B 没有动机提供替代技术。因此，经营者 A 有动机进行投入应满足条件：

$$V - \frac{\beta(3-k_0)^2}{2\alpha^2} > \frac{(3+k_0)^2}{18} \qquad (5.3.9)$$

条件（5.3.9）给出当 $k_0 < \hat{k}_0$ 时，经营者 A 产生进行技术投入并对其他经营者形成阻碍的动机，此时经营者 A 会投入 $e>0$，降低其他经营者的技术对自身技术的替代性。[①] 从定性的角度来看，当 k_0 较小时，其他经营者的技术不仅可以实现对经营者 A 的技术较为良好的替代，同时，这种替代也会降低经营者 A 运用其技术在市场上经营的绩效。此时，经营者 A 将有动机通过投入一定的技术成本提高其技术的不可替代性，对其他经营者的进入和技术替代形成制约。

从定量的视角来看，易证 $\hat{k}_0 > 3$，这说明了经营者 A 并非在 $k_0 \in [0, \hat{k}_0)$ 全域中都需要进行技术投入，其仅需在 $k_0 \in [0,3)$ 时进行技术投入，其原因是，当 $k_0 > 3$ 时，由于经营者 B 技术的替代性过低，其并没有进行技术研发的动机。此时，若经营者 A 继续投入技术进行阻碍，其操作不会对其他经营者产生额外的抑制效果，该成本可以被视为沉没成本。因此，如图 5-3-1 所示，经营者 A 的决策可以总结为：①当 $k_0 < 3$ 时，经营者 A 通过技术投入降低其他经营者技术的替代性，对其他经营者形成阻碍，使自身在技术市场和产品市场成为垄断者；②当 $k_0 > 3$ 时，经营者 A 不会对技术进行任何投入，其他经营者由于技术原因替代性很低，自发消除了技术替代的动机。从图 5-3-1 可以发现，当 $k_0 < 3$ 时，经营者 A 进行技术投入的利润要高于不进行技术投入的利润，虽然这个利润优势会一直持续到 $k_0 = \hat{k}_0$，但是当 k_0 超越 3 时，经营者 A 会由于其他经营者没有动机进行技术替代而降低技术投入水平，均衡决策将从 C 点"跳跃"至 D 点，经营者 A 享受垄

---

① 求解不等式（5.3.9）可以得到：$0 < k_0 < \dfrac{3(9\beta - \alpha^2) + 3\alpha\sqrt{2(-18\beta + 9\beta V + \alpha^2 V)}}{9\beta + \alpha^2} = \hat{k}_0$。

断利润。

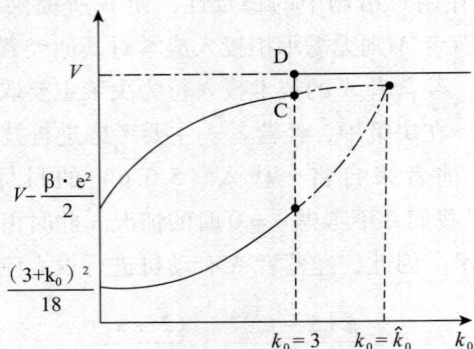

图 5 - 3 - 1 经营者 A 均衡决策

（2）技术授权。当在位技术无法在短期内以可行成本进行替代时，其他经营者可以寻求在位技术拥有者的技术授权。通过技术授权，技术的使用权可以全部或者部分地转移到其他经营者，使获得技术授权的经营者可以与在位经营者开展一定程度的竞争。在技术授权的范围内，我们需要考察在位技术的拥有者是否有充足的动机进行技术授权，同时，技术的拥有者是否可以通过部分技术授权来阻碍其他经营者进入市场。

延续上一节的理论分析，令经营者 A 依旧是在位技术的拥有者，经营者 B 为了向 A 寻求技术使用权而与 A 进行交易，这个交易主要涉及了一定程度的技术使用权转让，以及经营者 B 向 A 支付的技术转让费。我们考虑经营者 A 有限转让其技术，转让程度为 x，这个设定的原因主要在于两个方面：首先，技术转让并不是一个离散的选择，即并不是在转让与不转让之间，而是经营者 A 基于对未来收益的预期制定一个转让程度。因此，技术转让应是一个连续的变量。其次，技术转让直接引致了经营者 B 在市场中的竞争力。当 x 逐渐增加时，经营者 B 所使用的技术在用户群体中可替代 A 的技术能力增强，这也就赋予了 B 更强的竞争力。基于这个逻辑，将上一节中的 k_0 改写为 x 的函数。具体而言，$k_0'(x) < 0$，说明了当 x 逐渐增加时，用户在使用经营者 B 的技术中承担的成本更低，使经营者 B 更加容易获得市场。此外，经营者 A 在转让技术的同时可以获得由 B 支付的技术转让费，令该费用为 $R(x)$，且 $R'(x) > 0$，说明了更多的技术转让可以使经营者 A 获得更多的转让费用。因此，经营者 A 在没有抑制经营者 B 进入市场的情景下，它的主要权衡是寻找技术转让带来的竞争力弱化和技术转让费带来的收益增加之间的平衡点。我们可以将经营者 A 在技术转让时的利润函数写为：

$$\pi_A \equiv \Pi_A(x) = \frac{(3 + k_0(x))^2}{18} + R(x) \qquad (5.3.10)$$

经营者 A 利润最大化时应当满足条件 $\Pi_A'(x) = 0$，若最优技术转让程度为 x^*，则应有：

$$\frac{(3 + k_0(x^*)) \cdot k_0'(x)}{9} + R'(x) = 0 \qquad (5.3.11)$$

在这个最优的技术转让程度上，我们需要回答的问题是，经营者 A 是否有动机进行技术转让。若它不进行技术转让，则可以继续在市场中享受垄断的收益 V。因此，经营者 A 技术转让的条件应符合：

$$\Pi_A(x^*) > V \text{ 或} \frac{(3 + k_0(x^*))^2}{18} + R(x^*) - V > 0 \qquad (5.3.12)$$

通过对（5.3.12）全微分可以得到两个主要结果：首先，当技术转让对其他经营者带来的竞争力增强效果突出时，即 $k_0'(x)$ 的绝对值较大时，技术转让对其他经营者的竞争力提升程度将十分显著，较低程度的技术转让水平也会对经营者 A 带来较大的竞争压力，减弱了经营者 A 技术转让的动机；其次，当技术转让费率较低时，经营者 A 在给定技术转让时可以获得的回报较低，无法充分补偿技术转让带来的竞争冲击，也会减弱经营者 A 技术转让的动机。

进一步地，经营者 A 也可以通过技术转让来控制其竞争对手在市场中的竞争能力，即通过调节 x 来控制经营者 B 在市场中的竞争力量以将其维持在一个较低水平，甚至是接近退出市场的状态。基于上一节的分析范式，可以将经营者 A 的最优化问题写为：

$$\max_x \Pi_A(x) \quad s.t. : \frac{3 - k_0(x)}{6} \leqslant 0 \qquad (5.3.13)$$

令 $\lambda \geqslant 0$ 为对应（5.3.13）的拉格朗日乘子，则拉格朗日函数的最优解可以表示为：

$$\frac{\partial L(x, \lambda)}{\partial x} = \Pi_A'(x) + \frac{\lambda \cdot k_0'(x)}{6} = 0 \qquad (5.3.14)$$

当技术授权为经营者 B 带来比较明显的竞争优势时，即我们可以简单将这种优势视为（5.3.13）中的约束条件收紧（即 $\lambda > 0$）时，此时通过 $\left. \dfrac{\partial L(x, \lambda)}{\partial x} \right|_{x=x^*} =$

$\dfrac{\lambda \cdot k_0'(x^*)}{6} < 0$ 可以发现，为了抑制经营者 B 在获得技术授权时的竞争力，经营者 A 可以降低技术授权的程度，使用户在选择经营者 B 的技术或产品时依旧承担较为明显的成本，弱化经营者 B 在市场中的份额。此时，我们需要明确两个问题：其一是经营者 A 降低授权水平的同时会降低它的授权费，降低它的利润，但此时，经营者 A 来自授权费的利润的下降会被它在市场竞争中的收益补偿；其二是经营者 A 不必通过降低技术授权水平完全抑制经营者 B 的进入，而是使其市场份额保持在一个较低的（甚至趋近于零）的水平，使后者不会在获得技术后对前者造成较大冲击。

围绕技术授权进一步延展，若经营者 A 的技术被认定为必需设施，则可能出现强制授权的情形。这里我们并不着重探讨必需设施视角下的技术强制许可的条件，仅从它的最优许可和授权费的角度分析。对于必需设施的强制许可、转让价格、操作路径等问题依旧存在争议，例如 Posner 等指出必需设施原则并没有用途，除了自然垄断情境外，单方面的拒绝使用应被定义为本身违法。[1] 另一方面，在反垄断部门和专利部门的双向审查的制度安排下，对权利人实现合理补偿可以达到知识产权保护和反垄断之间的协同。[2] 林平等认为对于必需设施的原则在我国反垄断实践中应当谨慎，尤其是本节所探讨的针对必需设施的价格管制，应当避免价格管制导致进入者无利可图的效果，因为这种效果与反竞争并无差异。[3] 正如上文理论分析中所关注的，虽然经营者 A 授权了经营者 B 一部分技术，但是这种技术程度过低（或者价格过高），会直接抑制 B 在市场中的竞争力，甚至直接将其市场压制为零，这种情况得到的结果与拒绝交易无异。

从一个规制者的视角来看，专利转让应该遵循双重标准：其一是保障市场中的竞争可以持续存在，其二是使权利人在技术生成过程中所承担的成本可以得到保障。这个过程衔接点在于权利人（即经营者 A）向其他经营者技术授权的程度水平，即 x 的制定程度是否可以保障其他经营者在市场中顺利开展生产经营活动，并获得相应的市场份额和回报。另外，技术授权过程中其他经营者应当向经营者 A 支付一定程度的技术转让费用，以保障权利人的成本可以得到补偿。因

---

① See R. Posner, *Antitrust Law*, Chicago Press, 2001; see P. E. Areeda, H. Hovenkamp, *Antitrust Law: An Analysis of Antitrust Principles and Their Application*, Aspen Publishers, 2001.

② 赵威、孙志凡：《关键设施理论下知识产权强制许可实施路径》，载《经济问题》2021 年第 2 期。

③ 林平、马克斌、王轶群：《反垄断中的必需设施原则：美国和欧盟的经验》，载《东岳论丛》2007 年第 1 期。

此，从规制者的视角出发，若它仅通过干预技术转让的程度和费用来对市场进行调节，此时制度安排依旧遵循权利人的利润最大化原则。以相应的约束条件对其利润最大化的决策进行规制，可以将经营者 A 此时的最优化问题改写为：

$$\max_{x} \Pi_A(x) = \frac{3 + k_0(x)^2}{18} + \tilde{R}(x) \quad s.t. : \frac{3 - k_0(x)}{6} \geq 0 \qquad (5.3.15)$$

相较于（5.3.13），上述最优化问题主要在两个方面进行了调整：其一是关于经营者 A 在技术转让中的收益函数，（5.3.15）的 $\tilde{R}(x)$ 可以由规制者来指定，即对经营者 A 在技术转让过程中的费率进行控制。具体而言，规制者所设置的技术转让费率较经营者 A 所设定的费率更低，体现为 $\tilde{R}'(x) < R'(x)$；其二是对技术转让后的市场竞争进行了约束，使其他经营者在获得技术授权后可以与经营者 A 在市场上开展竞争并获得不低于零的市场份额。延续（5.3.13）的逻辑写出关于（5.3.15）的拉格朗日函数：

$$L(x, \lambda) = \frac{(3 + k_0(x))^2}{18} + \tilde{R}(x) + \lambda \left[\frac{3 - k_0(x)}{6} \right] \qquad (5.3.16)$$

此时，经营者 A 关于技术授权的利润最大化决策满足条件 $\dfrac{\partial L(x, \lambda)}{\partial x} = 0$，即

$$\frac{(3 + k_0(x)) \cdot k_0'(x)}{9} + \tilde{R}'(x) - \frac{\lambda \cdot k_0'(x)}{6} = 0 \qquad (5.3.17)$$

（5.3.17）评估于 x^* 可以表达为以下形式：

$$\frac{\partial L(x, \lambda)}{\partial x} \Big|_{x = x^*} = -R'(x) + \tilde{R}'(x) - \frac{\lambda \cdot k_0'(x)}{6} \qquad (5.3.18)①$$

在技术转让的分析中，我们着重比较（5.3.18）和（5.3.14）之间的差异。首先，在市场层面，技术转让的目标是需要达到其他经营者可以在获得技术后能够与经营者 A 开展竞争的程度。因此，（5.3.18）中第三项呈现了正向影响，即在满足市场竞争的条件下，经营者 A 需要较无约束条件利润最大化时更多地转让其技术。

---

① 首先对（5.3.17）进行如下处理

$$\frac{(3 + k_0(x)) \cdot k_0'(x)}{9} + R(x) - R(x) + \tilde{R}'(x) - \frac{\lambda \cdot k_0'(x)}{6} = 0$$

再对上式关于 x^* 进行评估。

其次，在经营者 A 专利保护层面，若规制者所制定的技术转让费率过低，即 $-R'(x) + \bar{R}'(x)$ 更大地偏离了零，则会显著降低经营者 A 的技术转让程度。在（5.3.18）中，关于（前两项）的负向影响和（第三项）的正向影响的权衡为规制者关于技术转让费的制定提供了一个均衡的思路，作为一个有效且灵活的技术转让费率，可以在（5.3.18）的基础上满足条件：$\bar{R}'(x) > R'(x) + \dfrac{\lambda \cdot k_0'(x)}{6}$。这个条件说明了，规制者关于技术转让费率的制定可以在经营者 A 自身利润无约束条件下的最大化水平上制定，即在 $R'(x)$ 的基础上制定，但是需要在市场竞争目标约束下（即 $\dfrac{\lambda \cdot k_0'(x)}{6}$）进行一定程度的折减。这种折减体现了两方面的考量：其一是经营者 A 的技术转让所产生的成本可以被补偿，但补偿水平应以市场竞争的保持作为标准；其二是通过技术转让费用作为"杠杆"，使技术转让后的市场中存在其他经营者开展经济活动，保证了市场竞争的持续存在。

第六章

经营者集中的法学和经济学分析

资本具有扩张的本性，经营者集中是资本扩张的主要形式。从经济运行的角度，基于资本的流动市场才有活力。进而，基于资本扩张的本性，可以进一步将其细化为两个不同层面的影响：片面追求主体自身经济财富的单一效率性和以利润最大化为目标的行为外部性。因此，需要法律制度引导资本有序流动，防范资本无序扩张。

一、经营者集中的理论基础

（一）经营者集中的本质

法律概念是法律制度的基石，严谨的法律概念有助于构建完善的法律体系。现代法的交叉性使得很多概念跨越了单一部门法，分处不同法律部门中。在多个部门法中使用同一个概念时，有的含义完全相同，有的则在不同的部门法中具有特殊的意义。

1. 经营者集中与相关概念比较

与经营者集中关系最为密切的概念有企业合并、兼并、收购、并购等。

（1）经营者集中与企业合并。一些国家（地区）的反垄断法在名称上将"经营者集中"规定为"企业合并"。不管用"经营者集中"还是"企业合并"，这个概念都区别于企业法或公司法意义上的合并，具体体现在以下三个方面：

首先，形式不同。企业合并分为吸收合并和新设合并两种形式，每一种形式都涉及至少一个企业的组织人格的改变。经营者集中包括企业合并，还包括一个企业通过以下方式取得对另一个企业的控制权：①取得财产。即一个企业通过购买、承担债务或者以其他方式取得另一个企业全部或相当部分的财产。但根据企业解散、破产、停止支付、和解或其他类似程序而取得的财产不属此类。②购买股份。即一个企业取得另一个企业股份达到一定比例或掌握另一企业一定份额的表决权，通过控股的方式对被合股企业施加支配性影响。③订立合同。即企业与企业之间通过订立有关承包、租赁及委托经营等协议的方式取得对其他经营者的控制权或者能够对其他经营者施加决定性影响。后两种情况下，一方的组织人格不发生变动。

其次，监管的目的不同。企业合并是企业改变组织形态的一种方式。一般而言，企业合并属企业自治的范畴，但企业组织结构的改变对企业利益相关者有重大影响，所以企业法对企业合并行为进行调整，其目的是促使企业在合并时遵循一定的行为准则和程序，以维护企业债权人和股东的合法权益，确保交易的安全稳定。反垄断法对经营者集中进行规制，其目的是规范经营者集中对市场竞争关系的影响，防止出现垄断现象。对经营者集中审核时，主要的参考因素是集中对既有竞争者的影响和对潜在竞争者的影响。

最后，程序和方法不同。企业合并需要履行内部程序和外部程序。内部程序（以公司企业为例）主要是召开股东大会作出合并事项的表决；外部程序包括公告和登记备案，并以登记备案作为企业合并成功的标志。经营者集中的内部程序也是各企业通过内部表决，形成统一集中的意见；外部程序主要是向反垄断执法机构进行申报，并由反垄断执法机构审批。经营者集中能否成功由反垄断执法机构决定。

（2）经营者集中与兼并、收购。兼并通常被用在经济学中，且多将英文 merger 译成"兼并"。经济合作与发展组织（OECD）在发布的文件中对 merger 的解释为："两个或者多个企业并入一个现存的企业，或者结合形成一个新企业。"①《大不列颠百科全书》对 merger 的解释是："两家或更多的独立的企业、公司合并组成一家企业，或通常由一家占优势的公司吸收一家或更多的公司。"② 我国国家体改委、国家发改委、财政部、国家国有资产管理局联合发布的《关于企业兼并的暂行办法》所规定的兼并，是指一个企业购买其他企业的产权，使其他企业失去法人资格或改变法人实体的一种行为。可见，兼并与经营者集中是有区别的，兼并只相当于吸收合并，经营者集中的其他内容和兼并没有交叉。

另一个与经营者集中相近的概念是收购。收购指一家企业通过某种途径，获

---

① OECD, "Glossary of Industrial Organization Economics and Competition Law", p. 58, see http：//www. oecd. org/dataoecd/8/61/，最后访问日期：2015 年 12 月 15 日。

② 参见中国大百科全书出版社不列颠百科全书编辑部编译：《大不列颠百科全书》（国际中文版·第11 卷），中国大百科全书出版社 1999 年版，第 111 页。

得另一家企业的全部或部分资产，从而获得另一家企业的控制权的交易行为。在证券市场上，收购常指某一公司通过购买目标公司的股票而获取目标公司的经营控制权。① 可见，收购分为两种：资产收购和股权收购。经营者集中和收购的具体区别表现在：①行为主体不同。经营者集中是企业（公司）间的行为，而股权收购则是收购公司与目标公司股东之间的交易行为，主体是收购公司与目标公司股东。②程序要求不同。经营者集中属于企业的重大经营行为，（如涉及公司）必须经股东大会以特别决议的方式表决通过；而收购行为无须经股东大会决议，通常受证券法有关买卖股票的法律规定的限制。③控制程度不同。在收购中，收购方既可以收购目标公司的全部股份，进而完全控制目标公司，也可以只取得公司50%以上的股份，取得对目标公司的控制权。如果参与集中的一个经营者拥有其他每个经营者50%以上有表决权的股份或者资产的，可以不向国务院反垄断执法机构申报。

在我国资产经营和重组中，经常使用"并购"这个词。它来自英文 Merger and Acquisition 即 M&A，其中 Merger 即为"兼并"；Acquisition 即为"收购"。因此，"并购"是"兼并"和"收购"这两个词的合称。其实，收购有三种结果：取得一般股份、购买股份取得控制权、对取得控制权的企业进行改组使之解散。只有上述收购的第三种结果，才导致兼并的发生。

不管是合并，还是兼并、收购，仅解决公司组织的变更及其法律责任的问题，关注的是企业内部及企业与债权人之间的利益关系，这不同于反垄断法意义上的经营者集中。

2. 经营者集中的本质

经营者集中的本质在于控制权的产生或转移，即经营者通过交易取得对其他经营者的控制权或者能够对其他经营者施加决定性影响。

控制权的集中意味着市场力量的增强，市场力量的增强可能改变市场的竞争状况，尤其对竞争者所处竞争环境的不利影响会增大。经营者集中源于资本集中。按照马克思的剩余价值学说，资本积累包括资本积聚和资本集中两种方式，资本积聚是剩余价值资本化的结果，资本集中只是社会总资本在各个资本家之间的重新分配。所称"不利影响"源于两方面：一是它是在社会财富绝对量不增加的情况下产生的竞争环境的改变，缺少公益基础；二是它在转瞬间即可形成一个新的市场结构，不会给竞争者以适应市场变化的准备。这不同于资本积聚存在

---

① 孙黎主编：《公司收购战略——产权交易最高形式的操作》，中国经济出版社1994年版，第7页。

一个缓慢的市场力量形成过程。马克思在对剩余价值问题进行阶级分析时，指出了资本积聚和资本集中所涉及的阶级关系的差异：资本积聚标志着资本所支配的生产资料和劳动力的增加，因而意味着资本家阶级对无产阶级统治的扩大；资本集中则是一种资本家剥夺资本家的关系。这种分析告诉我们，控制权的集中涉及的核心问题是外部关系而不是内部关系。经营者集中对市场的影响程度既要看参与集中的经营者的资本量的大小，也要评估一定地域和时期内相关市场的合理容积率。这两个因素决定了不是所有的集中都违背竞争原则，也不是所有的竞争都由当事人意思自治。

经营者集中所指的控制权，包括单独控制权和共同控制权。控制权取得可由经营者直接取得，也可通过其已控制的经营者间接取得。判断经营者是否取得控制权，取决于法律和事实因素。集中协议和其他经营者的章程是重要判断依据，但不是唯一的依据。如果从集中协议和章程中无法判断取得控制权，但由于其他股权分散等原因，实际上赋予了该经营者事实上的控制力量，也属于经营者集中所指的控制权取得。

判断经营者是否通过交易取得其他经营者的控制权，通常考虑包括但不限于下列因素：①交易的目的和未来的计划；②交易前后其他经营者的股权结构及其变化；③其他经营者股东大会的表决事项及其表决机制，以及其历史出席率和表决情况；④其他经营者董事会或监事会的组成及其表决机制；⑤其他经营者高级管理人员的任免等；⑥其他经营者股东、董事之间的关系，是否存在委托行使投票权、一致行动人等；⑦该经营者与其他经营者是否存在重大商业关系、合作协议等。

（二）经营者集中类型及经济学效果分析

本节将从一个一般化的分析角度探讨经营者集中的经济学效果，以及可能的反竞争效果，关于经营者集中反竞争效果的标准与评估将在下一小节展开讨论。从横向经营者集中来看，合并使市场中的厂商减少了竞争对手，直接效果是市场结构发生了改变，进而改变了市场中的竞争程度。这种竞争程度的改变带来的直接效果是市场集中度和厂商市场势力的变化，产生了市场中价格、产量、创新等方面的改变。从纵向经营者集中来看，合并使市场中的厂商减少了（上游）供应商和（下游）客户，在直观的视角上，纵向合并并未对某一个层级市场的结构产生明显的变化，但从供应链内部角度来看，并购可能会降低上下游厂商的交易成本，使产品或原材料在其所处的相关市场中产生价格变化。此外，纵向并购会带来某一层级的厂商通过对上游或下游厂商的控制而改变上下游市场的交易路径或交易条件的结果，形成对不同层级厂商的封锁，造成关于纵向经营者集中的反竞争担忧。

1. 横向经营者集中

经济学关于横向合并分析的逻辑起点主要在于厂商合并的动机，若厂商在合并后的利润不高于合并前的利润，则厂商没有动机进行合并。从初始市场结构来看，一个较为极端的情形是双寡头垄断的厂商合并为一家垄断厂商，这种情形下的利润提升效果比较直观，当此类合并产生后，厂商的利润水平显著增加。这是由于任何一个竞争者提出合并后，另一家厂商是否接受这个合并完全取决于这家厂商对未来利润的预期，如果利润符合该厂商的预期水平，则合并可以实现。因此，在双寡头垄断市场中，如果合并可以成立，则参与合并的厂商都可以获得较高的利润水平。而在一个集中度较低的初始市场中，其中两家厂商的合并可能不会带来利润的提升（Belleflamme，Peitz，2010）。① 首先，上述合并发生在市场集中度较低的产量竞争市场中，即厂商之间进行古诺竞争；其次，市场中仅有两家厂商进行合并；最后，厂商在合并后不会产生成本和产量上的效率增进。这些约束条件使市场中的竞争在厂商合并后并未发生十分显著的改变。换言之，由于合并并未给参与合并的厂商带来过多的竞争优势，且合并后的厂商也不会挤占大量的市场份额，使得两家厂商即便形成了整合，但是从市场势力角度上他们未形成对其他竞争者更大的冲击，因此，这种合并不会对参与合并的厂商带来过多的利润，同时，也不会强化厂商参与合并的动机。Belleflamme 和 Peitz 同时强调，反垄断执法部门对于集中度较低市场中的少量同质化厂商的合并无需进行过多的关注，这是由于，一方面他们的合并并不绝对地出于对市场进行控制来排除和限制竞争的目的；另一方面，他们的合并也不会实质性地为之后的市场中的消费者福利和竞争程度带来严重的负面效果。

从一个更加一般化的经济学分析出发，我们依旧以古诺竞争作为主要的分析模型，针对上述典型的横向合并进行几点修正：①参与合并的厂商数量是可变的，即并不外生定义为两家厂商之间的合并；②厂商在合并后可以产生规模效应，即合并后的厂商可以由于技术改进、规模经济、协同效果而产生成本的降低。虽然现有研究如 Salant 等将规模效应不存在与存在两种情况区分讨论，但从合并的整体效果来看，厂商的合并大多可以带来生产经营效率的提升。例如，

① 具体说明见 P. Belleflamme，M. Peitz，*Industrial Organization：Markets and Strategies*，Cambridge University Press，2010.

Farrell 提出合并会产生学习效应，即在合并后，一家厂商可以通过其他参与合并的厂商的技术溢出来增进自身的生产效率，从而得到成本的优化。[①]

基于现有研究的分析基础，设定一个线性的需求函数 $P = a - Q$。在这个市场中，n 家厂商进行古诺竞争。我们首先考虑一个对称的成本结构，即每家厂商的边际成本都为 c，因此它们在初始市场中平分全部可获得的市场。进一步地，若厂商 i 的产量为 q_i，则 $Q = \sum_{i=1}^{n} q_i$。若以 S_i 表达厂商 $i \in n$ 的市场份额，则 $S_i = 1/n$，且不难发现，初始市场的赫芬达尔 – 赫希曼指数（HHI）为 $1/n$。[②] 厂商 i 的利润函数表示为：

$$\pi_i \equiv \Pi_i(q_i) = (a - Q - c) \cdot q_i \tag{6.1.1}$$

厂商利润最大化条件满足 $\Pi_i'(q_i) = 0$，在对称情形下，所有厂商的均衡产量一致，即 $q_1 = q_2 = \cdots = q_n = q^*$，将 $Q = nq^*$ 代入利润最大化条件中可以得到：

$$q^* = \frac{a - c}{n + 1}$$

同时可以得到均衡时的市场价格和每家厂商的均衡利润，分别为：

$$p^* = \frac{a + nc}{n + 1}; \pi^* = \frac{n(a - c)^2}{(n + 1)^2} \tag{6.1.2}$$

在反垄断研究中，我们除了关注厂商在并购前后的市场势力和均衡利润的变化以外，同样关注消费者福利受到经营者集中的影响，因此，基于（6.1.2）的均衡市场价格计算此时的消费者福利：

$$CS^* = \frac{n^2(a - c)^2}{2(n + 1)^2} \tag{6.1.3}$$

通过简单的比较静态分析可以明确 $\dfrac{\partial CS^*}{\partial n} > 0$，这说明了在竞争情境下，消费者福利递增于厂商数量。这个结果反映出，当厂商数量增加时，一方面会提升

① S. W. Salant, S. Reynolds, "Losses From Horizontal Merger: The Effects of an Exogenous Change in Industry Structure on Cournot-Nash Equilibrium", *Quarterly Journal of Economics*, Vol. 98（2），1989, pp. 185 ~ 199; F. C. Shapiro, "Horizontal Mergers: An Equilibrium Analysis", *American Economic Review*, Vol. 80（1），1990, pp. 107 ~ 126.

② HHI 在初始市场中可以表达为：$\sum_{i=1}^{n} S_i^2 = n\left(\dfrac{1}{n^2}\right) = \dfrac{1}{n}$。

市场中的竞争程度，另一方面，增加的厂商会提高市场中的总供给。在给定市场总需求时，市场中的均衡价格会被上述产量竞争压低，降低消费者的购买成本，提高消费者福利。

在上面的基准模型基础上，考虑 $k < n$ 家厂商合并的情况，这里我们并不强行假定 k 严格大于 2，而是考虑一个可以在区间 $[2,n]$ 变化的合并厂商数量。此外，合并可以为厂商带来效率增进，我们将这种增进表达为合并厂商的成本降低，令 $x \in (0,1)$ 为效率增进程度，厂商合并后的成本为 xc，因此当 x 越趋近于零时，效率增进程度越大。当 k 家厂商合并后，市场中实际参与竞争的厂商数量为 $n - k + 1$ 家，同时，未参与合并的厂商依旧保持对称的结构，即它们的成本并未发生改变，将合并厂商和未合并厂商标记为厂商 I 和厂商 O，此时两类厂商的利润函数可以表示为：

$$\pi_I = \Pi_I(q_I) = \left(a - q_I - \sum_{i=1}^{n-k} q_{o,i} - xc\right) \cdot q_I \tag{6.1.4}$$

$$\pi_o = \Pi_{o,i}(q_{o,i}) = \left(a - q_I - \sum_{i=1}^{n-k} q_{o,i} - c\right) \cdot q_{o,i} \tag{6.1.5}$$

此时两类厂商关于产量进行竞争，均衡时满足条件 $\Pi'_I(q_I) = 0$ 和 $\Pi'_{o,i}(q_{o,i}) = 0$，即

$$q_I = \frac{a - (2x - 1)c}{3}; q_o = \frac{a - (2 - x)c}{3(n - k)} \tag{6.1.6}$$

将（6.1.6）的均衡产量代入需求函数和（6.1.4）和（6.1.5）中可以得到合并后的市场中均衡价格，以及两类厂商的均衡利润水平：

$$p^M = \frac{a + (1 + x)c}{3}; \pi_I = \frac{[a - (2x - 1)c]^2}{9}; \pi_o = \frac{[a - (2 - x)c]^2}{9} \tag{6.1.7}$$

为分析厂商并购后的消费者福利，利用 p^M 计算此时的消费者福利水平：

$$CS^M = \frac{[2a - (1 + x)c]^2}{18} \tag{6.1.8}$$

上述分析主要给出了在 k 个厂商合并前后的均衡变化，我们主要从市场价格、厂商利润、消费者福利和市场结构四个方面展开讨论。

第一，当效率增进程度超过一个特定值后，合并市场中的均衡价格较合并前市场价格更低。在未考虑合并的效率增进时，厂商的合并会提高市场价格，这是

因为合并直接降低了市场中的经营者数量，同时，厂商的供给量会降低，这在给定市场总需求情况下提高了市场价格。但通过（6.1.6）可以发现，$\frac{\partial Q_1}{\partial x} < 0$；$\frac{\partial Q_0}{\partial x} > 0$，说明了效率增进对合并厂商和其余厂商产生了相反的效果。具体而言，当效率增进程度提升时（即 $x \to 0$ 时），合并厂商的产量增加，其余厂商的产量降低，这一点体现了效率增进使合并进一步增加了两类厂商的不对称性，即成本差异增加。当效率增进对合并厂商带来的影响超越了对其余厂商产生的影响时，效率增进在整个市场中带来了总产量增加的效果，在给定总需求时，市场价格降低。这个结果说明了，厂商的合并并不总会带来市场价格的上涨，即合并所产生的单边效应（unliteral effect）并不会始终存在，在合并可以为厂商产生效率增进，且效率增进带来的正向效果可以通过价格传递到产品市场时，消费者可以获得较合并前更低的价格。

第二，参与合并的厂商利润提升，未参与合并的厂商利润仅在合并产生的效率增进水平较低时有所提升，且合并前市场集中度越低，利润提升水平越大。首先，从参与合并的厂商视角来看，合并可以增加其提供产品的规模，在给定的市场价格上，合并主体可以获得更多的利润。同时，由于合并可以带来效率上的增进，因此，当这种效率增进逐渐提高时，合并主体的利润也会持续增加。其次，从未参与合并的厂商视角来看，由于合并会在一定程度上产生单边效应，即提高了市场价格，使未参与合并的厂商也能够获得更高的单位利润，进而在其产量并未发生显著变化时提高总利润。但是，随着合并后的主体获得的效率增进逐渐提升，未参与合并的厂商竞争力逐渐下降，这体现为其产量被不断挤压，其盈利能力被弱化。当效率增进水平提高到一定程度时，未参与合并的厂商利润将下降至合并前的利润水平之下。换言之，合并使那些未参与合并的厂商利润降低。

第三，当合并带来的效率增进超过一个特定水平时，消费者福利在合并后可以得到提升。通过比较（6.1.3）和（6.1.8）可以发现，当 $x < \hat{x}$ 时，消费者福利可以在合并后高于合并前的水平。[1] 根据上文分析，效率增进提高了合并主体的生产经营能力，他们可以在既定的市场需求下将部分的效率增进以价格降低的形式转移到消费者身上。当效率增进提高到某一特定水平时，即 x 降低至 $\hat{x}$ 时，消费者则能够通过更低的价格获得更高的福利。

---

① （6.1.3）和（6.1.8）比较，当 $CS^M > CS^*$ 时，效率增进水平应满足 $x < \dfrac{a(2-n)+c(2n-1)}{c(1+n)} = \hat{x}$。

第四，合并使市场中的集中度增加，合并后的市场集中度随着合并的效率增进水平增加而增加。通过比较合并前后的 HHI 可以发现，合并后的市场集中度提高，且参与合并的厂商数量越多，市场集中度提高的程度越大，这个结果较为直观，由于合并对市场结构产生的直接效果是减少了市场中的竞争者，更多的市场份额能够集中在少量经营者身上，提高了市场集中度。此外，由于效率增进能够为合并后的主体带来更强的市场势力，即体现在合并后主体在市场需求的供应体量方面。当这种效率增进水平持续增加时，合并的主体则能够吸引更多的消费者和占据更大的市场份额，即上文所提及的增加了合并参与者和未参与合并的厂商之间的不对称性，使市场更加能够集中于合并主体上，进而提升了市场集中度。

2. 纵向经营者集中

从反垄断的经济学分析视角来看，纵向经营者集中和纵向垄断协议之间的主要差异在于结构和行为上的不同，前者主要涉及了纵向市场中的市场结构的变化，而后者更加倾向于在特定的纵向市场中的某种或某几种的反竞争行为。因此不难发现，横向垄断协议行为造成的反竞争效果更加直接且明显，而纵向经营者集中所产生的反竞争效果较为间接，来自纵向经营者集中的排除或限制竞争的效果通常都是从纵向市场的结构改变而形成的。此外，由于纵向经营者集中可以带来某些福利增进的效果，因此，反垄断执法机构对纵向经营者集中的态度相较于横向经营者集中更加宽松。

从整体效果来看，纵向经营者集中通常带来正反两重效果。一方面，由于上下游厂商在结构上形成统一，使它们在供需过程中的交易费用降低，形成了效率的提升，而这种效率提升大多可以沿着供应链向消费者市场转移，提高了消费者福利。而在另一方面，纵向经营者集中使上下游市场中的若干经营者成为其对应的交易相对人的专属性资产，即在降低了合并主体内部的交易费用的同时，也会相对提高其与合并主体以外的交易相对人的交易费用，弱化了纵向合并内部经营者与外部经营者交易的动机。此外，参与纵向合并的经营者与外部经营者的合作程度降低也有可能来自一种主动行为，即形成了市场拒斥（market foreclosure）。市场拒斥所产生的反竞争效果在很大程度上取决于厂商在选择交易相对人时的转移成本、上下游市场结构、产品和原材料的可替代程度等方面的因素。因此，无论是增加竞争对手（即未参与合并的厂商）的成本还是市场拒斥，都需要充分考察这种负向的效果是否显著地抵消了效率增进所带来的正向效果，并基于福利分析对其整体的反竞争效果进行分析，这也是现有研究对纵向经营者集中抱有宽容态度的主要原因。①

Church 对纵向经营者集中所产生的经济学效果进行了归纳，主要围绕上述效率增进和市场拒斥的视角阐述了纵向经营者集中所需要关注的四个方面。②

第一，大多数情况下，纵向经营者集中会带来销售价格的降低。这里所涉及的销售价格通常是参与纵向合并的市场下游主体所设定的价格，而非上游主体与下游主体之间的交易价格。在纵向市场内部存在市场势力的情况下，双重边际问题普遍存在，市场势力赋予了供应链的上游或下游厂商一定程度的定价能力，为实现利润最大化的目标，（通常是）上游厂商会对自己的下游交易相对人设定一个满足自身利润最大化的价格，而同时，当下游厂商也同时具备市场势力而进一步为其需求者定价时，销售价格会进一步上涨，即产生了双重溢价。当纵向合并形成后，参与合并的上下游企业的生产和经营目标从其结构的整合中实现了一致性，即它们产生了最大化共同利润的目标，而利润的增长需要极大程度地降低两者在交易中的成本，因此上游厂商便没有动机对合并主体内部的下游厂商制定过高的交易价格，甚至降低为零，实现合并主体的产品在市场中竞争力极大程度的提升。当供应链内部交易成本下降时，下游厂商则会将这种成本降低以价格降低的形式转移至产品市场。从市场竞争的视角来看，合并后产品销售价格的降低来自合并主体对提高自身产品竞争力的需要，但从消费者和需求者视角来看，这种价格降低能够产生提升福利的效果。Church 同时提出，如果上游市场在合并前的集中度很高，即上游厂商具有较显著的市场势力，则纵向合并可以从供应链内部交易成本降低层面来弱化上游厂商的市场势力，从而达到纵向合并的效率增进效果。

第二，任何来自纵向经营者集中的反竞争效果都是间接产生的，其主要原因是纵向经营者集中并未产生消除竞争者的结果。正如前文所述，纵向经营者集中并未直接地消除某一层级市场中的竞争者，而是通过上下游厂商的合并将他们在各自市场中的竞争约束放松，使他们在各自的市场中的市场势力提升。从单边效应的视角来看，纵向合并带来的反竞争担忧是合并后的主体让他们各自的竞争对手的产品更加不具有竞争力，其背后的逻辑是纵向合并可以使合并后主体的产品相较于未参与合并的厂商的产品更加缺乏弹性，使得后者的产品价格相对更高或质量相对更低。现有关于纵向合并的研究将这个效果定义为增加竞争对手的成本

① M. A. Salinger, "Vertical Mergers and Market Foreclosure", *Quarterly Journal of Economics*, Vol. 103 (2), 1988, pp. 345 ~ 356.

② J. Church, "Vertical Mergers", *Competition Law and Policy*, Vol. 2, 2008, pp. 1455 ~ 1501.

或降低竞争对手的收益。当竞争对手由于高成本或低收益而无利可图时，便面临着退出市场的风险。在纵向合并发生后，合并后的上游或下游的厂商通过市场拒斥来提高竞争对手在供应链中的交易成本，最终实现排除竞争对手的目的。纵向经营者集中的反竞争效果给消费者福利带来的损害，可以来自两个方面。首先，由于市场拒斥的存在，未参与合并的经营者的交易成本显著提高，进而提升了其销售价格，如果市场拒斥没有将未参与合并的经营者挤出市场，则这些经营者的顾客会承担较高的采购成本，降低福利。其次，如果市场拒斥的效果持续增加，且上游或下游市场并没有实现较为完全的竞争，则合并后的主体在某一个市场中将具有比较显著的市场势力，市场拒斥则会提高竞争程度较高的市场中厂商的不对称性，使得参与合并的厂商在这部分市场中具有更强的控制能力，帮助其抽取消费者剩余，使消费者福利降低。

第三，评估市场拒斥所产生的反竞争效果，需要评估纵向合并产生的双重边际问题和市场拒斥带来的具体效果。如上文所述，纵向经营者集中缓解了双重边际问题，供应链的效率增进可以以较低的销售价格给消费者带来福利的提升；而纵向经营者集中又可能通过对上游或下游未参与合并厂商的封锁而形成市场拒斥，使未参与合并的企业由于成本提升而提高销售价格，这些经营者的顾客则会面临较高的购买成本，降低福利。在其他非价格因素固定的情况下，对纵向经营者集中产生的反竞争效果的评估需要比较上述两种效应哪个占主导。例如，当市场拒斥为合并后的主体在某一个层级的市场中带来显著的市场势力，从而使竞争者的成本提升，而成本提升带来的价格上涨要高于纵向合并所弱化的双重边际效应带来的价格下降，则可以判断此类纵向经营者集中从福利角度上带来了反竞争的效果。

第四，厂商参与纵向合并的动机有可能来自非价格因素，而非单纯的通过增强市场势力而获得更高利润。虽然纵向合并能够缓解双重边际问题，并从价格层面体现了纵向合并的效率增进，但是，很多上下游厂商参与纵向经营者集中是为了寻求更好的协作。早期的研究如 Coase 提出，厂商在产业组织中通过扩张自身的边界而将交易内部化，相较于运用市场中的交易机制所承担的成本更加低廉。① 因此不难发现，厂商进行纵向合并的动机很有可能是来自对交易内部化的追求，通过与上下游交易相对人更好地协作降低交易费用，巩固自身在相关市场中的市场势力。基于这一逻辑，对纵向经营者集中所带来的反竞争效果的评估应当考虑纵向合并所产生的非经济效率，例如纵向合并是否提高了上下游厂商的创新效率和

---

① R. H. Coase, "The Nature of the Firm", *Economica*, Vol. 4 (16), 1937, pp. 386~405.

研发能力，并且这种研发和创新并未产生对市场中其他经营者的排挤，以及对其他潜在经营者的封禁，这也是通过合理原则来分析纵向经营者集中的一条重要路径。

二、经营者集中的救济

（一）结构性救济与行为性救济方法

对不予禁止的经营者集中，反垄断执法机构可以决定附加减少集中对竞争产生不利影响的限制性条件。所附加的限制性条件主要体现在结构上或行为上，由此，便衍生出了结构性救济、行为性救济。

1. 结构性救济

结构性救济，也称结构性方法，是一种旨在恢复有效竞争结构的处理措施。结构控制模式预设的前提是，每个行业都存在维持有效竞争的合理结构，只要这个结构适当，就不需要政府干预和主动调整。

《谢尔曼法》被认为是结构控制模式的先驱，它是作为《保护贸易和商业免受非法限制和垄断危害法案》被通过的，该法案是美国第一次明确政府对垄断的态度，即垄断被视为违法（第 1 条）和犯罪（第 2 条）。《谢尔曼法》和其他反托拉斯法规定了三项对垄断组织的处理措施（不是处罚措施），经过反托拉斯诉讼，一个垄断组织的最终命运将是如下三种之一："解散、分离或放弃"（Dissolution，Divorcement，Divesture）。

（1）解散。解散意味着原企业的消失，或被分解为几个小公司。这是比较严厉的处理结果，企业多年积累起来的经济规模将在转瞬间被瓦解。囿于规模经济的考虑，在美国反托拉斯执法历史上，采用解散的处理办法并不多见。①

（2）分离。分离是对合并采取的补救措施，也叫剥离。合并后的联合体通常可以控制从生产到零售的所有环节，而中小型企业无力与之竞争，分离合并企业的某些资产或营业可能达到为中小企业创造公平竞争环境的目的。由于《克莱顿法》第 7 条修正案的有效执行②，这种处理方法已经非常普遍。

---

① 解散公司的判决迄今只有约 30 次，其中只有 3 次涉及真正的大公司。而且这种解散并不具有彻底性，解散后的标准石油公司仍和原从属公司保持着密切的业务关系；解散后的北方证券公司大部分股票都被摩根集团掌握；解散后的美国电话电报公司仍是美国通讯市场上最有实力的公司。

② 《克莱顿法》第 7 条关于公司合并的规定，只是对公司股份的取得予以禁止，对公司财产的取得没有规定。一个公司取得一定的股份后，它可以通过形式表决权取得公司财产，进而取得对该公司的控制权。1950 年《塞勒－凯弗维尔修正案》通过，该修正案增加了财产取得的规定，因此，竞争者取得财产行为和股份行为都被禁止。

（3）放弃。放弃指的是母公司收回子公司的全部股本并使之脱离，也可以指放弃在另一个公司中的财产或财产权益，例如，被迫转让另一公司的股份、被强迫允许另一公司使用专利、被强制将产品特有名称让所有的企业公开使用等。所有这些放弃的情形都相当于对一个特殊市场的重新调整，是对市场"结构的补救"，这种措施被认为是使企业比先前情况更好地自由进入市场的措施。

上述三项措施通过改变资产的权属、改变企业的经营行为来改变企业的市场控制力，进而改变市场结构。根据 SCP 范式，市场结构决定市场行为，市场行为决定市场绩效。适用结构方法的基本技术指标，就是界定相关市场和计算企业在相关市场上的集中度。

相较而言，资产剥离是最常用的反垄断结构性救济措施，它要求交易双方将特定业务或资产出售给独立的第三方，使其参与市场竞争，或者直接出售给相关市场内的竞争者，增强其与集中后企业的竞争能力，保持充分有效的市场竞争结构。

营业剥离是将独立存在且在相关市场上能够良好运营的业务整体剥离。这里的业务整体包括：必要的管理人员、雇员、生产和销售设施、知识产权、相关许可证及其他独立运营的组成内容。营业剥离的要求是保障业务的"鲜活性"。

在实施资产（包括营业，下同）剥离的过程中，交易人须将特定资产分离并出售给适当的购买方。为保证被剥离的资产能够成功运营，实现恢复有效竞争的目的，剥离资产的范围及购买人、合并救济的实施等有严格的要求。

2. 行为性救济

行为性救济，又称行为性方法，是反垄断机关在允许经营者集中时为保障经营者集中后相关主体的竞争利益附加的某些行为限制的方法。行为性救济方法主要有：

（1）开放性救济。经营者集中的交易人所拥有的基础设施或知识产权可能成为竞争者进入市场的障碍时，反垄断执法机关往往要求实行"开放救济"。在开放救济中应用较多的是"开放基础设施"与"开放知识产权"。

"开放基础设施"是指交易人允许竞争者使用其拥有的基础设施，例如电信网络、服务系统、轨道、机场跑道等，并收取一定的合理费用。"开放知识产权"主要是授予竞争者知识产权许可，其中包括独家许可与非独家许可。由于如专利、商标等知识产权的专业性，当反垄断执法机关决定实施对于知识产权的开放时往往需要专业人才进行评估，需要着重对被许可人和许可费用进行审查，以防止被许可人与合并企业实行共谋，或是许可费用过高导致被许可人失去竞争的能力与动力，必须注意在消除反竞争的效果和保证知识产权的创新性之间保持平衡。①

（2）维持现状承诺。维持现状承诺，是指不通过新的并购或扩大产能而寻求增加其市场力量，严格要求合并后的企业不得继续扩张，作为资产剥离的辅助性措施，防止合并后的企业在竞争对手中寻求股份扩大市场份额，也是一种保持市场结构的有效措施。

（3）公平交易条款。公平交易条款，也称非歧视条款，是指集中后的企业在与不同商业主体进行交易时应当采用同等的交易条件，不得有歧视行为，特别是在上游企业与下游企业合并的情形下。② 设置这种条款的目的是，防止上游产品销售部门通过抬价、降低产品品质对交易方进行歧视性交易，降低竞争对手的市场竞争力，提升本部门下游产品的销售。

（4）短期供应协议。通常来说，剥离的资产一定要切除与出卖人的联系，但是在资产交易完成后的过渡期内，由于生产设备的重新组合等原因，不能马上向市场提供产品，此时控制原材料等生产要素的出卖人有义务向购买人提供短期的供应，以使竞争者尽快恢复到剥离前的生产能力和生产条件。

（5）防火墙（Fire-Wall）条款。这种方法主要应用于纵向合并以及混合合并中，目的是防止协同效应出现，③ 因为企业纵向合并后可以使处于生产、销售同一产品上下游阶段的两部门通过共享信息的手段抬高价格打击上下游的竞争者。因此，建立防火墙条款是禁止合并后的企业在一定时间内互通相关信息。

（6）"透明度条款"。透明度条款是指在某些情况下，要求合并后的企业向竞争主管机关或者行业管制机关披露相关信息以保证交易的透明。相关信息包括产品（服务）价格、产量、销售量、质量等。

此外，实践中适用的行为性救济方法还有禁止报复条款、禁止签订排他性协

① ICN Merger Working Group, Analytical Framework Subgroup, "Merger Remedies Review Project：*Report for the Fourth ICN Annual Conference at Bonn* 1"（June 2005），p. 13. Available at http：//international-competitionnetwork. org/wp－content/uploads/2018/05/MWG_ RemediesReviewReport. pdf, accessed on Feb. 21, 2011.

② Antitrust Division, "Policy Guide to Merger Remedies"（DOJ Guide, October 21, 2004），p. 27, available at http：//www. usdoj. gov/atr/public/guidelines/205108. pdf, accessed on Feb. 21, 2011.

③ Antitrust Division, "Policy Guide to Merger Remedies"（DOJ Guide, October 21, 2004），p. 23, Available at http：//www. usdoj. gov/atr/public/guidelines/205108. pdf. , accessed on Feb. 21, 2011. *See also* Katri Paas, "Non-structural Remedies in EU Merger Control", *European Competition Law Review*, 2006, 27（5），pp. 209～216.

议、知识产权的强制许可条款等。行为救济是开放性的，在立法上往往很难（一般也不）——列举。

（二）结构性救济与行为性救济的比较分析

相比较结构性救济，行为性救济需要的时间比较长，且需要持续性监管，因此实施起来比较难。例如，就防火墙条款而言，该条款能否得到遵守往往需要反垄断执法机关以及产业主管机关对交易人实行严格的监督，而这种监管的难度非常大，毕竟涉及的是企业内部的情况。又如，透明度条款在实施中的问题往往是，自我披露的透明度条款并不奏效，因为要求交易人汇报其自身的执行情况显然与其利益相悖，交易人会本能地采取各种办法逃避监管。监管机构也会遇到披露的信息透明到什么程度的问题，还要防止透明度加大反而促发相关市场竞争者之间的协调。

正是由于行为性救济措施的复杂性及带来的监管难度大等问题，长期以来，美国、欧盟等处理附条件的合并事项时，结构性救济成为竞争主管机关优先适用的方法。美国最高法院法官曾评论说："资产剥离是最重要的反托拉斯救济方式，它形式简单、便于管理、结果确定。一旦发生违反《克莱顿法》第7条的诉讼，法官就应该首先想到它。"① 美国司法部2004年《反托拉斯局关于合并救济的政策指南》中明确指出："倾向采纳结构性救济，而行为性救济仅在特定情形下适用。"② 欧共体2001年《关于可接受的救济的通告》第13条也认为："除禁止合并外，恢复竞争最有效的措施，是通过剥离为新的竞争实体出现或现有竞争者地位的增强创造条件。"

当然，资产剥离被优先选择适用，更多地是从减轻竞争执法机关工作负担的角度考量的结果。就其适用范围而言，对于业务重叠的横向合并，剥离重叠业务的结构性救济当然是最佳选择，而对于纵向合并和混合合并，结构性救济往往无能为力，必须通过行为性救济进行矫正。另外，在某些横向合并中进行资产剥离时，如果为了剥离成功采取短期的无底价销售或皇冠剥离手法，可能会损害被剥离交易方的资产利益，这样反而违背维护竞争的目的，造成人为恶化市场竞争状况的后果。因此，合并救济需要将结构性救济和行为性救济结合起来灵活适用，

---

① *United States v. E. I. du Point de Nemours & Co.*, 366 U. S. 316, 1961, pp. 330~331, 转引自卫新江：《欧盟、美国企业合并反垄断规制比较研究》，北京大学出版社2005年版，第99页。

② Antitrust Division, "Policy Guide to Merger Remedies" (DOJ Guide, October 21, 2004), p. 7, available at http：//www. usdoj. gov/atr/public/guidelines/205108. pdf. Accessed on Feb. 21, 2011.

对于业务重叠的横向合并仅依靠结构性救济一般也难以奏效，需要辅之以必要的行为性救济方法。

我国商务部处理日本三菱丽阳公司（以下简称"三菱丽阳公司"）收购璐彩特国际公司（以下简称"璐彩特公司"）的经营者集中反垄断申报及处理时，采取了结构性救济和行为性救济的综合方法。

三菱丽阳公司和璐彩特公司的业务重叠主要是在甲基丙烯酸甲酯（Methyl-methacrylate，简称 MMA）的生产和销售上。除 MMA 外，两家公司在某些特种甲基丙烯酸酯单体（SpMAs）、PMMA 粒子和 PMMA 板材产品上也有少量业务重叠。因此，相关产品市场为 MMA、SpMAs、PMMA 粒子和 PMMA 板材。本项集中对除 MMA 外的其他三类产品市场影响很小、相关地域市场为中国市场。

从横向看，此次交易很可能会对中国 MMA 市场的有效竞争格局产生负面影响。双方合并后的市场份额达到 64%，远远高于位于第二的吉林石化和位于第三的黑龙江龙新公司。凭借在 MMA 市场取得的支配地位，合并后三菱丽阳公司有能力在中国 MMA 市场排除和限制竞争对手。从纵向看，由于三菱丽阳公司在 MMA 及其下游两个市场均有业务，交易完成后，凭借在上游 MMA 市场取得的支配地位，合并后三菱丽阳公司有能力对其下游竞争者产生封锁效应。

为了减少审查中发现的不利影响，商务部附加限制性条件批准此项经营者集中，具体条件如下：

第一，产能剥离。璐彩特公司将其年产能中的 50% 剥离出来，一次性出售给一家或多家非关联的第三方购买人，剥离的期间为 5 年。第三方购买人将有权在 5 年内以生产成本和管理成本（成本价格，不附加任何利润）购买璐彩特中国公司生产的 MMA 产品，该成本价由独立审计师作年度核实。如果在剥离期限内产能剥离未能完成，集中双方同意商务部有权指派独立的受托人将璐彩特中国公司的 100% 股权出售给独立第三方（皇冠剥离）。剥离应在拟议交易完成后的 6 个月内完成。如果璐彩特公司有合理理由提出延期申请，商务部有权将以上期限延长 6 个月（自行剥离及期限）。

第二，独立运营璐彩特公司直至完成产能剥离。在自拟议交易完成至完成产能剥离或完成全部剥离期间内，璐彩特公司与三菱丽阳公司在中国的 MMA 单体业务将独立运营，分别拥有各自的管理层和董事会成员（资产分持制度）。在独立运营期内，集中双方将继续在相互竞争的基础上分别在中国销售 MMA，两家公司不得相互交换有关中国市场的定价、客户及其他竞争性信息（防火墙条款）。

第三，未来 5 年不再收购也不再建新厂（维持现状承诺）。未经商务部事先批准，合并后的三菱丽阳公司在拟议交易交割后 5 年内不得从事下列行为：在中国收购 MMA 单体、PMMA 聚合物或铸塑板生产商；在中国新建生产 MMA 单体、PMMA 聚合物或铸塑板的工厂。

　　这里，采取了结构性方法——产能剥离及其皇冠剥离手段，以及行为性方法——防火墙条款、维持现状承诺。

· 第七章 ·

数字经济领域的反垄断规制

数字经济时代，数据资源成为关键的生产要素。同时，数据资源与算法、算力等合力构成新型的市场力量，由此产生了数字经济领域的垄断问题。分析这种新型的垄断问题时，传统的分析方法、分析模型都遇到了新的挑战，在其基础上需要进一步分析数字经济的特殊性，并归纳挑战的主要方面及原因，提出数字经济领域反垄断法的应对措施。

一、数字经济的特征

关于数字经济的概念不断丰富，目前使用频率较高并也得到较为广泛认可的概念是《二十国集团领导人杭州峰会公报》中关于数字经济的定义：以使用数字化的知识和信息作为关键生产要素、以现代信息网络作为重要载体、以信息通信技术的有效使用作为效率提升和经济结构优化重要推动力的一系列经济活动。从概念来看，数字经济相较于传统经济具有以下两个方面的特征：首先，数字经济依赖新的生产要素，即数字化的知识和信息。它使得数字经济活动已经不再限于传统的物质资源为其生产提供必要的资料，而是通过无形的、可复制的、无明显边界的数据来激发与生产相关的知识和信息完成生产的一系列流程。因此不难发现，在数字经济中的产品已经不局限于传统的实体产品，还包括诸如数字视频、数字音乐、数字媒体、信息交换等内容产品。同时，数字经济中的实体产品的交易渠道也从传统形式下的可视、可接触的形式向虚拟化、概念化的形式转变。其次，数字经济追求开发新的交易场景，即现代的信息网络。数字经济中交易的产生、匹配、组建、完成等环节很大程度依赖虚拟场景作为基础。这主要是由于数字经济中的生产经营活动高度地依赖了承载了大量信息的数据来完成，而数据要素相较于传统要素具有突出的可高效传输、可复制使用的特征。相对于传统经济，这种方式能够极大程度改善交易效率，同时也为提高交易质量提供了必要的支撑。本节将基于以上数字经济的相关特征从三个方面讨论数字经济市场的特征，在本章余下部分，将着重探讨在数字经济市场特征下的反垄断挑战与应对。

（一）双边市场格局

平台经济是数字经济中与反垄断相关性较强的一种市场模式。根据中国信息通信研究院发布的《平台经济与竞争政策观察（2021 年）》数据，截至 2020 年底，全球市场价值超过 100 亿美元的数字平台企业为 76 家，价值总额达 12.5 万亿美元，同比增速高达 57%。其中，前十家平台平均增速高达 55.4%，对总体增长的贡献率达 71.6%。数字平台是平台经济高度数字化的商业模式，也是与消费者日常经济社会活动最为密切的一种交易载体，同时，也是反垄断在数字经济领域触及率较高且存在较多反垄断争论的领域。近年来，平台经济领域反垄断案件持续增多，域外案件如亚马逊"自我优待案"、苹果"应用内购买案"等；国内案件如美团和阿里巴巴"二选一案"、斗鱼和虎牙经营者集中案，均涉及了平台经济领域的垄断问题，也引起了学术界和实务界关于平台经济中的反竞争担忧。

平台经济所具有的特征之一是其具有了双边市场的格局。在一个双边市场中，接入到市场中的隶属于不同组群的用户间存在相互影响，而作为组织者的平台可以通过构建、激发和完善这种相互影响，吸引不同组群用户聚集到平台上，在他们进行互动和交易的过程中创造价值，平台则在这个过程中获得收益。在双边市场中，能够使用户之间产生互动和交易的主要原因是网络外部性（network externality）或可称为间接网络效应（indirect network effect），这种网络外部性描述了以平台作为载体，接入平台的用户之间相互影响的程度。[①] 例如，在短视频平台上，观众被吸引的基础并不在于平台本身，而是在于平台能够为他们提供的短视频数量、类别、质量、差异性等内容产品，因此，就短视频平台而言，吸引观众的基础在于平台另一边的视频提供者的数量和质量；同样地，一个视频提供者选择一个主要的平台来投放其视频产品时，也会关注接入这个平台的观众的数量和稳定性。双边市场特征并不是平台经济所独有的，双边市场也广泛地存在于传统经济中，例如，信用卡市场、实体商业中心、中介等。

双边市场的存在以及双边市场在平台经济中进一步发展的根源在于其本身属性和具体要求。首先，双边市场的存在需要有一个明确的组织者，组织者的存在是形成双边市场环境的主要基础，缺少组织者的双边市场可能会由于用户间的交易习惯而存在，但不会长期运行下去，它会随着用户的交易习惯的变化而逐渐消

---

① J. C. Rochet, J. Tirole, "Two-Sided Markets : A Progress Report", *Rand Journal of Economics*, Vol. 37 (3), 2006, pp. 645~667.

失。其次，双边市场的运行需要一套完整的规则，组织者会为市场来制定规则，形成市场运行的标准，所有的用户可以在完整的规则下进行可持续的互动和交易，并在规则下创造价值。平台经济中的双边市场在遵循了上述属性的同时，也强化了这些特征，其中比较典型的两条发展路径是组织效率和交易效率。从组织效率来看，在数字技术的快速发展中，组织用户进入市场已经不再局限于物理的市场空间，而是可以使用户在一个"虚拟"的市场中进行信息的发送和收集，组织者可以通过技术高效地完成用户间的信息匹配。从用户视角来看，双边市场带来了更低的成本。从交易效率来看，用户之间的信息不对称和交易不确定性被技术和数据的广泛使用和传播大幅度减少，形成了用户交易前后的信息交互、信息识别、信息监督等功能，降低了用户间的交易成本，提升了交易质量和交易效率。因此，虽然双边市场特征并不是数字经济中的主要产物，但是数字经济中技术和数据的普及使双边市场产生了质的提升，这也是平台经济以双边市场为基础而又不同于传统双边市场的特点。

就双边市场中的网络外部性而言，双边用户之间的影响并不必须是对称的，换言之，双边用户之间并不一定存在着双向的吸引关系。如上一段中短视频平台的例子，视频提供者和观众之间存在着一种比较明显的相互吸引关系，我们将其称为正网络外部性（positive network externality）；如果双边市场上的一端用户对另一端用户的接入和数量存在着效用降低的情况，即一端用户的接入不但没有给对边用户带来福利提升，反而在其进行平台活动时使对边用户降低了使用平台的动机和频率，则将这种影响称为负网络外部性（negative network externality）。双边用户在网络外部性的作用下形成的差异是平台经济经营者定价的主要基础，这是因为网络外部性反映了用户对对边用户为其产生效用的主要依据，并进一步体现了用户对接入和使用平台的动机和程度。若一组用户对对边用户的规模以及与对边用户进行互动和交易时产生效用的依赖程度十分明显，该用户则具有了对平台较低的需求价格弹性，平台经济经营者则可以对这一边用户征收较高的费用。这个现象说明了平台经济中定价的两个特征：其一，平台经济经营者的价格制定并不一定是以成本为基础的，而更多是以网络外部性的强弱为基础的，当网络外部性较强，使得用户对使用平台存在较强依赖性时，则平台更有可能对这边用户制定较高的价格。其二，平台经济经营者的定价存在着较明显的不对称，这是因为平台两端的用户可能具有差异性较大的网络外部性，例如，虽然两端用户都对对边具有正网络外部性，但程度相差明显；或者两端用户之间存在着一正一负两种网络外部性。这种差异性会使平台经济经营者基于不同程度的网络外部性对两端用户征收差异性较大的价格。具体而言，对那些需求弹性较低的用户征收较高的价格，对那些需求弹性较高的用户征收较低的价格甚至是免费。这种定价方式在平台经济中可以被称为"倾斜式定价"，在倾斜式定价模式下，平台经营者会通过对某一端的收费或某几端的收费来补偿低价格和零价格的业务。因此，平台经营者在其利润最大化目标下制定的价格通常是一组价格，这些价格的组合是帮助平台实现利润最大化的路径，而非来仅面向一端用户进行定价。

当某一市场中存在多个平台经济经营者时，他们会在业务所涉及的交集市场中进行竞争，这种交集市场对分析平台竞争十分重要，因为一个平台除了触及消费者领域以外，还会触及其他多个领域，而这些领域并不一定是其竞争对手也同时涉及的，这就需要评估平台的多业务和多市场，来帮助我们判断平台竞争过程中所处的相关市场。关于多市场布局，将在本节第三部分探讨。反观平台竞争，它所存在的基础是所有的用户可以在不同平台间的切换，这种切换过程被称为用户的多归属特征（multi-homing）。在传统经济中，双边市场在用户群体间通常具有物理空间和时间的约束，即用户通常在某一个特定时间内只能选择一个平台接入，而在数字经济下的双边市场，由于空间和时间的约束被技术和设备的迭代而打破，用户在多个平台间进行切换的成本降低，形成了用户的高度多归属。多归属赋予了用户一个可以进入到尽可能充分竞争的平台经济市场中的可能，虽然用户最终会选择一个平台进行交易，但是多归属使用户在交易前具有了比较充分的选择和权衡的可能性。

从平台经济经营者的视角来看，多归属带来的一个重要的效果是其与竞争对手之间的竞争更加激烈，这种激烈的竞争并不完全在于多个平台在不同的用户组群内所面对的更大范围的竞争，而是在于同时来自不同的用户组群之间的相互影响。这种影响可以总结为以下几个方面：首先，平台经济经营者需要在有限的资源的基础上在不同的竞争对象间进行取舍。就双边市场而言，平台之间的竞争可能在接入平台的 A 集团中，也可以发生在接入平台的 B 集团中，而平台对于不同集团的选择通常基于集团内的个体对不同平台的转移灵活度。换言之，平台会在那些需求弹性较高的集团内展开更加激烈的竞争。其次，平台在某个集团内的竞争优势会通过平台上生成的网络外部性而向另外一个平台转移，我们可以将这种现象称为平台竞争中的"溢出效应"。具体而言，当平台在 A 集团内部具有较显著的竞争力并获得大量 A 集团市场时，给定正网络外部性，B 集团的用户会自然而然地接入该平台，这种接入并不是完全来自平台在 B 集团的竞争力，而是该平台在 A 集团的竞争力溢出至 B 集团。因此，平台间的竞争虽然发生在双边市场结构下，但是平台与竞争对手之间的互动并不一定同时发生在两个集团中，而更有可能发生在一个集团内，并通过溢出效应向其他集团进行转移。

（二）数据要素竞争

上文中关于数字经济的概念指出，数字经济更多地依赖数字化的技术和信息作为其关键生产要素帮助其经营者实现生产经营的目标，这一点是数字经济与传统经济的重要不同。在数字经济中，能够承载数字化的技术和信息的主要载体是数据，它来源于数字经济活动中的参与者对自身偏好、产品、服务等信息的表达，使数字经济经营者可以通过收集、整合、处理、运算等工序，将数据中的信息针对性地运用于其能够产生商业价值的生产经营活动中，即实现了数据的价值化。作为一种生产要素，数据具有在生产经营中"投入—产出"的价值化过程。但是，与其他诸如土地、资本、劳动力、管理等传统生产要素相比较，数据又具有其独特性，其中具有代表性的特征在于数据的公共物品（public good）属性，即数据本身具有了一种非排他和非竞争的特性，加之数字技术使数据在使用中具有可叠加、易复制、易传播的特点，经营者在以数据为主的要素市场中将不会面对资源的"稀缺"，但这种特征引起了数字经济经营者在要素市场潜在的垄断行为，也是我们在数字经济中逐渐生成的关于要素市场的反竞争担忧。

从数据要素的宏观属性来看，数据要素使数字经济经营者的生产要素实现了再配置和优化。传统要素的应用已经不能满足数字经济的生产经营活动，这主要是由于数字经济在市场中呈现出一种关于信息的高速流通和匹配，并基于对接的信息来完成互动和交易，这些信息的收集、流通和匹配是传统无法充分实现的，需要数据作为传统要素的替代品或互补品来帮助数字经济活动参与者完成上述工作。因此，在数字经济活动中，传统要素在功能层面将被数据逐渐替代，形成了经营者在其要素组合中的再配置。除此之外，在大多数产业数字化行业中，很多传统行业经营者所进行的数字化转型事实上是将数据要素再一次融入传统要素中，实现了对传统生产要素的优化。在企业数字化转型过程中，虽然数据要素并不单独地应用于生产经营活动中，但是数据可以通过与传统要素的整合实现传统要素的生产效率的提升。换言之，数据要素可以间接地提升经营者的生产经营效率。例如，在数字交通领域中，通常可以运用经营者在之前经营过程中所捕获的交通运输数据来进行分析，识别交通效率增进的创新点，进行针对性的创新。经营者可以从这种动态创新的过程中获得在相关市场内在某个业务中的先行者优势，从而获得相对竞争力。

数据要素的宏观属性主要影响了经营者在生产经营中的内在效率，数据要素的微观属性主要涉及经营者，尤其是数字经济经营者使用数据的路径，以及在数据要素市场中进行竞争的行为。具体而言，数据要素的微观属性主要在于其成本属性、技术属性和竞争属性三个方面。

第一，从成本属性来看，数据要素具有高投入成本、低复制成本的特点。经营者在开发、整合、聚类数据的初始工作中需要投入大量的成本，例如投入数据相关的基础设施、组建数据技术部门和团队、设计数据相关算法系统、开发收集数据建立数据库等，但是，在数据的相关基础设施和数据库已经成熟后，数据在后续的使用过程中将呈现较明显的规模经济特征。在数字经济中，关于数据使用过程中的规模经济主要来自两个方面：首先，数据使用可叠加使一套特定的数据可以在多个场景使用，将不会极大地占据经营者的资源。例如，在美团平台中，一套消费者的偏好数据既可以指导平台在外卖送餐市场中的信息对接和匹配功能的优化，又可以同时应用在网约车、共享单车、订票、酒店等其他业务中，同时，这些业务在使用数据中并不会出现资源的相互挤占，进而美团平台也不会因此而承担较大的协调成本。其次，数字经济本身所具备的网络效应和网络外部性可以使数据的价值被不断放大，进而补偿数据在使用过程中的边际成本。考虑一个数字经济经营者源于数据要素的总成本函数为：

$$C(q) = F + g(a(q)) \cdot q \qquad (7.1.1)$$

其中 F 为固定成本，q 是数据开发和使用的数量，函数 g 刻画了经营者源于数据的边际成本，a 反映了数据在用户领域中产生的网络效应或网络外部性。根据数字经济的特点，用户在数字经济市场中所触及和了解到的信息越多，就越能够牵引用户加入经营者所构建的网络或平台，因此 $a'(q) > 0$；同时，当数字经济经营者能够通过网络效应或网络外部性增加其给定数据量带来的成本节约时，每额外单位数据的使用所产生的成本将降低，即边际成本降低，换言之 $g'(a) < 0$。通过（7.1.1）可以得到该经营者的单位成本：

$$AC(q) = \frac{F + g(a(q))}{q} \qquad (7.1.2)$$

当经营者使用数据的规模增加时，可以发现：

$$AC'(q) = \frac{-F - g(a(q)) + g'(a) \cdot a'(q) \cdot q}{q^2} < 0 \qquad (7.1.3)$$

（7.1.3）说明了经营者的单位成本随着数据在生产经营中的投入量的增加而降低，即规模经济。反观传统经济中，由于网络效应和网络外部性并不存在，或者存在但并不像数字经济中那样显著，则（7.1.3）中分子仅有 $-F$，说明了数字经济中的规模经济将比传统经济中更加明显且程度更高。这一个结果反映了数字经济中数据要素的广泛使用，以及数据要素在用户群体中产生的网络效应或网络外部性可以不断强化和放大数据要素在成本侧给经营者带来的收益。

第二，从技术属性来看，海量数据在市场中的流动可以降低交易过程中的信息不对称。传统经济中的信息不对称给交易者带来关于交易相对人和产品信息的不确定性，在实现有效交易的过程中，交易的参与者需要承担来自信息结构不完全而形成的交易费用，降低了交易者的福利。而在数字经济中，由于数据具有相当程度的中立性，其反映出的信息也具有较强的真实性。此外，数据的传播在理想情况下对于任何交易者都是对称的，这便会使买卖双方的信息在某个平台或渠道上充分地传递，打通市场中的信息"盲点"，降低交易者的交易费用。数据要素技术属性改善交易中信息质量可以从两个方面来具体说明：首先，买卖双方信息不对称带来的道德风险一直是在传统经济中持续探索的问题。市场交易过程中，无论是卖方还是买方，在信息不对称的环境中，那些具有信息优势的集团会产生为了获取额外收益而触发的道德风险行为，损害交易相对人的利益。在经济学理论层面，解决道德风险问题的研究大多集中在通过市场和交易的机制来设计对信息优势集团的激励相容方面，弱化其触发道德风险的动机。数字经济的出现使交易者的信息环境得到改善，换言之，数字经济中的数据流动使传统经济中的信息不对称程度大幅度缓解甚至消除，使交易者所具有的信息内容和质量逐渐趋于对称，在信息获取较为一致的情况下，会显著减少道德风险问题，降低交易成本。其次，市场中的信息规模和信息质量的提升可以优化交易效率，尤其是在改善供应链交易中发挥了重要的作用。传统经济下的纵向市场交易大多遵循了"经验主义"的范式，供给者会按照以往的交易范式、产品服务、交易条件来制定未来的生产经营方案，但是在用户的价值主张和外部环境变化和影响下，交易中的各个环节会发生改变，使经营者无法按照以往的经验进行合理的调整。这种情况产生的主要原因是，供应链内部的信息不充分加之供应链外部的环境影响甚至冲击对供应链交易带来的扰动。而数据要素的融入可以有效地改变供应链上下游、生产—销售、原材料—生产等环节的信息结构和信息质量。例如，在传统供应链数字化转型中，可以将信息链融入其中，通过数据分析获得最终市场不断变化的需求和消费主张，并基于这些信息沿供应链向上端移动，指导经营者的精准化生产，避免由于链内信息不充分而造成的供应链交易不稳定，防范由于信息不对称而带来的供应链"断链"的风险。

第三，从竞争属性来看，数据具有和其他传统要素不同的特性，即其具有较强的公共物品属性。公共物品属性下的数据使其具有非竞争性和非排他的特点，非排他说明了只要经营者有特定的技术可以抓取数据，在数据权属允许的情况下就可以获得并使用数据，这里的数据权属通常可以被认为是应符合个人数据配置内容、平台数据权利配置内容和政府国家数据权利配置内容三个方面。① 换言之，在数据要素市场中，在没有正当理由下，任何经营者都没有权利干扰其他经营者，尤其是其竞争对手获取数据并实现数据要素价值化的权利。非竞争性说明了数据在被一些经营者不断使用的过程中，不会显著地影响这些数据在其他经营者使用中的效果，非竞争性反映了数据资源可叠加使用的特点。公共物品属性下的数据要素显现出和传统要素的重要不同，与传统的土地、劳动力不同，这些要素在使用过程中不但会形成对其他经营者的排他，而且由于传统资源的稀缺性，使其他经营者在寻求资源时会因为其他经营者的大量使用而逐渐降低。因此，在数字经济市场中，经营者的竞争优势将不再处于其是否获得了更多数据或者获得了独占的数据，而是该经营者是否具有能够挖掘、处理和使用数据的技术或能力。但是，由于数字经济中关于技术和数据的处理和应用大多发生在市场的后端，而且与经营者的核心技术高度相关，在知识产权的保护下，这种技术（例如算法）并不能够被公众充分观察到，而产生了基于技术的信息不对称，当这种技术运用于数据层面时，则产生了数据要素层面的反竞争担忧。其中比较具有代表性的就是数据封禁，数字经济经营者通过数据的封禁阻碍了市场中的一部分数据流向自己的竞争对手，使原本处于公共物品范围内的数据转化为了私人物品，即使数据变得排他且可竞争。数据封禁带来的效果类似于一种限定交易行为，依赖这些数据的用户为了继续完成交易，只能选择具有或独占这些数据的经营者，破坏了数字经济市场中的正当竞争。

（三）多市场布局策略

平台经济经营者通常并不以单一的方式服务消费者，或者不以单一的业务路线对产品或服务的供需用户进行撮合，较为常见的形式是，平台经济经营者会在某一个较为成熟的业务线基础上开展多个业务的撮合服务。从传统的经济学视角出发，这种多个业务线的形式属于经营者多产品销售的一种形态，经营者关注了多个产品带来的范围经济以及多个产品在生产和经营过程中的协同效应与协调成本。当多产品销售所产生的范围经济带来的成本集约较大，或者多个产品在消费

---

① 彭辉：《数据权属的逻辑结构与赋权边界——基于"公地悲剧"和"反公地悲剧"的视角》，载《比较法研究》2022 年第 1 期。

者市场中所展现出的协同效应突出时，经营者将会选择多个产品并进行合理的搭配，力求在消费者市场中可以获取更多的市场份额。与此同时，多个产品的生产和经营需要经营者在较为固定的生产资料中进行权衡，例如对资金、劳动力和空间的协调，便需要经营者承担选择多个产品所造成的机会成本。机会成本体现在经营者在多产品销售中需要承担单产品销售中并不明显的资源整合、资源协调、资源挤占等方面的成本和费用，因此，传统模式下的经营者进行多个产品销售和多个市场布局需要进行产品本身对其带来的成本与收益的权衡。

首先，平台经济中的经营者所面对的要素约束相较于传统经济更弱，因为数据的可复制、可叠加使用的特征，平台经济经营者进行多市场布局时来自边际成本的压力较小，即经营者可以通过用户的数据所形成的价值快速地补偿进行多市场布局时的协调成本。其次，用户对平台经济经营者提供的产品之间的协同要求提升，用户更加倾向于经营者对其消费过程中的多个场景的连接，而非多个产品的整合。再次，多市场布局回应了平台经济中网络效应的反馈效果，通过多个市场连接消费者的多个消费场景，可以增加消费者对平台的接入和依存程度，帮助平台经营者吸引更多、更丰富的产品和服务提供者的接入，同时，增加了平台在多个市场中的市场力量和定价能力，提供利润获取路径。最后，多个相互补充的市场之间形成良好的溢出效应，连接消费者多个场景的市场中经营者通过平台的布局形成了间接的相互依赖和相互协同，一个市场的活跃可以带动消费者在平台上的互动，进而增加另外一个或多个市场获得交易机会的概率。

从静态视角来看，数字平台形成多市场布局主要关注几个主要方面：①买卖双方的网络外部性；②消费者关于多个市场的互补性；③卖方之间的溢出效应；④平台经营者的协调成本。

第一，消费者与各个市场内的卖方（即平台内经营者）围绕平台形成的网络外部性是平台建立和运行的基础。网络外部性来自消费者和卖方之间原生的相互补充的关系，例如电商平台中的买卖双方是关于特定产品和服务的供需关系，形成了两者关于产品和服务购买和销售的互补性。网络外部性是数字平台建立的核心因素之一，它的存在与否不受到数字平台的多市场布局的影响。虽然在一些多边市场中，接入数字平台的多个集团间并不完全具有对称的网络正外部性，但是相互之间的交叉吸引依旧是平台所对接的核心因素，本节所探讨的网络外部性主要是在于多个主体之间存在着对称的网络正外部性，即相互之间具有互补关系。

第二，针对特定的数字平台，消费者所关注的产品和服务并不具有替代关系，换言之，消费者在与平台相关的经济活动涉及了消费者本身多个消费场景。

例如，外卖订餐平台上的消费者通常需要订餐服务环节（主体消费场景）、订餐前的信息获取环节（前置消费的点评场景）、订餐后的配送环节（后置消费的运输场景）等。因此，消费者在选择平台进行消费的行为并非是一个节点行为，而是一个流程行为，流程行为是基于某一个主体节点行为（如消费场景）的进行而形成的横向或纵向的延展。对于一个消费者而言，在主体消费者环节前后的流程的畅通可以显著提高消费者的全流程消费体验。

从量化视角来看，这种消费体验的增加主要来自消费者在一个平台上进行交易的总成本的降低。因此，数字平台的多个市场布局通常可以被视为将消费者在一个消费节点上相关的多个节点所形成的流程打通，即将消费者关于一个消费节点所涉及的消费场景模块化，再通过各个市场联动的形式贯穿起来，形成消费者在"一站式"消费中的效用增进。

第三，各个卖方市场之间的溢出效应反映在消费者对不同消费场景的互补程度上，当消费者对特定的场景依赖程度高时，与该场景相互补充的其他场景内的经营者的接入则对消费者的吸引程度更高，进而增加了该场景内经营者对平台的接入程度。这种溢出效应并不来自各个市场内经营者之间相互作用，反而，这些经营者之间并没有直接的联系，而是这些经营者各自与消费者的互动而带来的相互补充的效果。因此，卖方市场之间的溢出效应的主要来源是消费者对平台所接入的不同市场形成的互补性的依赖，进而带动了不同市场经营者接入的相互影响。

第四，平台经营者的成本结构主要呈现了高固定成本、低边际成本的特征，这种特征在未进行多市场布局的经营者身上体现较为明显，当平台进入多市场布局策略时，平台经营者依旧需要进行多个业务之间的协同与整合，这主要包括了对不同市场之间的协同以及对多个市场与同一个消费者进行对接时的便利度与必要的监督。这便增加了平台经营者进行多市场布局过程中的成本，同时，这种成本将随着市场数量的增加和复杂程度的增加而递增。

从动态视角来看，平台经济的多市场布局通常不是一蹴而就的，大多数具有多市场布局的平台经济经营者是通过一种动态的发展路径而完成的。以美团网为例，自2010年起，美团在其餐饮外卖的主营基础上陆续推出了电影票预定、酒店预订、旅游门票预订、聚合支付系统、生鲜超市、共享出行、配送等服务。美团多市场布局策略的主要路径基础来自两个方面：首先，美团基于其餐饮外卖的主营业务在短期吸纳了大量的消费者和餐饮卖家的接入，形成了单市场内的网络外部性，同时积累了大量的数据、财力以及控制市场内部参与者的能力，根据美团2020年年报数据，餐饮外卖业务在美团全年收入中占比56.8%，比2019年同比增长 37%，依旧是其在多市场布局中的主要业务线。其次，美团持续增长的业务种类（即多市场布局策略的开展）大多围绕消费者在餐饮基础上的横向和纵向的延展，这种延展主要将消费者在日常娱乐活动的各个场景模块化，并通过美团网平台进行整合和再联通，强化了消费者在多个卖家市场间的互补效应，也进一步强化了多个市场内卖家间的溢出效应。

因此，动态视角下的平台多市场布局应存在时间的延续性，平台经营者在设计多市场布局策略时会根据其所服务的用户特征、多市场特征、成本和网络外部性建立多市场布局的动态策略。多市场布局可以分为两个阶段，在第一阶段中，平台经营者通常运行单市场状态，在这个阶段中，平台经营者在单个市场激发买卖双方的网络外部性来获得稳固的消费者体量和财富积累，同时，平台运用获得的消费者数据形成在后续多市场延展过程中的要素体量，为多市场布局提供必要的数据基础。数据的积累在这个阶段发挥的功能十分重要，如上文所述，平台经济的成本结构呈现高固定成本、低边际成本的特征，在第一阶段中的数据积累是实现通过流量补偿高固定成本，实现规模经济的过程，平台经营者通过规模经济在其市场内部形成了较突出的市场力量后，开始进行第二阶段，进行多市场布局和消费者场景的扩张。

二、数字经济中的反垄断挑战

（一）传统反垄断法在数字经济中的适用性难题

传统反垄断方法的制定和实施是建立在传统市场的理论和相关实践中的，在长期的应用中，已经形成了比较完善的反垄断执法和司法的思维与框架，传统反垄断方法在使用过程中基本可以覆盖对垄断行为的分析、识别、审查和实施。但是，如上一节所述，数字经济相较于传统经济具有十分明显的不同，无论是从市场结构还是从成本结构，数字经济经营者在进行生产经营时都存在一定程度的传统反垄断方法无法充分解释的问题，这些问题便造成了传统反垄断方法在解释数字经济领域中的垄断行为和相关风险过程中的适用性瓶颈。从数字经济市场特征的角度出发，传统反垄断方法在数字经济中的适用性瓶颈可以从以下几个方面展开。

1. 相关市场的界定

界定相关市场是对垄断行为进行认定和反垄断的基础工作，准确地界定相关市场能够更加清晰地评估垄断行为的实施场景和竞争损害，进而对相关垄断行为进行禁止和进行相应的处罚。数字经济市场中较为常见的经营特征是经营者具有了双边或多边属性，即经营者自身可以被视为一个平台，通过连接两类或多类用户，基于数字技术收集和处理数据，对数据所蕴含的供需信息进行撮合和匹配，最终实现交易。经营者在关于信息整合到交易形成的过程中获得收益，这种收益可以被视为经营者为用户提供服务过程中的"服务费"，但该费用的定价规则却与基于成本的定价相去甚远。这个差别是因为经营者所连接的多个用户群体间并非相互独立且割裂的，正相反，用户群体间存在着比较明显的关联，即上文所提及的网络外部性，一组用户选择一个经营者的重要因素之一，便是该经营者是否能够为其带来更多、更便利的交易机会，换言之，用户对平台的选择在于他们能够从平台上获得多少交易相对人的资源以供其进行充分的选择。因此，关于数字经济中的相关市场界定，则出发于数字经济中的市场双边性这个特征。现有研究指出，虽然数字经济中双边市场的属性开始被重视，并已经纳入了数字经济领域反垄断的重要参考，但是，现有的关注点大多在于对双边和多边内的用户进行需求替代和供给替代分析，而并未将用户在跨边环境下的相互影响进行系统化的理论构建（易芳、包嘉豪，2022）。①

具体而言，在当前数字经济领域的反垄断执法中，关于相关市场尤其是相关商品市场的界定中，已经充分地将平台经营者所连接的主要供需双方的需求和供给替代分析进行了考察，但是在分析过程中还存在一定的割裂。这一点并不是来自对双边市场认知的误区，更多地是来自相关的反垄断方法的更新尚处于探索阶段。例如，在2021年国家市场监督管理总局对阿里巴巴和美团的"二选一"行为的审查和执法中，对相关市场的界定进行了充分的分析，分析重点在于线上活动和线下活动的市场边界问题。但是，从行政处罚决定书中关于相关市场的界定并未看到充分的关于两边用户（如消费者和平台内经营者）之间的跨边效应对市场边界的影响。例如，在反垄断执法过程中，涉及垄断行为的业务发生在平台的A业务中，但事实上，某个平台是以业务B来吸引消费者，而消费者由于业务B对平台以及平台经营的其他业务（包含业务A）具有了较强的黏性，则导致了即便我们可以清晰地划定业务A的市场边界，但在该业务中，消费者在不同平台间进行转换的成本过高，而弱化了需求替代分析的效果。

此外，由于数字经济中经营者的成本结构发生了比较明显的变化，使其并不完全依据特定商品的成本进行价格制定，因此，在数字经济领域中的免费商品频

---

① 易芳、包嘉豪：《数字经济背景下平台企业相关市场界定的量化研究——以阿里巴巴"二选一"案为例》，载《财经问题研究》2022年第2期。

繁出现，使得基于价格的相关市场界定量化方法面临较大的困难（李三希、张明圣、陈煜，2022）。① 例如，在 SSNIP 方法中，关键要素是价格的小幅度上涨对消费者需求的影响程度，但在数字经济领域中，价格的变化所产生的影响受到了两个方面的主要扰动。其一，免费产品的价格小幅度上涨使消费者对价格变化的感知并非是连续的，即消费者此时对价格的变化感知并非是量变，而是质变，换言之，价格的上涨是从免费转变为收费，此时对消费者需求的分析会展现出相较于价格连续改变不同的效果。其二，消费者接入平台的因素并非完全基于价格和平台服务，而同时受到了网络外部性的影响，当平台为消费者提供的网络外部性较强时，小幅度的价格上涨会被网络外部性给消费者带来的黏性平抑，使消费者的转移动机并不明显，利用 SSNIP 方法进行市场界定则会出现低估市场边界的情况。

2. 技术性垄断协议行为的认定

在数字经济领域中，技术性垄断协议行为通常被视为一种算法合谋的行为。算法合谋的行为从具体表现上与传统的合谋行为类似，都是通过经营者的通过价格、产量、标准、交易条件等因素所进行的协同行为。但是，不同于传统的垄断协议行为，在算法合谋下，经营者所采用的意思联络路径是基于诸如技术的算法，使数字经济领域中的合谋行为更加隐蔽。在传统的市场交易中，买卖双方存在着较高程度的信息不对称，具有信息优势的主体会产生利用信息不对称而进行道德风险动机，而合谋则是道德风险中的组成部分，当经营者在信息不对称环境下形成协同行为后，会"创造"出一种市场运行的假象，使消费者无法在短期低成本地识别其是否处于了垄断行为的控制之下，在合谋行为实施的过程中，消费者的福利由于价格或其他交易条件被经营者控制，而受到福利上的损失。在数字经济环境下，上述信息不对称将会更加显著，这会从两个方面加剧合谋对市场的负向效果：其一是合谋被识别的难度更大，因为在这种情况下对合谋的识别已经不仅限于运用经济学理论和监管的手段完成，而更多地需要技术方法的嵌入；其二是合谋的波及范围更大，在技术性的合谋中，数字技术可以帮助经营者在更大的市场范围中进行意思联络和相互监督，使合谋行为可以通过技术手段穿透现有的物理层面的相关地域市场，而触及更大的市场范围，对更大规模的市场竞争形成损害。因此，算法合谋被视为目前数字经济领域中反垄断的重要且亟待解决的问题（王先林、曹汇，2021）。②

---

① 李三希、张明圣、陈煜：《中国平台经济反垄断：进展与展望》，载《改革》2022 年第 6 期。
② 王先林、曹汇：《平台经济领域反垄断的三个关键问题》，载《探索与争鸣》2021 年第 9 期。

从算法合谋的类别来看，（Ezrachi，Stucke，2017）将其划分为四类，分别是信使类（messenger）、轴幅类（hub and spoke）、预测类（predictable agent）和电子眼类（digital eyes）。① 其中前两类是目前数字经济市场中较为常见的算法合谋行为，这两者的主要共性是其实施的主体都是经营者，实施的手段都是算法，具体而言，信使类合谋更多强调了技术在"人"之间的联络，换言之，希望实施垄断协议行为的主体是经营者本身，而他们使用的工具是技术，技术在经营者之间发挥了信使的角色，使经营者之间的意思联络更加便利、高效、准确和隐秘。因此，信使类的算法合谋与传统合谋之间具有类似的表现形式，主要的不同仅体现在进行意思联络的路径和工具上。此外，轴幅类算法合谋的内在逻辑与信使类类似，核心的不同是算法这个信使游走在不同层次的市场间，具有技术优势的经营者可以以"轴"的形式存在于另外一个市场众多的经营者之间，即"幅"，以算法作为工具为这些作为幅的经营者提供必要的帮助，使他们可以形成一致性的行为。虽然 Ezrachi 和 Stucke 指出对于轴幅类的算法合谋需要进一步明确算法所提供的必要帮助是否损害了竞争，并进一步确定其产生的反竞争效果，但通常情况下，上述两类算法合谋都会被认定为本身违法的垄断协议行为。

预测类合谋的关键在于经营者在市场行为层面依旧表现出竞争的状态，但是从其技术研发、产品设计、价格制定等方面具有了一定的默契，而这种默契是通过算法来完成的。这种方式首先具有行为上的隐蔽性，监管部门并不能完全通过经营者的市场表现来判断其行为是否存在一致性。其次具有决策上的协同性，具有竞争关系的经营者在相互独立的决策制定过程中会通过算法将对方的决策纳入考量，并形成一种合作式的决策。对于此类行为是否需要判定其具有垄断协议的特征存在较大的困难：首先，这种行为可能来自技术的理性，我们并不能通过技术的客观判断对技术拥有者的动机进行判定和执法；其次，这种行为所带来的协同性是否会实质性地产生竞争损害，也需要一种对市场的动态评估才可以进行测评。

电子眼类合谋是目前尚存在争议的一种算法合谋的形式，它类似于预测类合谋，但是存在一个主要的不同，经营者仅通过算法设定一个符合自身利益的目标，例如利润最大化，而算法会围绕这个目标来帮助经营者自主地制定行为决策，这一点在预测类合谋中是不完全存在的，因为预测类合谋在很大程度上还是基于经营者的合谋意图，而在电子眼类的合谋中，这种意图很有可能不存在，它仅仅是源自于

---

① A. Ezrachi，M. E. Stucke，"Artificial Intelligence & Collusion: When Computers Inhibit Competition"，*University of Illinois Law Review*，Vol. 5，2017，pp. 1775～1810.

经营者希望达到的利润目标,而行为是由算法制定,算法自身在达到预设目标时并未有意识将损害竞争纳入自身的决策考量,因此这种信息不对称不但存在于市场中的参与者之间、监管者与经营者之间,也可能存在于经营者与算法之间。

3. 数字经济领域滥用市场支配地位行为的认定

目前关于数字经济领域的滥用市场支配地位行为的划分大多可以归集至传统反垄断法的列举类别中,例如"二选一"行为被视为一种限定交易行为、"大数据杀熟"行为被视为一种差别待遇问题,换言之,在数字经济领域的反垄断实践中,我们已经比较清晰地知晓和判断数字经济经营者的垄断行为的认定方向、类别和判断。但是,从数字经济领域中经营者滥用市场支配地位行为的程度来看,依旧存在较大的挑战。具体而言,在数字经济领域中的经营者具有市场支配地位的判定依据和标准相较于传统经济更加复杂和多样,其次,数字经济领域中的经营者滥用市场支配地位的行为相较于传统经济的方式更加隐蔽且损害效果不易评估。关于市场支配地位和对应的滥用行为在数字经济领域中的认定,目前实践中所面临的挑战可以从以下几个方面展开。

首先,数字经济领域中的市场支配地位判定较传统经济市场中更加复杂。我国《反垄断法》第23条列举了认定市场支配地位的相关因素,并在第24条中从市场份额的角度明确了推定市场支配地位的方法,但是,无论从市场份额角度来看,还是从技术、财力、其他经营者的依赖程度来看,都不能够充分地刻画数字经济市场中经营者的实际市场支配地位。这是由于数字经济经营者相较于传统经济经营者的不同并不仅存在于前者具有在生产经营过程中独特的技术优势,同时,还体现在数字经济市场结构、运行特征、商业模式的不同上。例如,平台经济经营者通过联系不同的用户群体,对接群体间的供需信息并完成信息撮合,实现交易,这个过程中不同用户群体所关注的是平台能够为其带来的交易机会而形成的效用和福利,换言之,传统经济市场中的价格竞争、产量竞争、技术竞争和质量竞争开始被数字经济中的流量竞争、外部性竞争所取代,具有突出流量和能够产生显著网络外部性的经营者在数字经济市场中能够展现更强的竞争力。以短视频平台所构成的相关市场为例,消费者(观众)在平台上并不需要承担直接成本,因此,能够捕捉消费者的工具并非价格,而是平台为其提供的短视频数量、质量、丰富程度等特征,当这些特征满足了大部分消费者偏好时,则平台能够使大量消费者依附在平台上,而此时平台的市场支配地位不仅体现在消费者群体中,同时体现在了与消费者相关的其他群体中,例如短视频的提供者、广告商、第三方增值服务提供商等。虽然国务院反垄断委员会《关于平台经济领域的反垄断指南》第 11 条第 2 项提出了诸如经营模式、网络效应等能够影响价格、流量或其他交易条件的能力，但是大多仅限于定性的判断，而缺少类似于市场份额的定量判断，使相关的认定工作依旧处于理论层面，具体的执法缺少统计上的依据。

其次，数字经济领域中的市场支配地位滥用行为认定较传统经济市场中更加复杂。如上文中关于数字经济的特征所述，数字经济领域中的经营者相较于传统市场中的经营者获得市场支配地位的路径存在较大差异，前者更多地通过其具有数据以及信息处理能力而获得市场支配地位。这一特征主要源自于在数字经济中，数据已经成为经营者开展生产经营活动的重要要素，通过必要的技术实现数据的价值化事实上是数字经济经营者追求市场支配地位的主要目标。由于数据在开发和使用过程中嵌入的技术具有比较明显的私人物品属性，使得经营者在竞争的过程中可以将其具备的数据和技术实现一种层次的独占性，进而利用这种独占的资源实施垄断行为。这种独占性而形成的滥用行为具有与传统经济不同的非价格性，这是由于在数字经济市场中的竞争已经超越了价格竞争，而向非价格竞争的形态而演化（申文君，2021）。① 这种行为的复杂性使监管部门对不同类型的潜在滥用行为的认定面临挑战，尤其是在运用传统反垄断方法对相关行为进行识别时，存在较大亟待提升的空间。例如，平台经济经营者的"自我优待"问题，其虽然可以被视为一种差别待遇的滥用行为，但是其实际产生的对消费者、平台内经营者、其他经营者所造成的福利影响是传统方法无法给出令人满意的答案的，而现有的反垄断分析也并未对此进行系统性的回应。

最后，数字经济领域中滥用市场支配地位行为的损害评估较传统经济市场中更加复杂。不同于传统经济中交易的"线性"模式，数字经济市场中的交易更加趋向于"面状"模式。具体而言，以数字经济经营者为交易起点，其可以通过其平台化的商业模式与市场中的众多、差异化的交易相对人展开交易。因此，在数字经济领域中所产生的滥用市场支配地位行为带来的竞争损害便相对更加复杂。这种复杂性主要体现在两个方面：其一，平台化的数字经济经营者在一个特定的交易中至少面对两组用户，其在一组用户中实施的滥用行为所造成的损害大多会通过平台交易转移到另外一组用户中。例如，食派士的"二选一"行为，虽然是对平台内经营者进行的限定交易行为，但是随着食派士在供给侧的垄断程度不断提升，其会通过平台交易将其垄断势力传递到消费者一侧，进而损害消费者福利。其二，平台经济经营者的同一个滥用行为可能会同时产生排挤性和剥削

---

① 申文君：《大数据经营者滥用市场支配地位的认定与规制》，载《中国流通经济》2021 年第 7 期。

性的双重效果，这同样是来自其平台化经营的商业模式。因此，对于数字经济领域中市场支配地位的损害评估并不能仅限于对特定的相关市场展开分析，而是要对经营者所涉及的全部相关业务触及的市场进行系统性和综合性的判断。

4. 经营者集中的审查

目前关于数字经济领域中的经营者集中所面临的主要问题在于，经营者集中的审查标准和经营者集中的动机两个方面。

首先，从经营者集中审查标准来看，数字经济经营者在集中后对市场影响的表现路径较传统经济更加隐蔽，反映在其相关指标的观测和评估更加复杂。对传统市场的经营者集中的审查大多关注市场集中度、经营者市场份额、经营者技术和财力等方面，这些指标大多是能够反映市场运行和经营者生产经营的直观指标，并具有较强的关联性。具体而言，若经营者具有较其他竞争对手更强的技术和财力时，则能够将此类优势转移到市场竞争中，获得更强的市场势力，进而捕捉更大的市场，使其市场份额提升，进一步提高市场集中度。而在数字经济领域，由于商业模式的不同，使这些指标之间存在着较明显的割裂，其主要原因是在于数字经济经营者多以双边或多边的形式呈现于市场中，在其发展的过程中，并不完全以营业额或利润作为短期目标，而是数据和流量的积累，使得具有较低营业额的经营者并不一定能够充分证明其不具有控制市场的能力（王煜婷，2022）。① 当此类经营者实现集中后，虽然从经济数据中不能短期识别该行为对市场的影响，但是经营者的合并更可能的影响是在数据要素上的集成，进而实现了对数字经济市场活动中的参与者的控制，而目前我国数字经济反垄断实践中并未对数据的标准制定相应的审查标准。

其次，从数字经济经营者的合并动机来看，由于相关市场数据并不明显，使我们不能充分识别经营者的收购意图，其中"猎杀式"并购（或"扼杀式"并购）就是数字经济中比较典型的造成反竞争担忧的经营者集中行为。"猎杀式"并购过程中的被收购方（甚至是收购方）并不一定能够展现出较为突出的市场数据，如营业额、市场份额、技术和财力等，但是其能够具有数据要素基础，这些基础并不完全由于经营者技术而决定，而可能来自经营者所处的行业特征。具体而言，那些与市场中的参与者互动较频繁，或能够为市场中的参与者提供频繁交互的平台，虽然具有了上述的大数据基础，如社交网络平台、社区团购平台、共享交通平台等，但是这些平台所提供的服务仅在于信息的拼配和撮合，因此大

---

① 王煜婷：《数字经济背景下我国经营者集中制度的完善》，载《中国政法大学学报》2022 年第 1 期。

多数据轻资产经营者，在一个相关市场内并不一定具有明显的市场支配地位，不过，由于其在交易中可以由于经济活动参与者的高频次活动而获得大量数据，则为其后续的经营、发展和扩张提供了充分的竞争工具和能力。这些在经营者集中后所形成的数据要素将为经营者在后续的经营中提供充分的反竞争工具，例如，"猎杀"阻碍了新产品或技术的研发、降低了初创企业获得投资的可能性以及弱化平台经济市场的可竞争性（王伟，2022）。① 在早期原则的分析框架下，对此类经营者的收购并不能完全通过市场数据进行判断，同时，传统的反垄断方法和相关的法规并没有对经营者设定充分的监管前置，使得经营者集中的意图在监管部门视角下更加不确定，很有可能造成审查过程中的偏差。

（二）关于适用性难题的经济学分析

传统反垄断方法在数字经济中适用性难题主要体现在经营者的商业模式、技术和数据三个方面，其中商业模式是数字经济市场的一种相较于传统经济市场的主要不同。如上文所述，它在数字经济市场中改变了传统的单边市场模式，向双边和多边市场转变，使经营者的竞争工具变得更加丰富，同时，使经营者在开展竞争的过程中并不单纯地依赖价格、产量、广告、促销等方法和这些方法的组合，而是将双边和多边市场中的外部性纳入其中。技术和数据在传统市场中也广泛存在，但是，它们在数字经济市场中已经成为主要的生产资料，换言之，技术和数据在传统经济市场中是传统要素的补充，而在数字经济市场中是生产经营的基础要素。

1. 商业模式与市场边界

一般来说，数字经济市场中经营者呈现出双边或多边市场的经营模式，这种商业模式使经营者在运行的过程中会同时面对至少两类相互依赖的用户，这种依赖性可以被视为平台服务所产生的网络外部性。外部性的存在使用户相互之间形成对平台的依附意愿，换言之，一端用户接入平台的动机并不仅来自平台能够为其提供的服务和制定的价格，同样也会来自平台另一端与其相互依赖的用户规模和质量，因此，平台在双边市场中的市场势力构成因素也涵盖了其能够为用户提供的网络外部性程度。当平台从双边市场模式扩张到多边市场模式，并延伸至更多市场时，这种网络外部性的类别、程度将会增加，使平台获得市场势力的路径也逐渐丰富，平台经营者在不同市场中的支配地位也随之发生改变。这种改变发生在程度和性质两个方面：首先，当平台经营者为同一组用户提供更多服务时，

---

① 王伟：《平台扼杀式并购的反垄断法规制》，载《中外法学》2022 年第 1 期。

不同的服务提供者与用户之间产生潜在的交易关系，同时，同一组用户与不同的服务提供者之间又产生了网络外部性，随着服务提供者类型的增加，这种网络外部性的程度也随之增加，其最终体现在用户对平台的依赖度上，即随着服务提供类型和数量的增加，平台经营者在用户市场中的市场势力和支配地位会形成上升的趋势。其次，在位和潜在的服务提供者关注用户对平台的依附程度，当用户因为平台所提供的服务数量增加而提高其依附意愿时，服务提供者也会因网络外部性的存在而增强接入意愿。因此，服务提供者之间也存在着较强的关联性，其可以被视为服务提供者之间形成的溢出效应，这种溢出效应并不会完全随着服务提供者之间的竞争关系的变化而显著改变，因为他们所关注的更多是平台能够为其提供多少用户，而非相互之间是否处于激烈的竞争，这便使平台在众多的服务提供商市场中产生了市场势力和相应的支配地位。

以价格竞争为例，考虑一家平台经营者 A 为两类用户提供信息撮合服务（例如电商平台、网约车平台、配送平台等），定义两类用户分别为用户集团 1 和用户集团 2，我们关注平台在用户集团 1 中的市场势力的形成以及影响因素，令该用户集团对平台的需求函数为：

$$n_1 \equiv N_1(p_A, p_B, s, f_2) \tag{7.2.1}$$

其中 p_A 为平台向用户集团 1 收取的接入费用和/或服务费用，一般情况下，两类费用可能会出现同时存在或择一存在的状态，在靠近消费者端的平台经营中，若集团 1 为消费者，则可能会出现两类费用均不存在的情况，但用户集团在接入和使用平台时都会承担一定程度的直接或间接成本，p_A 可以被视为此类成本或费用的整合。类似地，p_B 刻画了平台 A 的竞争者对用户集团 1 制定的价格或用户在接入和使用平台 B 所承担的成本。s 描述了用户对平台 A 的依赖程度，如上文所述，这种依赖程度来自平台通过业务构建和平台所接入的集团 2 对用户集团 1 所产生的转移成本，当这种转移成本增加时，集团 1 则会提高对平台 A 的依赖程度。平台在为集团 1 和集团 2 提供信息对接和撮合服务的过程中，也会对集团 2 征收费用，用 f_2 表示平台 A 对集团 2 所制定的接入费用。根据用户对平台各个变量变化所产生的反应，式（7.2.1）呈现出以下特征：

$$\frac{\partial n_1}{\partial p_1} < 0; \frac{\partial n_1}{\partial p_2} > 0; \frac{\partial n_1}{\partial s} > 0; \frac{\partial n_1}{\partial f_2} < 0 \tag{7.2.2}$$

关于式（7.2.2）的前三部分较好理解，体现了用户对不同平台的需求关系：

当自价格提升时，用户弱化对该平台的接入动机；而当竞争平台价格提升时，用户则产生了转移的动机，进而导致了需求的变化；当用户对平台的依赖程度提升时，则增加了其对平台的黏性，进而提高使用量。（7.2.2）的最后一部分是来自用户之间在平台基础之上的交叉价格弹性，具体而言，用户集团 1 并不完全关注用户集团 2 的接入费用，而是关注集团 2 接入平台的数量，当该数量由于其接入费用的提升而降低时，集团 1 的接入动机也随之降低，则进一步说明了集团 2 的成本与集团 1 的需求呈现反向关系。平台 A 通过制定价格 p_A 最大化利润，在给定其他条件不变时，平台 A 的利润函数可以表示为：

$$\pi_A \equiv \Pi_A(p_A) = (p_A - c_A) \cdot n_A \tag{7.2.3}$$

其中 c_A 是平台 A 服务用户集团 1 时的单位成本，平台利润最大化条件满足：

$$\Pi'_A(p_A) = n_A + (p_A - c_A) \cdot \frac{\partial n_A}{\partial p_A} = 0 \tag{7.2.4}$$

通过分析式（7.2.4），我们可以得到关于平台在用户集团 1 所处的市场中的市场势力的两个主要结论：首先，平台在用户集团 2 中的定价会直接影响其在用户集团 1 市场中的市场势力，通过对式（7.2.4）进行全微分可以得到 $\frac{dp_A}{df_2} < 0$，说明了当平台 A 对用户集团 2 征收较低接入费用时，其在用户集团 1 市场中的市场势力提升，具体体现在其在用户集团 1 市场中的定价能力增加。[1] 这一结论直接体现了平台作为双边市场所接入两个用户集团间的相互影响，具体而言，当平台降低对集团 2 的费用时，集团 2 中用户将大量接入平台，形成对集团 1 的吸引，增加了集团 1 中的用户在使用平台时的交易机会和更好交易条件获得的概

---

① 对式（7.2.4）进行全微分可以得到：

$$\frac{dp_A}{df_2} = \frac{-\frac{\partial n_1}{\partial f_2} + (p_A - c_A) \cdot \frac{\partial^2 n_1}{\partial p_A \partial f_2}}{2 \cdot \frac{\partial n_1}{\partial p_A} + (p_A - c_A) \cdot \frac{\partial^2 n_1}{\partial p_A^2}}。$$

其中 $\frac{\partial^2 n_1}{\partial p_A \partial f_2} < 0$ 反映了集团 2 的价格上涨抑制了集团 2 用户的接入，进而强化了集团 1 中用户由于价格上涨产生的接入动机弱化效应；$\frac{\partial^2 n_1}{\partial p_A^2} < 0$ 说明了用户集团 1 的需求对价格递减且边际递减的特征，进而可以得到 $\frac{dp_A}{df_2} < 0$。此外，若将 n_1 假定为线性形式，则上述两个二次式为零，结论依旧成立。

率，换言之，降低了集团 1 用户对平台的需求价格弹性，使平台能够获得对集团 1 用户更大的定价能力和定价空间。其次，通过对式（7.2.4）进行全微分可以得到 $\dfrac{dp_A}{ds} > 0$，说明了当集团 1 用户对平台的依赖程度增加时，平台在集团 1 用户市场中的市场势力增强。[①] 这个结论背后的逻辑比较清晰，当用户从交易条件、交易模式、产品服务选择等方面对平台的依赖程度提升时，其向其他平台转移的机会成本也随之增加，进而提高了平台的定价能力。

上述两个主要结论说明了，平台在一端用户集团中的定价能力的提升或降低并不像传统市场中的简单价格或产品质量的变化，而是来自平台所接入的另外用户集团对平台行动的反馈。因此，在数字经济市场中的市场势力的评估并不能单纯地考察经营者所面对的用户集团需求对价格的变化程度，还应包含平台通过对其他用户集团制定的价格和其他策略所产生的网络外部性程度，当这种网络外部性所产生的用户黏性可以平抑平台的价格影响时，对平台在市场中的支配地位的测度则应当考虑其背后的关联因素带来的影响，例如平台所接入的其他用户集团对平台价格的反应程度、依赖程度以及平台所延伸的业务数量、类型及业务间的相互关联程度。

2. 技术与市场信息

在市场中，经营者与其他的经济活动参与者和监管者之间存在着十分明显的信息不对称，在监管环境下，这种信息不对称通常采用制度和技术的方法来缓解。制度性的方法通过构建经营者在生产经营流程中的激励相容，形成对经营者行为的制约机制，使经营者在信息不对称环境下触发道德风险的成本高于合规成本，进而形成了一种自发机制，即经营者自发地弱化或彻底消除了实施道德风险行为的动机。技术性的方法通过将数字化的技术融入监管流程，从信息质量的角度打破经营者触发道德风险的环境，即尽可能改善经营者与其他经济活动参与者之间的信息结构，使经营者的行为尽可能被公众和监管部门所观察到。

数字经济市场与传统市场的一个较突出的差异在于，经营者所具有的技术存在较强的非对称性和动态性。前者说明了经营者具有比较明显的数字技术的持有量和使用量，产生了经营者和其他经济活动参与者之间关于数字技术的非对称体

---

① 对式（7.2.4）进行全微分可以得到：

$$\frac{dp_A}{ds} = \frac{-\dfrac{\partial n_1}{\partial s} + (p_A - c_A) \cdot \dfrac{\partial^2 n_1}{\partial p_A \partial s}}{2 \cdot \dfrac{\partial n_1}{\partial p_A} + (p_A - c_A) \cdot \dfrac{\partial^2 n_1}{\partial p_A^2}}，其中 \dfrac{\partial^2 n_1}{\partial p_A \partial f_2} < 0；\dfrac{\partial^2 n_1}{\partial p_A^2} < 0，可以得到 \dfrac{dp_A}{ds} > 0。$$

量和使用能力；后者说明了数字经济经营者以技术作为其生产经营的主要工具，会持续地对其持有的数字技术进行更新；两者反映出，在数字经济市场环境下，经营者与其他经济活动参与者和监管部门的信息不对称会因为数字技术的快速生成和发展而进一步加剧。

在高度信息不对称的环境下，技术本身就赋予了经营者较强的市场支配地位，其可以在技术领先且行为不易观察的场景下形成道德风险的动机和实际行为。在数字经济中，这种道德风险行为可以体现在利用算法的合谋行为、利用大数据的差别待遇行为、利用技术优势形成的限定交易和拒绝交易行为等。信息不对称进一步导致这种行为被识别和查证的概率较传统经济更低，即实际的道德风险行为发生后，也并不能够对违法行为进行处罚，使损害竞争和社会总福利的情况在较长的一段时间持续。

以信息不对称下的道德风险行为为例，经营者在两个时期开展生产经营活动，定义其合规运行时的利润为：

$$\pi \equiv \Pi(a_1, a_2) = V(a_1) - G(a_1) + \delta[V(a_2) - G(a_2)] \tag{7.2.5}$$

其中 a_t，$t = 1,2$ 表示了经营者在时期 t 内的决策投入水平，可以被视为是价格的制定、产量的制定、技术的投入等，$V(a_t)$ 和 $G(a_t)$ 分别表示了该经营者在时期 t 内的收益和成本，$\delta \in (0,1)$ 刻画了跨时期的贴现率。在信息不对称环境下，经营者具有利用技术触发道德风险动机，在道德风险下，经营者的利润表示为：

$$\widetilde{\pi} \equiv \Pi(a_1, a_2) = V(a_1) + \delta[(1-q)V(a_2) + q(-T)] \tag{7.2.6}$$

其中 $q \in (0,1)$ 表示了在经营者实施道德风险行为后，监管部门能够识别并查证的概率，$T > 0$ 表示了经营者被查证后受到的处罚。比较（7.2.5）和（7.2.6）不难发现，在道德风险行为下，经营者的成本为零，其逻辑在于，经营者在道德风险下并不需要通过承担必要的成本来获得自身在市场中的经营能力和预期收益，而是通过滥用技术的手段来为自身获得扭曲收益，两种收益的差别是，后者虽然为经营者带来预期利润，但是会直接损害市场竞争、消费者福利和社会总福利。进一步比较数字经济与传统经济的差异，在传统经济中，由于制度性和技术性的监管趋于成熟，使 $q \to 1$，即经营者即便在第一时期触发道德风险，但是该行为在短期可以被迅速识别，降低了经营者道德风险行为所带来的远期收益，进一步抑制了其道德风险动机。而在数字经济环境下，由于技术在开发和使用过程中的隐秘性，使基于技术滥用的道德风险行为不易在短期查证，给经营者带来了相较于传统经济环境下更大的远期收益，提升了其触发道德风险的动机。结合（7.2.5）和（7.2.6），可以得到经营者触发道德风险的条件，即 $\tilde{\pi} > \pi$，具体表示为：

$$q < \frac{G(a_1)}{\delta[V(a_1) + T - G(a_2)]} \tag{7.2.7}$$

条件（7.2.7）首先说明了，当道德风险行为被查证的概率小于某一特定值时，经营者则具有了触发道德风险的动机。这一结论背后的逻辑比较直观，技术滥用行为通常为经营者带来两个反向的效应：其一是技术滥用所形成的扭曲利润，相较于合规操作，该利润水平更高，增加了经营者技术滥用的动机；其二是技术滥用给经营者带来的成本，即滥用行为被识别后，经营者会承担 T 的触发。当被查证的概率降低直至低于（7.2.8）所描述的关键值时，前者大于后者，激发了经营者技术滥用的动机。其次，条件（7.2.7）反映出了市场中经营者和监管部门的信息不对称程度，当技术带来的信息不对称程度越高，两者之间的信息质量也便越低，使得（7.2.7）中的不等式更易成立，也便进一步激发了经营者触发道德风险的动机。因此，在数字经济环境下对技术滥用的监管，传统反垄断方法中关于制度性和技术性的监管方式在数字经济中的能力趋于弱化，但并不意味着不再适用，而是应当针对数字经济的原生属性和经营者的运行特征将监管方法进行更新和改良，并将两种监管方式进行有效调配和再整合，形成数字经济视阈下监管思路的延展（陈亮、薛茜，2022）。①

3. 数据与市场势力

作为数字经济市场中的主要生产要素，数据在经营者的生产经营中发挥着重要的作用。在数字经济环境下，经营者的主要经营方式是运用数据所承载的信息，为用户提供高效的信息匹配、撮合和整合的服务，因此，具有大数据的规模则可以更加精准、高效地提供撮合的服务。一般情况下，数字经济中的经营者都是自发地收集市场中可供经营的数据，这些数据大多具有公共物品属性，即在不影响数据安全和用户隐私的情况下，经营者所收集的数据是非竞争且非排他性的。具体而言，数据的非排他性背后的逻辑比较直观，这些数据是客观存在于市场中的，任何符合经营资质和满足经营条件的经营者都可以参与到数据收集活动中；而数据的非竞争性则体现了数字经济中的数据要素独有的特征，不同于诸如资本、劳动力、土地等传统要素，数据在使用的过程中展现了比较明显的可叠加

---

① 陈亮、薛茜：《算法驱动下平台媒体监管范式的重构》，载《思想战线》2022 年第 3 期。

性，这种可叠加性使得数据在没有外界干预的情况下可以被同时重复使用。正是因为数据的非竞争性，使经营者在数据要素市场中出现了较为激烈的竞争。具有业务上交集的经营者需要同类型的数据开展经营活动和市场竞争，而他们所使用的数据又具有较高的同质性，使他们在既定的技术水平下，不能在短期快速地形成相较于竞争对手的要素优势。因此，经营者在这种要素市场同质化的情境下便产生了封禁数据的动机，从一个比较直观的视角来看，数据封禁是通过技术的手段将那些具有公共物品属性的数据转化为私人物品，即同样的数据只能供一个经营者或一组具有合作关系的经营者使用，市场中的其他经营者或市场外的潜在进入者无法正常地获取这些数据，并使用这些数据获得可供生产经营的信息，使前者具有了数据要素市场的竞争优势，并进一步地实现排除和限制竞争的目的。

通过一个简单的经济学模型来评估上述问题，在一个长度为 1 的 Hotelling 线性市场中，市场两端各存在一个经营者，分别定义为公司 1 和公司 2，消费者均匀分布在线性市场上且分布密度为 1。市场上位于 $x \in (0,1)$ 的任意一位消费者 k 购买两家公司产品或服务时的效用分别为：

$$u_1^k = \theta - p_1 - x + a_1 ; u_2^k = \theta - p_2 - (1 - x) + a_2 \qquad (7.2.8)$$

其中 $\theta \in \Re^+$ 表示了消费者购买时获得的效用水平，p_i，$i = 1,2$ 表示了公司 i 的销售价格，消费者的购买成本包括了上述价格和消费者在两家公司之间转移的成本，即转移成本，分别为 x 和 $1 - x$，该成本与消费者在市场中距两家公司的距离正相关。除此之外，消费者在购买过程中，其信息也通过数据的形式被公司所收集，公司可以利用这些数据更加有效地实现信息匹配，进一步提升消费者的效用，定义 a_i 为公司 i 通过数据提升消费者效用的水平。

根据 Hotelling 模型的基本设定，通过市场中的边际消费者可以得到两家公司的需求函数，定义公司 i 的需求函数为 $Q_i(p_1, p_2)$，可以将其进一步表示为：

$$Q_1(p_1, p_2) = \frac{1 - p_1 + p_2 + a_1 - a_2}{2} ; Q_2(p_1, p_2) = \frac{1 - p_2 + p_1 - a_1 + a_2}{2}$$

$$(7.2.9)[1]$$

----

[1] 根据（7.2.8），边际消费者在线性市场中的位置来自 $u_1^k = u_2^k$，这个位置表达了边际消费者距公司 1 的距离，同时刻画了公司 1 与公司 2 的市场边界。根据上述等式，$x = \dfrac{1 - p_1 + p_2 + a_1 - a_2}{2}$，即 $Q_1(p_1, p_2) = x ; Q_2(p_1, p_2) = 1 - x$。

两家公司通过制定各自的价格最大化利润：$\pi_i \equiv \Pi_i(p_1, p_2) = p_i \cdot Q_i(p_1, p_2)$，利润最大化时满足条件 $\frac{\partial \pi_i}{\partial p_i} = 0$，此时，公司 i 的利润最大化价格和对应的需求函数为：

$$p_i = \frac{3 + a_i - a_j}{3}; Q_i = \frac{3 + a_i - a_j}{6}, i = 1,2; j = 1,2; i \neq j \qquad (7.2.10)$$

在数据要素市场中，公司 1 和公司 2 可以利用市场中同样的消费者数据来提升自身的信息撮合效果，进一步提高消费者的效用水平，换言之，两家公司可以通过运用同样的数据改变消费者的 a_i 来强化自身竞争力。我们考虑一种非对称的情形，即公司 1 通过对数据的封禁，在强化自身竞争力的同时约束其竞争对手（即公司 2）使用数据以形成自身在要素市场的竞争力。令 e 为公司 1 对数据封禁的投入，该投入影响了两家公司使用数据提升消费者效用的水平，将 a_1 和 a_2 进一步改写为：$a_1 = r + \alpha e$，$a_2 = r - \beta e$，其中 $r > 0$ 表示了两家公司能够进行价值化的基础数据量，$\alpha > 0$，$\beta > 0$ 表示了公司 1 进行数据封禁时对自身和竞争对手产生的边际效果。定义 $\frac{k e^2}{2}$ 为公司 1 进行数据封禁时的成本，k 表示了数据封禁投入的效率，即 k 越高，效率越低。公司 1 进行数据封禁时的利润函数可以表示为：

$$\pi_1 = \frac{(3 + \alpha e + \beta e)^2}{18} - \frac{k e^2}{2} \qquad (7.2.11)$$

公司 1 利润最大化时的数据封禁投入满足条件 $\frac{\partial \pi_1}{\partial e} = 0$，可以得到：

$$e^* = \frac{3(\alpha + \beta)}{9k - 2(\alpha + \beta)^2}$$

不难发现，当数据封禁为公司 1 带来的总体边际效应所产生的竞争力增进逐渐增强时，公司 1 有动机进行数据封禁，且有动机提高数据封禁的投入水平，即 $\frac{\partial E^*}{\partial(\alpha + \beta)} > 0$。这个结论说明了，在上述模型中数据要素是经营者除了价格以外的另一个竞争工具，公司 1 通过封禁数据一方面强化了自身在消费者领域的优势，另一方面，由于数据的公共物品属性被数据封禁行为所约束，使得公司 2 不能充分地使用市场中的数据，其竞争力被弱化。结合上述两个方面的效果，当数据封禁行为为公司 1 的竞争力带来较强的增进效果时，则提升了进行该行为的动机。

进一步地，当数据封禁可以产生竞争力提升效果时，公司 1 同时也会生成利用数据封禁排挤竞争对手的动机，结合（7.2.11），公司 1 的利润最大化问题可以改写为：

$$\max_e \pi_1 = \frac{(3 + \alpha e + \beta e)^2}{18} - \frac{k\, e^2}{2}$$

$$s.\, t. : Q_2(e) = \frac{3 - \alpha e - \beta e}{6} \leq 0 \qquad (7.2.12)$$

其中（7.2.12）中的约束条件表示了公司 1 在制定数据封禁决策时以"将竞争对手挤出市场"作为目标，即在制定封禁决策 e 时，使竞争对手的市场份额不大于零。定义 $\lambda \geq 0$ 为有条件最优化问题（7.2.12）的拉格朗日乘子，则对应的拉格朗日函数可以表示为：

$$L(e, \lambda) = \frac{(3 + \alpha e + \beta e)^2}{18} - \frac{k\, e^2}{2} - \lambda \left(\frac{3 - \alpha e - \beta e}{6} \right) \qquad (7.2.13)$$

此时，公司 1 的利润最大化数据封禁投入为：

$$e = \frac{6(\alpha + \beta) + 3\lambda(\alpha + \beta)}{18k - 2(\alpha + \beta)^2}$$

结合 e^*，公司 1 利用数据封禁对竞争的排除和竞争对手的排挤可以从以下两个方面展开。首先，经营者利用数据对竞争的排除主要来自数据在市场竞争中发挥的功能程度，即 α 和 β 的程度。前者表现为数据对自身竞争力的提升程度，后者主要体现在数据对竞争对手的抑制程度，两条路径具有较强的相互补充的关系。当他们的共同效果在市场竞争中表现出较强的作用时，即 $\alpha + \beta$ 较大时，经营者可以以较低的数据封禁投入来实现排除竞争对手的目标。① 而在数字经济市场环境中，数据的作用相较于传统经济市场更加重要，体现在 α 和 β 在数字经济市场竞争中的作用十分显著，也便吸引了竞争者通过对数据要素市场的干预来限制市场中的竞争程度。

其次，上述有条件最优化问题主要探讨了经营者通过数据封禁对现有的竞争

---

① 关于这结果的经济学分析可以首先考虑当（7.2.12）放松时（即 $\lambda = 0$ 时），$e = e^*$，此时的约束条件展现出：$\alpha + \beta > 3\sqrt{\frac{k}{2}}$，而当 $\alpha + \beta < 3\sqrt{\frac{k}{2}}$ 时，$e > e^*$，说明了公司 1 若排挤其竞争对手，在数据封禁综合效果较低时，其会有动机进行更多的数据封禁投入。

进行排除的行为，相关结论同样适用于经营者对潜在竞争的限制行为。若上述模型所讨论的公司 1 是市场中主导的在位经营者，在其制定数据封禁的过程中，主要目的是：潜在的经营者进入市场之后无法在短期以较低成本获得数据要素，使潜在经营者制定市场进入决策时的预期收益降低，抑制了潜在经营者进入市场的动机。这种行为可以使在位的经营者通过控制数据来实现稳定现有市场结构的目的，使其在较长的一段时间处于市场中的主导地位。

关于上述讨论的引申问题是，数据是否是数字经济市场中生产经营的必需设施，这个讨论直接指导了经营者的数据封禁行为是否可以被认定为一种市场势力的滥用行为。回应上述问题的核心路径是其他经营者获得数据要素的成本是否过高，并已经达到了经营者获得数据之后的收益无法补偿数据获取的成本。若经营者获取数据并进行相应的数据库构建的成本过高，且在位的主要经营者进行了数据封禁行为，或该经营者通过数据交互而制定了不正当的交易条件，损害了数据获取者的正常收益时，此类数据可以被视为一种数字经济市场中在特定业务上的必需设施，同时，经营者的数据封禁行为也可以被初步认定为一种滥用其在数据要素市场支配地位的行为。

三、数字经济领域中的反垄断应对

（一）我国互联网平台反垄断立法的模式选择

"在一个全球化和竞争方式迅速变化的世界里，这是一片让人放心不下的领地。"[1]人们对竞争法的"担心"主要是，它无法做到私法那样的精确，因为它不能依靠私法所享有的数十年乃至数百年的分析。[2] 竞争法中模糊性和反模糊性的斗争始终激烈如初，它来自法律稳定性和外部变动性之间的矛盾。

近两年来，我国关于互联网平台的相关立法在加紧制定中。互联网问题的发散性决定了立法可以在微观的视角下选择不同的侧面分别立法，也可以站在宏观的视角下进行统合性立法。不论怎样，数字经济中有关竞争的立法是一个全新的制度挑战。每个国家或地区在拟订或实施本国（本地区）反垄断法数字化改革方案时，需要确保改革方案契合本国（本地区）的数字经济发展现状，并结合既有的反垄断立法、执法与司法规制机制的特质来落实改革方案。

---

① ［美］格伯尔：《二十世纪欧洲的法律与竞争》，冯克利、魏志梅译，中国社会科学出版社 2004 年版，第 17 页。

② A. Watson, *The Making of the Civil Law*, Cambridge Press, 1981, pp. 99 ~ 143.

1. 指导原则的反思与新目标的确立

在我国互联网行业的发展速度有目共睹。很大程度上，快速发展和对互联网行业的监管态度——包容审慎监管原则——紧密相关。二十几年的互联网产业发展，出现了新的特殊性，进而产生了不同于前一阶段新的市场状况：超级平台的逐步形成、数据聚合的明显加快、并购性扩张加强等。

在互联网行业分类监管上，反垄断法主要针对超级互联网平台可能存在的市场风险，通过完善反垄断法律制度恢复和维护整个互联网市场的自由公平的竞争秩序，推动平台经济高质量发展。因此，对于以往坚持的包容审慎监管原则应当适度转向，数字经济需要构建新的监管原则。

2019 年 8 月国务院办公厅发布了《关于促进平台经济规范健康发展的指导意见》（以下简称《指导意见》），其中明确提出，"聚焦平台经济发展面临的突出问题，遵循规律、顺势而为，加大政策引导、支持和保障力度，创新监管理念和方式，落实和完善包容审慎监管要求，推动建立健全适应平台经济发展特点的新型监管机制，着力营造公平竞争市场环境。"为此，适应新环境的互联网运营的监管应当以"分类监管、强监管、早监管、长监管"为指导原则。

数字经济的反垄断立法针对的主体是大型互联网平台，其目标是为了保护消费者利益和中小企业利益。近年来，欧盟和美国对全球性互联网超级平台滥用市场支配地位侵害用户隐私的行为多次进行反垄断规制，建立了以消费者利益为中心的制度目标。上述《指导意见》中也明确指出，"尊重消费者选择权，确保跨平台互联互通和互操作"加强平台经济领域消费者权益保护。在互联网场景下，消费者可能遭受的直接侵害首先体现在隐私保护服务上。互联网经济中数据成为一种重要的消费和生产要素，围绕其采集、储存、计算、分析、使用及分享形成了一系列与数据相关的要素市场上的竞争与反竞争行为，其中某些行为或者某种商业模式对用户隐私的影响带来了难以用现行私法系统予以回应的痛点。另外，互联网大型平台的猎杀式并购中小企业并进一步壮大平台市场力量的行为也是互联网发展中的典型现象。保障中小企业生存和发展是互联网经济助力国民经济稳定发展的基础。对于大型互联网平台以预防性监管，明确相关监管规则和行为标准，才能有效地规制数字经济时代新型垄断行为，促进数字化时代的竞争，更好地发挥数字经济在国民经济发展中的作用。

2. 目前平台反垄断立法模式上的问题

按照我国现有的法律框架，数字经济的反垄断监管基本形成了多元化、分散性立法的格局，《网络安全法》《个人信息保护法》《电子商务法》等以各自不同的视角调整互联网领域的不同关系和环节。分散立法有利于确保各项监管措施的针对性，但会打乱制度的系统性。可以认为，我国不会形成类似欧盟《数字服务法案》和《数据市场法案》那样的相对统一的数据立法。

2021 年 2 月国务院反垄断委员会发布的《关于平台经济领域的反垄断指南》。总体上，该指南意图以专门法的形式回应数字经济的垄断问题，但是，令人遗憾的是，指南只在现有反垄断法框架的基础上加入了互联网的有关概念，而没有新规则的创设。例如，在现行法第 23 条——关于市场支配地位的认定上，该指南第 11 条表述为"确定平台经济领域经营者市场份额，可以考虑交易金额、交易数量、销售额、活跃用户数、点击量、使用时长或者其他指标在相关市场所占比重，同时考虑该市场份额持续的时间。"这里，可能存在两个问题：一是这些要素与传统要素之间是否具有可融性？市场份额是以相关市场为中心，相关市场是以较为紧密替代性为基础确立的。由于互联网的双边或多边市场的特性，上述要素大多被委身于消费者一端市场关系，忽略了平台和平台内经营者一端的分析和评价。换言之，如果从经营者一端考虑，应该存在一种别于传统相关商品市场、地域市场的新的相关市场类型——相关数字市场。二是上述概念如何发挥作用，尤其是哪个发挥主要作用，哪个发挥辅助性作用，发挥上什么样的辅助作用等均不明确。法律概念拥有语义学上概念的基本功能——保留知识、帮助交流，此外，还有一般概念所不具有的特殊功能：作为判定事物或行为是否合法的标准。法律标准如同一面镜子，如果不清晰，必然造成由其映射的事物或行为性质的认识被雾化。[①] 很大程度上，该指南只是在现行反垄断法框架基础上加入了部分互联网或数字经济的要素，"旧瓶装新酒"，这形成了和有关国家或地区上述相关立法的本质差异。

3. 我国平台垄断行为立法模式的选择与确立

选择什么路径和模式完善互联网反垄断立法，取决于对数字经济的本质认识。

过程上，从传统经济到数字经济经历了数字化和数字化转型两个过程。数字化是对传统系统的非增量开发，只是引入数字元素，即在现有系统中应用数字技术。本质上，数字化只是传统商业活动以数字化的方式存在。但"数字化转型"则不同，它不是简单的数字技术的引入，而是一个新的规则系统和产业形式，表现为资源要素已经发生了重大变化，数字、点击量成为生产力的核心。

[①] 刘继峰：《再论垄断协议的概念问题》，载《法学家》2020 年第 6 期。

在机制上，价格已经不是生产力和生产关系中决定性因素。数字经济的主体是数字平台。在数字环境中，经营者的主要战略优势源于数据。数字经济中的壁垒不单单是技术，甚至可以说不是技术。因为基于信任数字环境中的所有参与者进行协作互动，参与者或进入者不需要重新创建基础设施，而数字平台本身可以成为基础设施。

数字平台，是由互动多元参与者（客户、竞争者、员工、监管机构等）组成的单一/多元信息环境，通过应用数字技术、数据包、分工系统，即基于大数据算法工具进行预测分析，最大限度地减少仓储数量和交易时间以降低运营成本的互利关系系统。

在20世纪初期开始的工业时代，经营者通过增加生产，扩大销量等手段来完成生产社会化。换言之，传统经济中的竞争是由效率驱动，随着产量的增加，效率降低了每单位产品的成本。工业社会中大公司造就的价格优势，是竞争对手难以企及的。

在21世纪初期开始的互联网时代，经营者是通过增加需求来创造生产，即依靠网络效应推动生产经营。这与基于生产增长的效率经济明显不同。数字经济通过提高社交媒体用户效率、需求聚合、应用程序开发以及扩展网络的范围等，保障给予用户更优惠的交易条件，但前提是兑取的是比竞争对手更高"数据"。网络越广泛，需求与供给的对应越准确，可用于找到最有利可图的选项的信息也越广泛。由此，数据规模越大，用户平台的价值越大。数字经济的最大特点是网络效应。

网络效应是随着网络节点数量的增加而增加网络消费价值的经济现象。用户数量的增加和用户之间的连接数的增加，经营者的优势地位增强。基于需求的储蓄是积极效应的基本来源，也是当今世界经济效益的主导因素。当然，这并不意味着基于生产增长的成本节约不再重要。只是基于需求上升和以网络效应形式表现的经济正成为主要经营要素。

在生物学系统理论中，存在"竞争排斥原理"。这一原理指出，两个争夺相同资源的不同物种由于这些物种彼此不同，一个物种会比另一个物种更好地适应现有条件，并且能够更有效地利用资源。扩大反馈情况下，会导致该物种的主导地位，严重者，会导致竞争者的彻底消失。①

上述原理适用于为争夺相同资源的环境中。数字市场竞争争夺的核心是数

---

① 张孝羲主编：《昆虫生态及预测预报》，中国农业出版社1985年版，第32页。

据，而数据本身的非排他性并不意味着数据无限性。同时，空间的虚拟性也不意味着资源无限，因为数据增量受限于时间。

在产业经济的理论上，数字经济生成了一套新的概念和理论，如数字平台、用户数、点击量、经营模式、网络效应、双边或多边市场等。这些特殊概念和理论决定了需要用特殊的方式认定有关问题。我国目前在反垄断法上加装有关新概念的方法，这种完善立法"旧瓶装新酒"形式难以适应法律实践的需要。

立法完善是一种间断－平衡。间断－平衡（Punctuated-equilibrium theory）是作为生物种族或生物形成中用以描述发展状态的一个具有专门含义的术语，特指生物进化和类别细分使表面停滞但内里夹杂着的生物大规模灭绝和生物间替代的过程。在社会系统内，间断－平衡机制本质上属于渐进式的制度变迁。反垄断法的修正可以体现生物进化间断－平衡机制的特点。站在现实的立场回望竞争法的发展历程，反垄断法没有如法国民法典或德国民法典般一劳永逸，甚或像法国刑法典或商法典般的"大局不变，小有改动"的程度也达不到。自二战以来，反垄断法的修订越来越频繁，在频繁的修订中不乏重大的修订。

不断修订已成为该制度运行的表现形式。依挑战的性质不同，修订的手段也不同，由此，间断－平衡机制又可分为填补型的间断－平衡和替代型的间断－平衡。

一般而言，科学的决策过程需要经过发现问题、确定目标、设计方案、选择方案、试验论证、广泛实施等阶段。发现问题是制度供给的前提条件。填补型的法律修改的前提，是发现了法律调整的空白。相应地，制定决策的目标应定在填补空白的方案设计上。在传统竞争工具难以直接作用于数字经济时，反垄断需要新的手段。这种挑战是超出了原有法律制度的内容。如果承认数字经济的上述独特之处，就应当承认数字经济中的反垄断立法是一项填补空白的制度使命。

配合数字经济反垄断制度的补白，需要确立新的立法模式。我们没有类似于判例法的基础，也难以大统大合的方式来制定类似欧盟那样的单一数据立法。较为接近的立法传统是"分项模式"和"本位模式"。但是，从《关于平台经济领域的反垄断指南》的目标看——意欲解决互联网平台的所有垄断问题，这又明显不同于韩日立法上的"分项模式"。另外，限于我国现有反垄断机构的资源和一直以来反垄断机构创设新规则的经验，在两种模式中选择任何一种似乎都难以适应未来规制的需要。为此，建议采取两者结合的方式填补数字经济反垄断立法的空白。即在反垄断法（本位）中设置一个互联网平台的独立条款，概括性规定算法共谋、经营者集中和市场支配地位的原则和标准。在此基础上，依据法律实践经验再细化具体制度——制定更为细化的专门的平台反垄断指南。甚至在立法的程序上，可以优先考虑目前最紧迫的平台滥用支配地位立法问题，其后，时机成熟再分别制定平台经营者集中、算法共谋等相关指南。

未来法制的目标和场景大致是以实体经济为基础的反垄断法为基础和以数字经济为特别制度的"干—枝模式"，它们共同构成一个体系化的反垄断法的"多枝树"："主干"清晰，"分枝"指向明确，并且在解释上"分枝"可以时刻从"主干"中吸取营养。

（二）数字经济领域中的反垄断标准重构

1. 算法共谋的标准

互联网的发展带动了传统经济的转型，也预示着平台经济和数字经济的到来。自 2018 年开始，各主要经济体都着手制定或颁布有关平台经济领域反垄断的新制度。我国也于 2021 年由国务院反垄断委员会发布《关于平台经济领域的反垄断指南》，以为解决平台垄断问题提供基本原则和标准。

平台经济改变了垄断协议的实施方式，即通过数据、算法、平台规则实施垄断协议。如果说平台规则还保有传统协议的方式——书面或口头方式，那么，以数据和算法为工具从事的垄断协议则是对传统法的全新挑战。挑战之处体现为数据或算法的中性将使垄断协议更加隐蔽，同时，由于大平台的优势地位也使轴辐协议的形成更容易。

就利用算法从事卡特尔而言，主要涉及协同行为的认定标准是否可以从容应对。基于算法的中性，一种价格算法被用作卡特尔的工具，可能不存在于主观故意条件或表达主观要件（意思联络或信息交流）的情形，更多地应该是以客观行为表达实施者的目的。这样，传统协同行为认定的标准在适用于算法共谋时，主观条件无法适用。换言之，行为条件或环境条件将被倚重。在路径和方法上，要么其在认定中承担更重的说理功能，要么细化这两个条件的内涵。

总体而言，算法共谋行为的认定，可以从以下方面把握：

第一，"一致行为"标准的细化。这里包括三个方面：①使用算法的其他主体的行为同步性。一般，一个算法可能产生的外部影响的原因主要是包括：算法被其他公司使用，如算法确定的价格条件适于他人提供的产品或服务；采取监测方法（软件）追踪算法的运行、计算并协同由算法改变的商品价格，此种情况下，可能价格不完全同步，但会在总体上随同。所以，一致性应当包括相对一致性和绝对一致性。②算法变动频率。若有证据表明算法在运行过程中变动频率与他人变更频率相对对称、基本对称或严格对称，则价格偏离竞争水平的危险性逐渐加大。③算法共谋持续的时间。只有在多期重复博弈的情况下，经营者协同的危害效果才能被准确把握。

第二，促进卡特尔维持的证据。算法控制者或被委托者是否技术性地提供组织、实质性帮助行为。算法的技术性也包括维持算法统一的技术检视和管理。由此，传统上的担保金等卡特尔维持的方法将会被无形的技术方法替代。如果在算法实施后对非执行算法规则的经营者进行威胁，或采取技术手段如流量限制等进行制约，这构成了促进证据，不论是算法控制者亲自实施，还是其委托第三人实施。

第三，环境条件。传统上，环境条件包括市场竞争状况、结构状况、变动状况等。基于互联网的产业特征，这些传统条件在算法运用上的约束性功能变小。在环境条件的认定上，算法的透明性需要关注。如果算法本身是透明的，则意味着，算法是协助实现企业管理目标的一种手段。在外部主体能够知悉算法结果的前提下，应给予这种内部管理工具以充分的尊重。

总之，应对利用算法实施卡特尔需要对行为进行更细致的拆分。行为来自技术，解决是否违法的问题也需要依靠技术。因此，互联网中垄断协议问题的挑战，在于如何让事实（包括数据）"说话"，这可能要求互联网垄断协议认定的定量—定性分析模式。

2. 市场支配地位的认定标准

涉及垄断问题的互联网企业主要是网络平台。以平台为中心，两面活跃着两类以上的群体提供的服务，且一边用户的交易会影响另一边交易（也被描述为网络外部性）。这种市场被称为双边市场或多边市场。

双边市场对界定相关产品市场时的影响不会像企业价格策略那样明显，换言之，界定相关市场时，如何进行倾向性选择？倾向性选择以哪一边为主，哪一边为辅？对此，《关于平台经济领域的反垄断指南》中明确了，可以根据平台一边的商品界定相关商品市场；也可以根据平台所涉及的多边商品，分别界定多个相关商品市场，并考虑各相关商品市场之间的相互关系和影响。当该平台存在的跨平台网络效应能够给平台经营者施加足够的竞争约束时，可以根据该平台整体界定相关商品市场。

在一个具体案件中，到底以一边还是两边或多边来界定相关市场，主要取决于平台运用中的网络效应。网络效应，一般可以分为单边网络效应和跨边网络效应（即网络外部性）。单边网络效应，是一边市场群体的用户规模的增长，影响同一边群体的规模效应。如微信等社交平台是典型的单边网络效应的产品。对一个用户来说，使用微信的朋友越多，他对微信的依赖越大。朋友圈越大，会越有吸引力，让更多的人来使用。网络外部性，是由两个或两个以上独立用户群体组成的交易场所，因双边（或多边）相关资源的高效匹配，一边用户获取的市场价值取决于另一边用户的数量。两（多）边会相互影响、相互促进。销售平台大都属于跨边网络效应。

我国《反垄断法》第 23 条确立了认定经营者具有市场支配地位的因素。

（1）市场份额和市场竞争状况。传统市场上，市场份额是判断市场力量的最主要的因素。平台经济中，商品被服务替代。互联网服务中市场份额的认定基础变得多元，平台服务收入、平台商品交易额、用户数量、点击量等都可能成为认定的标准。

（2）控制商品价格、数量或其他交易条件的能力。基于平台模式免费向用户提供的产品，用户不愿意为平台服务支付任何费用，即使平台的用户数额巨大，也难以使其拥有超越其他竞争者的产品定价权。互联网上的同类软件种类众多，即使创新产品进入市场之初替代品较少，但技术的跟进会很快打破创新产品短暂的垄断，因此，互联网市场同类产品的用户选择余地较大。

（3）经营者的财力和技术条件。任何一个经营者的财力和技术条件都不具有实质性地排除新的竞争者进入互联网市场的能力。例如字节跳动、阿里巴巴、百度等都后于腾讯进入即时通讯领域，这些竞争者财力和技术能力都很雄厚，而且这些大型企业都有足够实力对腾讯公司在该领域的领先地位造成冲击。此外，在互联网领域存在大量的风险投资基金，只要有好的产品和用户，风险投资机构会积极进入市场为经营者提供强有力的资金支持，大多数互联网公司均依靠风险投资基金迅速扩大经营规模。

（4）其他主体对经营者在交易上的依赖程度。由于用户具有较为充分的选择，意味着交易相对方可以轻易地选择与其他竞争者进行交易，对特定经营者的依赖程度较弱。互联网服务具有明显的网络效应。在用户多归属和网络外部性的作用下，即使用户使用时间很长，换用到其他同类产品的信息转换成本也并非不可逾越。在数字化发展中，数据可携带权、互操作的实现将进一步降低这种转换成本。

（5）阻碍、影响其他经营者进入相关市场的能力。技术的成熟使得互联网市场不但进入门槛低，经营者进入市场的途径也具有多样化的特点。每年都有大量经营者进入该领域。此外，在位企业（包括刚进入市场的主体）的市场扩张阻力不大。当然，如果狭义地理解进入市场——创建一个普通的网络平台，那确实不存在市场壁垒。如此，互联网领域垄断行为难以持久。如果将进入市场或市场壁垒作广义理解——不但开创一个平台，还能够积累维持平台运用的基本用户数量，则并不是一件容易的事情。如何理解互联网背景下的市场壁垒？应该采取广义理解，否则，也就意味着不存在垄断问题。

3. 经营者集中的控制标准

对经营者集中的控制，包括申报门槛、评价标准等都遇到了新的挑战。

（1）申报标准的细化。根据《经营者集中审查规定》第10条规定，我国企业并购的申报标准采取的是以参与集中的经营者的双重营业额为量化的标准。互联网行业的并购出现了一种奇特的现象，规模较小、成立时间较短的科技型初创企业成为并购的热门对象。大部分初创企业被收购时尚未具有稳定的、成熟的盈利模式，因而营业额较低。按照并购的申报标准，可能初创企业达不到申报的条件。如此，则不需要申报。

按照《关于平台经济领域的反垄断指南》第18条的规定，营业额的计算根据行业惯例、收费方式、商业模式、平台经营者的作用等不同可能有所区别。对于仅提供信息匹配、收取佣金等服务费的平台经营者，可以按照平台所收取的服务费及平台其他收入计算营业额；平台经营者具体参与平台一侧市场竞争或者发挥主导作用的，还可以计算平台所涉交易金额。

（2）反竞争绩效评估。在传统市场上，经营者集中的反竞争评估是按照不同类型展开的。横向集中、纵向集中和混合集中是最基本的并购类型。并购类型的不同，适用不同的理论框架，以分析和测定可能引发的反竞争效应。横向经营者集中容易引发单边效应。横向集中最直观效果就是减少了行业中竞争者的数量，增加了市场的集中度，降低了市场竞争的强度。其反竞争的效果是可能引发行业产量下降、价格上涨。纵向集中和混合集中产生的效果是协同效应或封锁效应。

基于互联网平台的去中心化特性，平台之间的并购很难对应到传统的横向、纵向和混合集中的类型上。由此，难以适用并购的反竞争效应评估分析框架。因此，对涉及双边或者多边平台的经营者集中，需要综合考虑平台的双边或者多边业务，以及经营者从事的其他业务，并对直接和间接网络外部性进行评估。

数字经济时代，数字的资源价值凸显，平台并购通过不断的资源整合，借助平台内数据在不同市场间的传导和多功能适用，可能获得垄断地位。在《关于平台经济领域的反垄断指南》第10条规定的评估考量要素中基本是传统并购分析的框架和要素。在此基础上，平台拥有的数字、算法、算力等要素应该是评价平台优势的核心。

（3）创新标准引领。2022年《反垄断法》第一次修订，在立法目的上，增加了"鼓励创新"。如果将竞争视为一种争胜的过程，为了争胜进行技术创新、方法创新、要素创新等就是经营者的必然选择。相比较，技术创新的社会贡献更大。因为科技是第一生产力。反垄断法对创新的关注的视角有两个方面：一是通过限制一些行为，防止抑制或可能抑制创新。在垄断协议中，有限制创新的卡特尔，在经营者集中的审查上，是否抑制创新是重要的判断要素。二是通过积极效果的评价取得反垄断豁免。我国国务院反垄断委员会发布的《关于知识产权领域的反垄断指南》第6条规定了评价经营者行为对创新和效率的积极影响，包括：该行为与促进创新、提高效率具有因果关系；相对于其他促进创新、提高效率的行为，在经营者合理商业选择范围内，该行为对市场竞争产生的排除、限制影响更小。

"竞争的一个特别重要的结果是企业会变得乐于创新。"[1] 企业不断地进行研究与开发，并力图利用新的生产方法、新的原材料、新的组织和方法获得竞争优势。正如艾哈德所言："凡没有竞争的地方，就没有进步，久而久之就会陷入呆滞状态。"[2] 竞争促进创新的功能可以归结为两个方面，即技术创新和组织创新。

我国《关于平台经济领域的反垄断指南》第20条规定，评估平台经济领域经营者集中的竞争影响，可以考虑并购对经营者创新动机和能力的影响。这增加了平台集中效果的评价标准。

很大程度上，反垄断法上的"鼓励创新"是通过不得抑制创新和创新行为的豁免来反映其立场的。这不同于财政法、税法等积极的手段来引导企业创新。如果说这是正向的鼓励创新，则反垄断法就是反向的否定不创新。

（4）设置新义务。欧盟的《数字市场法案》增设了大型平台的新义务，建立了"数字守门人"制度。这一制度被诸多国家关注，这代表了一种新的监管方式。

在欧盟守门人制度中，制度的重点有两方面，一是制度的对象，即如何确定守门人的相关标准和程序；二是如何设置符合监管目标的、合乎比例的守门人义务。

---

[1] ［挪威］A. J. 伊萨克森、［瑞典］C. B. 汉密尔顿、［冰岛］T. 吉尔法松：《理解市场经济》，张胜纪、肖岩译，商务印书馆1996年版，第39页。

[2] ［德］路德维希·艾哈德：《来自竞争的繁荣》，曾斌译，京华出版社2000年版，第167页。

守门人制度主要针对的对象是大型互联网平台。"不论是双边市场还是多边市场都具有低边际成本、规模经济等网络效应"①，市场资源更容易向垄断者倾斜，这不仅严重损害行业的竞争性，也容易加剧行业进入的壁垒。从欧盟守门人制度的内容上看，确立了特定平台收购前的通知义务。此外，明确规定了禁止数据垄断和自我优待、保障用户间互联互通、保障用户自由选择服务的权利、保障用户反馈意见和知情的权利等。

我国正在进行更加全面、精准的制度设计以对超大型平台进行有效监管。与之类似，我国国家市场监管总局发布了《互联网平台分类分级指南（征求意见稿）》和《互联网平台落实主体责任指南（征求意见稿）》。其目标是通过对互联网平台进行分类、分级设置相应的主体责任。这与"对特殊平台企业进行特殊规制"的立法趋势相一致，意在建立超大型平台的事前监管制度。

（三）数字经济领域中的反垄断方法重构

传统市场上对于难以基于产品的性质、功能判断的相关市场，需要运用"假定垄断者测试"（SSNIP）方法。互联网时代，这种方法的适用基础已经发生了根本性改变。这意味着需要新的方法替代这种最常用的解决相关市场基本方法。

假定垄断者测试方法是在产品替代性非常紧密的情况下，通过测试需求者的认识、分析目标产品的关系并由此得出相关市场的调查统计方法。假定垄断者测试方法诞生于界定传统市场时，相关产品及其替代性是具有制约关系的，且这种制约关系在测试中通过价格的变化显现出来。但是，在互联网服务业中，由于经销模式的趋同——构建免费平台，使得价格在测试中的作用基础发生了变化。即使进行的是有偿情况下的消费者反应，因基础价格太低，提升后的价格对于消费者而言，也难以真实地反映其消费观念和取向。当然，这里还存在网络效应、用户锁定效应等特殊因素的影响。在互联网服务中，该方法"基本假设"发生的可能性很低，因为边际成本相对于固定成本趋于零。低边际成本会导致相关市场的界定过宽。

SSNIP方法是以价格为条件，以单边市场为基础创造出来的。数字经济背景下跨边市场的竞争基点和方式已从价格竞争转向用户注意力竞争、数据竞争。因此，以价格为基础的分析方法必然会被非价格分析方法替代。

1. SSNDQ方法

平台经济领域相关市场界定的基本方法仍是替代性分析。以什么为替代分析

---

① 刘继峰：《我国互联网平台反垄断制度的立法模式选择》，载《价格理论与实践》2021年第1期。

工具？从需求替代的角度，可以基于平台功能、商业模式、应用场景、用户群体、多边市场、线下交易等因素进行需求替代分析；从供给替代的角度分析，可以基于市场进入、技术壁垒、网络效应、锁定效应、转移成本、跨界竞争等因素考虑。

这意味着，平台提供的服务要素的特性被放大。同样是快递，一个小时可以到达的快递和一天到达的快递之间只具有弱替代性。如果像上述那样，提供的服务由各个组合形式共同完成，则组合中的结构特性将成为分析相关市场的主要内容。由此以质量变化为基础的 SSNDQ 方法（small but significant not-transitory decrease in quality）可以有效地规避对价格变化的衡量。例如，如果将滴滴 APP 变为更加复杂的滴滴小程序，滴滴打车平台的用户数量或者是使用量并无大幅减少，说明结构性平台构成了独立的相关市场。反之则不构成独立的相关市场。

互联网平台市场中，产品的质量和性能成为引导消费者决策的新变量，通过考察目标商品或服务质量变化对消费者的影响从而判断替代性关系，并界定相关市场，这种思路相对清晰。但是该种方法在具体应用中仍存在着一些障碍。一是评价要素的测定能力和效果问题。非价格要素中质量是相对重要的，但其仍不可能像价格一样以客观且显著的数值形式呈现出来，尤其是质量差别不大的情况下。二是评价主体感受性差异较大。用户对质量好坏评判的主观性较强，性别、年龄、背景、经历都会形成独特的喜好，对质量的感知也会由此产生显著的差别，由此很难建立统一的质量评价指标。三是 SSNDQ 方法必须结合个案情况进行具体分析，在具体案件中确立的质量指标是不同的，由此很难构建出一个通识性的方法模型。

2. 临界损失法

这种方法将 SSNIP 方法中的产品价格转变为经营者的成本测定。一方面其不受复杂价格变化数据的束缚，另一方面也不受带有浓厚主观色彩的质量、性能等因素的影响。理论上，它以经营者"在场"的最低成本（或盈利）来计算免费商品的相关市场的界定问题。

互联网经济表象上的免费是以另一端付费或特殊消费的付费为基础的，否则不可能持续下去。互联网平台的盈利模式主要有三种：一是广告收入，在互联网平台具有一定规模的用户数量基础后会吸引广告商向市场中投放广告用；二是网络增值服务，互联网平台对普通消费者提供免费产品，但针对深度用户提供收费的特权服务，如文档的转化、翻译、下载等；三是为用户提供更宽更深度的网络接入服务，该种模式类似于互联互通协议，网络接入服务商向其他服务商或用户收取费用，自身从中获得一定的分成。①

与 SSNIP 方法相比较，临界损失法对数据要求相对较小，只需要企业的平均成本数据即可。一般过程为，成本上涨导致企业销量减少，利润降低。在假定条件下计算企业的临界损失。通过实践调查等方法计算企业的实际损失，并比较实际损失和临界损失。如果临界损失大于实际损失，表明企业选择价格上涨有利可图，此即可以确定为一个独立的相关市场。

3. 其他方法

其他方法如价格联动法。"食派士案"中，将在线餐饮外送平台的配送费为价格基础，其提高导致用户下单数量减少，降低餐厅商户的入驻数量，还会进一步降低用户的下单意愿。即配送费上涨从两个渠道降低了交易量，一是配送费的需求直接效应，二是配送费的需求反馈效应。类似的两种价格联动效应也反映在餐厅商户佣金上。增加餐厅商户佣金将直接导致部分商户退出，这是佣金的直接效应；商户退出导致用户下单意愿下降，进一步降低了其他商户的入驻意愿，这是佣金的反馈效应。由此，相关市场的界定以配送费、快餐和快递的组合为基础确立。

此外，还可以采取自然实验法，即考察外部冲击对不同商品的市场需求和供给是否存在一致性或相似性。如果两个商品对同一冲击的反应一致或相似，则可以认定处于同一个相关市场。

---

① 林平、刘丰波：《双边市场中相关市场界定研究最新进展与判例评析》，载《财经问题研究》2014年第6期。

· 第八章 ·

反垄断法的实施

　　法律实施，也叫法的实施，是指法在社会生活中被实际运用，包括执法、司法、守法和法律监督。反垄断法的实施主要体现在执法和司法上。传统上认为，反垄断法的实施包括私人实施和公共实施（政府实施），但在特殊情况下，因垄断行为涉及的行业或群体成员范围广泛，也产生了别于传统实施方式的新形式，如社会团体实施。这丰富了反垄断法实施的类型，提升了法律实施的效率。限于篇幅，这里主要以传统实施方式为主展开。

一、政府实施的方法与效益分析

　　反垄断法政府实施中的"政府"主要指反垄断执法机构。和其他法律中确定的执法机构相比较，不论从性质上还是从执法手段上反垄断执法机构都有自己的特殊性。

　　（一）政府实施的主体与方法

　　限于反垄断法的特殊性，各国都设置了独立或相对独立的反垄断法执法主体。名称有所不同，如美国联邦贸易委员会、德国联邦卡特尔局、俄罗斯反垄断局等。

　　1. 反垄断执法机构的性质

　　反垄断执法机构首先是行政机关，但又不是一般的行政机关。由于反垄断执法涉及对竞争秩序损害或损害危险的控制，且在很多情况下，执法机构掌握的证据中包含有大量的间接证据，所以，反垄断机构作出决定的过程具有高度的专业性。为了保障行政系统内作出决定的公正性，有关国家的反垄断法律制度大都要求反垄断执法机构像司法机构一样完成涉嫌垄断案件的"审理"，这使得反垄断执法机构具有准司法的特性。例如，日本公正交易委员会下附设事务局，事务局设置检察官的职务，负责调查、提起违反反垄断法的案件的诉讼。与一般民事、刑事诉讼法不同的是，"裁判所"变为"公正交易委员会或审判官"，"证人"变为"参考人"，"讯问"改为"审讯"，"被告人"变为"被审人"。再如，俄罗斯《竞争保护法》第49条规定，俄罗斯反垄断局有权向法院提起诉讼。业务中使用的相关术语与法院基本一致。当事人的称谓上是"原告"和"被告"，案件的认定过程分别叫立案、审理。

我国的反垄断执法机构由原来的三个执法机构统一为国家反垄断局。此外，按照《反垄断法》第13条第2款的规定，"国务院反垄断执法机构根据工作需要，可以授权省、自治区、直辖市人民政府相应的机构，依照本法规定负责有关反垄断执法工作。"意味着，我国有两个层级的反垄断执法机构：国家级和省级。

2. 反垄断执法手段

政府实施一直是反垄断实施的主要方式。政府实施就是运用法律赋予的职权处理反垄断案件的过程。同其他法律实施一样，政府实施表现为运用法律赋予的一般职权，但在反垄断法上，基于一些案件的特殊性，要求创新执法手段。

传统反垄断执法方式，主要是反垄断执法机构依据法定的程序行使调查权、处罚权等权力。反垄断法规制的对象是垄断行为和垄断状态，规制的方法包括预防性方法和救济性方法。预防性方法所涉及的垄断问题比救济性方法所涉及的垄断问题要难以认定，一般至少涉及四个方面的判断：对产业的整体影响；对既有竞争者的影响；对潜在竞争者市场准入的影响；对消费者的影响。

这里执法方式上的所谓的"特殊"主要体现为制度的再造，具体表现为三个方面：一是将刑法的坦白制度移植进来，在无法取得直接证据的情况下，激励当事人主动坦白，交代行为的事实，据此可以获得宽免。二是将合同的相关规则融入反垄断执法中，在双方协商一致的情况下实现控制危险的目的，这既可以避免执法机构与经营者的强烈对立，也有利于从法律和政策的双重角度解决问题，由此形成承诺制度。三是将行政法中的劝导制度引进过来，以柔性执法改变行政强制措施的不适应，由此形成了约谈制度。

（二）政府实施中的成本收益分析

从经济学的视角出发，反垄断法政府实施倾向于一种对市场竞争的规制。政府的规制包括两层含义，其一是对已有的垄断行为的规制和调整，其二是对公平竞争环境的培育。这两层含义通常可以被分别理解为是政府实施中关于微观经营者行为和宏观市场环境的规制路径，虽然从实施客体的角度来看，政府实施存在比较明显的差异，但是从政府实施的目标和实施成本收益的结构来看，具有较为一致的特点。

具体而言，关于反垄断法的实施，政府实施的核心目标是最大化社会总福利，我国《反垄断法》第 1 条明确了这个目标以及相应的手段，即以"鼓励创新，提高经济运行效率，维护消费者利益和社会公共利益"为目标，相应的手段侧重于从微观层面的"预防和制止垄断行为"，以及从宏观层面的"保护市场公平竞争"。因此，我们会将以公平竞争为基础的社会总福利最大化作为政府实施的目标。但是，这里与经济学分析之间的一个重要的不同是，反垄断视阈下的政府实施兼顾了社会总福利最大化和社会总福利总量的合理分配，即兼顾了效率与公平。具体而言，从量化角度来看，社会总福利水平的最大化并不意味着社会财富的公平分配。在反垄断视角下，垄断行为也可以产生社会总福利的最大化。例如，垄断者对其交易相对人进行的关于价格的差别待遇行为，如大数据"杀熟"。从经济学视角来看，以价格歧视为主的差别待遇实际上是根据交易相对人（如消费者）的个体偏好而针对性地定制化价格，经营者的目标是通过差异化的价格将消费者福利全部转移至自身利润，如果一级价格歧视得以实现，则经济社会中将没有无谓损失，社会总福利水平达到最大化，但是此时消费者福利为零，社会总福利全部是由经营者的利润带来的。因此不难发现，单纯的社会总福利最大化在经济学分析中是可以接受的，是经济效率提升的表现；而在反垄断分析中，缺少了必要的公平性。这也是反垄断法实施过程中，政府实施目标的一个重要特征。

除此之外，政府实施过程中的成本收益结构相较于个人实施更加复杂。首先，政府实施的收益存在内部收益和外部收益两个方面，内部收益更加类似于是一种私人收益。在政府的反垄断实施阶段的主要调整对象为垄断行为时，主要的收益为内部收益。内部收益是一种直接的收益，它的产生是来自垄断行为被制止后，相关市场内部的利益相关者如消费者的利益得到了保护，其福利得到了提升。但从一个更加宏观的视角来看，政府的规制还带来了一种外部收益，外部收益更加类似于是一种社会正外部性。政府实施使相关市场的竞争更加公平，可以在长期维护市场中整体的福利提升。例如，在一个公平竞争环境下，所有的经营者都需要以一种合理的方式展开竞争，以提高自身的相对竞争力，其中提升创新能力是经营者强化产品和服务质量、实现规模经济、吸引消费者的一个主要手段，而创新能力的提升又能够给整个经济社会发展带来强劲的动力。不难发现，上述关于创新的效果并非来自针对鼓励创新的直接政策，而是来自市场的竞争机制，而竞争机制则是由规制垄断而产生的，因此，我们可以将这种创新带来的社会总福利提升定义为一种政府实施的外部收益。

从成本的视角来看，政府实施的成本也类似于相应的收益，较为多元和复杂。从成本结构角度出发，政府实施的成本主要包括监管成本和执法成本，监管成本持续时间相对更长，由于发生垄断行为的相关市场通常是长期运行的，市场内的买卖关系是持续发生的，因此，为了制止市场中的垄断行为，需要监管部门对特定的相关市场进行比较长期且持续的监督。与监管成本不同，执法成本通常是针对某个特定的事件或行为进行的调查和认定，通常具有一定的瞬时性，即当该垄断行为被识别并规制后，监管部门则终止对相应的执法成本的投入。因此，监管成本通常可以对应于政府实施的长期收益，而执法成本可以对应于政府实施所带来的短期收益。

在这里，我们可以运用一个简化的经济学模型来描述上述的成本和收益，并对其进行分析。具体来说，将政府实施过程中的监管成本和执法成本的投入分别用 s 和 e 来刻画，其对应的成本则可表示为 $C_1(s)$ 和 $C_2(s,e)$，且 $C_1'(s) > 0$，$C_2'(e) > 0$，$C_2'(s) < 0$。这里需要注意的是，政府在监管成本中的投入不仅会影响到对应的成本，同时也会影响到执法成本，其主要的原因是，一个较高程度的对市场垄断行为的监管可以有效地抑制经营者实施垄断行为的动机，从而降低对潜在垄断行为的执法成本，基于此，我们可以进一步得到 $\dfrac{\partial^2 C_2(\cdot)}{\partial e \partial s} < 0$，说明了提高监管投入可以同时强化政府执法效率。在收益一侧，定义 $R_1(s)$ 和 $R_2(s,e)$ 为政府实施所产生的外部收益和内部收益，类似于政府实施所承担的成本，当监管投入水平提升时，能够比较有效地推动市场的公平竞争环境，从而在长期提高市场的外部收益，如激励经营者的创新动机和提升经营者的创新能力；当监管投入和/或执法投入水平提升时，均对特定垄断行为下的内部收益具有提升效果，一方面执法投入的提升能够改善反垄断执法部门对特定垄断行为的识别和规制效率，另一方面，监管投入的提升可以提高执法的边际效果，在给定执法投入基础上，可以提高执法在相关市场内所带来的内部收益的提升。

结合上述成本和收益的设定，我们可以将政府反垄断实施下的社会总福利函数写为：

$$W(s,e) = R_1(s) + R_2(s,e) - C_1(s) - C_2(s,e) \qquad (8.1.1)$$

在社会总福利函数中，我们并不会过多地产生效率与公平不能兼顾的担忧，这是因为在政府实施的目标函数（即社会总福利函数）中，我们已经将长期收益及其对应的成本纳入考量。如上文所述，政府实施的长期收益主要是在于对市场的培育和对潜在垄断行为的制止而形成的一种外部收益，我们将这些收益用 R_1 进行表达。从政府实施过程中的社会总福利最大化视角来看，执法投入符合了内部收益的特征，具体而言，最优的执法投入来自 $\dfrac{\partial R_2(s,e)}{\partial e} = \dfrac{\partial C_2(s,e)}{\partial e}$，即执法投入的边际收益与边际成本相等。但是，最优的监管投入却能够产生较为明显的外部效应，具体而言，我们可以得到最优的监管投入表达：

$$R_1'(s) = C_1'(s) + \frac{\partial C_2(s,e)}{\partial s} - \frac{\partial R_2(s,e)}{\partial s} \tag{8.1.2}$$

这说明了，政府的监管投入带来的边际收益不仅要补偿其边际成本，同时，还受到了监管投入对执法效率的影响。对于公式（8.1.2）等式右侧的后两项的分析，我们可以将其理解为，若政府监管投入对其执法成本的降低有显著贡献，或政府监管投入对其执法效率的提升有显著贡献，则可以使监管投入产生比较明显的外部效应，从整体提高政府监管对整个市场的公平竞争效果。在这种情况下，一个更加有效的政府实施方案则是将更多的资源投入到对市场的监管当中。结合上述的理论分析，我们可以将得到的主要结论从以下两个方面概括：

首先，政府反垄断实施的主要效果发生在宏观和微观两个层面。宏观层面关注了政府实施对整个市场长期的竞争秩序的影响，微观层面主要涉及了政府实施对市场中特定的垄断行为的制止效果。我们需要明确的是，微观层面的效果并不一定会持续发生，一方面，在诸多市场当中垄断行为并不是频繁发生的，当且仅当在给定相关市场中的垄断行为发生后，政府才会进行执法投入。因此，政府实施应当具有一定的动态性，基于其投入成本的约束，在监管投入和执法投入之间进行权衡。同时，政府也结合不同的市场特征进行差异化的投入分配，对于那些竞争程度较高的，或市场集中度较低的市场，政府可以在反垄断实施过程中更加关注于对公平竞争的培育以及对潜在垄断行为的检测，即投入更多的监管成本，通过培育市场公平竞争来间接地抑制垄断行为的发生。

其次，政府反垄断实施的主要基础通常发生在宏观层面。如理论分析结果所展现的，在市场中的监管投入能够带来比较明显的外部性，这种外部性主要作用在特定市场中的特定垄断行为上。一方面，良好的监管能够形成相关市场中比较稳定的公平竞争秩序，降低了执法成本的投入水平，产生了对成本集约的外部效果；另一方面，良好的监管能够形成监管部门对市场比较长期且深入的观测，对可能会产生的垄断行为实施针对性的调查和识别，大幅度增加了对垄断行为的规制效率，产生了对收益提升的外部效果。

进一步地，我们在这里还需要回答一个问题：政府反垄断实施所进行的投入与效率是否还会受到其他因素的显著影响？换言之，政府实施的成本收益分析是否还涉及其他的关键变量？关于这个问题的回答，我们引入目前关注较多的数字经济市场反垄断的问题。我们已经在本书第七章具体探讨了数字经济对反垄断和相关理论带来的挑战，此处，我们就政府实施采用数字经济市场的关键特征来辅助分析政府反垄断实施中的一个要点问题。

在数字经济市场中，数字技术和数据成为经营者获得相对竞争力的关键要素，而在这个过程中运用数字技术和数据而实施的垄断行为逐渐成为主流，例如，算法合谋、大数据"杀熟"、平台经济"二选一"等问题层出不穷。对于技术或数据为基础的反垄断监管，成为目前在数字经济领域实施反垄断的关键问题。而在数字经济市场中，监管部门与经营者之间的一个显著的不对称便在于技术，通常情况下监管部门相对于经营者而言具有比较明显的技术劣势，这便会导致监管者在进行反垄断实施的过程中缺少了必要的监管工具，使反垄断实施效率降低。

结合上述理论分析，在数字经济环境下，政府实施的监管投入与执法投入都会受到技术不对称的影响，即两类投入产生的效率都会降低。这一种效率的降低并不是由政府实施投入的程度而能够得以改变的，因为这种差异是源自于技术差异，而非投入差异，技术差异是一种外生的差异，在短期无法快速的改变和消除。但我们同时要明确的是，外生的差异并不是不能够得到缓解。现有关于政府实施的重点关注了对垄断行为的事中监管和事后规制，在数字经济市场中，这两个环节都涉及了对技术的高度理解。例如，在事中监管中，反垄断监管部门需要对经营者所使用的技术进行深入的了解和观测，如算法合谋行为，当监管部门不能够识别经营者所采用的算法时，极有可能造成事中监管的缺位；再例如，在事后规制中，反垄断监管部门需要对可能的垄断行为进行规制，但由于数字经济的市场运行与传统经济高度不同，使传统的反垄断方法在数字经济中出现了适用性的难题，导致我们对一些新的垄断行为无法做到充分的识别和规制，极有可能造成事后规制的失灵。

为突破上述反垄断实施瓶颈，政府实施可以适度进行一种监管前置，即在垄断行为未发生时便构建起一种在市场中的激励相容框架。激励相容指的是通过某种市场机制，能够使市场中的经营者自发地按照符合自身利益的方式来进行经济活动。从政府反垄断实施的视角来看，政府将反垄断的目标融入一种事前监管的反垄断框架中，构建激励相容，使经营者实施垄断行为的预期成本大幅度增加，同时实施垄断行为的预期收益大幅度降低。在理性人的假说下，经营者为了谋求利润最大化，通常会放弃那些成本较高或收益较低的行为，形成对公平竞争的自发性的趋近。当激励相容这种机制在潜在的垄断者身上发挥作用时，垄断行为则可以在实质性发生前便被弱化甚至消除，直接降低了政府在事中监管和事后规制过程中的成本，进而提高了政府实施的效率。

以数字经济中的算法合谋为例，如上所述，由于缺少了必要的技术工具，使反垄断执法部门对算法合谋的观测和监管存在较明显的劣势。此时，通过积极采用横向垄断协议宽大制度可以比较有效地提高卡特尔内部成员退出并举报卡特尔的收益，换言之，横向垄断协议宽大制度可以从卡特尔内部对其形成瓦解。需要强调的是，在该制度下，卡特尔的瓦解并非来自政府监管，而是来自经营者自发的行为。在数字经济领域中，这种自发的行为尤为重要，它不仅可以帮助市场回归到正常的竞争状态，更重要的是，它可以缓解执法部门和经营者由于技术能力不对等而产生的信息不对称，提高了后续的监管效率，降低了政府实施成本。

二、私人实施的手段

（一）私人实施的条件

私人实施，是指以私人（垄断行为的受害人，包括法人、非法人组织和个人）作为原告，为维护自己的竞争利益直接向法院提起的诉讼。但不包括私人不服执法机构的决定而对执法机构提起的诉讼。

反垄断法的目的之一是保护竞争权利利益，利益主体包括市场上消费者和竞争者。具体而言，保护竞争者的公平竞争权利，保护消费者的公平交易权利。在垄断行为造成损害的情况下，受害者能够提起损害赔偿的私人反垄断诉讼无疑是一种有效的救济措施。反垄断私人诉讼因在动机上利益填补目的使该种诉讼具有很强的私益性。如果在制度中规定了惩罚性赔偿责任，寻求高额的损害赔偿金额可以进一步激发受害人提起私人诉讼的动机。如美国《克莱顿法》、我国台湾地区"公平交易法"中都规定了三倍的惩罚性赔偿。

原告资格的私人实施的主要问题。我国《反垄断法》第60条规定了原告资格，该条文确定的原告的范围比有关国家（地区）法律规定的范围要窄。

私人诉讼制度最先在美国1890年的《谢尔曼法》第7条中予以规定。1914

年的《克莱顿法》第 4 条对其进行了修改，将原告扩大至政府并规定了诉讼时效，由此构成了完整的美国反垄断法私人诉讼的制度规范。

按照《谢尔曼法》的规定，原告资格的确定的基础是直接损害。反垄断案件的复杂性在于违法行为人与受害人之间是否存在一个中介。如果存在这个中介的话，受害人就不享有原告资格，反之则享有。直接损害原则在美国反垄断法诉讼资格理论中占据了长达 40 年的统治地位。这种方法仅仅考虑在特定场景下的市场中，被诉违法者和原告之间的损害关系，忽略了上游主体可能把损害转嫁给他人的情形。从而把垄断行为和与之有关受害人之间的考虑因素最小化。由于该原则过于强调损害赔偿，受到了多方的质疑。其中"直接损害"是否包括现在没有财产损失但曾经受到直接损失，即是否禁止转嫁抗辩，是被质疑的主要问题之一，为此，美国确立了禁止转嫁抗辩原则。

与之相比，我国《反垄断法》第 60 条规定："经营者实施垄断行为，给他人造成损失的，依法承担民事责任。"这个"他人"如何理解呢？

首先，"他人"不是任何人，相反的例子即《反垄断法》第 46 条规定的"对涉嫌垄断行为，任何单位和个人有权向反垄断执法机构举报"这个行政程序的启动主体是"任何人"。其次，"他人"也不是"利害关系人或关系人"，因为后者包括受损人和受损危险人，而"他人"后的限制语"造成损失"决定了这个概念的外延只是受损人。所以，我国《反垄断法》私人诉讼原告资格确立的是"损失"标准。

作为法律用语"造成损失"与"被侵害"描述的是两种不同的行为类型和后果状态。"被侵害"的结果是损害。"损害"包括受害人的所失利益和未得利益。在反垄断法中，对于受害人的损害如何计算，具体包括受害人受到的全部损害，还是仅仅赔偿所失利益，各国和地区反垄断法并没有直接给出答案，该问题一直是需要进一步研究的问题。在日本的反垄断实践中，一般认为损害只包括"所失利益"。如果我国反垄断法上的"造成损失"被理解为实际财产受损，那么，"造成损失"的"他人"即财产实际受损人。

从诉讼请求的角度看，垄断行为之危害有造成损失和造成损失的危险两种情形。两种不同危害各自的责任类型和诉讼请求均不同。反垄断法上的"民事责任"不会是民法上的全部民事责任，可应用的主要责任形式有赔偿损失、消除危险、停止侵害三种。根据受侵害的状况，救济措施的对应关系是：受损失—赔偿损失（或同时诉停止侵害）；受损失的危险—停止侵害、消除危险。依据"损失"这一限制条件，受损的原告在诉讼中的现实做法将是请求损害赔偿或损害赔偿加停止侵害。很难想象受损的原告不主张损害赔偿而只求致害人停止侵害、消除危险。"损失"条件决定了原告的类型和范围只限于财产受损人，而排除了有受损危险的人。

对损失危险的控制，我国法律设置了另一种处理机制，即《反垄断法》第46条规定的"对涉嫌垄断的行为，任何单位和个人有权向反垄断执法机构举报"。由此可以得出，我国反垄断法实施体制是以行政执法为主导，并辅之以有限的司法救济的模式。进一步而言，对垄断"危险"的控制交由行政处理，司法处理仅限于对损失的救济。上述规定中确立的以"损失—原告"为基础的私人诉讼是狭义的私人诉讼概念，总体上这和国际反垄断立法对原告资格认定的条件有一定的差别。

（二）私人实施中的成本收益分析

相较于政府实施，私人实施的成本收益分析更加简明。私人实施的主体如经营者在制定其决策时更加关注私人收益和私人成本，并不会过多地考虑公共利益。因此，私人实施的分析重点在于，实施结果是否可以给实施主体带来利益的最大化。聚焦到私人实施的主体上，通常可以包括相关市场中参与竞争的经营者和消费者，从私人实施机制的特征上来说，私人实施更加关注了实施行为所带来的私人效果。具体可以概括为以下几个方面。

首先，私人实施的启动机制具有较为明显的离散性。相对于政府实施而言，私人实施并不是像政府监管一样持续发生的，私人实施的启动主要来自主体的实施动机，而实施动机通常是根据实施行为为主体带来的私人成本和私人收益的变化。当实施收益能够显著超过实施成本时，主体则能够形成实施动机。例如，当相关市场中的经营者观察到竞争对手的垄断行为，并且该行为已经显著地对其造成了竞争损害时，通过对垄断者的诉讼可以为经营者带来公平竞争的收益。

其次，私人实施具有比较明显的主观性。如上所述，私人实施的启动在于个体是否能够从该行为中获得更高的收益，而市场经济活动中的不同主体所具有的利益最大化目标和路径不尽相同，这就导致了私人实施启动的临界点存在较大差异。不同的主体启动私人实施的条件不同，他们总是根据自身利益最大化目标来展开的，并不会考虑或者并不会过多地考虑当垄断行为被制止后，公平竞争为社会公共利益所带来的提升。因此与政府实施的机制十分不同，他们在制定决策和指导自身行为时不会将社会总福利最大化纳入考量，这便会使私人实施产生比较明显的以个体利益目标为主的边界，使私人实施行为具有较明显的主观性。

再次，私人实施在某些情况下具有相对的专业性。在上一节中，我们讨论了政府实施的一个潜在的劣势，便是反垄断监管部门在某些情况下相对于经营者存在关于技术或信息的不对称。这一点并不是由实施主体的不同而产生的，而是因为实施主体与违法者之间存在的市场层次的不同。监管部门并不直接参与生产经营活动，对经营者的具体生产经营环节和流程存在信息缺失，这种情况在消费者与经营者之间也会出现。而如果将私人实施主体聚焦在相关市场中的竞争者身上，他们则会对其他经营者的生产经营环节更加了解，在一定程度上解决了政府实施中信息不对称的问题，尤其是在数字经济环境下，经营者之间关于技术具有较强的一致性，便可以补偿政府实施中的技术监管难题，形成一定的专业性。

从私人实施的特征出发不难发现，私人实施在很大程度上对政府实施形成了有效的补偿，主要在于成本和收益两个方面。从成本方面来看，私人实施实际上反映了政府实施的内部效果，政府实施的内部效果主要是通过制止垄断行为，对相关市场内部形成良好的竞争环境，是市场内的经营者和消费者可以从公平竞争的环境中获得合理的收益。而私人实施的目标恰恰也符合这一点，当市场中的经营者观察到垄断行为并受到了损害时，为了维护自身利益，他们会尝试选择诉讼，来抑制垄断行为对其造成的损害。在私人实施过程中，可以缓解政府实施中进行监管的投入，降低政府实施的成本。此外，私人实施的专业性也可以更加高效地识别垄断者的违法行为，改善了政府实施中由于技术和信息的劣势而承担的额外成本。从收益方面来看，虽然私人实施更加关注私人收益，但是私人实施实际上也可以带来一定程度的外部性收益。这种收益主要来自私人实施对市场中潜在垄断行为带来的威慑效果。正如私人实施的特征所涉及的，由于私人实施在很大程度上具有了一定的专业性，因此，经营者在实施垄断行为前会考虑其行为是否会被竞争对手所观察，当市场中的竞争者观察程度较高时，实际上经营者相互之间便形成了一种监督机制，这种监督机制增加了垄断行为的机会成本，进而对垄断行为形成了一种潜在的抑制力量。

结合以上特征，我们可以以市场中的经营者为分析主体，设定一个私人实施的经济学模型加以分析。虽然私人实施的主体不仅包括经营者，但是在私人实施的过程中，经营者具有相当程度的代表性和典型性，我们可以聚焦经营者涉及经济学模型，并基于经济学分析的主要结论向私人实施的其他主体进行延展分析。考虑市场中的一个经营者（非垄断行为的实施者），该经营者以利润最大化为目标开展生产经营活动，如果仅考虑其进行私人实施的动机和过程，我们将其私人实施的利润函数写为：

$$\pi \equiv \Pi(e) = [R(e) - C(e,b)] + T(\bar{e}) \tag{8.2.1}$$

其中 e 表示了经营者进行私人实施的投入水平，$R(e)$ 和 $C(e,b)$ 分别表示了经营者进行私人实施获得的收益和承担的成本，当经营者私人实施的投入水平增加时，收益和成本均增加。与收益所不同的是，私人实施的成本还受到了一个外生变量 b 的影响，这个外生变量刻画了私人实施的难易程度，例如，实施主体的举证难度，这个程度对于不同的实施主体具有十分明显的差异性，差异性主要来自市场中垄断行为的隐蔽程度，若在数字经济市场中，通常这种举证难度都会较大，也给经营者和其他主体进行私人实施带来了较高的成本。因此我们可以设定 $\dfrac{\partial^2 C(e,b)}{\partial e \partial b} > 0$，说明了私人实施的难度降低了实施的效率。进一步地，私人实施可能会带来潜在的外部效果，这个效果通常反映在市场的公平竞争程度上。在私人实施视角下，公平竞争环境可以来自私人实施对潜在垄断行为的威慑程度，当威慑程度提高时，市场中垄断行为发生概率降低，则市场受到潜在垄断行为的损害降低，市场中几乎所有的经营者都能得益于这种公平竞争的环境。因此，我们可以用 $\bar{e}$ 来描述市场中私人实施的平均投入水平，这个水平受到了我们所分析的目标经营者的投入水平，同时也来自其他经营者私人实施的投入水平。如果固定其他经营者的私人实施投入水平不变，则 $\dfrac{\partial \bar{e}}{\partial e} > 0$。

我们首先对经营者进行私人实施的均衡投入进行分析，经营者的私人实施投入决策基于其利润最大化的目标，通过最优化条件 $\Pi'(e) = 0$ 可以发现，经营者的私人实施投入满足条件：

$$R'(e) - \frac{\partial C(e,b)}{\partial e} + T \cdot \frac{\partial \bar{e}}{\partial e} = 0 \tag{8.2.2}$$

从最优化条件（8.2.2）不难发现，经营者进行私人实施的决策具有三个方面的特征。

第一，私人实施决策构建在边际收益与边际成本的基础上。如上文所述，私人实施的投入应当考虑投入所获得的边际收益是否能够充分补偿边际成本，因此，私人实施的最优投入应当包含对应的边际收益与边际成本的比较。如果私人投入的边际成本过高，换言之，经营者进行私人实施的效率过低，则会显著降低私人实施的投入，甚至直接消除经营者进行私人实施的动机，即达到 $e = 0$ 的极端水平，此时市场中呈现出私人实施失灵的情况。

第二，私人实施的决策受到了该行为带来的潜在外部性的影响。当市场中有动机进行私人实施的主体数量增加时，会显著提升私人实施的平均投入 $\bar{e}$，进而提高了市场中对于垄断行为的监督水平。我们需要明确的是，这种对垄断行为的监督并不是来自反垄断执法部门的持续性监管，而是来自市场经济活动的参与者对垄断行为的敏感度。当较多的经营者对垄断行为趋于敏感，或更加关注自身是否在正当经营的情况下受到其他经营者垄断行为的影响时，他们会更加关注市场的公平竞争程度。这一点会给潜在的垄断行为施加压力，增加经营者实施垄断行为的成本，而这个现象是来自市场中全部进行私人实施的经营者，而非某个或某几个个别的经营者，因此，我们将这个效果视为一种私人实施的外部性。进一步地，外部性提升了市场中对垄断行为的威慑力度，事实上提高了私人实施的效率，在这种情况下，私人实施的相对成本也会降低。

第三，市场中关于私人实施难度的外生变量负向影响了私人实施的动机。通过对公式（8.2.1）进行全微分可以得到：

$$\frac{de}{db} = \frac{\partial^2 C(\cdot)/\partial e \partial b}{R''(e) - \partial^2 C(\cdot)/\partial E^2} < 0 \qquad (8.2.3)$$

说明了，当进行私人实施的难度 b 增加时，经营者进行私人实施的投入会随之降低。这个结果背后的逻辑是，私人实施外生成本直接降低了私人实施的效率，当该成本较高时，经营者进行私人实施的效果并不一定能够为其带来收益，弱化了经营者私人实施的动机。结合上述三个结果，关于反垄断私人实施的成本收益特点可以包括以下几个方面。

首先，反垄断私人实施的效率取决于市场中实施主体的协同。不难发现，私人实施能够带来一定程度的外部性，而外部性要求实施主体的数量能够超过一定的阈值，才能够将私人实施对垄断行为的威慑提升到一个合理的水平。而当市场中仅有少量的主体进行私人实施时，一方面，这些主体的成本并不一定能够成功地被私人实施的成本所满足，另一方面，少量的主体所进行的私人实施也并不一定能够形成有效的威慑，无法产生对垄断行为的抑制作用。因此，当市场中能够进行私人实施的主体数量增加时，私人实施的效果才能够在可观的正外部性下得到提升。

其次，私人实施的实际效果受到了主体特征和市场特征的影响。经济学模型虽然仅对经营者的私人实施进行了讨论，但是理论分析能够延伸到市场活动的其他参与者所进行的私人实施分析中。例如，市场中关于经营者的行为观察存在较强的壁垒时，如技术壁垒、信息壁垒等，b 则会处于一个较高的水平，这说明了，即便垄断者的垄断行为已经产生了对其他经营者实际的损害，但是由于难以对违法者的垄断行为进行举证和分析，使私人实施的主体无法有效地运用反垄断法对垄断行为进行诉讼，增加了私人实施的难度，进而弱化了他们进行私人实施的动机。同样的情况也会发生在进行私人实施的其他主体，例如消费者身上，相对于经营者而言，消费者从技术性、信息性和专业性的角度具有相对更大的劣势，使他们进行私人实施的成本更高。因此不难发现，当个体与个体间的差异增加时，或者市场中关于某种影响私人实施的外生成本十分显著时，私人实施的效率将会降低。

最后，私人实施在进行的过程中需要监管部门的合理引导。我国《反垄断法》第 60 条明确了经营者的垄断行为对他人造成损失时，依法承担民事责任，为私人实施提供了法律依据。换言之，当市场经济活动的参与者能够意识并识别市场中的垄断行为，并且该行为已经为其造成了损失时，其可以作为私人实施主体对垄断行为提起诉讼。但是，在私人实施中可能会遇到两个潜在的问题：其一是私人实施主体并不一定具有绝对的专业性，其提起的诉讼可能会由于举证问题而错误地评估经营者的行为，将正当的经济行为误判为垄断行为；其二是私人实施可能出于过度的主观性，即为了寻求高昂的损害赔偿而进行诉讼，借此来对竞争对手实施恶意供给。上述两个问题可能都会形成私人实施的滥用，一方面增加了反垄断司法成本，另一方面，也破坏了市场中健康的竞争秩序。因此，在推动反垄断私人实施的过程中，监管部门要形成鼓励与引导兼顾的保障机制，使私人实施更加具有专业性和有效性，与政府实施形成有效的互补。

三、法律责任

（一）法律责任的类型及标准

1. 民事责任

违反反垄断法而承担民事法律责任是一种特殊的调整方法。之所以说特殊，主要因为适用的前提条件要求高，包括证据负担重、证明中的说理复杂、损失具有财产性或可计量等。另外，民事纠纷具有可协商的特性，而可协商的原因是双方的民事关系没有外部性。

反垄断法中的民事责任可以分为三类。一是保护财产权益的方式，主要有赔偿损失。二是以行为方式保护交易的方法，如实际履行、恢复原状。三是以确认权利或法律行为的效果的方式，如经营者集中救济中的维持现状。一般承担民事责任的前提是私人实施，方式是提起私人诉讼。

涉及私人诉讼的前提必须是垄断行为对私人造成了损害。一些垄断行为针对的是不特定主体的利益或特定主体但其损害不好确定的情况。在数额较小、利益非直接性、未规定惩罚性赔偿等前提下，私人提起停止侵害之诉的动力明显不足。与其进行私人执法，不如送交公共执法更有效率。

另外，滥用市场支配地位行为的诉讼请求可能是签订合同、改变合同、终止合同。从民事权利保障的方式上看，它们应该属于确认权利或法律行为的效果，而不属于停止侵害或恢复原状。

滥用权力限制竞争，可以适用停止侵害。如果涉及抽象行政行为，需要进行公平竞争审查。对抽象行政行为引发的垄断问题，在我国只能通过非诉讼的其他方式解决。例如，人大监督、上级机关监督等。

2. 行政责任

我国反垄断法中设置的行政责任包括停止侵害、没收违法所得和罚款，且任意两者可以并用。实践中，最主要的方法是罚款。

源于竞争市场环境下垄断结果的扩散性、递延性，以及市场成熟度等差异，各国反垄断罚款制度存在共性和个性。共性更多体现在要素上，个性则体现在要素结构上。在此基础上，罚款制度呈现高度复杂的结构。

构成反垄断罚款的基础要素有三项：时间、额度（销售额或营业额）和比例。

第一，时间。存在两种不同的认定时间的标准。一是以发现违法行为时的"上一年"为基础来确定。欧盟及其成员国以"上一年"来计算。俄罗斯反垄断法也是"上一年"。我国《反垄断法》第56条的规定同样如此。"上一年"是一种销售额的时间拟制，其存在很大的不确定性。市场环境的变动，当年的收益率不可能同"上一年"（销售额）相一致，即使一致，垄断利润率也不可能一致。但是，"上一年"保留了持续垄断行为的完整经营记录，即"上一年"比当年营销信息更全面，更易得。重要的是，如果在当年企业刚刚设立——没有"上一年"，在以"上一年"为拟制单位的前提下，这个问题只能特殊解决。二是以实际从事垄断违法行为的时间为准。2005年日本《反垄断法》修法后，确定从实施垄断行为至停止该行为期间内（若期间超过三年，则自停止之日上溯三年）。这里，垄断行为超过三年的计算依据，同样也在拟制。应当说，"上一年"标准偏离实际的不确定性更大，"实际时间"标准更公正。所以，时间的拟制不是从计算基础的公平性和结果的公正性角度确认的，而是从计算的便捷性，时间单位的易操作性角度来设置的。

第二，销售额或营业额。在欧盟及其成员国的法律上，以销售额为罚款比例的计算基础。美国法院以受违法行为影响的美国境内的营业额为基础。日本、俄罗斯等法上使用的也是营业额。我国反垄断法上适用的概念是"销售额"。我国反垄断法上的销售额区别于营业额。① 相较于垄断主体，不论是销售额还是营业额都是"大数据"。直接反应垄断行为危害大小的"数据"是利润（或垄断利润）。为什么不以利润（垄断利润）为基础来计算？因为从利润中分出垄断利润需要确立合理的市场价格、产品成本等，这些数据的准确计算几乎是不可能的。一则垄断主体的营销数据几乎每天都有变化，二则反垄断执法机构不具备这样的专业人员和专业能力。欧盟法上基础罚款的计算基础是企业上一年度全球销售额。这里将可能不具有垄断性危害的相关地域市场中的销售额也纳入进来是一种损失补偿的拟制。以"大数据"为基础比较容易取得计算数据，但这种"一勺烩"的方式忽略了经营者合理的沉淀成本等要素。由此需要进一步剥离其中的正当所得，以使计算的结果更加公平合理。

第三，比例。比例关系是一种结构关系。如果某一比例非常明确而且结构合理的话，这一比例的适用就相对明确、清晰。如著名的行政法学家 Gráinne de Búrca 所说，"审查的标准或基础越明确，就越能清楚地看出法院是不是以一种有结构的方式将其用于行政决定中，而不是用认为是更好的判决全盘替代行政决定。"② 也就是说，如果比例本身是一个系统的结构，那么，确定的比例本身可以避免法院在适用该原则的过程中限制行政机关的自由裁量权的滥用。在原理上，适用行政罚款的比例与英美所谓对抗性的比例原则是一致的，即案件的对抗性与案件的性质、标的大小、复杂程度和重要程度成正比。③ 对抗性越大，比例越大。不过，由于垄断损害的递延性和市场秩序恢复的渐进性，各国反垄断法在适用比例上展现了高度复杂的结构。甚至可以说，比例关系更具有计算罚款的基

---

① 按照国务院反垄断委员会《关于认定经营者垄断行为违法所得和确定罚款的指南》（征求意见稿），一般情况下，"销售额"是"反垄断执法机构以经营者在实施垄断行为的地域范围内涉案商品的销售收入作为计算罚款所依据的销售额。如果这个地域范围大于中国境内市场，一般以境内相关商品的销售收入作为确定罚款所依据的销售额。反垄断执法机构根据会计制度和行业特点认定销售收入"。按照《经营者集中申报办法》（已失效）第 4 条规定："营业额包括相关经营者上一会计年度内销售产品和提供服务所获得的收入，扣除相关税金及其附加。"

② 范思泓、丛林主编：《我们眼中的欧洲法律》，中国法制出版社 2005 年版，第 471 页。

③ 张婷：《英美民事对抗制的演变（1945－2012）——以美国的案件管理制度为切入点》，上海人民出版社 2014 年版，第 301 页。

础地位。

按照现行反垄断法，罚款这种行政责任的主体，不仅仅针对从事垄断的企业主体，在垄断协议的情况下，企业的法定代表人、主要负责人和直接责任人员对达成垄断协议负有个人责任的，也要承担罚款这种行政责任。

3. 刑事责任

反垄断法对刑事责任进行规定，主要有两种原因，一种是以此表达严厉的态度并形成威慑力，如美国；另一种是技术上的要求，即配合宽免制度的实施而产生。

在客体方面，反竞争犯罪行为针对的是经济性的竞争关系（竞争秩序）。可以拓展解释为本法所保护的社会关系，包括：国家的经济利益、竞争者从合法竞争活动中可获得的预期利益、消费者的选择和成本福利、国家管理秩序，特殊情况下还可能涉及他人的行为自由、身体健康或生命安全，如施以暴力或暴力相威胁。

在主观方面，对于妨碍、限制或排除竞争的行为的认知，即主观状态一般推定为故意。包括直接故意和间接故意。多次实施的滥用市场支配地位行为，在第一次行为发生以后，行为主体再从事此类行为的主观认识应当是故意。针对卡特尔行为，可能存在经营实体主观上非为完全认知此种行为的社会危害性。法律上一般明确规定行为人知道或应当知道。

犯罪主体包括经营者和法定代表人。个人承担责任需满足具有刑事责任能力的个人且以法人的名义从事垄断行为。

垄断行为（不作为）一般包括以下两种：一是签订限制竞争的协议。尤其是卡特尔行为。在俄罗斯，2011年之前，承担刑事责任的垄断协议包括纵向协议和协同行为。之后废除了协调行动和纵向协议的刑事责任。只有在特定商品市场上竞争的实体签订卡特尔协定时，才可以施加刑事责任。二是多次实施滥用市场支配地位行为，并导致严重的后果。当然，是否所有的滥用行为均在范围之内、何为严重等都是入刑的重要问题。

我国反垄断法也规定了刑事责任，但在范围上，条件上、具体责任内容上等均待完善。

（二）法律责任的标准分析

我国《反垄断法》第七章明确规定了几类垄断行为的法律责任，并针对不同类型的垄断行为设定差异化的处罚标准。从经济学的视角来看，垄断行为的法律责任具有短期和长期的两层效果：从短期效果来看，法律责任的设置主要针对违法者的垄断行为进行规制，这种规制大多涉及以罚款为主的方式，罚款是一种对垄断行为的损害进行量化的较好标准，并通过罚款对垄断行为带来的损害进行补偿，起到了使违法者在短期以一个可行的方式补偿垄断带来的成本的效果；从长期效果来看，法律责任从正向力量上推动了公平竞争环境的形成，通过制止垄断行为、责令经营者整改等方式恢复市场中的公平竞争，培育市场经济活动中良性的竞争秩序。同时，法律责任从负向力量上进一步提高了违法者实施垄断行为的机会成本，具体而言，反垄断执法部门对违法行为的处罚事实上是对潜在的违法者释放了一个信号，信号所包含的信息则是违法行为所承担的成本，使经营者在制定垄断行为决策时将这些成本纳入考量，弱化违法行为形成的动机。

聚焦经济学分析，法律责任的设定主要关注的三个方面，福利损害补偿、竞争损害补偿和威慑潜在垄断行为。其中前两个方面涉及了垄断行为造成损害的量化分析，而最后一个方面则关注了法律责任相应的内容对培育市场长期的公平竞争环境的功能。

（1）在福利损害补偿方面，法律责任的量化标准主要包含了违法者对市场中的利益相关者本身的福利所造成的具体影响。在这里，我们将利益相关者定义为经营者在市场经济活动中所涉及的，不具有竞争关系的市场活动参与者，例如，消费者、供应商、经销商等，也包含了平台经济市场中的平台内经营者。我们进行这样的划分并非是基于理论层面的划分，而是从分析的层面对垄断行为的损害边界进行一定程度的厘清。通常情况下，垄断行为可以被划分为"剥削型"和"排挤型"两个类别，而福利的损害主要涉及了前一种垄断行为。例如，差别待遇对消费者带来的福利降低、不公平的高价对消费者带来的福利降低等。

对福利损害的补偿所进行的标准分析应当考虑两个主要的因素：其一，造成福利损害的具体垄断行为。从反垄断分析来看，不同的垄断行为造成的福利损害十分不同，且波及范围也具有差异性。这主要是由于不同类型的垄断行为所针对的主体具有比较明显的差异性，只有明确垄断行为所针对的主体，才能够进一步评估该行为对受害者的福利降低程度，这个因素主要包含了垄断行为福利损害的定性分析。其二，福利损害背后垄断行为的强度。这个强度主要指的是某个特定的垄断行为在既定主体上的影响程度，这个因素主要包含了垄断行为福利损害的定量分析，在定量分析的帮助下，才能够较好地评估实际损害以及罚款的额度。以基于价格的差别待遇为例，若市场中的需求函数表示为 $p = a - Q$，无差别定价下的市场价格为 p^*，假设无差别定价来自市场中经营者开展充分竞争（但并不一定是完全竞争）时的价格，此时消费者的福利可以表示为：

$$CS^* = \frac{(a - p^*)^2}{2} \qquad (8.3.1)$$

但价格歧视下，尤其是在平台经济市场中的价格歧视下，数字技术和大数据帮助经营者可以尽可能识别个体消费者的偏好和支付意愿，以差异化的价格抽取全部消费者剩余，使消费者的福利降低为零。此时，对于上述垄断行为的处罚则应当基于（8.3.1）中所评估的消费者福利降低程度展开。

（2）在竞争损害补偿方面，涉及短期损害和长期损害两个因素。

第一，垄断行为限制竞争造成的短期损害。短期损害通常是可以被评估的，它主要包含了垄断行为对在位竞争对手的损害。这里我们关注的垄断行为造成损害的主体主要是与违法者具有直接竞争关系的经营者，垄断行为限制和排除了市场竞争，使这些经营者在市场中能够进行公平竞争的权利被弱化甚至消除，使他们无法获得来自公平竞争的合理利润。因此，短期损害补偿可以被视为对其他经营者利润损失的补偿，同时也通常是一个可以被量化的指标。例如，限定交易行为限制了竞争者公平地获得交易机会，使其无法获得预期的竞争利润，利润的降低则可以被设定为限定交易这种特定的垄断行为对竞争的直接损害。同时，这种损害通常是垄断行为在短期能够造成的，是一种针对竞争者的直接的损害。

第二，垄断行为限制竞争造成的长期损害。垄断行为不仅排除了市场中已有的竞争，同时也会造成限制市场潜在竞争的后果。常规情况下的市场应具有可竞争性，场外的经营者可以通过承担合理的进入成本进入市场，与在位经营者展开竞争。而垄断行为通过施加限制竞争条件而提高了场外经营者进入市场的门槛，使他们进入市场所承担的成本显著增加。当进入成本增加至经营者在市场内的收益无法在短期充分补偿时，则场外经营者便弱化了进入市场的动机，使市场继续处于高集中度的状态。因此，垄断行为带来的损害不仅包含了对市场内已有的竞争的排除，还包含了由于市场潜在竞争被限制，而带来的连带损害。例如，市场内由于长期缺乏竞争，而导致了经营者创新动力和创新能力的下降；市场外的经营者由于高额的进入费用，而丧失了进入市场进行生产经营活动的权利。不难发现，垄断行为对竞争带来的长期损害是一种通过改变市场可竞争性而引致的间接损害，且并不一定被充分量化，因此，在反垄断执法部门面对某种特定垄断行为时，应当基于垄断行为实施前后的市场结构、市场集中度、市场准入难度等因素裁量处罚额度。

（3）在潜在垄断行为的威慑功能方面，我国《反垄断法》于2022年的修正过程中在第七章格外反映了行为威慑这一重要的功能。例如《反垄断法》第56条、第58条、第62条、第63条、第64条的相关表述中，都体现了对潜在违法行为的威慑信号。比较有代表性的是本次修法后新增的第63条："违反本法规定，情节特别严重、影响特别恶劣、造成特别严重后果的，国务院反垄断执法机构可以在本法第五十六条、第五十七条、第五十八条、第六十二条规定的罚款数额的二倍以上五倍以下确定具体罚款数额"，本条表达了一个十分明显的威慑用意。当经营者在制定相关垄断行为的决策时，他一方面须考虑垄断行为为自身带来的利润水平，另一方面，还需要考虑垄断行为的潜在成本，而第63条的内容恰恰释放了一个违法成本的信号。当经营者将违法成本作为实施垄断行为的机会成本纳入自身的决策考量时，他们会由于实施垄断行为的机会成本过高而放弃实施。

结合市场竞争的特征，对于反垄断法律责任的标准设定应当着重关注以下几个因素：

第一，垄断行为针对的利益相关者实际福利损害。不同的垄断行为涉及了对不同主体的福利损害，且不同的垄断行为对不同主体的福利损害程度不同，既可以是对市场内部的竞争对手的利润损害，又可以是对经营者所涉及的利益相关者的福利损害。因此，在制定法律责任的标准时，应当酌情考量特定垄断行为对实际福利损害的程度，实现处罚尽可能满足对福利损害的充分补偿，完善垄断行为造成的短期损害的补偿机制。

第二，相关市场的市场结构与可竞争程度。相关市场的市场结构以及其可竞争程度涉及垄断行为所造成的长期和间接的损害，理论上，当市场结构更加趋于集中或者市场可竞争程度较低时，垄断行为所造成的损害更大。这是由于在上述类型市场中，经营者相对的市场支配地位都会更高，使他们实施垄断行为的能力更强，并且，垄断行为所涉及的受害者更加广泛，也便增加了垄断行为造成的损害。同时，在市场结构集中和市场可竞争程度低的市场中，垄断行为产生的排除和限制竞争的效果将更加显著，不利于在长期市场公平竞争环境的构建和维护，因此，在反垄断法律责任的标准制定中，应当对这种类型的市场格外关注，对垄断行为的处罚应当相对严格。

第三，市场整体创新能力以及市场持续发展的必要程度。市场竞争是推动市场整体创新能力的重要因素，也是推动市场持续高质量发展的必要因素。而垄断行为会弱化市场中的竞争程度，在缺少必要的市场竞争时，由于经营者缺少了竞争压力，则会降低通过创新而提升自身相对竞争力的动机，换言之，经营者谋求利润的路径并不是通过积极的研发创新，而是通过可能实施的垄断行为带来的，这种情形一方面不利于市场中整体创新能力和创新规模的提升，无法实现市场经济活动对社会价值的有效溢出，另一方面，也不利于以引领创新为基础的可持续高质量发展的推进。因此，在制定反垄断法律责任的相关标准中，同样应当关注竞争对市场高质量发展以及整体创新能力的作用，当市场创新与可持续发展在给定的相关市场中的重要性突显时，应当加强对垄断行为的处罚力度，实现对潜在垄断行为的有效制止。

第四，相关市场内部的反垄断执法成本。当相关市场内部关于垄断行为的监控、监管、识别等环节易造成反垄断执法部门成本显著提升时，我们则更加需要关注反垄断执法的效率，即在给定执法成本的基础上，提升执法部门对垄断行为的制止能力。出于对执法成本集约的考量，在反垄断制度设计方面则应更多地通过机制手段来实现效率提升。具体而言，法律责任下的处罚标准和处罚额度是反垄断执法部门向潜在违法行为发送的一个十分可信的信号，直接将违法后的成本信息传递给潜在违法者，从经营者的决策层面降低其违法动机，实现监管前置，降低在反垄断监管过程中的执法成本。

图书在版编目（ＣＩＰ）数据

反垄断法的法学与经济学解释/刘继峰，许恒著. —北京：中国政法大学出版社，2023.11
ISBN 978-7-5764-1129-4

Ⅰ.①反… Ⅱ.①刘… ②许… Ⅲ.①反垄断法－法律解释－中国 Ⅳ.①D922.294.5

中国版本图书馆CIP数据核字(2023)第193914号

出　版　者　　中国政法大学出版社

地　　　址　　北京市海淀区西土城路 25 号

邮　　　箱　　fadapress@163.com

网　　　址　　http://www.cuplpress.com (网络实名：中国政法大学出版社)

电　　　话　　010-58908435(第一编辑部) 58908334(邮购部)

承　　　印　　保定市中画美凯印刷有限公司

开　　　本　　720mm×960mm　1/16

印　　　张　　18.75

字　　　数　　336 千字

版　　　次　　2023 年 11 月第 1 版

印　　　次　　2023 年 11 月第 1 次印刷

印　　　数　　1~3000 册

定　　　价　　69.00 元